Marcus Knaup / Tobias Müller / Patrick Spät (Hg.)

Post-Physikalismus

VERLAG KARL ALBER A⎯

Die Naturwissenschaften haben unser Weltbild nachhaltig geprägt. Der enorme Erfolg dieser Wissenschaften führte aber gleichzeitig in Form des Physikalismus zu einer Verabsolutierung dieses Weltzugangs, die auch in der Philosophie weit verbreitet ist. Der Physikalismus unterstellt, dass die Naturwissenschaften und insbesondere die Physik alles über die Wirklichkeit sagen, was es zu sagen gibt. Alles muss direkt oder indirekt auf die Physik zurückgeführt werden können. Auf den ersten Blick ist eine physikalistische Weltanschauung verlockend, denn schließlich stellt sie eine Theorie in Aussicht, die alle Phänomene auf basale naturwissenschaftliche Entitäten und Zusammenhänge reduzieren will. Doch bei genauerer Analyse ergeben sich große Schwierigkeiten: Es gibt offenbar Phänomene und Bereiche, die sich einer solchen Reduktion hartnäckig und prinzipiell widersetzen.

Der vorliegende Band versammelt Beiträge, die zu klären versuchen, ob sich der Physikalismus überhaupt methodisch rechtfertigen lässt, welche Voraussetzungen er hat, welche Grenzen der Erklärungskraft ihm prinzipiell gesetzt sind und welche Alternativen es zu diesem Weltbild gibt. Damit wird erstmalig im deutschen Sprachraum ein Ausblick in eine postphysikalistische Ära geworfen, wobei verschiedene Perspektiven gebündelt, vertieft und weiterentwickelt werden.

Die Herausgeber:

Marcus Knaup wurde 1979 in Dortmund geboren. Er studierte katholische Theologie (Diplom), Philosophie und Philosophie der Religion (Magister) in Paderborn und Freiburg i. Br. Zurzeit promoviert er in Philosophie an der Albert-Ludwigs-Universität Freiburg über das Leib-Seele-Problem.

Tobias Müller wurde 1976 in Bad Reichenhall geboren. Er studierte Philosophie, Theologie, Pädagogik und Physik in Mainz und Frankfurt/M. 2007 Promotion in Philosophie. Seit 2008 ist er Dilthey-Fellow (VolkswagenStiftung) mit dem Projekt »Das Rätsel des Bewusstseins. Auf der Suche nach einer integralen Theorie« an der Johannes Gutenberg-Universität Mainz.

Patrick Spät wurde 1982 in Mannheim geboren. Er studierte Philosophie, Soziologie und Neuere Deutsche Literaturgeschichte in Mannheim, Leipzig und Freiburg. Im Juni 2010 hat er seine Promotion in Philosophie an der Universität Freiburg abgeschlossen. Seitdem lebt er als freier Autor in Berlin.

Marcus Knaup /
Tobias Müller /
Patrick Spät (Hg.)

Post-
Physikalismus

Verlag Karl Alber Freiburg / München

Gedruckt mit Hilfe der Geschwister Boehringer Ingelheim Stiftung für Geisteswissenschaften in Ingelheim am Rhein, des Erzbistums Freiburg i. Br. und der VolkswagenStiftung.

Originalausgabe

© VERLAG KARL ALBER
in der Verlag Herder GmbH, Freiburg im Breisgau 2011
Alle Rechte vorbehalten
www.verlag-alber.de

Satz: SatzWeise, Föhren
Herstellung: Difo-Druck, Bamberg

Gedruckt auf alterungsbeständigem Papier (säurefrei)
Printed on acid-free paper
Printed in Germany

ISBN 978-3-495-48464-7

Inhalt

Vorwort

Die Naturwissenschaften haben unser Weltbild entscheidend geprägt. Der sogenannte Physikalismus behauptet gar, dass die Naturwissenschaften alles über die Wirklichkeit sagen, was es zu sagen gibt. Viele Philosophen schließen sich dieser These an – doch es scheint Phänomene zu geben, die sich einer solchen Reduktion auf »Maß, Zahl und Gewicht« hartnäckig widersetzen.

Die hier versammelten 14 bislang unveröffentlichten Arbeiten beschäftigen sich vor allem mit der Frage, welche Lücken das physikalistische Weltbild hat und was uns nach der Phase des Physikalismus erwartet: Welche Theorien und Weltbilder werden die Ära des »Post-Physikalismus« bestimmen?

Unser Dank gilt all jenen, die den vorliegenden Band ermöglicht haben: Allen Beiträgern danken wir für ihre Bereitschaft und Mühen, einen neuen Aufsatz zu verfassen. Herrn Lukas Trabert und seinem Team vom Verlag Karl Alber sei für das entgegengebrachte Vertrauen und für das Verlegen dieses Buches gedankt. Der Geschwister Boehringer Ingelheim Stiftung für Geisteswissenschaften in Ingelheim am Rhein, H. H. Erzbischof Dr. Robert Zollitsch und dem Erzbistum Freiburg i. Br. sowie der VolkswagenStiftung gebührt unser Dank für die Gewährung eines großzügigen Druckkostenzuschusses.

Freiburg i. Br. und Mainz, im März 2011

Marcus Knaup, Tobias Müller und Patrick Spät

Geleitwort

Robert Spaemann

Platon sprach von der »Gigantomachia«, dem »Riesenkampf um das Sein«, also um das, was es heißt, dass etwas wirklich ist. Dieser Kampf wird seit zweieinhalb Jahrtausenden geführt. Immer wieder einmal wird der endgültige Sieg verkündet, aber es handelt sich immer wieder nur um die vorübergehende argumentative Überlegenheit einer Partei, von der sich die andere bald erholt. Der Kampf wird mit Argumenten geführt, aber offenbar war bisher nie ein Argument zwingend.

Das mag daran liegen, dass hier zwei fundamentale Interessen des Menschen auf dem Spiel stehen und miteinander im Widerstreit liegen, zwei »Interessen der Vernunft«, wie Kant sie nennt. Es ist einerseits das Interesse an Selbstbehauptung des Menschen durch Naturbeherrschung, andererseits das Interesse des Menschen, sich selbst im Ganzen des Universums zu verstehen und nicht als weltlose Subjektivität herumzugeistern. Das eine Interesse sieht die Welt anthropozentrisch: Wirklich sein heißt mögliches Objekt sein für ein Subjekt. Ein Ding erkennen heißt, wie Thomas Hobbes schreibt, »to know what we can do with it when we have it«. Es heißt, das Erkannte als radikal unähnlich zu dem betrachten, als was wir uns selbst erfahren. Wo dieses Interesse zum allein herrschenden wird, da unterwirft der Mensch ihm auch sich selbst. Er ist »in Wirklichkeit« nicht das, wofür er sich hält. Allerdings ist dann auch die Wissenschaft nicht das, wofür sie sich hält.

Die andere Sicht geht von der Erfahrung aus. Sie verteidigt unser Selbstverständnis. Und sie glaubt, etwas verstanden zu haben, wenn sie es als uns ähnlich verstanden hat. Insofern ist sie anthropomorph. In dieser Sicht verstehen wir uns nicht von der Amöbe aus, sondern die Amöbe von uns aus, d. h. als lebendig und deshalb in einer noch so entfernten Weise uns ähnlich, nämlich so, dass es irgendwie ist, eine Amöbe zu sein, während es für ein Auto oder ein Buch nicht irgendwie ist, ein Auto oder ein Buch zu sein, weil diese Dinge nicht erleben zu sein, also nicht leben.

Die erste, anthropomorphismuskritische Position ist in der Regel argumentativ in der Vorhand. Sie greift unser natürliches Selbstverständnis an. Die zweite, weil sie nur das, was wir ohnehin wissen, verteidigt, ist reaktiv. Sie kommt dann, wenn der Verblüffungseffekt der ersteren verflogen ist.

Zurzeit haben wir es zu tun mit einer neuen Offensive des szientistischen Materialismus. Die Erfolge der Genetik einerseits, der Neurowissenschaften andererseits haben zu einem Machtrausch geführt, der glaubt, das menschliche Selbstverständnis als das eines freien und wahrheitsfähigen Wesens definitiv als Illusion entlarvt zu haben und rationale Argumente, die ihm widersprechen, nicht mehr anhören zu müssen. So schreibt Daniel Dennett:»Die grundlegend antiwissenschaftliche Haltung des Dualismus ist meines Erachtens das ihn am meisten disqualifizierende Merkmal und der Grund dafür, dass ich mich beim Verfassen dieses Buches einem Dogma unterwerfe: Ich werde den Dualismus *um jeden Preis* vermeiden. Dabei habe ich nicht einmal ein Argument zur Hand, das ihn grundsätzlich widerlegen würde. Aber ich meine, *dass die wissenschaftliche Annäherung an das Bewusstsein aufgegeben ist, wenn man den Dualismus akzeptiert.*«[1] Die Gigantomachie ist an einem Punkt angelangt, wo Szientismus und Rationalität zu Gegensätzen geworden sind. Und logische Gigantomachien müssen letzten Endes entschieden werden durch Einsicht in die Verteilung der Beweislast. Diese aber ist nicht symmetrisch. Denn wir leben ja immer schon in einer ausgelegten Welt. Anders gäbe es keine Sprache. Aber die oberste Metasprache ist und bleibt die natürliche. Wer unser»natürliches« Selbstverständnis zur Illusion erklärt, der trägt die volle Beweislast für seine Argumente. Und die kann er nicht tragen. In dem hier vorgelegten Band sind erdrückende Gegenargumente gegen den physikalistischen Monismus versammelt. Sie werden freilich die Debatte nur weiterbringen, wenn sie – entgegen Daniel Dennett – zur Kenntnis genommen werden.

Die antiphysikalistischen Argumente sind sich einig in dem, was sie verneinen, nicht in den Alternativen, die sie vorschlagen. Der szientistische Monismus nennt seine Gegner»Dualisten«, und zwar deshalb, weil sie die Unrückführbarkeit sogenannter mentaler auf sogenannte physikalische Prädikate behaupten. Als Vertreter des Dualismus gelten

---

[1] Daniel Dennett: *Philosophie des menschlichen Bewusstseins.* Hamburg 1994, S. 58, Kursivierung von D. D.

Platon und Descartes, vor allem aber Descartes mit seiner Zweiteilung der Welt in ausgedehnte Materie einerseits, Bewusstsein andererseits. Dualisten in diesem Sinn waren im 20. Jahrhundert zum Beispiel der Begründer des sogenannten Kritischen Rationalismus Karl Popper und der Neurowissenschaftler und Nobelpreisträger John Eccles. Der cartesische Dualismus von Bewusstseinssubjekt und ausgedehntem materiellen Objekt beruht aber auf der Preisgabe einer entscheidenden mittleren Kategorie, die seit Platons *Sophistes* bis ins 15. Jahrhundert maßgebend war, nämlich der des Lebens. Leben aber, so heißt es bei Aristoteles, ist »das Sein des Lebendigen«. Auch das Sein selbstbewusster Wesen ist nicht Selbstbewusstsein, sondern Leben. Auch schlafende Menschen sind Menschen und sind dieselben, die nach dem Schlafen wieder aufwachen. Denken ist nicht der Geist in einer Maschine, sondern eine Weise, ja die höchste Weise des Lebendigseins. Maschinen denken nicht, weil sie nicht erleben, dass sie denken. Der Physikalismus irrt nach dieser Auffassung nicht, weil er materielle Ursachen seelischer Zustände annimmt, sondern weil er die Reaktion von Lebewesen physikalisch und nicht biologisch erklärt. Aber Lebewesen sind nicht bloße Transformatoren deterministischer physikalischer Prozesse, die durch sie gewissermaßen nur hindurchlaufen, sondern sie sind selbst Entitäten, die ihren eigenen spezifischen Determinanten folgen. Angst ist nicht definiert durch einen bestimmten Hirnzustand, aber sie kann durch Manipulation eines solchen Zustandes induziert werden. Wo es sich allerdings um bewusstes Leben handelt, das intentionaler Akte fähig ist, da walten geistige Gesetzmäßigkeiten, die auch nicht auf biologische reduziert werden können. Ein zwingender mathematischer Beweis zwingt nicht durch einen vitalen Impuls, sondern durch seine Logik. Ich denke, dass jeder, der an dieser Debatte teilnimmt, Husserls Aufsatz »Über den Psychologismus in der Logik« gelesen haben sollte.

Aber nun gerate ich unversehens in die Rolle des Teilnehmers dieser Debatte. Das vorliegende Buch verführt mich dazu, und es sollte viele dazu verführen.

»Daran erkenn ich den gelehrten Herrn!
Was ihr nicht tastet, steht euch meilenfern,
Was ihr nicht fasst, das fehlt euch ganz und gar,
Was ihr nicht rechnet, glaubt ihr, sei nicht wahr,
Was ihr nicht wägt, hat für euch kein Gewicht,
was ihr nicht münzt, das, meint ihr, gelte nicht.«[1]

Einleitung

Der enorme Erfolg der modernen Wissenschaften und insbesondere der Physik führten in der Philosophie dazu, dass man annahm, die Physik habe auch über ihre methodologischen Grenzen hinaus einen Erklärungswert. Bisweilen gipfelte diese These in der Annahme, die Physik sei der fundamentale Wirklichkeitszugang und alles, was existiert, muss direkt oder indirekt aus physikalischen Entitäten und physikalischen Gesetzmäßigkeiten ableitbar sein. Der Philosoph Jaegwon Kim hat dies so formuliert:

»[P]hysicalism is the idea that all things that exist in this world are bits of matter and structures aggregated out of bits of matter, all behaving in accordance with laws of physics, and that any phenomenon of the world can be physically explained if it can be explained at all.«[2]

Diese These wurde wohl zuallererst im Wiener Kreis vertreten, deren Vertreter behaupteten, dass sich alle Sachverhalte auf physikalische Sachverhalte zurückführen lassen müssen. Diese Position nennt man auch heute noch gemeinhin Physikalismus, auch wenn sich das innerphysikalistische Spektrum erweitert hat, und es mittlerweile auch Physikalismen gibt, die sich nicht mehr explizit auf die Physik als Begründungsinstanz berufen möchten.[3]
Innerhalb der Philosophie ist der Physikalismus in seinen verschiedenen Spielarten mittlerweile zu einer dominanten Überzeugung geworden, wie wiederum Kim belegt: »There seems no credible alter-

---

[1] Goethe: *Faust II*, 4917–4922.
[2] Kim (2005), 149 f.
[3] Vgl. z. B. Nimtz (2009).

native to physicalism as a general worldview. Physicalism is not the whole truth, but it is the truth near enough.«[4] Es gibt Phänomene und Bereiche, die sich einer physikalistischen Reduktion hartnäckig und anscheinend prinzipiell widersetzen. Die daraus entstandene kritische Diskussion über die grundsätzlichen Fragen, wie sich der Physikalismus überhaupt methodisch rechtfertigen lässt, welche Voraussetzungen er hat, welche Grenzen der Erklärungskraft ihm prinzipiell gesetzt sind und welche Alternativen es zu ihm gibt, soll in diesem Sammelband in verschiedenen Perspektiven fortgeführt werden.

Besonders in der Philosophie des Geistes ist diese physikalistische Tendenz spürbar, was man anhand einer weltweiten von David Chalmers durchgeführten Umfrage ersehen kann: 64,2 Prozent der Philosophieprofessoren gaben dort an, dass ihre eigene Position physikalistisch sei. So beeindruckend diese Zahlen die Vorstellungen in der Philosophie widerspiegeln, sie sollten nicht darüber hinweg täuschen, dass es sich bei dem Physikalismus nicht um das unbezweifelbare Ergebnis oder eine alternativlose Konsequenz einer Wissenschaft handelt, sondern um eine philosophische Position, die philosophische Definitionen und Argumente für ihre Wahrheit benötigt. Schon die Debatten innerhalb des physikalistischen Spektrums der letzten Jahre machen deutlich, dass es Diskussionsbedarf gibt.

Möglicherweise besteht die Attraktivität des Physikalismus darin, »dass er ein einfaches, einheitliches und vollendbares Bild der Wirklichkeit entwirft, einer Wirklichkeit, die sich mit den exakten Methoden der Physik immer genauer und immer vollständiger erkennen lässt und in der sich alle Phänomene einheitlich erklären.«[5]

Aber genau dieser Bezug auf die Physik – das ist in den Diskussionen immer deutlicher geworden – erscheint problematisch. Denn erstens scheint die multiple Realisierung von komplexen Eigenschaften die Pluralität der Wissenschaften zu legitimieren, so dass bestimmte naturwissenschaftliche Untersuchungsebenen wie die der Biologie oder Psychologie sich nicht auf Physik reduzieren lassen. Und zweitens scheint der relationale Charakter der physikalischen Beschreibung eine wesenhafte Beschreibung des Physischen auszulassen, wie schon Bertrand Russell bemerkte:

---

[4] Kim (2004), 146.
[5] Kutschera (2003), 22.

»Thus we find that, although the *relations* of physical objects have all sorts of knowable properties [...] the physical objects remain *unknown in their intrinsic nature*, so far at least as can be discovered by means of senses.«[6]

Diese Relationen werden in der Sprache der Mathematik beschrieben:

»Physics is mathematical not because we know so much about the physical world, but because we know so little [...] it is only its mathematical properties that we can discover. For the rest, our knowledge is negative.«[7]

Die Physik fragt nicht danach, *was* bestimmte Entitäten sind – sie fragt einzig danach, *wie* sich solche Objekte verhalten und *wie* sie in Relation zueinander stehen. Wenn sich dies so verhält, welche Begründung lässt sich dann noch für die Wahrheit des Physikalismus ins Feld führen? Gibt es in der Physik Erkenntnisse, die die bisherigen Voraussetzungen des Physikalismus, der meist auf Vorstellungen der klassischen Physik beruht, kritisch hinterfragen? Wie lassen sich prinzipiell die Erklärungslücken hinsichtlich des Bewusstseins schließen, das sich hartnäckig einer physikalistischen Reduktion entzieht? Welche begründeten Alternativen zum Physikalismus gibt es, die gerade auch in der Geist-Gehirn-Debatte die genannten Schwierigkeiten vermeiden können?

In drei Kapiteln greifen die hier versammelten Beiträge diese Fragen aus verschiedenen Perspektiven auf, um die kritische Diskussion weiterzuführen. Die Beiträge des ersten Kapitels beleuchten vor allem die Sackgassen des physikalistischen Weltbildes. Das zweite Kapitel diskutiert Probleme der aktuellen Geist-Gehirn-Debatte. Im dritten und abschließenden Kapitel wird der Themenkomplex Physikalismus, Natur und Evolution erörtert.

Uwe Meixner eröffnet mit seinem Aufsatz *Das Elend des Physikalismus in der Philosophie des Geistes* den Reigen der Beiträge. Meixner greift die von einigen Philosophen vorgenommene Unterscheidung zwischen einem reduktiven und einem nichtreduktiven Physikalismus auf, wobei die erstere Variante davon ausgehe, dass alle mentalen Ereignisse physisch sind. Nach Meixner sprechen wichtige philosophische Gründe und lebensweltliche Phänomene hiergegen, weshalb auch die Behauptung, »die« Wissenschaft fordere den Physikalismus, für

---

[6] Russel (1912), 34.
[7] Russell (1927), 125.

den Autor zu den »geistesgeschichtlich krassesten Fällen von metaphysischem Dogmatismus« zählt. Meixners Augenmerk richtet sich auf diejenigen Vertreter des nichtreduktiven Physikalismus, die davon ausgehen, ihre Version des Physikalismus sei plausibler als ein reduktiver Physikalismus, da sie annehmen, es gebe durchaus mentale Ereignisse, die nicht physisch sind. Meixner argumentiert, dass sich in diesem Fall nur eine Alternative auftue: Entweder ehrliche (d. h. reduktive) Physikalisten zu werden (wogegen die eingangs genannten Gründe sprechen) oder sich ehrlich zum Dualismus zu bekennen, dessen Attraktivität er herausstellt. Vor diesem Hintergrund stellt Meixner auch einige sozio-psychologische Überlegungen an, warum so viele Philosophen sich angesichts der von ihm herausgearbeiteten Schwierigkeiten zum Physikalismus bekennen.

Regine Kather zeigt in ihrem Beitrag Sinn im Sinnlichen – oder: Wie weit ist das Physische physikalisierbar? Argumente auf, die gegen eine ausnahmslos physikalische Deutung physischer Prozesse im Bereich des Lebendigen sprechen. In einem ersten Schritt erläutert sie die Grundzüge der naturwissenschaftlichen Methodik. Stärken der naturwissenschaftlichen Forschungsweise werden hier ebenso genannt wie die Zirkularität eines Forschungsprogramms, das alles physikalistisch zu erklären beabsichtigt. In einem zweiten Schritt nimmt sie wichtige anthropologische Voraussetzungen (naturwissenschaftlichen) Forschens in den Blick: Dies ist für Kather vor allem die Dimension der erlebten Leiblichkeit und die Beziehung von Ich und Du. Es kommt ihr darauf an zu zeigen, dass es sich bei unseren qualifizierten Wahrnehmungen ebenso wie bei Zielen, die wir verfolgen, nicht um Phänomene handelt, die man ohne weiteres ausschließlich einer Innenwelt zuordnen kann. Intentionalität vermag sich, so Kather, im physischen Leib auszudrücken. »[F]ür jedes wissenschaftliche Unternehmen sind mündliche und schriftliche Diskussionen über Hypothesen und Theorien unverzichtbar. Sie beruhen nicht auf physiologischen Mechanismen, sondern dem leiblichen Ausdruck von Gedanken im Medium von Symbolen«, so die Philosophin. Handeln versteht sie in diesem Zusammenhang nicht als bloße Reaktion auf Reize, sondern als Antworten auf eine bedeutungsvoll erlebte Situation. Kather fragt in einem dritten Schritt, wie wir zu einem angemessenen Verständnis der Natur gelangen können, wie das Verhältnis des Menschen zur Natur bestimmt werden kann. »Unter evolutionärer Perspektive«, so Regine Kather, sei es legitim, »von der Selbsterfahrung von Subjektivität bei uns auf das Vorhandensein von Subjektivität in nicht-menschlichen Lebewesen zu extrapolieren.« Ausgehend von der Überlegung, dass bereits Darwin aus der Verwandtschaft von Mensch und Tier nach ethischen Konsequenzen gefragt habe, erörtert die Autorin schließlich die Frage einer ethischen Bewertung nichtmenschlicher Lebewesen.

In seinem Beitrag sieht **Hartmann Römer** die Relation der *Verschränkung*, die in der Quantenphysik eine fundamentale Größe darstellt, als Mittel, über ein mechanistisches Weltbild hinauszukommen, in dem als Kausalrelationen nur Wirkursachen zugelassen werden. In der Verschränkungsrelation werden die in Beziehung stehenden Teilsysteme nicht mehr wirkursächlich geordnet, sondern durch eine einheitstiftende Gesamtgestalt. Insofern gilt hier der oft zitierte Grundsatz, dass die Summe eines Systems mehr ist als die Summe seiner Teile. Römer untersucht anschließend Phänomene außerhalb der Physik, die als Kandidaten für diese Art der Verschränkungsrelation gelten können wie z. B. die Gegenübertragung in der Psychologie, synchronistische Erscheinungen, bestimmte Phänomene in der Evolutionstheorie und Soziologie. Dabei verwendet Römer eine verallgemeinerte Quantentheorie, die über die physikalische Quantentheorie hinausgeht, bei der aber quantenartige Effekte wie Komplementarität und Verschränkung über den engeren Bereich der Physik hinaus formal definierbar und anwendbar bleiben. Römer kommt zu dem Schluss, dass diese nicht kausalen Verschränkungsrelationen Aspekte der Wirklichkeit sind, die mindestens ebenso wichtig sind wie wirkursächliche Beziehungen.

Wenn man Marcel Reich-Ranicki Glauben schenken will, dann gehören Goethes *Wahlverwandtschaften* und der im Jahr 1924 von Thomas Mann veröffentlichte Bildungsroman *Der Zauberberg* zu den schönsten und wichtigsten deutschen Romanen. **Peter beim Graben** liest Manns *Zauberberg* aus dem Blickwinkel des Naturwissenschaftlers und bringt in seinem Beitrag *Naphtas Visionen. Perspektivität in der Naturwissenschaft* die Überlegungen des asketischen Jesuiten Naphta, der neben dem Literaten Lodovico Settembrini zum Mentor des Protagonisten Hans Castorp wird, in einen Dialog mit modernen naturwissenschaftlichen Entwicklungen. Hierbei erweist sich für beim Graben die Unvereinbarkeit von Naturwissenschaft und Physikalismus.

Thomas Fuchs plädiert in seinem Beitrag *Wider den Dualismus von ›Mentalem‹ und ›Physischem‹* dafür, den zerebrozentrischen, also ganz auf das Gehirn fokussierten Physikalismus zu überwinden, der dem Gehirn weder aus naturwissenschaftlicher noch phänomenologi-

17

scher Sicht gerecht werde, und die Dimension des lebendigen Organismus in den Blick zu nehmen:»Der lebendige Organismus [...] ist die Mitte, die wir zwischen mentalen und physischen Prozessen wieder einsetzen müssen, damit wir das Gehirn wieder angemessen begreifen können«, so Fuchs. Subjektivität müsse in diesem Zusammenhang als »verkörperte Subjektivität« verstanden werden. Fuchs beleuchtet drei Dimensionen dieser Verkörperung: Die Interaktionen von Gehirn und Körper, die Interaktionen von Gehirn, Körper und Umwelt und schließlich zwischenmenschliche Interaktionen.

In seinem Beitrag *Zum Problem der Physikalisierung des Bewusstseins. Was der Physikalismus nicht erklären kann* untersucht **Tobias Müller** die Grundannahmen eines modernen Physikalismus und das hier vorausgesetzte Verständnis mentaler Eigenschaften.»So schön und einfach eine physikalistische Weltanschauung auch sein mag – denn schließlich reduziert sie eine Pluralität von Erfahrungen und Erscheinungen auf basale und einfache Strukturen –, beim genaueren Hinsehen ergeben sich jedoch Begründungsschwierigkeiten«, so Müller. Er erörtert die Frage, ob und wenn ja wie es physikalistischen Autoren möglich sein kann, die so genannten phänomenalen Eigenschaften des Bewusstseins (also: wie es sich z. B. anfühlt, ein bestimmtes Erlebnis zu haben) zu erklären. Die hier entwickelten Argumente machen die Schwachstellen physikalistischer Interpretationen deutlich.

Marcus Knaup geht in seinem Beitrag *Jenseits von Physikalismus und Dualismus! Der Hylemorphismus als wirkliche Alternative in einem aktuellen Streit* davon aus, dass eine Gemeinsamkeit von physikalistischen und dualistischen Positionen darin besteht, dass mentale und physische Phänomene trennscharf auseinander gerissen werden, während Dualisten die so entstehende Dichotomie Mental versus Physisch verteidigen und für den Bereich des Mentalen weder notwendige noch hinreichende Bedingungen annehmen und Physikalisten davon ausgehen, mentale Zustände würden in jedem Fall aus hinreichenden physischen Bedingungen hervorgehen. Knaup ist der Ansicht, dass dies der Einheit der Lebensäußerungen von Lebewesen nicht gerecht wird und fragt daher nach einer verantwortbaren Gegenposition zu physikalistischen und dualistischen Ansätzen. Hierbei erweist sich für Knaup der aristotelische Hylemorphismus als tragfähige Alternative.

Jeden Tag, so ist **Josef Quitterer** überzeugt, gehen wir von der Annahme unserer Identität über die Zeit aus. Wir nehmen an, dieselben zu bleiben, obgleich es doch offensichtlich ist, dass wir uns verändern. Wie kann dies erklärt werden? In seinem Beitrag *Was leistet der Seelenbegriff zur Überwindung physikalistischer Deutungen personaler Identität?* nimmt er zunächst physikalistische Versionen personaler Identität unter die Lupe. »Die physikalistische Deutung unseres Weiterlebens als Kontinuität geistiger Ereignisse steht in offensichtlichem Widerspruch zu dem, was wir tatsächlich voraussetzen, wenn wir hoffen, weiterzuleben« – wie Quitterer feststellt. In einem zweiten Schritt fragt Quitterer daher nach postphysikalistischen Deutungen personaler Identität unter besonderer Berücksichtigung der Überlegungen von Richard Swinburne und Rudder Baker. In einem dritten Schritt rekurriert er auf den Seelenbegriff der aristotelischen Philosophie zur adäquaten Rekonstruktion personaler Identität.

Schon Platon habe, so **Franz von Kutschera**, in der Verhältnisbestimmung von Seelisch-Geistigem zum Physischen das wichtigste Problem der Philosophie gesehen. Angesichts moderner Entwicklungen stelle sich dieses Problem in besonderer Schärfe. Von Kutschera präsentiert ein Argument, das sowohl auf Supervenienzbegriffe als auch auf Begriffe der Mengenlehre verzichten kann: *Das Leibniz-Gesetz*, das seinem Beitrag auch den Namen gibt: Lassen sich aus physikalischen Aussagen logisch Aussagen über Mentales ableiten? Von Kutschera beantwortet in seinem Beitrag diese Frage.

Gustav Bernroider legt in seinem Beitrag *Über die intrinsischen Eigenschaften physikalischer Systeme und die Grenzen des Neuralismus* eine Interpretation der Physik vor, wonach Erfahrung als die eigentliche Domäne der Physik zu verstehen sei, ja Erfahrung selbst als eigentliche Wirklichkeit aufgefasst werden müsse. So genannte »physikalische Zeugen« dieser Wirklichkeit könne man in unseren Gehirnen ausmachen: »Das Gehirn ist das entscheidende Organ für bewusste Wahrnehmung *wie* wir sie haben, aber *im* Gehirn selbst haben wir keine bewusste Wahrnehmung: im Gehirn finden wir nur die physikalischen Zeugen einer bewussten Wahrnehmung.« Bernroider geht auf wichtige Ergebnisse der Quantenphysik ebenso ein wie auf Forschungen zu neuronalen Korrelaten des Bewusstseins (NCC).

Mit einem Beitrag von **Vittorio Hösle** wird das dritte Kapitel dieses Sammelbandes eröffnet, das den Themenkreis Physikalismus, Natur und Evolution beleuchtet. Auch nach inzwischen mehr als 150 Jahren seit der Erstveröffentlichung von Charles Darwins Hauptwerk *The Origin of Species* ist die Frage nach der Vereinbarkeit von Evolutionslehre und Theismus ein Dauerbrenner. Von sich reden macht z. B. der Evolutionsbiologe Richard Dawkins, der landauf landab die Ansicht verkündet, die Evolution würde den Atheismus beweisen. In seinem Beitrag mit dem Titel *Weshalb teleologische Prinzipien eine Notwendigkeit der Vernunft sind. Natürliche Theologie nach Darwin* untersucht Hösle zunächst die religiösen Ideen und Überzeugungen Charles Darwins. »In den Jahren seiner Reise um die Welt dachte er [Darwin] ernsthaft über religiöse Fragen nach und kam zu dem Schluss, dass seine Theorie keinen Atheismus impliziert«, so Hösle. In einem zweiten Schritt diskutiert Hösle den Versuch Asa Grays, Evolutionsdenken und Gottesglaube in Einklang zu bringen. Hieran schließt sich eine Argumentation des Autors an, wonach eine teleologische Sichtweise der Natur nach der »Darwinischen Revolution« nicht nur möglich, sondern geradezu eine Notwendigkeit darstelle. Die Übersetzung dieses Aufsatzes aus dem Englischen hat **Patrick Spät** übernommen.

Spyridon Koutroufinis präsentiert in seinem Beitrag *Die innere Seite des Organismus – zur Idee des Panprotopsychismus* eine ebenso altehrwürdige wie moderne nichtphysikalistische Theorie: Den Panprotopsychismus, der in der Lesart von Koutroufinis psychische Aktivität und Teleologie allen Organismen zuschreibt. »Darwin selbst und einige führende Biologen des 20 Jahrhunderts [würden] dem Panprotopsychismus wesentlich offener gegenüber stehen […], als es die meisten Biologen und Philosophen der Biologie gegenwärtig tun«, wie Koutroufinis zu zeigen beabsichtigt.

In seinem Aufsatz *Physikalismus und evolutionäre Erklärungen* hebt **Godehard Brüntrup** hervor, dass die Natur doch komplexer zu sein scheint, als es die reduktiv physikalistische Metaphysik zulässt. »Die Evolutionstheorie«, so Brüntrup, enthalte »Ideen, die mit dem physikalistischen Weltbild nur schwer verträglich sind«. Brüntrup sucht nach einer Antwort auf die Herausforderung des Physikalismus, die stimmig mit der Evolutionslehre ist und wonach bewusstes Erleben und Intentionalität nicht auf mysteriöse Weise aus geistloser Materie emergieren müssen. Es spricht seiner Ansicht nach viel dafür, dass die grundlegenden Entitäten, aus denen das Universum aufgebaut ist, (proto-) mentale Eigenschaften aufweisen.

Patrick Spät argumentiert in seinem Beitrag *Zur Würde des Lebendigen*, dass der traditionelle Würde-Begriff zu kurz greift. Nicht nur Menschen haben eine Würde, sondern auch Tiere und Ökosysteme. Unter dem modernen naturwissenschaftlichen Blickwinkel er-

scheint die Natur als ein wertloser Materiehaufen; die Folge ist eine
»maßlose Ausbeutung des Planeten Erde als ›Bergwerksmine des Menschen‹«, so Spät. Ausgehend von Hans Jonas versucht Spät, den Würde-Begriff auf alles Lebendige auszudehnen – einerseits aus theoretischer Notwendigkeit, andererseits, um der Ausbeutung der Natur
Einhalt zu gebieten. Abschließend fordert und formuliert Spät einen
neuen »Kategorischen Imperativ der Würde des Lebendigen«.

Die Herausgeber

Literatur

Kim, J. (2004): The mind-body problem at century's turn, in: *The Future for Philosophy*, hrsg. von B. Leiter. New York, 129–152.
Kim, J. (2005): *Physicalism, Or Something Near Enough*. Princeton.
Kutschera, F. von (2003): *Jenseits des Materialismus*. Paderborn.
Nimtz, C. (2009): ›Physisches‹ und Multi-Realisierbarkeit, oder: zwei Probleme
für den Physikalismus gelöst, in: *Physikalismus – Willensfreiheit – Künstliche
Intelligenz*, hrsg. von J. G. Michel / M. Backmann. Paderborn.
Russell, B. (1912): *The Problems of Philosophy*. Oxford ²1997.
Russell, B. (1927): *An Outline of Philosophy*. London 1992.

I. Ist alles physikalisierbar? Die Grenzen des physikalischen Weltbildes

Das Elend des Physikalismus in der Philosophie des Geistes

Uwe Meixner

Es war einmal – in der guten alten Zeit, die noch nicht lange her ist –, dass *der Physikalismus* – oder, geschichtsbewusst gesprochen, *der Materialismus* – eine vollkommen geradlinige Angelegenheit war: In der Philosophie des Geistes bestand er in der These, dass jede mentale Entität physisch ist, also dass jede mentale Eigenschaft, jedes mentale Ereignis, jede mentale Substanz (wenn es dergleichen gibt) physischer Natur ist. Das war hinreichend klar, aber für kaum jemanden *überzeugend*. Merkwürdigerweise klang der Physikalismus viel überzeugender, wenn beispielsweise die These, dass jede mentale Eigenschaft physisch ist, als die These reformuliert wurde, dass jede mentale Eigenschaft mit einer physischen Eigenschaft *identisch* ist. Diese zweite These ist logisch äquivalent mit der ersten; aber egal, die zweite These klang überzeugender als die erste, und aus diesem Grund wurde sie – von denen, die Physikalisten sein wollten – der ersten vorgezogen und brachte es sogar dahin, als eine »Theorie« bezeichnet zu werden: *die Identitätstheorie.*

Es dauerte nicht lange, und es gab nicht nur eine Identitätstheorie, sondern zwei: Die eine wurde als »Typen-Identitätstheorie« (engl. »type-identity theory«) bezeichnet und deckte sich mit dem, was vormals als »die Identitätstheorie« bezeichnet worden war; die andere wurde »Vorkommnis-Identitätstheorie« (engl. »token-identity theory«) genannt. Als diese Spaltung der Identitätstheorie geschah, fing der Physikalismus an, keine so geradlinige Angelegenheit mehr zu sein; denn einige, die Physikalisten sein wollten, meinten zwar einerseits, dass die Typen-Identitätstheorie falsch sei, meinten aber andererseits auch, dass sie dennoch *gute Physikalisten* sein konnten – nämlich indem sie einfach nur noch an die Vorkommnis-Identitätstheorie glaubten.

Leider schien der Physikalismus auch dann noch nicht völlig überzeugend zu sein, wenn er auf die Vorkommnis-Identitätstheorie heruntergeschraubt wurde, d. h. auf die These, dass jedes mentale Ereignis (Vorkommnis) identisch mit einem physischen Ereignis ist, oder kürzer gesagt: dass jedes mentale Ereignis physisch ist. Folgerichtig entfernte man sich weiter vom geradlinigen Weg. Auf der einen Seite stand der ganz und gar unverhandelbare Drang, ein Physikalist zu sein, auf der anderen Seite das entschiedene Bedürfnis, dem Physikalismus eine überzeugendere Begründung zu geben, als ihm bisher zuteil geworden war. Das Ergebnis war, dass viele, die Physikalisten sein wollten, meinten, dass sie *gute Physikalisten* schon dann sein konnten, wenn sie bloß glaubten, dass jedes mentale Ereignis mit einem physischen Ereignis *identifizierbar* ist. Man könnte diese Lehre als die »Vorkommnis-*Identifizierbarkeit*stheorie« bezeichnen, aber, soviel ich weiß, hat niemand sie jemals so genannt. Denn anstatt ihre Position mithilfe des Begriffs der Identifizierbarkeit zu charakterisieren, zogen jene, die Vorkommnis-Identifizierbarkeitsphysikalisten sein wollten, es vor, zur Charakterisierung ihrer Position den Begriff der *Reduzierbarkeit* zu verwenden, und betrachteten sich dementsprechend als *reduktive Physikalisten* hinsichtlich mentaler Ereignisse. Der Unterschied ist nur verbal; denn wenn das mentale Ereignis X auf das physische Ereignis Y (ontologisch) *reduzierbar* ist,[1] dann ist das mentale Ereignis X mit dem physischen Ereignis Y *identifizierbar*, und umgekehrt.

Es dauerte nicht lange, und nicht einmal der *reduktive Physikalismus* hinsichtlich mentaler Ereignisse schien noch völlig überzeugend. Da jedoch nach wie vor viele Denker Physikalisten sein wollten, erfanden sie alsbald den *nichtreduktiven Physikalismus* und glaubten nun, dass sie *gute Physikalisten* auch dann sein konnten, wenn sie nur noch *nichtreduktive Physikalisten* hinsichtlich der mentalen Ereignisse waren. Dieser Glaube ist, wie ich darlegen werde, *illusionär*. Aber zunächst werde ich mich auf den reduktiven Physikalismus konzentrieren. Im Folgenden wird dabei die Bezeichnung »reduktiver Physikalismus« abkürzend für »reduktiver Physikalismus hinsichtlich mentaler Ereignisse« stehen, und entsprechend dann später in diesem Aufsatz die Bezeichnung »nichtreduktiver Physikalismus« abkürzend für

---

[1] Ausschließlich *die ontologische Reduzierbarkeit* soll hier betrachtet werden. Diese Beschränkung ist gerechtfertigt, da andere Formen von Reduzierbarkeit (explanatorische Reduzierbarkeit, linguistische Reduzierbarkeit, theoretische Reduzierbarkeit) nur insoweit für Physikalisten von Interesse waren und sind, als sie meinen, dass diese Reduzierbarkeiten *die ontologische Reduzierbarkeit* implizieren oder wenigstens nahelegen.

»nichtreduktiver Physikalismus hinsichtlich mentaler Ereignisse«. Selbstverständlich gibt es auch den reduktiven bzw. nichtreduktiven Physikalismus *hinsichtlich mentaler Eigenschaften*. Ich konzentriere mich aber auf mentale Ereignisse, denn wenn der reduktive und der nichtreduktive Physikalismus hinsichtlich mentaler Ereignisse nicht haltbar sind, dann sind sie es gewiss auch nicht hinsichtlich mentaler Eigenschaften.

Der reduktive Physikalismus steht vor einem fundamentalen Dilemma. Das Dilemma ist das folgende: Betrachten wir das mentale Ereignis X und das physische Ereignis Y. Entweder ist X identisch mit Y, oder X ist nicht identisch mit Y. Wenn X identisch mit Y ist, dann ist die Reduktion von X auf Y (die Identifizierung von X mit Y) überflüssig (obwohl trivialerweise durchführbar); wenn jedoch X nicht identisch mit Y ist, dann ist die Reduktion von X auf Y (die Identifizierung von X mit Y) falsch. Folglich ist der reduktive Physikalismus falsch, wenn die Vorkommnis-Identitätstheorie falsch ist, und er ist überflüssig, wenn die Vorkommnis-Identitätstheorie wahr ist. *Folglich ist der reduktive Physikalismus entweder falsch oder überflüssig.*

Beweis:
Angenommen, der reduktive Physikalismus ist wahr. Folglich ist es wahr, dass jedes mentale Ereignis auf ein physisches Ereignis reduzierbar ist. Folglich ist es wahr, dass jedes mentale Ereignis mit einem physischen Ereignis identifizierbar ist. Folglich ist es für jedes mentale Ereignis wahr, dass es nicht falsch ist, es mit einem physischen Ereignis zu identifizieren. Folglich ist es wahr, dass jedes mentale Ereignis mit einem physischen Ereignis identisch ist (denn sonst wäre es eben falsch, es mit einem physischen Ereignis zu identifizieren). Folglich ist die Vorkommnis-Identitätstheorie wahr. Demnach: Wenn der reduktive Physikalismus wahr ist, dann ist die Vorkommnis-Identitätstheorie auch wahr, oder mit anderen Worten: Wenn die Vorkommnis-Identitätstheorie falsch ist, dann ist der reduktive Physikalismus ebenfalls falsch.

Angenommen, umgekehrt, die Vorkommnis-Identitätstheorie ist wahr. Folglich ist es wahr, dass jedes mentale Ereignis mit einem physischen Ereignis identisch ist. Folglich ist es für jedes mentale Ereignis wahr, dass es überflüssig ist, es mit einem physischen Ereignis zu identifizieren (da es ja schon identisch mit einem physischen Ereignis ist). Folglich ist es für jedes mentale Ereignis wahr, dass es überflüssig ist, es auf ein physisches Ereignis zu reduzieren (da es ja schon ein physisches Ereignis ist). Daher ist der reduktive Physikalismus unter der Annahme der Wahrheit der Vorkommnis-Identitätstheorie trivialerweise wahr derart, dass er eine überflüssige Hinzufügung zur Vorkommnis-Identitätstheorie darstellt.

Das geschilderte Dilemma bringt reduktive Physikalisten in eine prekäre Lage, da es doch gerade ihr mehr oder minder leiser Verdacht war, dass die Vorkommnis-Identitätstheorie falsch ist, der sie – gegeben ihren Drang, Physikalisten zu sein – die Überzeugung fassen ließ, dass wenigstens der reduktive Physikalismus wahr und, natürlich, *nicht* überflüssig ist. Aber das kann nicht sein. Denn wenn der reduktive Physikalismus wahr ist, dann ist die Vorkommnis-Identitätstheorie ebenfalls wahr (wie wir gerade gesehen haben) und der reduktive Physikalismus ist bloß eine überflüssige Hinzufügung zu ihr (wie wir gesehen haben). Somit bleibt reduktiven Physikalisten, die zunächst glaubten, dass ihre Position einen Fortschritt gegenüber der Vorkommnis-Identitätstheorie darstellt, am Ende nur übrig, reuevoll zur Vorkommnis-Identitätstheorie zurückzukehren – was jedoch bedeutet, dass jede Notwendigkeit, von reduktivem Physikalismus zu reden, gänzlich verschwindet. Es gibt eben keinen Bedarf für die Reduktion mentaler Ereignisse auf physische Ereignisse (außer in einem trivialen Sinn), wenn mentale Ereignisse schon physische Ereignisse sind (wie von der Vorkommnis-Identitätstheorie behauptet wird).

Aber das größere Problem für reduktive Physikalisten, und für Physikalisten überhaupt, ist natürlich die Tatsache, dass die Vorkommnis-Identitätstheorie nicht wahr zu sein scheint. Diese Tatsache weist nämlich geradewegs in Richtung des Dualismus. Was ist in dieser bedrohlichen Situation zu tun? Ich werde alsbald die Hauptschwierigkeit betrachten, durch die die Vorkommnis-Identitätstheorie dem Zweifel unterliegt (gelinde gesagt). Doch ich möchte zunächst bemerken, dass sich viele, die Physikalisten sein wollten, von jener Schwierigkeit *durchaus beeindruckt* zeigten. Wurden manche dieser beeindruckten Physikalisten Dualisten? Wenn ja, dann nur wenige. Zweifellos die meisten von ihnen wollten immer noch Physikalisten sein und wandten sich entweder dem nichtreduktiven Physikalismus oder dem *eliminativen Physikalismus* zu. Auf den nichtreduktiven Physikalismus werde ich weiter unten eingehen; *hier* muss nun kurz über den eliminativen Physikalismus und seine Variante, den *eliminativ-reduktiven Physikalismus*, gesprochen werden.

Der eliminative Physikalismus (hinsichtlich mentaler Ereignisse) ist die Lehre, dass es keine mentalen Ereignisse gibt. Wenn dies wahr wäre, dann wäre die Vorkommnis-Identitätstheorie trivialerweise wahr; das ist einfach ein Faktum der elementaren Prädikatenlogik. Die schon erwähnte Hauptschwierigkeit der Vorkommnis-Identitätstheorie legt jedoch nahe, dass manche mentalen Ereignisse nicht in das Gebiet des Physischen integriert werden können. Folglich legt eben jene selbe Schwierigkeit erst recht nahe, *dass es mentale Ereignisse gibt*, und wenigstens dieses letztere Nahegelegte müsste doch, möchte man meinen, eine große Überzeugungskraft auch für diejenigen besitzen, die Physikalisten sein wollen. Denn würden nicht auch sie verständige Antworten geben, wenn der Arzt sie fragte, wann heute der Schmerz im rechten Fuß begonnen und wann aufgehört hat?

Der eliminative Physikalismus kann mit der Idee des Reduktionismus in der folgenden Weise verbunden werden: Obwohl es keine mentalen Ereignisse gibt, sagen die eliminativ-reduktiven Physikalisten, gibt es Ersatzereignisse für mentale Ereignisse, die vollkommen dafür geeignet sind, als Ersatzbezugsobjekte der singulären und generellen Terme zu dienen, die bislang noch auf mentale Ereignisse (im gewöhnlichen Sinn) Bezug nehmen *sollen*, aber dies tatsächlich nicht tun (weil es ja keine mentalen Ereignisse gibt). Die Ersatzereignisse für mentale Ereignisse sind *sozusagen identifizierbar* mit mentalen Ereignissen, oder um eigentlicher zu sprechen: sie haben die Rollen (die Funktionen) inne, die mentale Ereignisse innehaben *sollen*, die diese aber tatsächlich nicht innehaben noch jemals innehatten (da es sie schlicht nicht gibt). Dabei ist, sagen die eliminativ-reduktiven Physikalisten, mit der physischen Natur der Ersatzereignisse für mentale Ereignisse nicht das geringste Problem verbunden: diese Ersatzereignisse lassen sich *so* angeben, dass sie allesamt physischer Natur sind.

Der eliminativ-reduktive Physikalismus stellt allerdings gegenüber dem (einfachen) eliminativen Physikalismus keinen Fortschritt dar, da die Gründe gegen den eliminativen Physikalismus auch Gründe gegen den eliminativ-reduktiven Physikalismus sind. Diese Gründe sind zudem auch Gründe gegen den reduktiven Physikalismus im normalen Sinn (der oben schon besprochen wurde), da es eben Gründe sind, die gegen die gute, alte, geradlinige Vorkommnis-Identitätstheorie sprechen. Welche Gründe sind das? Sie laufen auf das Folgende hinaus: *Es scheint schlicht der Fall zu sein, dass es mentale Ereignisse (Vorkommnisse) gibt, die nicht physisch sind.* Es ist nicht schwierig, Beispiele von mentalen Ereignissen anzugeben, die aufgrund ihrer intrinsischen Natur offenbar nicht in die physische Welt eingefügt werden können. Hier ist ein solches Beispiel: mein gegenwärtiges visuelles (Gesamt-)Erlebnis. Wie könnte dieses Erlebnis – das ich verschwinden lassen kann, indem ich meine Augen schließe, aber an dessen Existenz ich nicht zweifeln kann, solange ich meine Augen nicht schließe – ein Teil der physischen Welt sein? Es kann kein Teil von dem sein, was außerhalb meines Körpers sich physisch ereignet, da ich keinen Teil dieses Bereichs des Physischen einfach dadurch verschwinden lassen kann, dass ich meine Augen schließe. Und es kann kein Teil von dem sein, was sich innerhalb meines Körpers ereignet, da kein Teil dieses Bereichs des Physischen eine Mannigfaltigkeit perspektivisch organisierter phänomenaler Farbe und Form ist, die intrinsisch eine komplexe intentionale Bedeutung für ein Erlebnissubjekt – für *mich* – mit sich führt. In der Tat: Nichts in der physischen Welt scheint mit meinem gegenwärtigen visuellen Erlebnis identisch zu sein. Aber dabei macht es doch zweifellos einen Teil des Kerns mentaler Phänomene aus, die eine sich selbst respektierende Psychologie *bewahren* (»*retten*«) muss; eine sich selbst respektierende Psychologie kann jenes Phänomen nicht leugnen, sie kann es nicht ignorieren, und sie kann es nicht durch etwas anderes ersetzen. Was bleibt einer sich selbst respektierenden Psychologie anderes übrig als anzuerkennen, dass wenigstens ein Teil ihres Gegenstands *nichtphysischer Natur* ist?

Diese Überlegungen scheinen ganz und gar einleuchtend. Aber anstatt sie zu akzeptieren, haben nicht wenige von denjenigen, die Physikalisten sein wollten (etwas anderes kam nicht in Frage), versucht, das manifeste Bild der Natur des Erlebens in Zweifel zu ziehen und die natürlicherweise sich ergebende Zuweisung der Beweislast *umzukehren*. Dabei haben sie sich, zumindest implizit, auf das eine oder andere *zirkuläre* Argument verlassen – auf ein Argument, das mehr oder minder wie eines der folgenden sieben ist:

(1) *Das Argument von der Verursachung*
Nur physische Ereignisse haben kausale Kraft.
Alle mentalen Ereignisse haben kausale Kraft.
Folglich: Alle mentalen Ereignisse sind physische Ereignisse.

(2) *Das Argument von der kausalen Geschlossenheit des Physischen – 1. Version*
Jedes mentale Ereignis verursacht irgendein physisches Ereignis, sei es auch ein noch so kleines.
Wenn etwas ein physisches Ereignis verursacht, so muss es selbst physisch sein.
Folglich: Jedes mentale Ereignis ist ein physisches Ereignis.

(3) *Das Argument von der kausalen Geschlossenheit des Physischen –*
2. Version
Jedes mentale Ereignis ist eine hinreichende Ursache für irgendein
physisches Ereignis, sei es auch ein noch so kleines.
Jedes physische Ereignis, das eine hinreichende Ursache hat, hat auch
eine hinreichende physische Ursache.
Jedes physische Ereignis hat nicht mehr als eine hinreichende (= genau
hinreichende) Ursache.
Folglich: Jedes mentale Ereignis ist ein physisches Ereignis.

(4) *Das Argument von der Identität der kausalen Rolle*
Jedes mentale Ereignis hat dieselben Ursachen und dieselben Wirkungen wie ein gewisses physisches Ereignis.
Ereignisse, die dieselben Ursachen und dieselben Wirkungen haben
(d. h.: dieselben kausalen Rollen haben), sind identisch.
Folglich: Jedes mentale Ereignis ist identisch mit einem physischen Ereignis.

(5) *Das Argument von der vollständigen Erklärbarkeit*
Jedes mentale Ereignis ist aufgrund physischer Bedingungen gänzlich
erklärbar.
Was gänzlich aufgrund physischer Bedingungen erklärbar ist, ist selbst
physisch.
Folglich: Jedes mentale Ereignis ist physisch.

(6) *Das Argument von der explanatorischen Überflüssigkeit*
Nichtphysische mentale Ereignisse haben keine explanatorische Funk-
tion.
Es gibt keine *F*s, wenn *F*s keine explanatorische Funktion haben.
Folglich: Jedes mentale Ereignis ist physisch.

(7) *Das Argument von der Erkennbarkeit*
Jedes mentale Ereignis ist etwas Nichtabstraktes und erkennbar.
X ist unerkennbar, wenn *X* etwas Nichtabstraktes und nichtphysisch ist.
Folglich: Jedes mentale Ereignis ist physisch.

Zu einigen dieser sieben Argumente seien Kommentare beigefügt:
    (I) In Diskussionen ist mir gesagt worden, dass die Kritik an den Argu-
menten (2) und (3) sich gegen Strohpuppen richte; angeblich habe kein ver-

nünftiger Physikalist jemals Argumente wie (2) und (3) vorgebracht. Dafür verantwortlich sei, in jedem der beiden Argumente, die erste Prämisse, welche für den Physikalismus unnötig sei. Diese Verteidigung des Physikalismus dürfte aber durch exzessives Fixiertsein auf wörtliche Formulierungen hervorgerufen sein. Mir scheint im Gegenteil, dass Argumente *wie* (2) *und* (3) sehr populär in der zeitgenössischen physikalistischen Philosophie des Geistes sind.[2] Wahr ist, dass in solchen Argumenten die zweite Prämisse gewöhnlich nicht explizit ausformuliert wird, sondern nur *benannt* wird, und zwar durch die mehrdeutige Bezeichnung »das Prinzip der kausalen Geschlossenheit der physischen Welt«. Und wahr ist, dass in Argumenten, die *im Geiste von* (2) *und* (3) sind, gewöhnlich mehrdeutige Aussagen wie »Mentale Ereignisse verursachen physische Ereignisse«, »Die Epiphänomenalität mentaler Ereignisse kann nicht befriedigen« oder »Der kausale Interaktionismus ist die einzig plausible Position hinsichtlich der Kausalität mentaler Ereignisse« als erste Prämisse gebraucht werden (sollen die angeführten Aussagen besagen, dass *manche* mentale Ereignisse ein physisches Ereignis verursachen, oder dass *jedes* mentale Ereignis ein physisches Ereignis verursacht?) und dass dann die Konklusion der Argumente in einer entsprechend mehrdeutigen Weise formuliert wird: »Mentale Ereignisse sind physisch« (bedeutet dies, dass *einige* mentale Ereignisse physisch sind, oder dass *jedes* mentale Ereignis physisch ist?). Jedoch können *reduktive Physikalisten* (und das heißt *letztlich*: Vorkommnis-Identitätstheoretiker, wie wir gesehen haben) es sich auch dann kaum leisten, die erste Prämisse zurückzuweisen, wenn sie *ganz genauso formuliert wird, wie sie hier formuliert worden ist* – denn ein mentales Ereignis, das *kein* physisches Ereignis verursacht, ist einem *nichtphysischen Ereignis* verdächtig ähnlich (denn, wenn es ein *physisches* Ereignis wäre, dann käme es wohl kaum darum herum, wenigstens *ein* physisches Ereignis zu verursachen).

(II) In verschiedenen Diskussionen ist gegen meine Kritik an Argument (4) ebenfalls der Einwand vorgebracht worden, dass es sich um ein »Strohpuppenargument« handle. Aber im Effekt ist es bei Davidson zu finden.[3] Wiederum sollte man sich nicht durch ein exzessives Fixiertsein auf wörtliche Formulierungen blenden lassen. *Funktionalistische* reduktive Physikalisten argumentieren *im Geiste von* (4), wenn sie darauf abstellen, dass Physisches gewisse kausale (oder funktionale) Rollen innehabe und das Mentale (dem *funktionalistischen Paradigma* gemäß) durch diese Rollen vollständig erfasst werde – Rollen aber, welche, wie explizit oder implizit vorausgesetzt wird (gewöhnlich letzteres), *nur von einer Sache* innegehabt werden können.[4] Auf den ersten Blick mag die erste Prämisse von (4) manchen Le-

---

[2] Was (3) angeht, vergleiche die Darstellung und Verweise, die in Crane (1995), 481, angegeben werden.

[3] Davidson (1980), 179.

[4] Für ein frühes Beispiel derartiger Argumentation siehe Lewis (1966).

sern so bizarr erscheinen, dass sie nicht glauben können, dass ein Physikalist sie vorbringen wird. Aber *reduktive Physikalisten* sind sogar dazu gezwungen, an die Wahrheit dieser Prämisse zu glauben, ob sie sie nun vorbringen oder nicht. Denn wenn ein mentales Ereignis nicht dieselben Ursachen und dieselben Wirkungen wie ein gewisses physisches Ereignis hätte, dann müsste es *nichtphysisch* sein (da es ja gewiss dieselben Ursachen und dieselben Wirkungen wie es selbst hat).

(III) (5) ist vielleicht dasjenige Argument, das heute die meisten Diskutanten für das stärkste unter den obigen sieben Argumenten halten. (Ich habe diesen Eindruck auch aus verschiedenen Gesprächen mit physikalistisch orientierten Denkern gewonnen.) Hat nicht die Wissenschaft – insbesondere die Wissenschaft vom Gehirn – bereits ohne jeden Zweifel gezeigt, dass jedes mentale Ereignis gänzlich durch physische Bedingungen erklärbar ist? – Aber wenn diese rhetorische Frage Zustimmung zu der Behauptung heischt, dass die Wissenschaft bereits *effektiv gezeigt* habe, dass jedes mentale Ereignis gänzlich durch physische Bedingungen erklärbar ist, dann muss diese Zustimmung verweigert werden. Denn die Wissenschaft hat bislang *nicht* effektiv gezeigt, dass jedes mentale Ereignis gänzlich durch physische Bedingungen erklärbar ist. Dabei gehe ich davon aus, dass das, was *mindestens* gemeint ist, wenn gesagt wird, dass ein mentales Ereignis gänzlich durch physische Bedingungen erklärbar ist, das Folgende ist: *es ist, hinsichtlich aller seiner Aspekte, aus gegebenen physischen Bedingungen vorhersagbar.* Es ist unwahrscheinlich, aber vielleicht nicht völlig unrealistisch, dass die Wissenschaft irgendwann in der Zukunft zeigen wird, dass jedes mentale Ereignis hinsichtlich aller seiner Aspekte aus gegebenen physischen Bedingungen vorhersagbar ist. Aber wenn denn die Wissenschaft *dies* einmal zeigen *würde, würde* denn dadurch die These etabliert, dass jedes mentale Ereignis physisch ist? Leibniz nahm aus rein spekulativen Gründen im Effekt an, dass jedes mentale Ereignis hinsichtlich aller seiner Aspekt aus gegebenen physischen Bedingungen vorhersagbar ist. Aber dies machte ihn – bekanntlich – nicht zu einem Physikalisten hinsichtlich mentaler Ereignisse, obwohl er doch gewiss ein intelligenter Mensch war (gelinde gesagt). Hatte Leibniz, was das Mentale angeht, einen blinden Fleck im Verstand? Eher nicht, meine ich. Obwohl man vielleicht, dass etwas eine *elektromagnetische* Natur hat, daraus folgern kann, dass es auf *elektromagnetischer* Grundlage gänzlich erklärbar ist, so gibt es doch keinerlei Rechtfertigung (vom physikalistischen Vorurteil und Interesse abgesehen) für ein generelles Prinzip, welches es erlauben würde, dass ein X eine F Natur hat, daraus zu folgern, dass es auf einer F Basis gänzlich erklärbar ist, ganz gleichgültig, welche Beschreibungen für »X« und »F« substituiert werden mögen. Vielmehr muss die Angelegenheit von Fall zu Fall entschieden werden, und *der Fall,* wo »X« durch »mentales Ereignis« and »F« durch »physisch« (grammatisch angepasst) ersetzt ist, ist nun gewiss kein günstiger Fall für die in Frage stehende Schlussfolgerung.

Sich durch Argumente *wie* die obigen sieben für »überzeugt« zu erklären, im Angesicht von auf der Hand liegenden Phänomenen, die zeigen, dass die Konklusion jedes dieser Argumente schlicht falsch ist – dies gehört, wenn man denn wirklich überzeugt ist, zu den geistesgeschichtlich krassesten Fällen von metaphysischem Dogmatismus, der sich als Anwalt der Rationalität fühlt. Die Behauptung, dass *die Wissenschaft* fordere, dass die Prämissen der Argumente wahr sind, ist *nicht wahr*. Der *Physikalismus*, und *nur* der Physikalismus, fordert bei jedem der obigen Argumente hinsichtlich mindestens einer seiner Prämissen, dass sie wahr sei – *dies* ist wahr, und es ist das, was jedes der obigen Argumente *zirkulär* macht.

Folglich ist das Argument für den Physikalismus, das zu einem gewissen Zeitpunkt *wirklich* diejenigen, die Physikalisten sein werden (aber noch nicht sind), davon überzeugt, Physikalisten zu werden, keines von den obigen sieben (denn von zirkulären Argumenten werden sie sich doch nicht einnehmen lassen). Vielmehr dürfte das Argument, welches sie *überzeugt*, das einigermaßen unwiderlegbare Argument sein, dass sie Physikalisten sein *wollen*. Offenbar aus nichtphilosophischen Gründen *wollen* sie den Physikalismus als ihre fundamentale Weltsicht annehmen, als den Dreh- und Angelpunkt ihres Dafürhaltens, um den alle ihre anderen Ansichten kreisen werden. *Als Philosoph* ist es für mich, ehrlich gesagt, nicht leicht zu verstehen, wie ein Mensch in dieser ganz fundamentalen Weise wollen kann, Physikalist zu sein – wo doch die reichhaltige nichtphysische Natur des Erlebens ihm ebenso zugänglich sein muss wie mir, oder Descartes, oder Edmund Husserl, oder David Chalmers. Wie kommt beispielsweise Daniel Dennett dazu, die Aktivität des menschlichen Bewusstseins als eine Sprechblase angefüllt mit Wörtern darzustellen, die aus dem Kopf einer Cartoon-Figur herausquellen, und nonchalant zu erklären, dass dies im Grunde die ganze Wahrheit über das menschliche Bewusstsein sei (wovon ich im Jahre 2002 Zeuge war, während eines öffentlichen Vortrags von Dennett an der Universität von Münster in Westfalen)?[5] Was lässt ihn Derartiges tun? Die den Ergebnissen der Wissenschaft geschuldete Achtung kann sein Verhalten nicht recht erklären, fürchte ich. Auch kann es nicht erklärt werden, so hoffe ich doch, durch eine möglicherweise allzu glühende Verehrung für Sankt Ludwig (Wittgen-

---

[5] Dennetts illustrierte Behauptung ist natürlich nichts anderes als eine konzise, drastische Darstellung seiner Position in *Consciousness Explained* und anderswo.

stein) und Sankt Gilbert (Ryle) während der intellektuellen Adoleszenz.[6] Später in diesem Aufsatz werde ich versuchsweise einige soziopsychologische – nicht philosophische – Spekulationen hinsichtlich der Frage anstellen, warum so viele Philosophen sich eine derart inhärent unplausible Position, wie es der Physikalismus ist, zu eigen machen wollen. Zunächst jedoch werde ich meine Aufmerksamkeit den nichtreduktiven Physikalisten zuwenden. Deren Physikalismus *scheint* ein plausiblerer zu sein, da sie anders als eliminative, reduktive oder identitätstheoretische Physikalisten nicht ihre Augen gegenüber den Phänomenen zu verschließen *scheinen* – und doch *gute Physikalisten* zu sein *scheinen*. Jedoch, ich glaube nicht, dass all diesem *Schein* etwas Wirkliches entspricht. Zunächst ist zu sagen, dass der nichtreduktive Physikalismus eine derart fließende Position ist, dass manche, die sich »nichtreduktive Physikalisten« nennen, darauf bestehen dürften (und in Kontroversen ist mir gegenüber dieser Standpunkt von »nichtreduktiven Physikalisten« tatsächlich vertreten worden), *dass jedes mentale Ereignis physisch ist*. In diesem Fall frage ich mich aber, was dann an dem angeblichen *nichtreduktiven* Physikalismus *nichtreduktiv* sein soll? Vielleicht soll er deshalb »nichtreduktiv« sein, weil Reduktion *nicht nötig* sei, da mentale Ereignisse ohnehin mit physischen Ereignissen identisch seien? Eine weit plausiblere Deutung ist hier aber, dass die *gemeinte* Nichtreduktivität eine Nichtreduktivität *nichtontologischer* – z. B. linguistischer – Art ist. *In diesem Sinne* war etwa auch Donald Davidson, der fest an die Vorkommnis-Identitätstheorie glaubte, ein nichtreduktiver Physikalist. Weshalb aber auch immer sie ihre Position als »nichtreduktiv« ansehen mögen: diejenigen, die sich »nichtreduktive Physikalisten« nennen, aber dennoch glauben, dass alle mentalen Ereignisse physisch sind, setzen sich jedenfalls demselben Vorwurf der Verkennung bzw. Leugnung der Phänomene aus, dem reduktive Physikalisten ausgesetzt sind (die ja nun, *qua* reduktive Physikalisten, glauben *müssen*, dass alle mentalen Ereignisse physisch sind).

---

[6] Das ist keine polemische Entgleisung von mir. »When I was an undergraduate, he [Wittgenstein] was my hero«, sagt Dennett, der zudem Wittgenstein gegenüber eine (intellektuelle) Schuld anerkennt, die »large and longstanding« ist (siehe Dennett (1991), 463). In der Tat, was Schmerz angeht (im Unterschied zu Schmerzverhalten), so erklärt Dennett, dass er »more Wittgensteinian than St Ludwig himself« sei (siehe Dennett (1993), 143). Er sieht sich auch (»a Dennett«) als eine Kreuzung von »a Quine with a Ryle« (siehe Dennett (1995), 242).

Was kann aus der Standardliteratur (beispielsweise dem *Companion to the Philosophy of Mind*, erschienen 1995), was den nichtreduktiven Physikalismus und seine Abgrenzung von anderen Formen des Physikalismus angeht, ersehen werden? Gemäß Horgan geht der nichtreduktive Physikalismus nicht davon aus, dass der Physikalismus, um wahr zu sein, es erfordere, dass »mentalistic psychology must be reducible to physical science via type/type psychophysical bridge laws expressing either property identities or nomic coextensiveness of distinct properties«[7]. Gemäß Crane meinen nichtreduktive Physikalisten, dass »identity theories are not essential to physicalism, and are objectionable even on physicalist grounds«[8]. Jedoch ist, ebenfalls gemäß Crane, der Grund der nichtreduktiven Physikalisten dafür, auch die Vorkommnis-Identitätstheorie zurückzuweisen, ganz verschieden von ihrem Grund dafür, die Typen-Identitätstheorie abzulehnen: Die Typen-Identitätstheorie werde zurückgewiesen, weil sie falsch scheint; die Vorkommnisidentitätstheorie hingegen werde nicht deshalb abgelehnt, weil sie falsch scheint, sondern weil sie als zu schwach dafür angesehen wird, die Beziehung zwischen dem Mentalen und dem Physischen zu erklären.[9] Ich vermute, dass sowohl Terence Horgan also auch Tim Crane die These, dass jedes mentale Ereignis physisch ist, zum festen Bestand jeder Gestalt des nichtreduktiven Physikalismus zählen würden. Ebenso, denke ich, würde das Lynne Rudder Baker tun, die in ihrem Artikel über den nichtreduktiven Materialismus für das *Oxford Handbook of Philosophy of Mind* schreibt, dass »[a]ccording to *any* materialist [Bakers Betonung], every concrete particular is made up entirely of microphysical items«[10]. Da mentale Ereignisse (Vorkommnisse) notwendigerweise konkrete Einzeldinge sind und da das, was ganz aus mikrophysikalischen Elementen besteht, notwendigerweise physisch ist, ergibt sich gemäß Bakers Charakterisierung *jedes Materialismus*, dass auch *jeder nichtreduktive Materialismus* die These umfasst, dass alle mentalen Ereignisse physisch sind. *Demgegenüber* möchte ich nicht ausschließen, dass diese These zu der einen oder anderen Form des nichtreduktiven Physikalismus (oder Materialismus) dazugehören kann; aber ich unterstreiche, dass durch sie, wenn sie *stets* dazugehörte, jede Form des nichtreduktiven Physikalismus dem oben vorgebrachten Einwand gegen die Vorkommnis-Identitätstheorie ausgesetzt wäre. Außerdem *klingt* (aber dies ist von sekundärer Bedeutung) die These, dass jedes mentale Ereignis physisch sei, eindeutig *reduktiv* (da man ja prima facie geneigt ist, ganz das Gegenteil zu glauben) – *nicht weniger reduktiv* als die These, dass jede mentale Eigenschaft physisch sei. Daher:

---

[7] Horgan (1995), 474.

[8] Crane (1995), 482.

[9] Crane (1995), 483.

[10] Baker (2009), 110. – Gesprächsweise hat mir Lynne Rudder Baker mitgeteilt, dass »concrete particular« hier im Sinne von »concrete particular of the natural world« aufgefasst werden sollte.

Wenn man eine Theorie als »nichtreduktiv« bezeichnet, zu der die erstgenannte These immer noch dazugehört, so scheint man das Wort »nichtreduktiv« nicht im eigentlichen Sinn zu verwenden (auf welchen es aber bei der intendierten Absetzung vom *reduktiven* Physikalismus – angesichts dessen, was mit »reduktiver Physikalismus« gemeint ist – sehr ankäme).

Wenn der nichtreduktive Physikalismus eine *plausiblere* Form des Physikalismus sein soll, dann kann er nicht u. a. behaupten, dass jedes mentale Ereignis physisch ist. *Prima facie* lässt dies zwei Optionen für einen *plausiblen* nichtreduktiven Physikalismus offen: (1) zu verneinen, dass jedes mentale Ereignis physisch ist; (2) ohne eine bestimmte Auffassung zu bleiben hinsichtlich der Frage, ob jedes mentale Ereignis physisch ist. Aber kein Philosoph des Geistes und keine Philosophie des Geistes kann es sich leisten, ohne eine bestimmte Auffassung hinsichtlich der Frage zu bleiben, ob jedes mentale Ereignis physisch ist.[11] Und sich einen Agnostizismus hinsichtlich der Natur mentaler Ereignisse zu eigen zu machen, muss gewiss *im höchsten Grade* unangebracht sein für alle, die *Physikalisten* sein wollen, reduktive oder nichtreduktive. Daher gibt es nur eine Option für einen plausiblen nichtreduktiven Physikalismus: zu verneinen, dass jedes mentale Ereignis physisch ist, oder mit anderen Worten: zu bejahen, dass manches mentale Ereignis nicht physisch ist.

Das zentrale Problem des nichtreduktiven Physikalismus ist nun aber sichtbar geworden. Die meisten von denjenigen, die nichtredukti-

---

[11] Der »Mysterianer« Colin McGinn und die sogenannten »neutralen Monisten« haben es besonders schwer an diesem Punkt. McGinn (1999), 230, sagt: »My whole point has been that mind and brain form an indissoluble unity *at the level of objective reality.*« (Die Hervorhebung ist McGinns.) Aber da McGinn kein ontologischer Idealist ist, kann dies nicht so aufgefasst werden, dass es *beinhaltet,* der Geist sei nichtphysisch und das Gehirn ebenfalls; und da McGinn ein vernünftiger Mensch ist, kann es auch nicht so aufgefasst werden, dass es beinhaltet, der Geist sei physisch und nichtphysisch, und das Gehirn ebenfalls. Aus demselben Grund kann es auch nicht so aufgefasst werden, dass es beinhaltet, der Geist sei weder physisch noch nichtphysisch, und das Gehirn ebenfalls. Aber was ist es denn dann, was McGinns Behauptung, Geist und Gehirn bildeten »an indissoluble unity *at the level of objective reality*«, vor allem beinhalten soll? Dass das Gehirn physisch sei und der Geist ebenfalls? Dies würde die Heimkehr des verlorenen Schafes zur großen Herde der Physikalisten bedeuten. Vielleicht ist McGinns »point«, dass der Geist, geradeso wie das Gehirn, physisch sei, dass deshalb jedes mentale Ereignis *sehr wohl* physisch sei, aber dass wir (da uns die Ebene der objektiven Realität unzugänglich sei) einfach nicht wissen können, *wie* das möglich ist? Dies würde ihn zu einem physikalistischen Mysterianer oder zu einem wahrhaft mysteriösen Physikalisten machen.

ve Physikalisten sein wollen, wollen sich diese Position zu eigen machen, weil sie glauben, dass der nichtreduktive Physikalismus plausibler ist als der reduktive. Aber dies zwingt sie dazu zu behaupten, dass manches mentale Ereignis nicht physisch sei. Denn sonst wäre die Position, die sie einnehmen wollen, eben *nicht* plausibler als der reduktive Physikalismus. Jedoch *definiert* die Behauptung, dass manches mentale Ereignis nicht physisch ist, eine Form des *Dualismus* – und mehr als nur eine minimale Form des Dualismus wird von ihr *impliziert: Behauptet* ist zwar bloß, dass es mindestens ein mentales nichtphysisches Ereignis gibt; aber wenn es ein mentales Ereignis der nichtphysischen Art gibt, so können wir davon ausgehen, dass es *viele* solche Ereignisse gibt. Was bedarf es mehr, um sich mit einem interessanten, nicht vernachlässigbaren Dualismus hinsichtlich mentaler Ereignisse konfrontiert zu sehen? Es ergibt sich also, dass der nichtreduktive Physikalismus – wenn er tatsächlich, wie es seine Vertreter von ihm erwarten, *plausibler* als der reduktive Physikalismus ist – einen *nicht vernachlässigbaren Dualismus* impliziert (hinsichtlich mentaler Ereignisse; aber im Folgenden werde ich dieses verdeutlichende Anhängsel weglassen).

Wenn dies nun der Stand der Dinge ist, warum dann dennoch von einem nichtreduktiven »Physikalismus« sprechen? Warum dann dennoch dieses Wort gebrauchen? Dass das Wort für den Durchschnittsphilosophen des Westens attraktiv klingt, kann keine hinreichende Rechtfertigung dafür sein. Der Physikalismus, wie auch immer man ihn näher bestimmen mag, ist ein *ontologischer Monismus*. Als solcher ist er unvereinbar mit einem ontologischen Dualismus. Es ist also offensichtlich, dass diejenigen, die nichtreduktive Physikalisten sein wollen, weil sie meinen, dass der nichtreduktive Physikalismus plausibler ist als der reduktive, ein ernstes Problem haben. Wie können sie die *guten Physikalisten* sein, die sie sein wollen, wenn ihre Position mit einem nicht vernachlässigbaren Dualismus vereinbar ist, ja ihn sogar impliziert?

Der einzige Weg, sich aus dieser Zwangslage zu befreien, ist zu leugnen, dass die Behauptung, viele mentale Ereignisse seien nicht physisch, eine Form des Dualismus konstituiere. So vorzugehen ist *sehr fragwürdig;* aber um des Interesses am Argument willen werde ich es hier durchgehen lassen. Ein Dualismus werde also erst durch eine These der *Unabhängigkeit* oder *Abtrennbarkeit* konstituiert, nämlich durch die These, dass manches mentale Ereignis *unabhängig* von – oder *ab-*

trennbar von – jeder Menge (Gesamtheit) von physischen Ereignissen sei. Zu *dieser letzteren These* gelte nun der nichtreduktive Physikalismus – in reformierter Deutung – als entgegengesetzt, indem er selbst in der These bestehe, *dass* – obwohl manche, sogar viele, mentale Ereignisse nicht physisch sind – *jedes mentale Ereignis von einer Menge von physischen Ereignissen abhängig, von einer solchen Menge unabtrennbar sei.* Die in Anspruch genommene Beziehung der *Abhängigkeit* oder *Unabtrennbarkeit* kann dann in verschiedener Weise interpretiert werden. In den letzten Jahren ist sie zumeist durch *Supervenienzbeziehungen* unterschiedlicher modaler Stärke gedeutet worden. Andere haben von *Konstitution* gesprochen, wieder andere von *Realisierung* – indem sie behaupteten, dass jedes mentale Ereignis durch eine Menge von physischen Ereignissen *konstituiert* werde, bzw. dass jedes mentale Ereignis durch eine Menge von physischen Ereignissen *realisiert* werde. Die Supervenienz mentaler Ereignisse über physischen Ereignissen, oder die Konstitution, oder die Realisierung, von mentalen Ereignissen durch physische Ereignisse wurde als hinreichend dafür angesehen, dass mentale Ereignisse *nichts über das Physische Hinausgehendes* seien, was seinerseits als hinreichend für den Physikalismus erachtet wurde, wenn auch für einen Physikalismus *nichtreduktiver Art.*

Doch dieses zweifelsohne gewaltige Ausmaß an philosophischer Cleverness ist keineswegs hinreichend dafür, den starken Verdacht zu beseitigen, dass der sogenannte nichtreduktive Physikalismus (*wenn* er plausibler sein soll als der reduktive) nicht wirklich ein Physikalismus ist, sondern in Wahrheit ein *Dualismus.* Betrachten wir Descartes, den paradigmatischen Dualisten. Descartes war bekanntlich überzeugt, dass viele mentale Ereignisse (nämlich seine *cogitationes*) nicht physisch sind. Aber wir haben gesehen, dass dergleichen auch von denjenigen nichtreduktiven Physikalisten geglaubt werden muss, die eine glaubwürdigere Form des Physikalismus vertreten wollen, als es der reduktive Physikalismus ist. Deshalb kann Descartes' Überzeugung, dass viele mentale Ereignisse nicht physisch sind, nicht für sich allein genommen Descartes zu einem *Dualisten* machen (worunter – es sei daran erinnert – hier zu verstehen ist: zu einem *Dualisten hinsichtlich mentaler Ereignisse*). Denn, wenn jene Überzeugung den Dualismus bedeutete, dann müssten diejenigen, die sich für Physikalisten halten und wie Descartes glauben, dass viele mentale Ereignisse nicht physisch sind, in Wahrheit Dualisten sein, wie Descartes, und würden mithin ein gründlich verkehrtes Selbstbild haben; sie würden sich selbst etwas vormachen und sozusagen Heuchler sein, wenn sie sich als »Physikalisten« bezeichnen.

Aber was macht denn nun Descartes zu einem Dualisten hinsichtlich mentaler Ereignisse, wenn es nicht seine Überzeugung ist, dass viele mentale Ereignisse nicht physisch sind? Hat Descartes behauptet, dass manches nichtphysische mentale Ereignis unabhängig von jeder Menge von physischen Ereignissen ist? – Ja und nein. Es ist üblich, auf Descartes *einzuschlagen*, es ist weniger üblich, ihn sorgfältig zu lesen. Der Kerngehalt seiner Philosophie des Geistes, den er in den *Meditationes*, seinem Hauptwerk, artikulierte, ist dieser: Descartes glaubte in der Tat, dass es eine mögliche Welt gibt (um es in moderner Weise zu sagen), in welcher seine (tatsächlichen) *cogitationes* (und *er* zusammen mit ihnen) existieren, ohne dass irgendein physisches Ereignis, ja ohne dass *irgendetwas Physisches* existiert – woraus, man beachte, sich für Descartes folgerichtig ergab, dass seine *cogitationes* (und *er* zusammen mit ihnen) nichtphysische Entitäten *in der wirklichen Welt* sind.[12] Aber Descartes glaubte *nicht*, dass jene mögliche Welt die wirkliche Welt ist oder dass sie von der wirklichen Welt aus leicht zugänglich ist: also dass sie der wirklichen Welt *ähnlich* (oder *nah*) sei. Descartes glaubte, dass die Möglichkeit, dass seine *cogitationes* existieren, ohne dass irgendein physisches Ereignis existiert, in der Tat *eine Möglichkeit* ist – aber eben nur eine *sehr entfernte Möglichkeit*. Wie er sich ausdrückt, ist sie eine Möglichkeit, die von Gott hätte verwirklicht werden können. Nichts in seinen Schriften legt nahe, dass er sie als eine Möglichkeit ansah, die sich im normalen Ablauf der Natur hätte ergeben können oder die wenigstens mit den Naturgesetzen verträglich ist.

Mithin, *in einem gewissen Sinn* glaubte Descartes tatsächlich, dass manches mentale Ereignis nicht nur nichtphysisch, sondern auch unabhängig (abtrennbar) von jeder Menge von physischen Ereignissen ist. Aber der Begriff von Unabhängigkeit (Abtrennbarkeit), der in diesem Glauben involviert ist, ist ein logisch sehr schwacher Begriff. Jedoch, *wenn* Descartes ein Dualist (hinsichtlich mentaler Ereignisse) ist, dann muss es *dieser Glaube* sein, mit diesem selben in ihm involvierten

---

[12] Wenn man die stillschweigende Prämisse unterstellt, dass alles Physische *notwendigerweise* (d. h.: *in allen möglichen Welten*) physisch ist, dann ist der Folgerungszusammenhang, auf den sich Descartes verließ, in der Tat gegeben.

schwachen Begriff von Unabhängigkeit, der ihn zum Dualisten macht. Nichts sonst könnte ihn nämlich zum Dualisten machen. Descartes werden verschiedene absurde Überzeugungen zugeschrieben, wie z. B. dass es einen »Geiststoff« neben dem materiellen Stoff gebe, oder dass der Geist *dem aktualen Faktum nach* (und nicht nur der Möglichkeit nach) »freischwebend« sei, ohne jede physische Basis, oder dass es zwei Arten von Substanzen gebe, die *dem aktualen Faktum nach* völlig beziehungslos nebeneinander stünden. Aber Descartes hat nichts dergleichen geglaubt. Deshalb: Wenn Descartes ein Dualist (hinsichtlich mentaler Ereignisse) ist – und er *ist* einer, oder *niemand* ist einer –, dann muss der hinreichende Grund für sein Dualistsein letztlich in seiner Überzeugung gefunden werden, dass manches mentale Ereignis nichtphysisch ist und zudem solcher Art, dass es eine mögliche Welt gibt – »möglich« im schwächstmöglichen Sinn –, in der jenes mentale Ereignis existiert, ohne dass irgendein physisches Ereignis existiert. Und natürlich muss das, was hinreicht, Descartes zu einem Dualisten zu machen, auch dafür hinreichen, jeden anderen, der es akzeptiert, zu einem Dualisten zu machen.

Diejenigen, die nichtreduktive Physikalisten sein wollen und ihren Physikalismus für plausibler als den reduktiven Physikalismus erachten, werden hier gerne zustimmen, denke ich. Obwohl sie mit Dualisten die Überzeugung teilen, dass viele mentale Ereignisse nicht physisch sind, glauben sie doch *nicht*, dass manches nichtphysische mentale Ereignis unabhängig von jeder Menge von physischen Ereignissen sei – und nur der Glaube an das letztere würde sie zu Dualisten machen, sagen sie. Aber sie übersehen *zwei Punkte*, die von entscheidender Bedeutung sind: (1) Schon der Glaube, dass manches nichtphysische mentale Ereignis in der schwächstmöglichen Weise unabhängig von allen physischen Ereignissen insgesamt ist, macht einen zum Dualisten; sonst könnte man Descartes nicht auf der Basis dessen, was den Kern seiner Philosophie des Geistes ausmacht, als Dualisten ansehen. (2) Wenn man akzeptiert, dass manches mentale Ereignis nichtphysisch ist, dann muss man auch akzeptieren, *dass* manches nichtphysische mentale Ereignis in der schwächstmöglichen Weise unabhängig von jeder Menge von physischen Ereignissen ist (= *dass* manches nichtphysische mentale Ereignis in der schwächstmöglichen Weise unabhängig von allen physischen Ereignissen insgesamt ist).

Somit sind nichtreduktive Physikalisten, die ihren Physikalismus für plausibler als den reduktiven Physikalismus erachten, immer noch in der Lage, aus der sie zu entfliehen suchten: Es stellt sich heraus, dass sie Dualisten sind. Da sie glauben, dass manches mentale Ereignis nicht physisch ist, müssen sie – vernünftigerweise – außerdem glauben, dass manches nichtphysische mentale Ereignis in der schwächstmöglichen Weise unabhängig ist von jeder Menge von physischen Ereignissen, und dieser letztere Glaube macht sie zu Dualisten. Sich auf den reduktiven Physikalismus zurückzuziehen, oder besser noch: auf die einfache Vorkommnis-Identitätstheorie, auf den *ehrlichen Physikalismus* (damit aber auch seine inhärente Unplausibilität zu akzeptieren), oder aber *ehrliche Dualisten* zu werden – dies schließlich ist die unausweichliche Wahl, vor die sich nichtreduktive Physikalisten gestellt sehen.

Was hier zur Debatte stehen muss, ist natürlich die These, die ich oben mit »(2)« etikettiert habe: die These, *dass wenn man akzeptiert, dass manches mentale Ereignis nichtphysisch ist, dass man dann auch akzeptieren muss, dass manches nichtphysische mentale Ereignis in der schwächstmöglichen Weise unabhängig von jeder Menge von physischen Ereignissen ist.* Was ist die Rechtfertigung für diese These? *Ist* sie gerechtfertigt? Offensichtlich wäre sie gerechtfertigt, wenn die Aussage »Manches mentale Ereignis ist nicht physisch« die Aussage »Manches nichtphysische mentale Ereignis ist in der schwächstmöglichen Weise unabhängig von jeder Menge von physischen Ereignissen« *logisch implizierte.* Impliziert die erstere Aussage logisch die letztere? Zur Beantwortung dieser Frage sei hier zuerst explizit herausgestellt und bewiesen, wovon oben schon Gebrauch gemacht wurde, nämlich: dass das (komplexe) Prädikat »X ist in der schwächstmöglichen Weise unabhängig von jeder Menge von physischen Ereignissen« *logisch äquivalent ist* mit dem (ebenfalls komplexen) Prädikat »es gibt eine Welt, die im schwächstmöglichen Sinn möglich ist, in der X existiert, ohne dass irgendein physisches Ereignis existiert« (oder mit anderen Worten: »X ist in der schwächstmöglichen Weise unabhängig von allen physischen Ereignissen insgesamt«).

Der Beweis der vorstehenden Behauptung logischer Äquivalenz geht wie folgt:

Die Richtung von links nach rechts: Angenommen, X ist in der schwächstmöglichen Weise unabhängig von jeder Menge von physischen Ereignissen. Folglich ist es im schwächsten Sinn möglich, dass X existiert, ohne dass irgendeine Menge von physischen Ereignissen existiert. Folglich ist es im schwächsten Sinn möglich, dass X existiert, ohne dass irgendeine ein-elementige Menge von physischen Ereignissen existiert. Folglich ist es im schwächsten Sinn möglich, dass X existiert, ohne dass irgendein physisches Ereignis existiert. Folglich gibt es eine Welt, die im schwächstmöglichen Sinn möglich ist, in der X existiert, ohne dass irgendein physisches Ereignis existiert (oder mit anderen Worten: X ist in der schwächstmöglichen Weise unabhängig von allen physischen Ereignissen insgesamt).

Man beachte hier, dass, definitionsgemäß, eine Menge *existiert* (im hier relevanten Sinn), wenn, und nur wenn, sie nichtleer ist und jedes Element von ihr existiert.

Die Richtung von rechts nach links: Angenommen, es gibt eine Welt, die im schwächstmöglichen Sinn möglich ist, in der X existiert, ohne dass irgendein physisches Ereignis existiert. Folglich ist es im schwächsten Sinn möglich, dass X existiert, ohne dass irgendein physisches Ereignis existiert. Folglich ist es im schwächsten Sinn möglich, dass X existiert, ohne dass irgendeine ein-elementige Menge von physischen Ereignissen existiert. Folglich ist es im schwächsten Sinn möglich, dass X existiert, ohne dass irgendeine Menge von physischen Ereignissen existiert. Folglich ist X in der schwächstmöglichen Weise unabhängig von jeder Menge von physischen Ereignissen.

Folglich muss die Frage, ob von der Aussage »Manches mentale Ereignis ist nicht physisch« die Aussage »Manches nichtphysische mentale Ereignis ist in der schwächstmöglichen Weise unabhängig von jeder Menge von physischen Ereignissen« logisch impliziert wird, *dann* mit »Ja« beantwortet werden, wenn es *logisch inkonsistent* ist, *zugleich* anzunehmen, dass X ein nichtphysisches mentales Ereignis ist und dass es *keine* Welt gibt, die im schwächstmöglichen Sinn möglich ist, in der X existiert, ohne dass irgendein physisches Ereignis existiert. *Ist* es logisch inkonsistent anzunehmen, dass X ein nichtphysisches mentales Ereignis ist *und* dass es in der stärksten Weise unmöglich für es ist zu existieren, ohne dass irgendein physisches Ereignis existiert? Mir scheint: *ja*. Während es mir vollkommen konsistent erscheint, *zugleich* anzunehmen, dass X ein nichtphysisches mentales Ereignis ist *und* dass es *naturgesetzlich unmöglich* für es ist zu existieren, ohne dass irgendein physisches Ereignis existiert, erscheint es mir in der Tat als logisch inkonsistent, *zugleich* anzunehmen, dass X ein nichtphysisches mentales Ereignis ist *und* dass es in der stärkstmöglichen Weise unfähig ist zu existieren, ohne dass irgendein physisches Ereignis existiert. Um sich vor dem Dualismus zu retten, werden nichtreduktive Physikalisten wohl das Gegenteil behaupten; aber man beachte, dass sie dies tun müssen, ohne die mindesten Anhaltspunkte zu haben, die dafürsprechen, während ich auf die Tatsache verweisen kann, dass das Denken sich ganz automatisch von der Prämisse, dass X ein nichtphysisches mentales Ereignis ist, zu der Konklusion bewegt, dass X wenigstens im schwächstmöglichen Sinn ohne irgendein physisches Ereignis existieren kann. Dass dieser Anhaltspunkt kein absolut zwingender ist – dies ist der bloße Strohhalm, an den sich nichtreduktive Physikalisten, wenn sie wollen, klammern mögen, um zu verhindern, dass sie in den Dualismus fallen.

Nach meinem Dafürhalten zeigen die vorausgehenden Überlegungen, dass es keine guten philosophischen Gründe für das Vorherrschen des Physikalismus gibt. Meine Argumentation lässt sich wie folgt zusammenfassen:

Der Physikalismus ist entweder reduktiv oder nichtreduktiv. Der reduktive Physikalismus umfasst die These, dass alle mentalen Ereignisse physisch sind. Dieser These jedoch wird von den Phänomenen widersprochen. Der nichtreduktive Physikalismus wiederum enthält entweder die These, dass alle mentalen Ereignisse physisch sind, oder er enthält sie nicht. Im ersten Fall wird ihm von den Phänomenen widersprochen, so wie dem reduktiven Physikalismus. Im zweiten Fall ist er *entweder* agnostisch bzgl. der These, dass alle mentalen Ereignisse physisch sind, *oder* er enthält die These, dass manches mentale Ereignis nicht physisch ist. Die erste Alternative – der Agnostizismus – disqualifiziert den nichtreduktiven Physikalismus davon, eine vollentwickelte Position in der Philosophie des Geistes zu sein; die zweite Alternative hingegen lässt den nichtreduktiven Physikalismus in den Dualismus kollabieren.

Daher: Wenn intellektuelle Gerechtigkeit – mit anderen Worten: *Vernunft und Achtung vor den Phänomenen* – bei den Philosophen *so* herrschte, wie sie herrschen *sollte*, dann könnte der Physikalismus nicht die Stellung innehaben, die er heute unter den Philosophen innehat. Was also *sind* die Gründe für das Vorherrschen des Physikalismus bei den Philosophen? Ein Grund, vermute ich, ist der, dass der Physikalismus – aus Gründen, die der Philosophie extern sind – zu einem *Paradigma* in der Philosophie geworden ist. Physikalistische Philosophen betreiben unter diesem Paradigma sozusagen *normale Wissenschaft*. Es ist zu einer weithin verbreiteten *normalen Betriebsamkeit* gekommen, welche die tiefsten Sehnsüchte (natur-)wissenschaftlich orientierter (dabei erkenntnistheoretisch naiver) Philosophen *erfüllt* (weil die Philosophie endlich an eine normale Wissenschaft, wie Physik oder Biologie, angeglichen erscheint), eine Betriebsamkeit, die solchermaßen gestrickte Philosophen unwiderstehlich zum Paradigma des Physikalismus hinzieht.

In meinen Augen, freilich, ist die Umwandlung der Philosophie in so etwas wie eine normale Wissenschaft eine *Perversion der Philosophie*, die, meine ich, nun gerade nicht ein Paradigma in Thomas Kuhns Sinn haben sollte. Jedoch, so wie die Dinge stehen, dürften physikalistische Philosophen sich durch Überlegungen, wie Philosophie sein sollte und wie nicht, nicht im Mindesten rühren lassen. Sie werden *ohne schwere Krise* keineswegs bereit sein, ihr Paradigma aufzugeben; sie zeigen also den für *normale Wissenschaft* typischen Konservativismus – geradeso, wie dies Kuhn vor mehr als vier Jahrzehnten aufgewiesen hat. Beim Physikalismus bietet sich nun aber auch das etwas untypische Bild, dass sich, obwohl es *Anomalien* genug gibt, einfach keine Krise entwickeln will; stattdessen werden die Anomalien nur als Gelegenheiten für weiteres und immer weiter verfeinertes *Rätsellösen* angesehen – in einem Jargon, der auch für viele, die philosophisch gebildet sind, zunehmend undurchdringlich wird. Obwohl die Komplikationen sich seit Jahrzehnten auftürmen, gibt es bis heute kein durchschlagendes Bewusstsein dafür, dass mit der physikalistischen Philosophie des Geistes irgendetwas irreparabel nicht in Ordnung sein könnte.

Was sind die Gründe für diese Situation? – Zum einen bilden die zeitgenössischen Physikalisten die größte philosophische Gemeinde mit gleicher Grundanschauung, die jemals existiert hat. Eine solche Gemeinde ist nicht leicht in derjenigen Überzeugung zu erschüttern, die die Grundlage ihrer fundamentalen Einheit bildet, mithin auch die Basis für all die erheblichen beruflichen Vorteile ist, die den Gemeindemitgliedern aus jener Einheit erwachsen. Zudem wird der Physikalismus als eine Bastion im Kampf liberaler Intellektueller gegen die mächtige religiöse Rechte erachtet. Diese Bastion kann nicht aufgegeben werden – so meinen viele, die in diesem Kampf stehen –, ohne die Sache der intellektuellen und moralischen Freiheit ebenfalls aufzugeben.

Aber das mag ein Grund für *Amerikaner* sein, dem Physikalismus anzuhangen, es ist jedoch sicherlich keiner für *Europäer:* für die Einwohner eines Kontinents, wo die intellektuellen Kriege gegen die Religion seit hinlänglich langer Zeit vorüber sind und wo es kein leidenschaftliches politisches Anliegen gibt, welches das recht triviale logische Faktum verschleiern könnte, dass man ein vollkommener Atheist sein kann, ohne Physikalist zu sein. Warum wollen europäische

Uwe Meixner

Akademiker, insbesondere die jungen unter ihnen, unbedingt Physikalisten sein, wo doch *für sie* der Physikalismus nicht ein Leuchtturm in einer intellektuell verdunkelten, der Aufklärung bedürftigen Welt sein kann? Wahrlich, es stellt sich mir als ein Rätsel dar, dass so viele von ihnen *dennoch* Physikalisten sein wollen. Vielleicht glauben sie, dass sie keine analytischen Philosophen sein können, ohne Physikalisten zu sein? Vielleicht deshalb, weil berühmte Autoritäten der analytischen Philosophie, wie W. V. O. Quine und David Lewis, Physikalisten waren? Aber auch diese Vaterfiguren des modernen Materialismus kochen, wie alle Philosophen, nur mit Wasser. Sie haben ihre grundlegenden Überzeugungen und die darauf aufbauenden Argumentationen; und dies alles kann vernünftig, und sogar mit analytischer Präzision, kritisiert werden – so wie die Gedankengebäude jedes Menschen sonst, sofern diese nur auf vernünftigen Überlegungen beruhen (also philosophischer Natur sind). Vielleicht besteht die Attraktivität des Physikalismus für junge, noch nicht etablierte analytische Philosophen einfach in dem ominösen Gefühl, dass sie keine universitären Karrieren als analytische Philosophen haben können, wenn sie keine Physikalisten sind? Daran mag etwas sein, aber ich weiß es nicht, und ich möchte nicht auf dieser doch sehr pessimistischen Note verweilen. Ich kehre daher zu philosophischeren Betrachtungen zurück.

Der Physikalismus wird weithin als identisch mit dem naturwissenschaftlichen Weltbild angesehen oder als von diesem impliziert. Aber man fragt sich nie, ob es überhaupt so etwas gibt wie *das naturwissenschaftliche Weltbild*. Ist nicht die Entwicklung von *Weltbildern* die Aufgabe der Metaphysik, nicht der Naturwissenschaften? Und gibt es denn nicht mehr als ein Weltbild, das mit den Naturwissenschaften verträglich ist? Gibt es denn nicht sogar mehr als ein Weltbild, das nicht nur verträglich mit den Naturwissenschaften, sondern sogar *gut für sie* ist? Vielleicht gibt es sogar ein Weltbild, das besser für die Naturwissenschaften ist als das physikalistische? Ich möchte behaupten, dass die dualistische Konzeption des Bewusstseins weit mehr für die naturwissenschaftliche Erforschung des Bewusstseins getan hat, als es die physikalistische Konzeption je tun wird. Indem man einen Vergleich aus Wittgensteins *Tractatus* in den hier gegebenen Kontext überträgt, kann man sehr gut sagen: Der Dualismus ist die Leiter, auf der die Naturwissenschaft in die Erforschung des Bewusstseins einsteigt. Aber warum, um alles in der Welt, sollte die Naturwissenschaft nun diese Leiter *wegwerfen*, wenn doch nur die dualistische Perspek-

46

tive die Phänomene überhaupt sichtbar werden lässt, die eine Naturwissenschaft des Bewusstseins beschreiben und erklären will? Denn eine Naturwissenschaft des Bewusstseins will nicht Gehirnereignisse mit Gehirnereignissen korrelieren, oder Gehirnereignisse mit Verhalten oder Verhaltensdispositionen; sie *will* vielmehr Gehirnereignisse mit Bewusstseinsereignissen korrelieren, zwei Großgruppen von Ereignissen in gesetzmäßige Beziehung zueinander setzen, welche Großgruppen aber gerade aus dieser naturwissenschaftlichen Forschungsintention heraus *zunächst* als *zu verschiedenen Seiten des Seins gehörig* zu betrachten sind (denn *sonst* hat man es von vornherein ausschließlich mit den physischen Ereignissen *im Gehirn und außerhalb des Gehirns* zu tun und verfehlt das Thema). Wenigstens *methodologisch* (und *vorläufig*) sind jene Großgruppen von Ereignissen als zu verschiedenen Seiten des Seins gehörig zu betrachten, und warum dann so nicht auch *metaphysisch* (und *endgültig*)? Wie kann das, was *methodologisch gut* für die Naturwissenschaften ist, *metaphysisch schlecht* für sie sein oder deren Geist widersprechen?

Das Ästhetische an den Ideen der *Einheit* und *Einfachheit* dürfte noch das intellektuellste Motiv für den Drang des Physikalisten sein, *zu vereinfachen* und *zu vereinheitlichen:* Entitäten in Kategorien zu stoßen, zu denen sie nicht zu gehören scheinen; sie zu demselben zu machen wie Entitäten, von denen sie sich doch zu unterscheiden scheinen; sie, wenn nötig, ganz und gar aus dem Reich des Seienden auszuscheiden, obwohl sie doch offensichtlich zu existieren scheinen – *kurz:* Entitäten nicht in der Weise zu akzeptieren, in der sie nun einmal zu sein scheinen. Aber wie immer ist es die Pflicht des Philosophen *zu unterscheiden,* wo Unterscheidung gefordert ist. Die Ideen der Einheit und der Einfachheit und die vereinheitlichenden und vereinfachenden Maßnahmen, die diesen Ideen nachfolgen, sind manchmal – in anderen Kontexten – eine Leitschnur in der Suche nach der Wahrheit gewesen. Diese Ideen und Maßnahmen können jedoch nicht vernünftigerweise eine Leitschnur hinsichtlich der Wahrheit des Mentalen sein, wenn sie dem *phänomenalen Anschein* entgegen sind (d. h. genauer gesagt: dem phänomenalen Anschein, der als *intersubjektiv gleich* verifizierbar ist). Auf dem Gebiet des Mentalen – wenn auch nicht auf anderen Gebieten des Wissens – muss höchste Achtung dem *phänomenalen Anschein* und den Unterscheidungen, die in ihm liegen, entgegengebracht werden. Denn das mentale Leben ist *phänomenaler Anschein:* subjektives, in der Regel intentional gerichtetes Erleben in all seiner unendlichen

Vielfalt. – Nehmen wir also dieses Erleben ontologisch ernst! Betrachten wir *es selbst* – *die Sache selbst*, und nicht den physischen Ersatz für sie (wie das physikalistische metaphysische Vorurteil es intolerant verlangt)! Wenn aber das subjektive Erleben in seiner wahren, nichtphysischen Natur gesehen und ernst genommen wird, wohin wird dies Philosophen führen, die früher Physikalisten hinsichtlich des Mentalen sein wollten?[13] Gewöhnlich (aber nicht immer) sind physikalistisch orientierte Philosophen Anhänger des ontologischen Naturalismus: der Lehre, dass nur die Entitäten, die in den Naturwissenschaften ins Auge gefasst werden, existieren. Aber sie könnten Trost und Stärkung aus dem methodologischen Dualismus der Naturwissenschaft des Mentalen beziehen, der in der Vergangenheit *mehr* als nur ein methodologischer Dualismus war: Jahrhundertelang wurde die Welt des Mentalen als etwas Nichtphysisches angesehen *und* zugleich als ein Teil der Natur behandelt, als ein Teil der natürlichen Ordnung. Man war eben der Auffassung, dass es neben der physischen Seite der Natur auch eine nichtphysische Seite von ihr gibt – eine Seite, die von der *Naturwissenschaft der Psychologie* zu erforschen ist. Diese Idee muss wieder ernst genommen werden – und man wird anerkennen müssen, dass es zwischen dem Dualismus hinsichtlich des Mentalen und dem Naturalismus keinen Konflikt zu geben braucht. Obwohl der Dualismus hinsichtlich des Mentalen mit dem *Supernaturalismus* vereinbar ist (und Supernaturalisten gewöhnlich – aber nicht immer – Dualisten sind), so wird doch von keinem ehemaligen Physikalisten, bloß weil er Dualist geworden ist, verlangt, an Entitäten zu glauben, die in den Naturwissenschaften nicht ins Auge gefasst werden.

Wenn es eine nichtphysische Seite der Natur gibt und dies erkannt – und d. h. vor allem: *anerkannt* – wird, dann ist es nur natürlich zu fragen: Was sind die (ohne jeden Zweifel vorhandenen) Beziehungen der nichtphysischen Seite der Natur zu ihrer physischen Seite? Dies ist das Thema der *Psychophysik* – *aufgefasst* in der weitestmöglichen Bedeutung, um alle Arten von psychophysischer Korrelationsforschung zu umfassen. Was die physische Seite angeht, so haben wir heute die Situation, dass niemals zuvor in der Geschichte der Naturwissenschaft die Psychophysik in einer besseren Lage war, ihrer Aufgabe nachzu-

---

[13] Die nun folgenden Ideen werden in weit größerer Detailliertheit in Meixner (2004) dargestellt. Siehe auch Meixner (2006).

gehen, *als heute*, wo soviel mehr als früher über das Gehirn und das Nervensystem, die *den Ort* der psychophysischen Beziehungen darstellen, bekannt ist. Was aber die nichtphysische Seite angeht, so sind wir gegenwärtig mit der Tatsache konfrontiert, dass *die mentale Phänomenologie* – die nur auf einen intersubjektiven Vergleich introspektiver Daten gegründet werden kann – grob vernachlässigt worden ist. Eine *ideale* Psychophysik würde eine vollständige mentale Phänomenologie zur Verfügung haben, und sie wäre in der Lage, für jedes individuelle nichtphysische mentale Phänomen *das physische Korrelat* zu spezifizieren. Es bleibt aber noch zu sehen, ob die Natur tatsächlich so verfasst ist, dass eine ideale Psychophysik erreichbar ist (d. h.: *im Prinzip* erreichbar, unter Absehung von zufälligen Begrenztheiten). *Dies* herauszufinden ist voll und ganz Sache der empirischen Forschung, des Progresses der empirischen Forschung. Es könnte sich im Fortgang der Forschungen sehr wohl herausstellen, dass manche nichtphysischen mentalen Phänomene kein spezifizierbares physisches Korrelat haben – was eins von zwei Dingen bedeuten würde: entweder haben sie ein physisches Korrelat, aber es ist zu komplex, als dass es spezifiziert werden könnte, oder sie haben ganz einfach *kein* physisches Korrelat. Inwieweit nichtphysische mentale Phänomene physische Korrelate haben und inwieweit nicht – auch dies zu entscheiden ist ganz und gar Sache der (dualistisch konzipierten) empirischen Forschung.

Doch was ist nun die Natur derjenigen Beziehung, die das physische Korrelat X an das nichtphysische mentale Phänomen Y *bindet*, X und Y miteinander *verbindet*? Eine präzise partielle Antwort auf diese sehr umfassende Frage kann für alle nichtphysischen mentalen Ereignisse gegeben werden: Sei X ein physisches Ereignis und Y ein nichtphysisches mentales Ereignis; X ist ein physisches Korrelat von Y, wenn, und nur wenn, X *kausal äquivalent* mit Y ist, wobei *kausale Äquivalenz* bedeutet, dass X und Y genau dieselben (hinreichenden) Ursachen und genau dieselben Wirkungen (als hinreichende Ursachen) haben.

Drei Erläuterungen des Begriffs der kausalen Äquivalenz mögen hier an erster Stelle zur Kenntnis genommen werden: (1) Kausale Äquivalenz ist eine Äquivalenzrelation, die durch freie Festlegung auf den Bereich der Ereignisse beschränkt worden ist; folglich muss sie sich auf Kausalität qua *Ereigniskausalität* gründen, bei der Wirkungen *und* Ursachen Ereignisse sind (*ereigniskausal* ist dann auch das Kausalitätsformat, das im Folgenden zunächst verwendet werden wird – bis zu der

49

Stelle, wo von *Subjekten des Handelns* die Rede sein wird); als Äquivalenzrelation ist die kausale Äquivalenz eine symmetrische, transitive und, im Bereich der Ereignisse, reflexive Relation. (2) Wenn auch kausale Äquivalenz eine *kausale* Beziehung ist, so kann doch die Beziehung der Verursachung selbst nicht zwischen kausalen Äquivalenten bestehen (sonst würde sich nämlich eines der kausalen Äquivalente selbst verursachen). (3) Wie viele kausale Äquivalente ein gegebenes Ereignis hat, kann nicht a priori entschieden werden; aber das, was wir über physische Ereignisse wissen, macht es *sehr wahrscheinlich*, dass jedes physische Ereignis nur *ein einziges physisches* kausales Äquivalent hat, nämlich sich selbst; *eben davon sei hier ausgegangen.*

Folgerichtig hat jedes nichtphysische mentale Ereignis nur höchstens ein physisches Korrelat. Denn wenn es zwei physische Korrelate hätte, dann wären die beiden physischen Korrelatereignisse auch selbst kausale Äquivalente voneinander und wären daher (wegen (3); siehe oben) am Ende doch identisch und *ein* Ereignis und *nicht zwei.* Weiter: Wenn der Epiphänomenalismus richtig wäre und kein nichtphysisches mentales Ereignis irgendein physisches Ereignis verursachte, dann hätte kein nichtphysisches mentales Ereignis ein physisches Korrelat, da ja wohl jedes physische Ereignis mindestens ein physisches Ereignis verursacht. Durch diesen Gesichtspunkt wird die Tatsache hervorgehoben, dass gemäß der obigen Definition ein physisches Korrelat eines nichtphysischen mentalen Ereignisses ein *kausales* (d. h.: *kausal wirksames*) Korrelat von ihm ist; wenn der Epiphänomenalismus wahr wäre, könnte es kein *kausales* physisches Korrelat eines nichtphysischen mentalen Ereignisses geben (obwohl es immer noch physische Korrelate eines solchen Ereignisses in einem *nichtkausalen* – d. h.: *nicht kausale Wirksamkeit besagenden* – Sinn von »physisches Korrelat« geben könnte).

Aber der Epiphänomenalismus scheint nicht wahr zu sein. Was manche Dualisten an ihn glauben lässt, ist der Umstand, dass sie physikalistische Apriori-Annahmen über die Verursachung physischer Ereignisse unkritisch akzeptieren (in erster Linie das eine oder andere Prinzip der kausalen Geschlossenheit der physischen Welt[14]). Es gibt keinen guten Grund für einen Dualisten, diese Apriori-Annahmen zu teilen. Außerdem: Wenn nichtphysische mentale Ereignisse keine Wirkungen unter den physischen Ereignissen hätten, dann gäbe es keine

---

[14] Zur Analyse der Prinzipien der kausalen Geschlossenheit der physischen Welt siehe etwa Meixner (2009).

Beobachtung von ihnen durch externe Beobachter, d. h.: sie wären dann nicht *vom Standpunkt der Dritten Person aus* beobachtungsmäßig zugänglich. Offenbar sind sie aber doch *auch von außen* der Beobachtung zugänglich. Damit hieran festgehalten werden kann (was für eine dualistisch konzipierte Wissenschaft des Mentalen von größter Bedeutung ist), ist keine Auffassung von Verursachung für eine dualistische Philosophie und Naturwissenschaft des Geistes akzeptabel, welche die nichtphysische mentale Verursachung von physischen Ereignissen *ausschließt*. Zum Glück wird uns keine solche Auffassung rational aufgezwungen: Nichtphysikalistische, nämlich *metaphysisch neutrale* Konzepte der Verursachung stehen uns zur Verfügung.[15]

Es ist wichtig zu sehen, dass die Erforschung der physischen Ursachen eines nichtphysischen mentalen Ereignisses nicht ganz dasselbe ist wie die Erforschung seines physischen Korrelats, obwohl die erstere Forschung zur letzteren unbedingt beiträgt. Dies verhält sich deshalb so, weil die Ursachen eines nichtphysischen mentalen Ereignisses auch die Ursachen seines physischen Korrelats sein müssen (wenn es ein solches Korrelat hat), aber *keine* von diesen Ursachen mit seinem physischen Korrelat identifizierbar ist. Ebenso müssen die Wirkungen eines nichtphysischen mentalen Ereignisses – keine von diesen ist mit seinem physischen Korrelat identifizierbar – auch die Wirkungen seines physischen Korrelats sein. Somit muss die *Korrelations*forschung hinsichtlich nichtphysischer mentaler Ereignisse und Gehirnereignisse als die Erforschung eines bemerkenswerten Falls von *kausaler Konvergenz* oder *kausalem Parallelismus* betrachtet werden.

Der (dualistische) psychophysische kausale Parallelismus hat *naturgesetzlichen Charakter:* Er wird durch psychophysische Naturgesetze konstituiert, und das höchste Ziel der Psychophysik ist es, diese Naturgesetze aufzudecken. Angesichts dessen stellt es eine vollkommene Fehlbenennung dar, wenn die Doppelverursachungen, die für den psychophysischen kausalen Parallelismus wesentlich sind, als »Fälle kausaler Überdeterminierung« bezeichnet werden, als ob da irgendetwas Unangemessenes, *Übermäßiges und Überflüssiges* im Gange wäre. In Wahrheit, *und angemessen ausgedrückt*, verhält es sich vielmehr so, dass ein nichtphysisches mentales Ereignis, das ein physisches Korrelat hat und ein Ereignis X verursacht, *aufgrund der Naturgesetze* nicht Ursache von X sein kann, ohne dass sein physisches Korrelat ebenfalls

---

[15] Ein reichhaltiger Überblick über solche Konzepte ist in Meixner (2001) zu finden.

Ursache von X ist; und dass dieses physische Korrelat *aufgrund der Naturgesetze* nicht Ursache eines Ereignisses Y sein kann, ohne dass jenes mentale physische Ereignis ebenfalls Ursache von Y ist.

Der psychophysische kausale Parallelismus (in welchem Ausmaß auch immer er existiert: vielleicht nur für viele nichtphysische mentale Ereignisse, vielleicht für alle) ist eine Möglichkeit in der Natur, die unter einem gewissen Umstand *verwirklicht*, nämlich *naturgesetzlich necessitiert* wird: unter dem Umstand der (dauerhaften) Existenz eines (hinreichend komplexen) Gehirns. Gehirne sind die Orte und die Motoren des psychophysischen kausalen Parallelismus. Der psychophysische kausale Parallelismus kam daher im Verlauf eines evolutionären Prozesses zustande, der gerade der Entwicklung von Gehirnen günstig war, von Organen also, die in der Lage sind, (nichtphysische) bewusste Erlebnisse hervorzubringen. Der psychophysische kausale Parallelismus kam, wie wir wissen, in sehr großem raumzeitlichen Umfang zustande. Es ist daher sehr wahrscheinlich, dass ein sehr stabiler Überlebensvorteil mit dem Haben bewusster Erlebnisse im Rahmen des psychophysischen kausalen Parallelismus verbunden ist. Ich wende mich nun der Frage zu, worin dieser Überlebensvorteil bestehen mag, was als Erstes verlangt, der Natur bewusster Erlebnisse nachzugehen. (Das Wort »bewusst« verbunden mit dem Wort »Erlebnis« soll daran erinnern, dass jedes Erlebnis *per se* bewusst ist; es ist *nicht* etwa ein Modifikator des Wortes »Erlebnis«, so als ob es auch unbewusste Erlebnisse gäbe.)

Intentionale Erlebnisse sind die wichtigsten nichtphysischen mentalen Ereignisse und die wichtigsten Erlebnisse. Die in Vergangenheit und Gegenwart am weitesten verbreitete Auffassung von intentionalen Erlebnissen ist diejenige, die davon ausgeht, dass es sich bei ihnen um *Repräsentationen* handelt. Aber wenn die Natur intentionaler Erlebnisse wirklich im Wesentlichen darin besteht, Repräsentationen zu sein, so ist dies weit davon entfernt, uns offenbar zu sein, da es uns, wenn wir intentionale Erlebnisse haben, stets so erscheint, als ob wir in direkter Weise mit den intentionalen Objekten dieser Erlebnisse umgehen, z. B. mit physischen Objekten. (Man bemerke wohl, dass das Physischsein des intentionalen Objekts eines Erlebnisses nicht das Nichtphysischsein des Erlebnisses selbst in Frage stellt; weitere Erklärungen dazu sind am Ende dieses Aufsatzes zu finden.) *Wenn* unsere intentionalen Erlebnisse Repräsentationen sind, so sollte man sie demnach als »transparente Repräsentationen« bezeichnen, wobei *ihre*

Transparenz genau in dem Folgenden besteht: darin, dass es uns im Erleben so erscheint, als wären sie keine Repräsentationen. Doch vielleicht sind ja intentionale Erlebnisse (unsere und die anderer Lebewesen) auch gar keine Repräsentationen?[16] Im Unterschied zu intentionalen Erlebnissen sind aber jedenfalls die (im Sinne der kausalen Äquivalenz) korrespondierenden Gehirnereignisse *zweifelsfrei* Repräsentationen, und als solche zweifelsfrei *nichttransparente Repräsentationen.*[17] (Angesichts dieser evidenten Sachlage ist es schwer zu verstehen, warum intentionale Erlebnisse jemals mit gewissen physischen Ereignissen – Gehirnereignissen – verwechselt werden konnten und immer noch verwechselt werden.)

Dafür, dass X eine *Repräsentation* ist, ist es erforderlich, dass die Sache, die X *präsentiert,* in X nicht direkt zugänglich ist.[18] (Wenn X eine *transparente Repräsentation* ist, dann *erscheint* es so, als ob die präsentierte Sache in X direkt zugänglich wäre, während sie es in Wahrheit doch nicht ist.) Gleichgültig nun, ob intentionale Erlebnisse Repräsentationen *in diesem primären Sinn* sind oder nicht, sie können, wenn man will, Repräsentationen in *einem sekundären Sinn* sein, nämlich dadurch, dass ihre physischen Korrelate Repräsentationen sind – im eben beschriebenen primären Sinn.

Warum haben wir, oder irgendein anderes Lebewesen, intentionale Erlebnisse? Warum haben wir irgendwelche Erlebnisse? Die allgemeine Antwort ist bereits klar: Deshalb, weil es in Hinsicht auf das biologische Überleben vorteilhaft ist, Erlebnisse zu haben (und natürlich auch deshalb, weil *erstens* die Naturgesetze dergestalt sind, dass sie die Möglichkeit, Erlebnisse zu haben, zulassen, und weil *zweitens* die Umstände im Verlaufe der Naturgeschichte dergestalt *passend* waren,

---

[16] Mehr zu diesem Thema findet sich in Meixner (2006b).

[17] Zur *Illustration* des Unterschieds zwischen einer transparenten und einer nichttransparenten Repräsentation betrachte man einen Satz seiner Muttersprache und einen Satz einer Fremdsprache, den man mit mehr oder minder großer Mühe entziffern kann. Im ersten Fall ist man sich, beim Lesen des Satzes, gewöhnlich nicht bewusst, dass der Satz eine Repräsentation ist: es liegt eine (momentan) transparente Repräsentation vor; im zweiten Fall dagegen ist man sich stets bewusst, dass der Satz eine Repräsentation ist: man hat es mit einer nichttransparenten Repräsentation zu tun. Der Extremfall von Nichttransparenz in der Repräsentation ist die *Opakheit,* die dann eintritt, wenn bekannt ist, dass etwas eine Repräsentation ist, aber nicht *von was.*

[18] Mein Gebrauch von »repräsentieren« und »präsentieren« (ein Gebrauch, in dem das letztere Wort allgemeiner als das erstere ist) hat mit der Unterscheidung in Searle (1983), 46, zwischen *representation* und *presentation* nichts zu tun.

dass sie die Aktualisierung jener Möglichkeit im Sinne der Naturgesetze in Gang setzten). *Aber wer ist es denn eigentlich, der Erlebnisse hat?* In einem sekundären Sinn *hat Erlebnisse* das erlebende Lebewesen (dieser Sprachgebrauch findet sich zu Beginn des vorausgehenden Absatzes exemplifiziert); im primären Sinn jedoch *hat Erlebnisse* das *Subjekt des
Erlebens,* das in jedem Erlebnis gegenwärtig ist, ob dieses Erlebnis
nun intentional – d. h.: *objektpräsentierend* – ist oder nicht. Das Subjekt des Erlebens ist der intrinsische Adressat jedes Erlebnisses: die
Entität, an die sich das Erlebnis intrinsisch – in sich selbst – richtet.
Somit erweist sich jedes Erlebnis per se als *Information für jemanden.*
Als Information für jemanden ist ein Erlebnis *immer* – und nicht nur,
wenn es ein intentionales Erlebnis ist – *Information über etwas;* ein
intentionales Erlebnis ist es aber genau dann, wenn es Information
über etwas in der Weise der Präsentation eines Objekts (oder von Objekten) ist; dann ist es Erlebnis *von* (intentional) diesem Objekt (oder
von diesen Objekten).

Wir können die folgende Schlussfolgerung ziehen: Der evolutionäre Vorteil des Habens von Erlebnissen besteht in der Tatsache, dass
jedes Erlebnis *Information über etwas* für das Subjekt des Erlebens und
folglich, in abgeleiteter Weise, für das Lebewesen ist – *Information,* die
in der Mehrzahl der Fälle relevant für das Überleben (oder wenigstens
das Wohlbefinden) des Lebewesens ist. Aber warum benötigen Lebewesen *bewusste Information,* die sich *zunächst* an ein Subjekt des Erlebens richtet? Würden blinde, unbewusste reaktive Mechanismen –
vorausgesetzt, sie könnten an die sich ständig wandelnden Umstände
angepasst werden (durch geeignete Metamechanismen) – nicht Lebewesen ganz genauso gut wie bewusste Erlebnisse vorbei an den Fallgruben und hin zu den Lebensquellen des Mesokosmos lenken, in dem
sich das Dasein gerade der bewussten Lebewesen vollzieht? Das ist die
verbleibende, tiefe Frage, deren Beantwortung nun angegangen werden muss.

Manchmal wird der Begriff des Erlebnissubjekts auf *menschliche*
Erlebnissubjekte eingeschränkt, da nur menschliche Erlebnissubjekte
dazu fähig zu sein scheinen, sich ihrer selbst (hinlänglich) bewusst zu
sein. Jedoch, es ist dafür, ein Erlebnissubjekt zu sein, nicht notwendig,
über Selbstbewusstsein zu verfügen, und schon gar nicht ist es dafür
notwendig, über das begrifflich explizite Selbstbewusstsein zu verfügen, das sich in der spontanen und gekonnten Handhabung des Pro-

nomens »ich« manifestiert. Dafür, dass ein Erlebnissubjekt präsent ist, ist vielmehr schon hinreichend, dass ein elementares Erlebnis – ein Fall von Schmerz, Furcht oder Hunger – auftritt; ja, es ist dafür schon hinreichend, dass *irgendein* Erlebnis auftritt; denn, wie oben gesagt wurde, ist jedes Erlebnis ipso facto an *jemanden* adressiert: an das Subjekt des Erlebnisses. Eine Konsequenz hiervon ist, dass ein Subjekt des Erlebens mit jedem bewussten Lebewesen, d. h.: mit jedem Lebewesen, das Erlebnisse hat, verbunden ist – deshalb, weil ein gewisses Erlebnissubjekt das Subjekt jener Erlebnisse ist.

Eine weit verbreitete Haltung gegenüber Erlebnissubjekten, ob menschliche oder nichtmenschliche, ist diese: sie *nicht in ihrem eigenen Recht* ontologisch ernst zu nehmen. Manchmal wird das Subjekt des Erlebens mit dem Lebewesen, das Erlebnisse hat, identifiziert, beispielsweise mit dem Menschen.[19] Dagegen ist nichts einzuwenden, solange nicht übersehen wird, dass es einen eigentlicheren, *primären* Sinn von »Subjekt des Erlebens« (oder »Erlebnissubjekt«) gibt, gemäß dem das Lebewesen *nicht* ein Subjekt des Erlebens ist – da das Lebewesen zwar in seinen Erlebnissen als intentionales Objekt präsent ist, aber nie eigentlich als (reines) Subjekt. Vielmehr ist ein *echtes* Erlebnissubjekt X – ein Erlebnissubjekt *im primären Sinn* – mit einem Lebewesen Y dadurch *verbunden*, dass das Gehirn von Y (aufgrund der Naturgesetze) Erlebnisse hervorbringt, von denen X wortwörtlich und im eigentlichsten Sinn das Subjekt ist – welche Sachlage gerade den Grund abgibt, weshalb Y, das Lebewesen, ein Erlebnissubjekt in einem *sekundären, abgeleiteten Sinn* ist.[20]

---

[19] Eine modifizierte Fassung dieser Ansicht wird in Baker (2000) vorgeschlagen: Das menschliche Wesen – *human being* (der Mensch) –, das für Baker mit der menschlichen Person – *human person* – identisch ist, ist u. a. das Subjekt des Erlebens; aber das menschliche Wesen (der Mensch) ist nicht bloß das menschliche Lebewesen – *human animal* –, das für Baker vielmehr mit dem menschlichen Organismus – *human organism* – zusammenfällt; siehe Baker (2000), 7, 68.

[20] Die Beziehung zwischen Mensch und zugehörigem (primären) Erlebnissubjekt hat ihre eigene Phänomenologie, die sich direkt in dem allgemeinmenschlichen Erleben manifestiert, dass das Erlebnissubjekt ein *Wesen für sich im Inneren* des Menschen ist (im Inneren des Kopfes hauptsächlich), und indirekt in jedem Gebrauch des Pronomens der Ersten Person, bei dem eine *Distanzierung* der Entität, auf die mit »ich« Bezug genommen wird, vom Rest des Menschen impliziert ist (beispielsweise in dem Gebrauch von »ich« in einer Äußerung von »ich muss mich mehr um meinen Körper kümmern« – nicht aber ohne weiteres in dem Gebrauch von »ich« in einer Äußerung von »ich muss mich mehr um mich selbst kümmern«).

Häufiger als der Identifizierung von Erlebnissubjekten mit den erlebenden Lebewesen – was *eine* Weise ist, Erlebnissubjekte nicht in ihrem eigenen Recht ontologisch ernst zu nehmen – begegnet man dieser Tage der *Epiphänomenalisierung* oder sogar *Fiktionalisierung* jener Subjekte. Die Fiktionalisierung der Erlebnissubjekte ist inkohärent, da sie die inkohärente Vorstellung involviert, dass ich, beispielsweise, eine Illusion meiner selbst bin. Ein Erlebnissubjekt, das Illusionen hat (und sei es über sich selbst), kann sicherlich keine Fiktion sein. Und obwohl es nicht logisch ausgeschlossen werden kann, dass die Evolution einen Verlauf nahm, der auf breiter Front Erlebnissubjekte (im primären Sinn) für nichts anderes hervorbrachte als dafür, biologisch harmlose Überflüssigkeiten zu sein, so erscheint es doch alles andere als plausibel, sich genau dies als Position zu eigen zu machen. Die dazu alternative Position hinsichtlich der Evolution der Erlebnissubjekte kann aber nun nur beinhalten, dass Subjekte des Erlebens – in gewisser Weise und in gewissem, nicht unerheblichem Ausmaß – über *kausale Vermögen* verfügen.

Die natürlichste Weise, Subjekten des Erlebens eine kausale Rolle zu geben, ist die folgende: Ein Subjekt des Erlebens ist auch ein *Subjekt des Handelns*, ist Subjekt von Handlungen, die den allgemeinen Zweck haben, das Überleben desjenigen Lebewesens, mit dem es (durch das Gehirn) verbunden ist, zu sichern, und zwar im Lichte der informativen (dabei aber offenbar *nichtdeterminativen*) Erlebnisse, von denen es das Subjekt ist. Dies ist der Zweck (in dem uneigentlichen Sinn, in dem es die Evolutionsbiologie erlaubt, von *Zwecken* zu reden), für den Erlebnisse, und damit unausweichlich Erlebnissubjekte, im Laufe der Evolution entstanden sind. Unbewusste reaktive Mechanismen, auch dann, wenn sie an die sich wandelnden Umstände (durch geeignete Metamechanismen) angepasst werden können, *können eben nicht* genauso gut wie Erlebnisse mit einem erlebenden Agens-Subjekt *automobile Makro-Lebewesen* vorbei an den Fallgruben und hin zu den Lebensquellen des Mesokosmos lenken, in dem sich das Dasein solcher Lebewesen vollzieht (obwohl solche Mechanismen völlig zureichend für Mikro-Lebewesen sowie für Pflanzen und andere sessile Lebewesen sind und natürlich auch in der biologischen Ökonomie automobiler Makro-Lebewesen eine sehr große Rolle spielen). Dies verhält sich deshalb so, weil in einer hinreichenden Anzahl von Fällen Subjekte des Erlebens *effizienter* zum Vorteil des selbstbeweglichen Makro-Lebewesens agieren können als irgendwelche reaktiven Mechanismen –

selbst dann, wenn die fraglichen Mechanismen »aus der Erfahrung« lernen können. Letzteres führt aber zu zwei weiteren Fragen: (1) Wie muss der Lauf der Natur beschaffen sein, dass er den kausalen Einfluss – das Handeln – von Subjekten des Erlebens zugunsten des Überlebens ihrer jeweiligen Lebewesen zulässt? (2) Wie *handeln* Subjekte des Erlebens – wie üben sie kausalen Einfluss aus – zugunsten des Überlebens ihrer jeweiligen Lebewesen? Keine Antwort auf diese Fragen ist *als wahr bekannt.* Ungeachtet dessen lege ich hier zu deren Beantwortung einige spekulative Überlegungen vor. (1) Wenn der *makroskopische* Lauf der Natur in beträchtlichem Umfang indeterministisch wäre – d. h.: wenn es zu vielen Zeitpunkten *mehrere physikalisch mögliche makroskopisch unterschiedliche* weitere Verläufe der Natur gäbe, von denen nur einer der wirkliche weitere Verlauf der Natur wird –, dann würde der kausale Einfluss von Subjekten des Erlebens zugunsten des Überlebens ihrer jeweiligen Lebewesen (*zusätzlich* zu den Wirkungen reaktiver Mechanismen) in sehr natürlicher Weise in die Ökonomie der Natur passen und wäre in evolutionsbiologischer Perspektive vollkommen sinnvoll. (2) Die informationsgeleiteten Handlungen von Subjekten des Erlebens zugunsten des Überlebens ihrer jeweiligen Lebewesen würden dann darin bestehen, auf der Basis ihrer Erlebnisse alternative physische Möglichkeiten zu erkennen und dazu beizutragen, dass eine dieser Möglichkeiten (diejenige, die als günstig für das Überleben des Lebewesens betrachtet wird – und es in der Regel auch *ist*) realisiert wird.[21]

Schließlich kommen wir zu der Frage, die den Lesern dieses Aufsatzes nun schon auf den Nägeln brennen mag: Sind Subjekte des Erlebens *physische* oder *nichtphysische Wesen?* Gleichgültig, ob sie physische Wesen sind oder nicht, es ist jedenfalls klar ersichtlich, dass Erlebnissubjekte ein hauptsächliches Merkmal der *Substanzen* aufweisen: Sie treten alle als numerisch dieselbe ganze Entität in zeitlich voneinander getrennten mentalen Ereignissen (nämlich Erlebnissen) auf, oder mit anderen Worten: Es handelt sich bei ihnen ausnahmslos um *temporale Kontinuanten.* Zudem weisen Erlebnissubjekte auch ein anderes Merkmal von Substanzen auf: Sie sind des (kausalen) Handelns fähig. Nicht gut ins Substanzbild passt allerdings, dass es bei Erlebnissubjekten nicht der Fall zu sein scheint, dass sie – in mehr als nur einem

---

[21] Zur näheren Beschreibung der fraglichen Handlungskausalität siehe Meixner (2004) und Meixner (2006c).

schwächsten Sinn – *unabhängige Entitäten* sind. Subjekte des Erlebens scheinen vielmehr Entitäten zu sein, deren Existenz nicht nur von der Existenz eines passenden, sie tragenden Gehirns naturgesetzlich abhängt, sondern auch von dem *guten Funktionieren* dieses Gehirns. Dessen ungeachtet können Subjekte des Erlebens sicherlich als Substanzen *in einem minimalen Sinn* gelten. Es ist nicht in sich absurd, der Auffassung zu sein, dass die Subjekte des Erlebens physische Substanzen sind. Obwohl sie in etwas Nichtphysischem, in Erlebnissen, eingebettet sind, macht sie dies nicht automatisch ebenfalls zu etwas Nichtphysischem – ebenso wenig wie das eigentümliche Eingebettetsein von, beispielsweise, *gewissen Steinen* in Erlebnissen – als deren intentionale Objekte – diese Steine nichtphysisch macht. Erlebnissubjekte und physische intentionale Objekte von Erlebnissen sind *Konstituenten* von Erlebnissen (und unterscheiden sich von diesen in der ontologischen Kategorie), nicht *Teile* von Erlebnissen (da sie hinsichtlich der ontologischen Kategorie eben nicht mit Erlebnissen übereinstimmen); nur wenn sie *Teile* von Erlebnissen wären, wäre gefordert, dass sie die nichtphysische Natur der Erlebnisse teilen. Doch erscheint angesichts der Tatsache, dass ein physisches Subjekt des Erlebens nirgendwo im Gehirn gefunden werden kann – der einzige Ort, wo ein Subjekt des Erlebens sein kann, wenn es physisch wäre: es müsste wortwörtlich Dennetts »Geistesperle in der Gehirnauster« sein –, die Schlussfolgerung unvermeidlich, dass die Subjekte des Erlebens *nichtphysische Substanzen* sind.[22]

---

[22] Dennett (1991), 367. – Gemäß Lowe (1996) sind Subjekte des Erlebens (subjects of experience) *psychologische Substanzen* (ebd., 10). Lowe lehnt die Ansicht, dass Erlebnissubjekte materielle Substanzen sind, ab, hat aber auch »nothing to say in defence of immaterial substantivalism« (ebd., 8). Offenbar ist er also ein Agnostiker hinsichtlich der materiellen (physischen) oder immateriellen (nichtphysischen) Natur von Erlebnissubjekten. Denn wenn man einmal überzeugt ist, dass es Erlebnissubjekte gibt und dass sie alle Substanzen sind und dass es nicht der Fall ist, dass *einige* von ihnen materiell sind und *einige* immateriell – Überzeugungen, die ich mit Lowe teile (soweit ich sehe) –, dann kann man auf die Frage »Sind Erlebnissubjekte materielle oder, im Gegenteil, immaterielle Substanzen?« nur noch auf drei logisch zulässige Weisen antworten: (1) »Alle Erlebnissubjekte sind materielle Substanzen«, (2) »Alle Erlebnissubjekte sind immaterielle Substanzen«, (3) »Ich weiß nicht, ob alle Erlebnissubjekte materielle Substanzen sind, und ich weiß auch nicht, ob all Erlebnissubjekte immaterielle Substanzen sind« (*obwohl* man überzeugt ist, dass *entweder* alle Erlebnissubjekte materielle Substanzen sind *oder* alle immaterielle Substanzen). Lowe lehnt (1) ab und akzeptiert (2) nicht; er muss daher (wenn er mit der eben angeführten Frage konfrontiert wird) (3)

Literatur

Baker, L. R. (2000): *Persons and Bodies*. Cambridge.

Baker, L. R. (2009): Non-reductive Materialism, in: *The Oxford Handbook of Philosophy of Mind*, hrsg. von B. P. McLauglin / A. Beckermann / S. Walter. Oxford, New York, 109–127.

Crane, T. (1995): Physicalism (2): against physicalism, in: *A Companion to the Philosophy of Mind*, hrsg. von S. Guttenplan. Oxford, 479–484.

Davidson, D. (1980): The Individuation of Events, in: *Essays on Action and Events*. Oxford, 163–180.

Dennett, D. C. (1991): *Consciousness Explained*. Boston.

Dennett, D. C. (1993): Living on the Edge, in: *Inquiry* 36, 135–159.

Dennett, D. C. (1995): Dennett, Daniel C., in: *A Companion to the Philosophy of Mind*, hrsg. von S. Guttenplan. Oxford, 236–244.

Horgan, T. (1995): Physicalism (1), in: *A Companion to the Philosophy of Mind*, hrsg. von S. Guttenplan. Oxford, 471–479.

Lewis, D. (1966): An Argument for the Identity Theory, in: *The Journal of Philosophy* 63, 17–25.

Lowe, E. J. (1996): *Subjects of Experience*. Cambridge.

McGinn, C. (1999): *The Mysterious Flame*. New York.

Meixner, U. (2001): *Theorie der Kausalität. Ein Leitfaden zum Kausalbegriff in zwei Teilen*. Paderborn.

Meixner, U. (2004): *The Two Sides of Being. A Reassessment of Psycho-Physical Dualism*. Paderborn.

Meixner, U. (2006): Consciousness and Freedom, in: *Analytic Philosophy Without Naturalism*, hrsg. von A. Corradini / S. Galvan / E. J. Lowe. London, 183–196.

Meixner, U. (2006b): Classical Intentionality, in: *Erkenntnis* 65, 25–45.

Meixner, U. (2006c): Three Tasks for (Hard Interactionist) Dualists, in: *Agency and Causation in the Human Sciences*, hrsg. von F. Castellani / J. Quitterer. Paderborn, 47–72.

Meixner, U. (2009): Three indications for the existence of God in causal metaphysics, in: *International Journal for Philosophy of Religion* 66, 33–46.

Searle, J. R. (1983): *Intentionality*. Cambridge.

---

akzeptieren. Ich hingegen akzeptiere (3) nicht und lehne (1) ab; ich muss daher (2) akzeptieren.

Sinn im Sinnlichen – oder: Wie weit ist das Physische physikalisierbar?

Regine Kather

Ich möchte in diesem Beitrag Argumente aufzeigen, die sowohl gegen einen starken wie einen schwachen Naturalismus und damit gegen eine vollständig physikalische Interpretation physischer Prozesse im Bereich des Lebendigen sprechen. Zunächst werde ich die Grundzüge der naturwissenschaftlichen Methode skizzieren, um dann auf die anthropologischen Bedingungen des Handelns einzugehen. In einem dritten Schritt werden die Argumente auf nicht-menschliche Lebewesen ausgeweitet und die Konsequenzen für die ethische Bewertung der Natur dargestellt.

1. Grundzüge der naturwissenschaftlichen Methode

1. Die Stärke der Naturwissenschaften beruht darauf, dass die Ergebnisse beobachterunabhängig gelten. In diesem Sinne verstanden sind sie objektiv. Möglich ist dies allerdings nur, weil durch eine spezielle Methode von jedem unmittelbaren Bezug auf das wahrnehmende und denkende Subjekt abstrahiert wird. Die Qualitäten der Dinge müssen in langen Messreihen in systematisch entwickelten Experimenten und unter im Idealfall identischen Bedingungen gemessen und dadurch quantifiziert werden. Das, was erfahrbar ist, wird auf das empirisch in Raum und Zeit Gegebene beschränkt. Alles, was zum Gegenstand der Beobachtung wird, Lebewesen eingeschlossen, wird unter der Perspektive des außenstehenden Beobachters, der dritten Person, betrachtet, während die der ersten und zweiten Person ausgeblendet wird. Die objektivierende Einstellung kennt kein Zentrum des Erlebens und damit auch keine in besonderer Weise empfundenen Qualitäten oder Ereignisse, die Bedeutung und Sinn haben. Wahrnehmungen gelten als kausale Folge der Affektionen bestimmter Organe des Körpers. Es handelt sich, wie der amerikanische Wissenschaftstheoretiker Thomas

Nagel formuliert, um einen Blick von Nirgendwo. Da innerhalb der Grenzen der Methode der Naturwissenschaft die Frage nach Zielen und Werten sinnlos ist, lassen sich aus dem Sein eines Objektes, z. B. dem eines Embryos, keine ethischen Werte ableiten. Diese erscheinen als menschliche Setzung, die auf Konsens oder Gewohnheit beruht.

2. Doch erst wenn die Methode der Naturwissenschaft als normativ angesehen wird, haben alle auf das Individuum bezogenen qualifizierten Perzeptionen, Werte und Ziele *nur* eine subjektive Bedeutung. Sie erscheinen als Epiphänomene des Gehirns, die zwar für das Selbstempfinden angenehm oder unangenehm sind, aber nichts zum Verständnis der Wirklichkeit und zum Selbstverständnis des Individuums und seiner Handlungen beitragen.

3. Die Daten, die durch spezifische Messverfahren gewonnen werden, sind die Basis für die Theoriebildung. Doch diese bildet die Wirklichkeit nicht einfach ab. Schon die Auswahl der Daten erfolgt aufgrund einer bestimmten Fragestellung und Methode. Was wahrgenommen wird, so hat Einstein betont, entscheidet ein in sich kohärentes System von Begriffen, das die Beobachtung leitet. Schon aus diesem Grund hat jede Theorie Gültigkeitsgrenzen. Wahr ist sie nur für eine bestimmte Gruppe von Ereignissen. Doch trotz dieser konstruktiven Elemente beruht die Naturwissenschaft auf einem Dialog zwischen Begriffen und Realität. Neue Daten können die Begriffe korrigieren und den Interpretationsrahmen verändern.

Um den funktionalen Zusammenhang von Ereignissen darzustellen, eignet sich in besonderem Maße die Sprache der Mathematik. Sie beruht freilich ebenso wie die Sprache des Alltags und die Kunst auf Symbolen, auf bedeutungstragenden, sinnlichen Zeichen. Sie unterscheidet sich von Sprache und Kunst lediglich durch die Regeln, die die Symbole untereinander verknüpfen. Sie entscheiden, welche Merkmale eines Gegenstandes hervorgehoben und welche übergangen werden. Die physikalische Erklärung eines Regenbogens etwa verfährt nach anderen Kriterien als die künstlerische Darstellung oder die religiöse Deutung, wie sie sich zum Beispiel im Noachidischen Bundesschluss findet.

4. Die Auswahl der Daten und der Aufbau eines Experimentes werden aufgrund einer gezielten Fragestellung, einer Intention, entwickelt, die sich vom Gegenstand selbst nicht kausal ableiten lässt. Dass man einen Baum naturwissenschaftlich, ästhetisch oder religiös anschauen kann, beruht nicht auf kausal wirkenden Reizen, sondern der

Blickrichtung des Beobachters. Die Fragestellung kann allerdings kollektiv vermittelt sein, so dass sie für alle Mitglieder einer Forschungsgemeinschaft verpflichtend ist. Außerdem muss eine Methode auch für den Gegenstandsbereich geeignet sein, auf den sie angewendet wird. Doch nicht nur die Intentionalität des Wissenschaftlers bzw. einer Gruppe von Wissenschaftlern ist eine Bedingung der Möglichkeit jedes wissenschaftlichen Unternehmens. Es beruht außerdem auf qualifizierten Sinneswahrnehmungen und Urteilsakten. Obwohl viele Experimente von Maschinen durchgeführt werden, ist der Beobachter, der die Daten abliest, interpretiert und darüber mit anderen kommuniziert, das letzte Glied der Kette. Da jedoch qualifizierte Perzeptionen, Intentionen und Bewertungen aus der naturwissenschaftlichen Erklärung ausgeschlossen sind, lassen sich die Bedingungen der Möglichkeit naturwissenschaftlicher Erkenntnis selbst nicht vollständig naturwissenschaftlich erklären. Sie können in ein naturalistisches Weltbild nur eingefügt werden, indem sie vom beobachtenden Individuum abgelöst und auf Kausalrelationen reduziert werden. Subjektivität kann nicht in Objektivität überführt werden, ohne genau die Eigenschaften zu verlieren, die sie kennzeichnen. Mit dem Physiker Erwin Schrödinger gesprochen:»Der Geist ist in eminentem Maße Subjekt und entzieht sich damit der objektiven Untersuchung. Er ist das Subjekt des Erkennens (Schopenhauer) und kann darum im eigentlichen Sinne nie dessen Objekt sein.«[1] Nur das Nicht-Ich kann zum Gegenstand der Erkenntnis werden; es kann gesehen, gehört und befühlt werden. Das erkennende Subjekt dagegen kann nicht gehört, gesehen oder befühlt werden. Sein Dasein besteht darin, zu wissen, nicht darin, gewusst zu werden. Indem der Forscher versucht, sich selbst wie einen Gegenstand von außen zu betrachten, entgeht ihm unausweichlich der *Akt* des Beobachtens, mit dem er sich anschaut.

»Der Gegenstand, den wir wissenschaftlich untersuchen können, ist allemal nur das Nicht-Ich, das Objekt. [...] Wenn so das Ich, der Geist, nie im eigentlichen Sinne Objekt der Forschung sein kann, weil objektive Kenntnis vom Geist ein Widerspruch im Beiwort ist, so ist doch andererseits alle und jede Erkenntnis auf ihn bezogen und recht eigentlich *in* ihm.«[2]

---

[1] Schrödinger (1966), 15.
[2] Schrödinger (1966), 16 f.

Der erkennende Geist ist kein Inhalt unter anderen Inhalten, sondern das, was sich Inhalte erschließt, so dass er, wie Schrödinger argumentiert,

»von einem rein naturwissenschaftlichen Standpunkt aus überhaupt nicht organisch eingebaut werden kann. [...] Denn alles, was man in dieses Weltmodell eingehen läßt, nimmt stets die Form einer naturwissenschaftlichen Aussage an, ob man will oder nicht; als solche aber wird es falsch.«[3]

Der Konstrukteur einer naturwissenschaftlichen Weltsicht kann daher prinzipiell nicht in diese einbezogen werden, – wie mit großer Übereinstimmung auch andere Naturwissenschaftler wie Heisenberg, Pauli, Einstein und Whitehead betonen.[4]

Die Zirkularität, in die sich das Programm, alles, auch den Beobachter, naturalistisch erklären zu wollen, verstrickt, zeigt sich am Beispiel der Frage nach den Bedingungen der Möglichkeit, einen Vortrag zu halten und seine Inhalte zu beurteilen. Ohne Zweifel sind dazu Sinnesreize, neuronale Prozesse und eine gewisse anatomische Funktionsfähigkeit notwendig. Doch durch welche Art von Kausalität erzeugt das Gehirn, das der Naturalismus als den Urheber der Gedanken ansieht, Bedeutungen, die sich anderen sinnlich im Medium von Symbolen, von mathematischen Gleichungen, Sprache und Schrift vermitteln? Könnte eine Theorie überhaupt den Anspruch haben, wahr zu sein, wenn sie nur ein kausal zu erklärendes Produkt neuronaler, mithin letztlich physikalischer Funktionen eines ganz bestimmten Gehirns ist? Innerhalb der Logik dieses Ansatzes müsste ein anderes Gehirn aufgrund einer veränderten Konditionierung andere Theorien produzieren und damit anderes für wahr halten. Wenn das Denken eines Individuums neuronal und damit kausal determiniert ist, dann sind es auch die Theorien und Bücher, die das Gehirn eines Wissenschaftlers produziert. Warum also sollten die Theorien eines Atheisten und Naturalisten einen größeren Wahrheitsanspruch haben als die eines Ethikers und Metaphysikers? Beide wären nicht für die Ergebnisse ihrer Forschung verantwortlich; diese würden nur durch jeweils etwas andere Umstände kausal generiert. Wenn es jedoch keine über das Individuum hinausführende Wahrheit gibt, dann wird auch der Anspruch der Naturwissenschaft hinfällig, zumindest bestimmte Züge der Wirk-

---

3 Schrödinger (1989), 96.
4 Vgl. Kather (1998); Barbour (2000).

lichkeit objektiv zu erklären. Die Frage, was Wissenschaftler dazu bewegt, sogar sich selbst der objektivierenden Methode der Naturwissenschaften zu unterstellen und alle anderen Zugangsweisen zur Wirklichkeit als unwissenschaftlich zu brandmarken, kann freilich zu einem Forschungsprogramm ganz anderer Art anregen, wie Whitehead ironisch bemerkt:

»So mancher Wissenschaftler hat mit viel Geduld und Scharfsinn Experimente konstruiert, deren *Zweck* die Bestätigung seiner Überzeugung war, daß tierisches Verhalten nicht durch Zwecke gelenkt wird. Und möglicherweise hat er in seiner Freizeit noch Aufsätze geschrieben, in denen der Nachweis geführt wird, daß Menschen sich in nichts von den übrigen Tieren unterscheiden, weshalb ›Zweck‹ ein für die Erklärung ihrer körperlichen Betätigungen (einschließlich seiner eigenen) vollkommen irrelevanter Begriff sein muß. Ich finde, Wissenschaftler, deren Lebenszweck in dem Nachweis besteht, daß sie zwecklose Wesen sind, sind ein hochinteressanter Untersuchungsgegenstand.«[5]

2. ›Der Mensch wird erst am Du zum Ich‹. Anthropologische Voraussetzung naturwissenschaftlicher Forschung

Um den Versuch der Physikalisierung des Physischen zu beurteilen, müssen wir klären, ob qualifizierte Perzeptionen und Ziele tatsächlich nur im je individuellen Geist empfunden werden und welche Bedeutung sie für Handlungen und damit die Beziehung zur Welt und zu anderen haben.

Derzeit dominiert eine empiristisch-naturalistische Bestimmung des Menschen, die im Anschluss an Locke die personale Identität durch Selbstbewusstsein und die damit verbundene Fähigkeit, sich an die eigene Biographie zu erinnern und Interesse an der Zukunft zu haben, bestimmt.[6] Die nur an das Bewusstsein von sich gebundene Definition menschlicher Identität ist allerdings nicht voraussetzungslos. Entscheidend ist die Annahme, dass der Körper nur die biologische Grundlage des Bewusstseins[7] und damit ein Gegenstand der empirischen Welt ist, dessen Funktionen vollständig naturwissenschaftlich erklärbar sind. Während für das bewusste Erleben von Interessen die Perspektive der

---

[5] Whitehead (1982), 16.
[6] Vgl. Kipke (2001), 17–47.
[7] Vgl. Brüntrup (1996), 15.

ersten Person maßgeblich ist, wird der Körper unter der Perspektive der dritten Person betrachtet. Durch die Asymmetrie der Perspektiven wird das Bewusstsein zu einem Phänomen der je eigenen Innenwelt. Seine Gegenwart bleibt vor den Augen anderer verborgen, die nur einen Körper im Raum sehen, dem dann per Analogie auch Innerlichkeit zugeschrieben wird. Das Ich begegnet dem Anderen nur vermittelt durch den Körper unter der Perspektive der dritten Person, als Er, Sie oder Es, wie schon Descartes in den *Meditationes* feststellte. Eine Person *hat* einen Körper, aber sie lebt nicht in und mit ihm. Er ist nicht Medium des Ausdrucks, sondern Mittel zur Realisierung von Zielen. Jeder körperliche Prozess sollte sich vollständig durch die Angabe physischer Ursachen erklären lassen. Wären nichtphysikalische Eingriffe möglich, dann wäre die physische Welt nicht, wie viele Wissenschafter glauben, kausal abgeschlossen und das Projekt einer strengen Wissenschaft in Frage gestellt. Umgekehrt formuliert: Wenn das Physische vollständig physikalisierbar ist, dann kann der menschliche Geist nicht in es eingreifen, wie bereits Spinoza erkannte.

»Man kann dem oben beschriebenen Problem also nicht dadurch entgehen, daß man unsere Körper aus den allgemeinen Gesetzen des Kosmos irgendwie ›herausnimmt‹ – wegen ihrer Universalität gelten die fundamentalen, strikten Gesetze überall. Daraus folgt weiter, daß gesetzmäßige Zusammenhänge lückenlos sind. Die Hintergrundannahme der Naturwissenschaft ist die grundsätzlich gesetzmäßige Struktur aller Naturvorgänge. [...] Man benötigt für die Erklärung eines Ereignisses in der physischen Welt keine weiteren Ursachen. Der physische Bereich ist kausal geschlossen. [...] Wenn die Annahme, daß der physische Bereich kausal geschlossen ist, richtig ist, dann gibt es keine nichtphysikalischen Ursachen, die physische Ereignisse bewirken. Also kann das Mentale keine kausale Rolle in der physischen Welt einnehmen.«[8]

Zwischen Körper und Geist, physiologischen Mechanismen und Intentionen kann es keinerlei Form der Beeinflussung geben: Weder können physikalische Prozesse Bedeutungen erzeugen, noch können diese auf kausal determinierte Mechanismen einwirken.[9] Geht man nicht, wie Spinoza, davon aus, dass Körper und Geist in einer einzigen, göttlichen Substanz gründen, dann werden mit dem Begriff der Handlung auch Sprechakte und das Schreiben wissenschaftlicher Bücher, die sich an

---

8 Brüntrup (1996), 18–20.
9 Vgl. Mutschler (2002), 18–30.

Leser richten, die sie verstehen, sinnlos. Eine Handlung beinhaltet eine Zielvorstellung, die sich körperlich in den ihr entsprechenden auf die Zukunft gerichteten Bewegungen äußert. Im Handeln überschreitet sich die Innerlichkeit vermittels des Leibes aktiv in die äußere Welt, um etwas, das als bedeutsam erscheint, zu realisieren. Ohne die Möglichkeit zu handeln würde die Ethik auf die innere Gesinnung reduziert und jeder praktischen Dimension beraubt. Damit würde auch eine Umweltethik, die durch eine Veränderung des Lebensstils die entgleisenden Prozesse der Biosphäre zu beeinflussen hofft, sinnlos. Niemand könnte eine Handlung spontan beginnen; sie wäre noch nicht einmal bis zu einem gewissen Grad selbst verursacht. Das Verhalten wäre kausal determiniert und Freiheit ein bloßes Gefühl, das das Gehirn aus bisher ungeklärten Gründen erzeugt.[10] Die Vertreter dieser Position verstehen Freiheit folglich nur als Wahlfreiheit im Dienst gefühlter Präferenzen, die auf Erfahrungen zurückgeführt werden, die einen Menschen im Laufe seines Lebens geprägt haben und mit denen er sich identifiziert, so dass er sie nicht als äußeren Zwang, sondern als seine eigenen empfindet.[11] Negiert wird eine Form der Freiheit, die dazu befähigt, aus Einsicht in Gründe und Werte im Zweifelsfall auch gegen Präferenzen Pflichten und Verantwortung zu übernehmen. Da sich aus den physiologischen Funktionen kein Sollen ableiten lässt, haben Menschen als biologische Wesen betrachtet keinen intrinsischen Wert, keine Würde. Allein die Identifikation mit den eigenen Interessen erzeugt mit der personalen Identität auch das Bewusstsein, einen Anspruch auf Achtung durch andere zu haben. Wie die Identität gründet der Eigenwert nicht im Sein, sondern nur im Bewusstsein eines Menschen von sich. »Personen sind zu einer wertenden *Identifikation mit* ihrer eigenen Existenz fähig; auf dieser beruht der Wert ihres Lebens.«[12]

Doch es gibt einige entscheidende Gründe, die gegen den Versuch sprechen, körperliche Prozesse vollständig zu physikalisieren. Im Unterschied zu allen anderen materiellen Objekten kann man sich vom eigenen Körper nie vollständig distanzieren; er wird immer auch von innen empfunden. Obwohl er den Gesetzen der Physik untersteht, wird bei einer Berührung nicht die physikalisch zu berechnende Kraftübertragung, sondern die Qualität der Empfindung und die mit ihr für

---

[10] Vgl. Schaub (1996), 56–82.
[11] Vgl. Pauen (2004), 80.
[12] Quante (2002), 267.

den Lebensvollzug verbundene Bedeutung bestimmend für deren Beurteilung. Unter allen Körpern, die wir kennen, erscheint nur der eigene zugleich als Teil der physischen Welt *und* als Medium qualifizierter Formen des Selbst- und Welterlebens. Eine Person zu sein, so sagt Plessner, bedeutet ›als Körper im Körper‹[13] zu existieren. Es genügt daher nicht, den Körper, die Funktionen des Gehirns eingeschlossen, nur wie ein Objekt von außen unter der Perspektive der dritten Person zu analysieren; der physiologisch funktionsfähige Körper ist immer zugleich empfundener Leib.

Dass dem Menschen überhaupt beide Perspektiven zugänglich sind, beruht auf der spezifischen Form des Bewusstseins, auf, noch einmal mit Plessner gesprochen, seiner Exzentrizität. Menschen erleben zwar, wie Tiere, ihre physischen Bedürfnisse, Empfindungen und Gefühle; doch anders als diese können sie sich gleichzeitig reflektierend von ihnen distanzieren.[14] Erst dadurch entsteht die Möglichkeit, den in seiner Zuständlichkeit erlebten Leib auch als Körper von außen anzuschauen und objektivierend zu analysieren. Dass ein Mensch freilich nicht nur einen Körper, sondern *seinen* von außen betrachten kann, setzt eine ursprüngliche, präreflexive Vertrautheit mit den eigenen Bewegungen voraus. Nur wenn diese von innen gespürt werden, erkennt ein Mensch sich und nicht irgendein Objekt im Spiegel wider. Nicht das Wissen vom Körper, sondern das qualifizierte Erleben des Leibes teilt der Mensch mit anderen Lebewesen. Es geht dem objektivierenden Wissen voraus und ist die Grundlage dafür, dass der Körper auch wie ein fremder Gegenstand erforscht werden kann.

Dass der Körper zugleich als Leib gespürt wird, genügt freilich noch nicht, um einen naturalistischen Ansatz zu widerlegen. Noch immer könnte es sich um ein Phänomen handeln, das auf die eigene Innerlichkeit beschränkt bleibt. Aber sind Menschen tatsächlich quasi-cartesische Individuen, die die Gewissheit ihrer Existenz nur in der Innerlichkeit ihres eigenen Geistes finden? Kann man wirklich nicht unterscheiden, ob auch andere qualifizierte Perzeptionen erleben und Zielen folgen oder nur Zombies, gefühllose, menschenartige Körper sind?

Als leibgebundene Wesen sind Menschen auf einen unablässigen Austausch von Stoffen und Informationen mit ihrer Umwelt angewie-

---

13 Plessner (1982), 70.
14 Plessner (1982), 9 ff.

sen. Sie sind, biologisch gesprochen, offene Systeme, die physiologisch und mental an bestimmte Umweltbedingungen angepasst sind. Die Fähigkeit, sich auf die Anforderungen der Umwelt einzustellen, um die eigenen Bedürfnisse zu befriedigen, ist eine Grundvoraussetzungen des biologischen Überlebens. Nicht das Denken, sondern das Handeln, ein aktives in Beziehung-Treten zur Umwelt, entscheidet über Sein oder Nicht-Sein. Die Umwelt ist daher kein bloßes Konstrukt des Gehirns; und sie ist keine bloße Ansammlung von Objekten, kein bloßer ›Zeugzusammenhang‹, der nur nach menschlichen Kriterien geordnet wird. Die Biosphäre besteht aus dem komplexen Zusammenspiel anorganischer Prozesse und einer Vielfalt unterschiedlicher Lebewesen. Unter der Perspektive des Handelns erscheint die Welt nicht als wertindifferenter Kausalzusammenhang physikalisch bewegter Objekte. Wahrgenommen werden nicht wertneutrale Fakten, sondern für das eigene Leben bedeutsame Ereignisse. »Wir machen«, so Maurice Merleau-Ponty, »unsere Bewegungen nicht in einem ›leeren‹, zu ihnen beziehungslosen Raum, sondern in einem, der zu ihnen in ganz bestimmten Beziehungen steht. [...] Seinen Leib bewegen heißt immer, durch ihn hindurch auf die Dinge abzielen, ihn einer Anforderung entsprechen lassen.«[15] Als reines Bewusstsein hätten Menschen nur eine abstrakte Vorstellung der Welt; ihre Begriffe wären, wie Kant schrieb, ohne sinnliche Anschauung und damit leer. Durch den Leib ist der Mensch mit der Welt durch ein Netz von Bedeutungen verbunden. Ohne ihn

»hätten wir keine Welt, keine Gesamtheit von Dingen, die aus dem Formlosen emportauchen, indem sie sich unserem Leib darbieten als ›zu berühren‹, ›zu nehmen‹, ›zu bezwingen‹, wir hätten nie das Bewußtsein, uns den Dingen anzupassen und sie daselbst zu erreichen, wo sie sind, jenseits unserer selbst. [...] Es gibt einen autochthonen Sinn der Welt, der sich im Umgang unseres inkarnierten Daseins mit ihr konstituiert und für jegliche Sinngebung vom Charakter einer Entscheidung erst den Boden hergibt.«[16]

Zu handeln, und sei es zunächst rein funktional um des Überlebens willen, ist daher keine bloße Reaktion auf Reize, sondern eine strukturierte Antwort auf eine als bedeutungsvoll erlebte Situation. Der Leib bildet das Scharnier, an dem die Anforderungen der Umwelt und des

---

[15] Merleau-Ponty (1966), 166–168.
[16] Merleau-Ponty, zit. nach Danzer (2003), 163.

eigenen Lebens in sinnvolle Handlungen umgesetzt werden, die eine vitale, kognitive und sogar existentielle Bedeutung haben.

Doch nicht nur physiologisch, auch in seelisch-geistiger Hinsicht sind Menschen auf Austausch angewiesen. Nicht nur philosophische Überlegungen, auch empirische Studien zeigen inzwischen, dass für die Entwicklung von Kindern interpersonale Beziehungen unverzichtbar sind. »Kinder ohne feste, pflegende Bezugsperson in den ersten Lebensmonaten zeigten Auffälligkeiten in der Hirnstromkurve (EEG), wobei eine Messgröße betroffen war, die sich auf die synaptischen Verschaltungen bezieht und auf Veränderungen in neuronalen Netzwerken schließen lässt.«[17] Den Defiziten in der neuronalen Verschaltung entsprechen die der psychischen Entwicklung. Von ihrer körperlichen wie geistigen Verfasstheit sind Menschen auf interpersonale Beziehungen angelegt. »Nicht nur unser seelisches Empfinden, sondern auch die Neurobiologie unseres Gehirns [ist] ein auf zwischenmenschliche Bindungen eingestelltes und von Bindungen abhängiges System.«[18] Offensichtlich entwickelt sich das Bewusstsein von sich nur in der Beziehung zu einem Gegenüber. Der Perspektive der ersten entspricht nicht die der dritten, sondern die der zweiten Person, wie Jaspers betont:

»Ich bin nur in Kommunikation mit dem anderen. Ein einziges isoliertes Bewusstsein wäre ohne Mitteilung, ohne Frage und Antwort, daher ohne Selbstbewusstsein. Es muss im anderen Ich sich wiedererkennen. In der Kommunikation, durch die ich mich selbst getroffen weiß, ist der Andere nur dieser unvertretbare Andere.«[19]

Auch die Sprache ist nicht nur, wie Maturana vermutet, ein Mittel zur Übertragung von Informationen im Dienst alltäglicher Probleme. Ebenfalls empirisch dokumentiert ist inzwischen, dass Kinder mit Hilfe von Computerprogrammen sehr viel schlechter sprechen lernen als mit Hilfe eines menschlichen Gegenübers. Offensichtlich genügt es nicht, nur die Bedeutung von Worten und grammatische Regeln zu vermitteln. Der entscheidende Unterschied zwischen Computerprogramm und menschlichen Lehrern ist, dass ein Kind angesprochen wird, dass es sich gemeint und in seiner Besonderheit wahr- und angenommen fühlt. Man spricht nicht nur über etwas, sondern mit und zu jemanden. Dadurch gewinnt die Sprache eine Dimension, die sich nicht im mit-

---

[17] Bauer (2005), 70.
[18] Bauer (2005), 71.
[19] Jaspers (1973), 50.

teilbaren Inhalt und ihrer logischen Struktur erschöpft. Sie ist immer auch Anspruche des Anderen und Antwort auf ihn. Angesprochen wird der Andere freilich nicht nur als denkendes Wesen. An jeder Begegnung ist der ganze Mensch in seiner leibhaften Präsenz und mit der Vielfalt seiner Ausdrucksmöglichkeiten beteiligt.

Um zu sein, müssen sich Menschen in körperlicher wie seelisch-geistiger Hinsicht auf etwas hin überschreiten, was sie nicht sind. Identität beruht nicht auf dem Beharren in der je eigenen Innerlichkeit. Sie ist relational bestimmt und gründet, wie Platon im ›Sophistes‹ geschrieben hat, auf der Beziehung zur Andersheit, zur Natur, zu den Mitmenschen und zur Kultur.

Um zu handeln müssen Bedürfnisse, Gedanken und Interessen ausgedrückt werden. Das qualifizierte Spüren des Leibes, von dem wir ausgegangen sind, bleibt daher nicht auf ein rein innerliches Erleben beschränkt. Es wird – bewusst oder unbewusst, willentlich oder unwillkürlich – durch Gesten, Mimik, Laute und Bewegungen zum Ausdruck gebracht. »Jede Lebensregung der Person«, so schreibt Plessner, »die in Tat, Sage oder Mimus faßlich wird, ist [...] ausdruckshaft, bringt das Was eines Bestrebens irgendwie zum *Ausdruck*, ob sie den Ausdruck will oder nicht. Sie ist notwendig Verwirklichung, Objektivierung des Geistes.«[20] Während das Wirken physikalischer Kräfte per definitionem ziel- und bedeutungslos ist, bewegt sich der Leib zielgeleitet. Er wird nicht durch äußerliche Reize kausalmechanisch zu einem Ort bewegt, sondern aufgrund des Interesses an etwas, einem Bedürfnis oder einer Absicht. Die Kategorie des Ausdrucks, die für die Bestimmung von Handlungen, Sprechakte eingeschlossen, entscheidend ist, lässt sich allerdings im Rahmen der Naturwissenschaften, die methodisch von Subjektivität abstrahieren, nicht definieren.

Die meisten Bewegungsabläufe werden zudem nicht instinktiv vollzogen, sondern erlernt. Kinder müssen lernen zu laufen, zu greifen, zu essen und zu malen. Was am Anfang außerordentlich mühsam ist und in vielen Wiederholungen eingeübt werden muss, vollzieht sich irgendwann quasi-automatisch. Der Bewegungsablauf wird zu einer Art zweiter Natur, einem Habitus; er ist eingekörpert und lässt sich nur durch die Einübung neuer Bewegungsmuster wieder verändern. Obwohl die Entwicklung der sensomotorischen Intelligenz eine Voraussetzung für die Entwicklung kognitiver und sprachlicher Fähigkei-

---

[20] Plessner (1982), 50.

ten ist, sind bestimmte Bewegungsabläufe später nicht willentlich und gezielt abrufbar. Die sensomotorische Intelligenz hat eine eigene Struktur und ist keine bloße Vorstufe für die rationale Erklärung von Bewegungen. Lange bevor Kinder bestimmte Bewegungen begrifflich beschreiben können, wissen sie, wie sie auszuführen sind. Auch später können Bewegungsabläufe ohne praktische Einübung nur aufgrund von theoretischem Wissen nicht erlernt werden. In extremen Situationen, bei drohenden Unfällen etwa, aber auch beim Tanzen, Skilaufen oder akrobatischen Übungen, ›weiß‹ der Körper, wie eine komplexe Bewegung auszuführen ist, ohne dass bewusste Überlegungen zum Zuge kommen. Im Gegenteil: Diese können den Vollzug der Bewegung sogar empfindlich stören. Die rationale Vorstellung kann einen bestimmten Bewegungsverlauf nur zeitlich verschoben nachvollziehen, entweder vorlaufend in Form eines mentalen Trainings oder nachfolgend als Erinnerung und Verarbeitung. »The lived body possesses its own knowledge of the world, which implies the existence of a ›tacit knowledge‹, a silent knowledge that functions without conscious control.«[21]

Für zielsichere Bewegungen genügen allerdings weder die Verarbeitung von Daten noch ein automatisierter Bewegungsablauf. In einer Bewegung werden immer auch die Strukturen der Umwelt in ihrer Bedeutung für die eigene Leiblichkeit erfasst. Auf vitale und existentielle Weise ›weiß‹ der Leib, was es heißt, auf einen Stein zu stürzen und dass dieser Sturz abgewendet oder gemildert werden muss.

»The body interprets not only itself but also everything in the outside world with which it is confronted via the senses. […] The content of these bodily interpretations of the world does not necessarily need to be known by the person. The human body may be considered the author of a text (of bodily signs), but also the reader of the text that is constituted by what is happening in the outside world.«[22]

Die Bewegung vollzieht sich informiert über die eigenen Möglichkeiten und die Gegebenheiten der Umwelt. Nur deshalb kann sie auf die Umgebung abgestimmt sein.

Dass sich körperliche Prozesse nicht allein durch physikalische Ursachen erklären lassen, sondern auch von Intentionen und Bedeutungen beeinflusst werden, ist zumindest einer Disziplin, der Psychosoma-

---

[21] Dekkers (2004), 122 f.
[22] Dekkers (2004), 122 f.

tik, seit langem vertraut. Ohne Zweifel rufen chemische Substanzen psychische Veränderungen hervor; doch ebenso unbezweifelbar kann die Bedeutung eines Ereignisses somatische Störungen erzeugen. Jeder Student, der vor Angst gelähmt kein Wort in einer Prüfung herausbringt, eiskalte Hände und ein bleiches Gesicht hat, weiß davon zu berichten. Nicht durch Medikamente, sondern nur durch die Änderung der Einstellung, durch eine Neu-Bewertung, verändern sich die körperlichen Symptome. Auch in der Krebstherapie und der Psychoneuroimmunologie ist die Bedeutung der inneren Einstellung zu Ereignissen längst unbestritten. Offensichtlich genügt ein physiologisch funktionsfähiger Körper nicht. Bewegungen müssen erlernt werden und jeder erlernt sie auf etwas andere Weise, so dass der Leib zu einem Moment der individuellen Biographie wird; das Bewusstsein seinerseits ist auch verkörpert; es ist inkarniert. Nur deshalb kann man einen Menschen an der Art, sich zu bewegen oder jemanden zu begrüßen, wieder erkennen. In allen erlernten Bewegungen zeigt sich die Einheit von physischen Prozessen und intentionalen Akten als Ausdruck individueller Subjektivität. Sie vermitteln zwischen bewusst vollzogenen Bewegungen und physiologisch gesteuerten körperlichen Funktionen. Zur Identität einer Person gehört daher auch »Leibbewußtsein.«[23]

Neben der Fähigkeit, die innere Zuständlichkeit unmittelbar durch zielgeleitete Bewegungen, Laute und Mimik auszudrücken, die sich schon bei höheren Tieren findet, benutzen Menschen bedeutungstragende sinnliche Zeichen, Symbole. Stimmungen und Gefühle können nun auch vermittels einer historisch entwickelten und damit veränderbaren Codierung ausgedrückt werden. Bestimmte Bewegungen oder Laute werden zu einem Zeichen für etwas anderes. Sie repräsentieren eine Bedeutung. Symbole sind nicht nur gegenüber dem inneren Erleben, sondern auch gegenüber biologisch ererbten Verhaltensschemata kontingent. Die Formen des Grüßens etwa variieren weltweit und nur dem, der mit einer bestimmten Kultur vertraut ist, erschließt sich der Sinn einer Geste. Nur er kann sich seinerseits angemessen verhalten. Ein Symbol lässt sich nicht zwei getrennten Ordnungen des Seins und Erkennens zuordnen. Die Frequenz der Stimme, die physikalisch messbar ist, besteht nicht unabhängig vom geistigen Sinn des Wortes; die physiologisch beschreibbare Armbewegung ist untrennbar mit

---

[23] Scheler (1954), 396.

ihrem Sinn verbunden. Um das Verhältnis physischer Prozesse zu ihrem geistigen Gehalt zu beschreiben, greift daher das Modell von Soft- und Hardware bei einem Computer zu kurz. Sinn und Intentionalität kommen durch die Sinnlichkeit hindurch zum Ausdruck; diese ist dadurch ihrerseits kein sinn- und geistleerer, rein kausalmechanisch bewegter Stoff. Als Leib ist der Körper das Äußere eines Inneren, das durch ihn zur Erscheinung kommt. In seiner sinnlichen Erscheinung wird er zum Träger von Sinn. Leib und Seele, so sagt Cassirer treffend, bilden eine ›symbolische Relation‹.[24] Die Identifikation des Menschen mit dem Leib wäre daher genauso falsch wie die mit dem reinen Denken. Es handelt sich um zwei Momente eines Ganzen, die zusammengehören, ohne identisch zu sein. Der Geist greift nicht in einen durch physikalische Mechanismen bestimmten Körper ein, wohl aber zeigt er sich vermittels des Leibes.

Ein Naturalist würde freilich noch immer versuchen, den mimischen Ausdruck von Gefühlszuständen und die Bewegung von Händen und Füßen im Handeln durch neuronale und damit elektrochemische Prozesse zu erklären. Der Test der physiologischen Funktionsfähigkeit, ob eine Person mit einer bestimmten Erkrankung noch in der Lage ist, nach einem Glas zu greifen, und das Verständnis einer Handlung, für das die Intention maßgeblich ist, würden mit demselben Kategorienschema analysiert. Intentionalität würde auf Kausalität reduziert. Doch damit wäre der Begriff des Ausdrucks um eine entscheidende Dimension verkürzt: Intentionen, die leiblich ausgedrückt werden, sind auch für andere wahrnehmbar und in ihrer Bedeutung verstehbar. Nur deshalb können wir unterscheiden, ob jemand das Glas aufgrund physiologischer Störungen nicht ergreifen kann, obwohl er es will, oder ob er es nicht ergreifen will, obwohl er es kann. Wir schließen nicht nachträglich, per Analogie, von einem zunächst nur räumlich-dinghaft vorhandenen Körper auf einen in diesem ›wie in einer Schachtel‹ verborgenen und nur der Privatheit des eigenen Innenlebens zugänglichen Geist. Nicht die Physiologie des Körpers, sondern allein der Sinn des leiblichen Ausdrucks entscheidet, wie man sich zu seinem Gegenüber verhält.

»Der Sinn der Gebärden ist nicht einfach gegeben, er will verstanden, aktiv erfaßt werden. […] Die Kommunikation, das Verstehen von Gesten, gründet sich auf die wechselseitige Entsprechung meiner Intentionalität und der Ge-

---

[24] Cassirer (1990b), 117.

bärden anderer, meiner Gebärden und der im Verhalten anderer sich bekundenden Intention.«[25]

Die Antwort auf die Frage, ob jemand nicht nach einem Glas greifen kann, obwohl er es will, oder ob er es absichtlich umstößt, führt beim Gegenüber zu völlig anderen Verhaltensweisen. Das Einleiten einer medizinischen Therapie ist nur sinnvoll, wenn die Person das Glas nicht ergreifen kann; wenn sie es absichtlich umstößt, stellt sich dagegen die Frage nach dem Motiv und den daraus abzuleitenden Folgen.

Nur durch den leiblichen Ausdruck eines Gedankens oder einer Idee können diese überhaupt aus der eigenen Innerlichkeit in die Außenwelt vermittelt und in ihr wirksam werden. Nicht die physikalisch bestimmbare Frequenz der Stimme, sondern die Bedeutung der Worte ist die Grundlage eines Gesprächs. Wenn wir einem Freund begegnen, interpretieren wir seine Handbewegung als Gruß, den wir erwidern, und nicht als drohende Geste, die wir abwehren. Auch die Sprache ist leiblich vermittelt durch den Gebrauch der Sprachorgane, der erlernt werden muss und deshalb mit jeder konkreten Sprache variiert; im Wort wird Sprache hörbar, in der Schrift sichtbar und im Fall der Gehörlosensprache drückt sie sich durch die Gestik von Händen und Fingern aus. Während das Wirken physikalischer Kräfte per definitionem ziellos ist, bewegt sich der Leib beim Sprechen, Schreiben und in Gesten zielgeleitet. Nur indem der Leib die Struktur von Intentionalität gewinnt, wird der Begriff der Handlung, Sprechakte eingeschlossen, sinnvoll. Der Leib ist deshalb nie nur Leib für mich, sondern durch den Ausdruck von Sinn eine fundamentale Bedingung der Möglichkeit von Kommunikation. Eine Person »communes with, and learns about, the world through her eyes and ears and touch and smell. She interacts with others through movement and words.«[26]

Auch für jedes wissenschaftliche Unternehmen sind mündliche und schriftliche Diskussionen und der Austausch über Hypothesen und Theorien unverzichtbar. Sie beruhen nicht auf physiologischen Mechanismen, sondern dem leiblichen Ausdruck von Gedanken im Medium von Symbolen. Wäre die Perspektive des erlebenden Individuums eine bloße Illusion, dann müssten sich alle Formen der Kommunikation als interne Rückkopplungen zwischen neuronalen Prozessen interpretieren lassen; dann wäre, wie Maturana konstatiert, auch

---

[25] Merleau-Ponty (1966), 219.
[26] Dekkers (2004), 120.

der Begriff des Verstehens sinnlos; es gäbe »keine Übertragung von Gedanken vom Sprecher zum Gesprächspartner«[27]. Folgt man der Logik dieses Arguments, dann wären auch wissenschaftliche Theorien, Vorträge und Bücher ohne einen Sinn, den es zu verstehen gälte. Symbole als ›Leib des Denkens‹[28] sind die Grundlage von Sprache, Schrift, Kunst, religiösen Riten und Wissenschaft gleichermaßen. Durch die symbolische Interpretation der Wirklichkeit werden Formen geschaffen, die ihre Schöpfer überdauern und deren Sinn sich noch Jahrhunderte später entschlüsseln lässt. Erst indem Wissen auch unabhängig von seinem Träger tradiert wird, entsteht eine eigene Lebenssphäre, die Kultur. Sie erzeugt ihrerseits immer wieder neue Fragen und Bedürfnisse und verändert damit rückwirkend die Bedeutung des Erlebten und die Formen des symbolischen Ausdrucks. Dadurch entsteht die Dynamik der Geschichte mit ihrem grundsätzlich offenen Horizont. »In der Expressivität«, so Plessner, »liegt der eigentliche Motor für die spezifisch historische Dynamik menschlichen Lebens.«[29] Dadurch entsteht nicht nur eine Welt künstlich erzeugter Güter; auch die Form, in der Menschen miteinander leben, muss immer wieder neu gefunden werden. Nur der Rahmen ist durch die menschliche Natur abgesteckt. In diesem Sinne ist Geschichtlichkeit ein wesentliches Kennzeichen des Gattungswesens Mensch. Auch physische Bedürfnisse werden nicht mehr unmittelbar ausgelebt, sondern im Kontext der jeweiligen Kultur interpretiert und in intersubjektiv vermittelte Formen eingebettet. Schon die schlichte biologische Notwendigkeit, Nahrung zu sich zu nehmen, ist in ihrer Form kulturell geprägt. Erst dadurch können schon vitale Bedürfnisse zu einem Gegenstand ethischer Reflexion werden. Vermittels des symbolischen Ausdrucks des Leibes sind Menschen als Naturwesen immer auch Teil der Kultur und als Kulturwesen noch Teil der Natur.

Im Rahmen der naturwissenschaftlichen Methode ist die Interaktion von Zielen und Bedeutungen mit physischen Prozessen freilich nicht definiert, da physische Prozesse notwendigerweise als physikalisierte erscheinen. Bisher ist es daher trotz aller Bemühungen auch der modernen Gehirnforschung nicht gelungen, die sinnlich-qualifizierten Wahrnehmungen, die der Geist erlebt, aus neurophysiologischen Pro-

27 Maturana (1998), 59.
28 Merleau-Ponty (1966), 216.
29 Plessner (1982), 52 f.

zessen kausal abzuleiten. Ebenso ungeklärt ist, wie neurophysiologische Prozesse Symbole erzeugen können, die Menschen zum Verstehen ihrer selbst, zu einem Gespräch mit anderen und zu kulturschöpferischen Leistungen befähigen. Weder kann man qualifizierte und intentionale Innenzustände leugnen, noch sie von neuronalen Prozessen kausal ableiten. Zumindest einige Kognitionswissenschaftler sprechen deshalb vorsichtig von einem Parallelismus und einer Korrelation physischer und mentaler Prozesse.[30] Auch das Körperschema, das die Neurophysiologie analysiert, beinhaltet lediglich eine Repräsentation der Proportionen des Körpers im Gehirn, die ein in Hinblick auf die räumlichen Verhältnisses abgestimmtes In-Beziehung-Treten mit der Außenwelt ermöglichen:

»Ich [verstehe] unter dem *Körperschema* eine zentrale Repräsentanz des Körpers, die uns eine unwillkürliche, implizite Orientierung bezüglich der Haltung, Lage und Bewegung unseres Leibes und unserer Glieder ermöglicht. Dieses unsichtbare Netz räumlicher Orientierung ist allerdings nicht auf den Leib begrenzt, sondern bezieht immer auch sein Verhältnis zur Umgebung und seinen Umgang mit den Dingen mit ein. [...] Der Begriff des *Körperbilds (body image)* schließlich entspricht der habituellen visuell-räumlichen Vorstellung vom eigenen Körper, seinem Aussehen und seinen Eigenschaften, also dem Körper aus der Sicht von außen.«[31]

Ebenso ungenügend ist es freilich, Geist und Körper als ein System zu charakterisieren, wenn man, wie Maturana, die Systemtheorie als der objektivierenden Methode der Naturwissenschaften verpflichtet ansieht. Dann nämlich wird die interne Verarbeitung von Reizen durch einen kausal induzierten Rückkoppelungsprozess erklärt, nicht aber durch Intentionen und Bedeutungen.

Um zu verstehen, dass sich nicht nur im Geist, sondern auch im Leib Intentionen manifestieren und damit der Ausdruck von Innerlichkeit durch Handlungen möglich wird, müssen daher zwei Erklärungsversuche ausgeschlossen werden: Weder kann die Sprache des Leibes, die Bedeutung von Mimik und Gesten, aus biologischen Funktionen kausal abgeleitet und naturwissenschaftlich erklärt werden; noch existieren Bedeutungen nur als subjektiv erlebte Qualitäten in der Privatheit des eigenen Bewusstseins. Unter naturwissenschaftlicher Perspektive kann der erlebte Leib nur als physiologischer Funk-

---

[30] Roth (1994), 255f.
[31] Thomas Fuchs, zit. nach Böhme (2003), 57.

tionszusammenhang erscheinen. Daraus zu schließen, dass alle anderen Zugangsweisen irrelevant sind, würde den Begriff der Erfahrung so verengen, dass wesentliche Züge des menschlichen Selbst- und Weltverhältnisses unverständlich würden. »Die Einschränkung der subjektiven Qualitäten«, so Cassirer, »ist kennzeichnend für den allgemeinen Gang der Wissenschaft. Die Wissenschaft begrenzt deren Objektivität, doch sie kann ihre Wirklichkeit nicht abschaffen. Denn jedes Merkmal unserer Erfahrung und unseres Erlebens hat Anspruch auf Wirklichkeit.«[32] Doch auch die naturwissenschaftliche Perspektive lässt sich nicht in einer einfachen Umkehr des Begründungszusammenhangs in der lebensweltlichen Erfahrung verorten. Nicht allein, dass beide Wissensformen auf unterschiedlichen erkenntnistheoretischen Prinzipien aufbauen und die Wissenschaften den Horizont weit über das der Lebenswelt Zugängliche erweitern. Für Radioaktivität etwa haben Menschen keine Organe und doch bestimmt sie, wenn sie empirisch-wissenschaftlich nachgewiesen wird, das Alltagsleben. Die Lebenswelt setzt ihrerseits die Geltung naturgesetzlicher Zusammenhänge voraus. Nur der physiologisch funktionsfähige Körper wird zum Ausdruck von Intentionalität. Das organisch zerstörte Auge erscheint als blicklos.

Am Beispiel des Leibes zeigt sich exemplarisch, dass es Phänomene gibt, die in einer die naturwissenschaftliche und die lebensweltliche Perspektive umgreifenden Sicht aufgehoben werden müssen. Dabei handelt es sich nicht um ein rein theoretisches Problem, sondern um nichts Geringeres als ein Verstehen der Bedingungen der Möglichkeit des Lebensvollzugs, von Sprechen und Handeln, wie Jonas betont:

»Die tatsächliche Koinzidenz von Innerlichkeit und Äußerlichkeit im *Leibe* zwingt die zwei Wissensweisen, ihr Verhältnis nach einem andern Gesichtspunkt als dem separater Gegenstände zu bestimmen. Auch nach einem andern als dem komplementärer Beschreibung des gleichen Gegenstandes von verschiedenen ›Seiten‹, die sich nicht auf die Frage einzulassen brauchte, wie im Sein selbst die abstrakten Aspekte konkret zusammenhängen mögen. Eben der lebendige Leib [...] muß sowohl als ausgedehnter und träger wie als fühlender und wollender beschrieben werden.«[33]

Wir müssen allerdings noch einen Schritt weiter gehen: Den Menschen als Einheit von Leib und Geist zu bestimmen bedeutet immer, ihn auch in Relation zu seiner Umwelt zu begreifen. Intentionen und Urteile,

---

[32] Cassirer (1990a), 124.
[33] Jonas (1994), 37–39.

die in Handlungen zum Ausdruck kommen, können nur erfolgreich sein, wenn sie zumindest auf einige Züge der Umwelt abgestimmt sind. In der Art der Bewegung drückt sich zugleich die Anpassung an eine bestimmte Aufgabe *und* die besondere Weise aus, in der sich ihr ein Individuum nähert.

3. Partizipation an der Natur als einer Vielfalt von Ausdrucksgestalten

Schon überleben können Menschen nur durch die Selbstüberschreitung zur Natur. Wie also ist diese und damit das Verhältnis des Menschen zu ihr zu bestimmen? Ist die Natur vollständig naturwissenschaftlich erklärbar und damit objektivierbar, so dass alle Werte nur mentale Konstruktionen sind? Welche Bedeutung hat die Einsicht, dass sich menschliche Subjektivität leiblich ausdrückt, für die Bestimmung der und die Beziehung zur Natur? Die Frage, ob schon Tiere und Pflanzen einen gewissen Eigenwert haben, ist heute vor allem für die Bio- und Umweltethik zentral. Die nach wie vor von vielen Philosophen und Wissenschaftlern vertretene Auffassung, dass die Natur wertfrei sei, beruht auf einer entscheidenden Prämisse: Alle Prozesse in der Natur sollten sich naturgesetzlich erklären lassen, so dass sich aus dem so verstandenen Sein kein Sollen ableiten lässt. Doch was ist eigentlich die ›Natur‹? In einem umfassenden Sinn verstanden, handelt es sich um das strukturierte Zusammenspiel aller Lebewesen und anorganischen Stoffe, die auf unserem Planeten die Biosphäre und im großen Maßstab das Universum konstituieren. Lebewesen sind somit ein integraler Teil dessen, was wir gewöhnlich als Natur bezeichnen. Auf sie will ich mich in diesem Beitrag beschränken.

Antonio Damasio ist einer der wenigen, der es als Defizit ansieht, dass die Neurophysiologie bisher nicht in einen Theoriezusammenhang mit der Evolutionslehre gebracht wurde. So entsteht der irreführende Eindruck, dass nur Menschen Bewusstsein haben. Doch der menschliche Geist ist nicht in einem unvermittelten Sprung aus unbelebter Materie entstanden. Allein die weitverzweigte Geschichte der Gattung Homo reicht etwa 2,5 Millionen Jahre zurück, die Abspaltung von den Uraffen vollzog sich vor etwa sieben Millionen Jahren. Offensichtlich hat sich in einem Prozess, der auf diesem Planeten vor fast vier Milliarden Jahren begonnen hat, mit der Evolution des Lebens auch eine der Innenwelt vollzogen. Schon die einzelne Zelle, die die meisten Biologen als Grundeinheit des Lebendigen ansehen, verfügt über eine gewisse Sensitivität für Reize, die einem Kristall noch nicht zukommt. Mit wachsender organischer Komplexität, mit der Entwicklung des Nervensystems und des Gehirns, entstand *zugleich* die Fähigkeit zu Sinneswahrnehmungen, Empfindungen und Bewusstsein. Auch der menschliche Geist hat sich, so betont Darwin, aus den einfachsten Formen der Reizempfindlichkeit, über die schon einzellige Lebewesen verfügen, entwickelt. »The mind of man […] has […] been developed from a mind as low as that possessed by the lowest animal.«[34] Schon unter einer rein instrumentellen Perspektive sind nicht allein die physische Stärke, sondern auch die Intelligenz, die Fähigkeit, sich und die Umwelt wahrzunehmen, aus Erfahrungen zu lernen und sich auf neue Gegebenheiten einzustellen, von Vorteil.

Unter evolutionärer Perspektive ist es deshalb legitim, von der Selbsterfahrung von Subjektivität bei uns auf das Vorhandensein von Subjektivität in nicht-menschlichen Lebewesen zu extrapolieren. Wenn nämlich der Mensch, so argumentiert Jonas, mit den Tieren verwandt ist, dann sind auch diese mit ihm verwandt, da Verwandtschaft immer ein zweiseitiges Verhältnis ist; und es gibt nahe und entfernte Verwandte. Nirgendwo im Reich des Lebendigen lässt sich ein Schnitt ziehen, an dem übergangslos aus totem Stoff plötzlich Innerlichkeit auftreten würde. Sowohl durch die Gene wie durch die Formen des inneren Erlebens sind die Menschen ein Glied im Reich des Lebendigen.

»Ist der Mensch mit den Tieren verwandt, dann sind auch die Tiere mit dem Menschen verwandt und dann in Graden Träger jener Innerlichkeit, deren sich der Mensch, der vorgeschrittenste ihrer Gattung, in sich selbst bewußt ist. […] Das Prinzip qualitativer Kontinuität, das unendlich viele Abstufungen von Dunkelheit und Klarheit der ›Perzeption‹ zuläßt, ist durch den Evolutionismus ein logisches Komplement zur wissenschaftlichen Genealogie des Lebens geworden. An welchem Punkte dann in der enormen Spanne dieser Reihe läßt sich mit gutem Grund ein Strich ziehen, mit einem ›Null‹ an Innerlichkeit auf der uns abgekehrten Seite und dem beginnenden ›Eins‹ auf der uns zugekehrten? Wo anders als am Anfang des Lebens kann der Anfang der Innerlichkeit angesetzt werden? Wenn aber Innerlichkeit koextensiv mit dem Leben ist, dann kann eine rein mechanistische Interpretation des Lebens, d. h. eine Interpretation in bloßen Begriffen der Äußerlichkeit, nicht genügen.«[35]

---

34 Darwin / Huxley (1983), 54.
35 Jonas (1992), 17.

Alle Lebewesen haben, wenn auch in völlig unterschiedlichen Graden, eine zumindest rudimentäre Sensitivität für ihr Befinden. Schon der Begriff der Reizempfindlichkeit beinhaltet, dass ein Lebewesen bei einer Berührung irgendwie spürt, was dieser Reiz mit ihm macht. Schon für nicht-menschliche Lebewesen ist deshalb eine Erklärung ihres Lebens nur in objektivierenden Begriffen unzureichend. Lebewesen, so Scheler, sind »nicht nur Gegenstände für äußere Beobachter, sondern [besitzen] auch ein *Für-sich-und-Innesein*«[36].

Auch bei nicht-menschlichen Lebewesen bleiben qualifizierte Perzeptionen nicht auf die eigene Innerlichkeit beschränkt. Wie Menschen müssen sie die qualitativ empfundenen Bedürfnisse in einer Umwelt befriedigen, an die sie angepasst sind. Ihr Verhalten wird daher durch qualifizierte Perzeptionen von sich und der Umwelt bestimmt. Dabei ist schon das Verhalten einfacher Lebewesen, eines Regenwurms etwa, nicht nur durch Instinkte determiniert; es verändert sich durch wiederholte schmerzhafte Erfahrungen. Ab einer gewissen Komplexität können Tiere durch Nachahmung lernen. Sie beobachten, wie sich Ihresgleichen und artfremde Wesen verhalten. Viele Jungtiere müssen von ihren Müttern lernen, wo es Futterquellen gibt und wie sie sich in bestimmten Situationen verhalten müssen. Hochentwickelte Tiere wie einige Rabenvögel und die großen Menschenaffen können sich sogar in die Perspektive ihres Gegenübers versetzen und diese in ihr Verhalten einbeziehen. Alle Lebewesen sind, so schloss schon Darwin, nicht nur genetisch und aufgrund der Fähigkeit zu qualifizierten Perzeptionen, sondern auch durch ihr Ausdrucksverhalten miteinander verbunden. Dann aber ist es erkenntnistheoretisch legitim, vom Ausdruck eines Lebewesens auf seine Innenwelt zu schließen und die eigene Innenwelt einzusetzen, um sein Verhalten, seine Bedürfnisse und Absichten, zu verstehen. Der Begriff der Analogie, der Ähnlichkeiten und Unähnlichkeiten des Erlebens zugleich berücksichtigt, schützt vor allzu einfachen Übertragungen vom menschlichen auf nicht-menschliches Erleben. Ungeachtet der Probleme, vor der die moderne Verhaltensbiologie steht, wenn sie herausfinden will, was ein Lebewesen empfindet und was sein Verhalten bestimmt, greift der Versuch, die Natur in der Vielfalt ihrer Lebensformen nur objektivierend zu beschreiben, zu kurz. »Die vollphänomenologisch gegebene Natur«, so schreibt Scheler treffend, »bleibt trotz dieses notwendigen, aber *künst-*

---

[36] Scheler (1983), 12.

lichen Verhaltens der Wissenschaft […] ein ungeheures Ganzes von Ausdrucksfeldern […] innerhalb dessen alle Erscheinungen einen durch die universelle Mimik, Pantomimik und Grammatik des Ausdrucks verständlichen über- und amechanischen *Sinnzusammenhang* besitzen.«[37]

Wie Menschen benutzen höhere Tiere Bewegungen und Laute, um mit anderen Lebewesen teilweise über Artgrenzen hinweg zu kommunizieren. Oft müssen junge Tiere die entsprechenden Ausdrucksformen erst lernen.[38] Viele höhere Tiere sind Spielgefährten und Wegbegleiter des Menschen. Offensichtlich spüren sie, was in Menschen vorgeht; sie können ihnen vertrauen oder auch misstrauen. Umgekehrt können Menschen innerhalb bestimmter Grenzen auch die Sprache der Tiere deuten und sich in ihrem Verhalten darauf einstellen. Jeder, der mit wilden Tieren arbeitet, weiß, dass diese Fähigkeit unter Umständen lebensrettend sein kann.[39] Mit der Überschreitung der anthropozentrischen Perspektive eröffnen sich Möglichkeiten der Begegnung mit anderen Lebensformen, die eine emotionale und kognitive Erweiterung des eigenen Horizontes beinhalten. Berücksichtigt man die Subjektivität von Menschen und nicht-menschlichen Lebewesen gleichermaßen, dann ändern sich die Bedingungen der Möglichkeit der Erkenntnis: Der Erkennende steht dem Erkannten nicht mehr wie einem fremden Objekt gegenüber; zwischen beiden besteht eine innere Affinität, die ein nicht-objektivierendes, auf Partizipation beruhendes Verhältnis zu anderen Lebewesen ermöglicht. Dadurch können sich Menschen, wie vormals in der Antike, in ihrer Vernunftbestimmtheit zugleich als Teil der belebten Natur verstehen.

Auch der Sinn für Wert und Bedeutung ist nicht einfach vom Himmel gefallen. Alle Lebewesen unterscheiden zwischen dem, was ihnen gut tut und meiden das, was sie bedroht. Einfache wie hoch entwickelte, nützliche wie schädliche, schöne und hässliche Lebewesen wollen leben. Sein oder Nicht-Sein sind für sie nicht gleichwertig. Verletzungen und Tod werden soweit wie möglich vermieden, das Leben unter Einsatz aller Kräfte verteidigt. Implizit, ohne bewusste Reflexion, erscheint es als ein Gut. Dadurch gewinnt auch das, was innerhalb des eigenen Lebenshorizontes geschieht, eine Bedeutung, die das Ver-

---

[37] Scheler (1985), 112, 114.
[38] Diamond (1993), 141–167.
[39] Vgl. Otterstedt / Rosenberger (2009).

halten mitbestimmt. Lebewesen sind also nicht nur Mittel für menschliche Interessen, geschweige denn empfindungslose, funktionierende Maschinen, die man nach dem Kriterium der Effizienz benutzen kann, sondern Wesen mit eigenen Bedürfnissen und Interessen. Sieht man in den unterschiedlichen Manifestationen des Lebenswillens eine implizite Bejahung des eigenen Seins, dann ist die belebte Natur kein wertindifferenter Funktionszusammenhang.

In einem Lebewesen keine Sache zu sehen, sondern seine Empfindungen und Bedürfnisse wahrzunehmen, bedeutet, einen stummen Appell zu fühlen, es in seiner Integrität zu achten, ihm mit Behutsamkeit und Achtung zu begegnen. Wenig bekannt ist, dass bereits Darwin aus der Verwandtschaft von Mensch und Tier ethische Konsequenzen abgeleitet hat, die sich der buddhistischen Ethik nähern:

»Wenn der Mensch in der Kultur fortschreitet und kleine Stämme zu größeren Gemeinwesen sich vereinigen, so führt die einfachste Überlegung jeden Einzelnen schließlich zu der Überzeugung, daß er seine sozialen Instinkte und Sympathien auf alle Glieder desselben Volkes auszudehnen habe. Wenn er einmal an diesem Punkte angekommen ist, kann ihn nur noch eine künstliche Schranke daran hindern, seine Sympathien auf die Menschen aller Nationen auszudehnen. Die Idee der Humanität scheint sich bei zunehmender Verfeinerung und Erweiterung unseres Wohlwollens nebenher zu entwickeln, bis sie mit der Ausdehnung desselben auf alle empfindenden Wesen ihren Höhepunkt erreicht.«[40]

Auch Scheler betont, dass die Fähigkeit zur ›Einsfühlung‹ der emotionale Keim zu einer artübergreifenden Ethik ist. Sie darf, so lautet das ähnlich gelagerte Argument von Schweitzer, nicht nur von dem sich selbst denkenden Ich ausgehen. Trotz der unschätzbaren Bedeutung der Vernunft ist die menschliche Identität von vitalen Bedürfnissen, Gefühlen und Empfindungen mitbestimmt. Der Wille zum Leben verbindet die Menschen mit allen Lebewesen auf diesem Planeten. Für den Soziobiologen Edward Wilson gehört daher die »Biophilia«[41], die Fähigkeit, für andere Wesen Sympathie und Mitgefühl zu empfinden, zur evolutionären Grundausstattung. Durch die Einsicht in die Verwandtschaft mit anderen Lebewesen wird, so Jonas, den Menschen nichts von ihrer Würde genommen. Im Gegenteil: Dem »Gesamtreich

---

[40] Darwin (1993), 42.
[41] Wilson (2002), 287.

des Lebens wird etwas von der Würde zurückgegeben«[42], die es durch mechanistische und dualistische Interpretationen verloren hat. Wenn Menschen eine Würde haben, also nie nur Mittel, sondern immer auch Zweck in sich sein sollten, wie Kant betont, dann ist es nur folgerichtig, auch nicht-menschlichen Wesen einen Eigenwert zuzuerkennen, insofern sie ihr Lebensziel unabhängig von menschlichen Interessen in sich tragen.

In Europa ist die Schweiz bisher das einzige Land, das in den neunziger Jahren die Idee der Würde der Kreatur in die Bundesverfassung aufgenommen hat.[43] Dadurch wurde die rechtliche Grundlage für einen Konflikt zwischen den Interessen von Menschen und denen anderer Lebewesen, von Tieren und sogar Pflanzen, geschaffen.»Der Bund«, so heißt es,»trägt der Würde der Kreatur sowie der Sicherheit von Mensch, Tier und Umwelt Rechnung.«[44] Tiere und Pflanzen dürfen nicht mehr fraglos und willkürlich wie eine bloße Sache benutzt werden. Projekte, die Tiere wie eine Ware verbrauchen, sie nur aus Experimentierfreude entstellen oder als Luxusartikel behandeln, werden unterbunden. Auch als Nutztiere in der Landwirtschaft sollten sie ihrer Art gemäß leben. Wissenschaftliche Neugier und technischer Erfindungsreichtum werden dadurch in neue Bahnen gelenkt: Ihre Aufgabe ist es, Alternativen zu entdecken, die im Idealfall Menschen *und* Tieren gerecht werden.

Doch trotz aller Gemeinsamkeiten zwischen Menschen und Tieren besteht eine unaufhebbare Asymmetrie: Nur Menschen können sich Ziele und Interessen bewusst machen und aus Einsicht Pflichten übernehmen. Alle anderen Kreaturen brauchen wie Kinder einen Vormund, der in ihrem Namen tätig wird. Nach der Schweizer Verfassung legitimiert diese Asymmetrie eine Abwägung der Würde der Kreatur gegen höherrangige Interessen. Nicht-menschliche Wesen haben keinen absoluten, sondern nur einen relativen Eigenwert. Schon Schweitzer hatte auf den grundlegenden Konflikt hingewiesen, in dem sich Menschen befinden. Sie müssen, um zu überleben, andere Lebewesen immer auch zum Mittel für ihre Interessen machen; zur Achtung vor sich selbst gehört auch die Erhaltung des eigenen Lebens. Gleichzeitig sind sie zum Respekt vor dem Lebenswillen anderer Wesen verpflich-

---

[42] Jonas (1992), 17.
[43] Vgl. Balzer / Rippe / Schaber (1999).
[44] Vgl. Baranzke (2002).

tet. Doch indem der Gebrauch anderer Lebewesen seine Selbstverständlichkeit verliert, kann dieser zumindest minimiert werden. Analog zum menschlichen Leben ist gerade der Konflikt zwischen Eigenwert und Mittelbarkeit die große Chance zu einem ethischen Verhalten.

Die mit dem menschlichen Selbstbewusstsein verbundene Verantwortungsfähigkeit erstreckt sich nun nicht mehr nur auf die Mitmenschen, sondern auf alle Lebewesen und damit zumindest indirekt auf die ganze Biosphäre. Um ihrer Art gemäß zu leben brauchen Tiere und Pflanzen ein ihnen entsprechendes Umfeld. Zu ihm gehören neben einer Vielzahl anderer Arten auch Berge, Wälder und Flüsse. Verantwortung haben Menschen daher nicht nur für einzelne Individuen und Arten. »Die gesamte Biosphäre«, so Jonas, »beansprucht gegenüber den Eingriffen des Menschen ihren Anteil an der Achtung, die allem gebührt, das seinen Zweck in sich trägt, das heißt allem Lebendigen.«[45] Unter diesen Prämissen entspringt die Beschränkung von Eingriffen in die Biosphäre nicht nur menschlichen Interessen, der Angst vor unkontrollierbarem Klimawandel oder der Freude an der Schönheit der Natur, sondern auch den Pflichten gegenüber anderen Lebewesen.

Zusammenfassend kann man sagen, dass qualifizierte Perzeptionen, Ziele und Bedeutungen nicht nur Phänomene der Innenwelt sind. Da sich Menschen, wie alle Lebewesen, in ihrer Befindlichkeit ausdrücken müssen, um zu überleben, wird der Körper als Leib zur Erscheinung von Intentionalität. Nur indem Physisches nicht vollständig physikalisierbar ist, sind Handlungen, Sprechakte eingeschlossen, als notwendige Bedingung des Überlebens und eines in qualitativer wie ethischer Hinsicht guten Lebens möglich. Berücksichtigt man darüber hinaus, dass sich die menschlichen Formen des Bewusstseins und des Ausdrucks im Laufe der Evolution entwickelt haben, dann ist auch die belebte Natur nicht mehr das ganz Andere, Fremde; in ihr finden Menschen Vorformen dessen, was ihnen aus eigener Erfahrung vertraut ist.

---

[45] Jonas (1987), 46.

Literatur

Balzer, P. / Rippe, K. P. / Schaber, P. (1999): *Menschenwürde vs. Würde der Kreatur. Begriffsbestimmung, Gentechnik, Ethikommissionen.* Freiburg, München ²1999.

Baranzke, H. (2002): *Würde der Kreatur. Die Idee der Würde im Horizont der Bioethik.* Würzburg.

Bauer, J. (2005): *Das Gedächtnis des Körpers. Wie Beziehungen und Lebensstile unsere Gene steuern.* Zürich ⁴2005.

Barbour, I. (2000): *When Science Meets Religion. Enemies, Strangers or Partners?* New York.

Böhme, G. (2003): *Leibsein als Aufgabe. Leibphilosophie in pragmatischer Hinsicht.* Zug (CH).

Brüntrup, G. (1996): *Das Leib-Seele-Problem.* Stuttgart 1996.

Cassirer, E. (1990a): *Versuch über den Menschen. Einführung in eine Philosophie der Kultur.* Frankfurt a. M.

Cassirer, E. (1990b): *Philosophie der symbolischen Formen,* Bd. 3. Darmstadt ⁹1990.

Danzer, G. (2003): *Merleau-Ponty. Ein Philosoph auf der Suche nach Sinn.* Berlin.

Darwin, C. (1993): Ursprung und Entwicklung der moralischen Gefühle, in: *Evolution und Ethik,* hrsg. von K. Bayertz. Stuttgart.

Darwin, C. / Huxley, T. H. (1983): *Autobiographies,* hrsg. von G. de Beer. Oxford, New York.

Diamond, J. (1993): *The Third Chimpanzee. The Evolution and Future of the Human Animal.* New York.

Dekkers, W. (2004): Autonomy and the Lived Body in Cases of Severe Dementia, in: *Ethical Foundations of Palliative Care for Alzheimer Disease,* hrsg. von R. B. Purtilo / H. Ten Have. Baltimore, London.

Jaspers, K. (1973): *Philosophie II: Existenzerhellung.* Berlin, Heidelberg, New York ⁴1973.

Jonas, H. (1994): *Das Prinzip Leben.* Frankfurt a. M.

Jonas, H. (1987): *Technik, Medizin und Ethik. Praxis des Prinzips Verantwortung.* Frankfurt a. M.

Jonas, H. (1992): *Philosophische Untersuchungen und metaphysische Vermutungen.* Frankfurt a. M., Leipzig.

Kather, R. (1998): *Ordnungen der Wirklichkeit. Die Kritik der philosophischen Kosmologie am mechanistischen Paradigma.* Würzburg.

Kipke, R. (2001): *Mensch und Person. Der Begriff der Person in der Bioethik und die Frage nach dem Lebensrecht aller Menschen.* Berlin.

Maturana, H. (1998): *Biologie der Realität.* Frankfurt a. M.

Merleau-Ponty, M. (1966): *Phänomenologie der Wahrnehmung.* Berlin.

Mutschler, H.-D. (2002): *Naturphilosophie.* Stuttgart.

Otterstedt, C. / Rosenberger, M. (Hrsg.) (2009): *Gefährten – Konkurrenten – Verwandte. Die Mensch-Tier-Beziehung im wissenschaftlichen Diskurs.* Göttingen.

Pauen, M. (2004): Illusion Freiheit? Mögliche und unmögliche Konsequenzen der Hirnforschung. Frankfurt a. M.

Plessner, H. (1982): *Mit anderen Augen. Aspekte einer philosophischen Anthropologie.* Stuttgart.

Roth, G. (1994): *Das Gehirn und seine Wirklichkeit. Kognitive Neurobiologie und ihre philosophischen Konsequenzen.* Frankfurt a. M.

Schaub, H. (1996): Künstliche Seelen – Die Modellierung psychischer Prozesse, in: *Widerspruch* 29, 56–82.

Scheler, M. (1954): *Der Formalismus in der Ethik und die materiale Wertethik. Neuer Versuch der Grundlegung eines ethischen Personalismus,* hrsg. von M. Scheler. Bern [4]1954.

Scheler, M. (1983): *Die Stellung des Menschen im Kosmos.* Bern [10]1983.

Scheler, M. (1985): *Wesen und Formen der Sympathie.* Bonn.

Schrödinger, E. (1966): Der Geist der Naturwissenschaft, in: *Gibt es Grenzen der Naturforschung? Eranos Reden von E. Schrödinger, L. Baeck, G. Holton, H. Kayser.* Freiburg, Basel, Wien.

Schrödinger, E. (1989): *Geist und Materie.* Zürich 1989.

Quante, M. (2002): *Personales Leben und menschlicher Tod. Personale Identität als Prinzip biomedizinischer Ethik.* Frankfurt a. M.

Wilson, E. O. (2002): Biophilia, zit. in: Lloyd Burton: *Worship and Wilderness. Culture, Religion, and Law in Public Lands Management.* Madison.

Whitehead, A. N. (1982): *Die Funktion der Vernunft.* Stuttgart.

Verschränkung

Hartmann Römer

Einführung

Verschränkung ist eine unausweichliche Konsequenz der Quantenmechanik und tief in ihren Grundlagen verankert. Wenn man an einem Teil eines zusammengesetzten quantenmechanischen Systems eine Messung vornimmt, so kann es geschehen, dass einerseits das Ergebnis der Messung wesentlich unbestimmt, also auch bei maximaler Kenntnis des Systemzustandes nicht durch diesen festgelegt ist, und dass anderseits mit diesem Ergebnis sofort und ohne jede Verzögerung auch die Resultate anderer Messungen an unter Umständen weit entfernten Teilen des Systems mit Sicherheit feststehen.

Bekanntlich hat Albert Einstein versucht,[1] dieses eigenartige Verhalten als Argument gegen die Quantenmechanik zu richten, die, wie er meinte, unvollständig und durch eine lokale, realistische Theorie ohne »spukhafte Fernwirkungen« zu ersetzen sei. Hierbei bedeutet »realistisch« die für Einstein selbstverständliche Forderung, dass der Ausgang jeder Messung an einem System durch eine Eigenschaft des Systems vorbestimmt sein muss.

Durch den experimentellen Befund einer Verletzung der Bellschen Ungleichungen muss es heute als entschieden gelten, dass eine lokale, realistische Theorie im Sinne Einsteins nicht an die Stelle der Quantentheorie treten kann. Verschränkungseffekte finden bereits technische Anwendungen und sind das wesentliche Funktionsprinzip, auf dem die Überlegenheit zukünftiger Quantencomputer im Vergleich zu klassischen Computern beruhen könnte.

Viel von ihrem spukhaften Charakter verlieren die von Verschränkungseffekten herrührenden Korrelationen dadurch, dass sie nicht zur Übermittlung von Einwirkungen oder Signalen verwendbar

---

[1] Vgl. Einstein / Podolsky / Rosen (1935), 777–780.

sind.[2] Was aber bleibt, ist der »holistische Charakter« der Quantentheorie: Das Ganze eines zusammengesetzten Quantensystems ist nicht einfach die Summe seiner Teile. Vielmehr ordnen sich die Teile einem Ganzen so unter, dass ihr gegenseitiges Verhältnis nicht nur durch kausale Einwirkungen aufeinander, sondern ganz wesentlich auch durch ihren Platz in einer Einheit stiftenden Gesamtgestalt geregelt ist. Hierbei verlieren die Teile viel von ihrer Selbständigkeit und werden in Quantensystemen gewissermaßen erst durch ihre Identifikation konstituiert.

Der treffende Ausdruck »Verschränkung« für dieses eigentümlich enge Wechselverhältnis der Teilsysteme wurde übrigens von Erwin Schroedinger geprägt. Die Existenz »ursachenloser«, nicht kausal vermittelter Korrelationen in der Quantentheorie wird weithin als verstörend empfunden. Der Grund hierfür liegt auf der Hand: Die verinnerlichte Weltsicht der großen Mehrheit in der westlichen Welt ist noch immer vom mechanistischen Weltbild geprägt, und dies gilt für die praktizierte Wissenschaft sogar noch mehr als für den gelebten Alltag.

Von den vier Ursachen der klassischen Philosophie ist nur die »causa efficiens«, die Wirkursache geblieben, nur sie ist noch gemeint, wenn von Kausalität die Rede ist – ein Sprachgebrauch, dem auch wir uns in dieser Arbeit anschließen. Wissenschaftliches Verständnis wird ganz selbstverständlich und geradezu zwanghaft mit Auffindung und Klärung kausaler Beziehungen im Sinne der »causa efficiens« gleichgesetzt. Das Weltganze wird als durchgängig kausal strukturiert angesehen, und hinzu kommt die intuitive Vorstellung eines starken Determinismus. Wenn aus praktischen Gründen bei (noch) nicht aufklärbaren Ursachen, dem Zufall widerwillig ein Gastrecht eingeräumt wird, dann nur unter der strikten Bedingung, dass er auf jeden Fall als blind anzusehen sei.

Verdrängt wird meist die offensichtliche Tatsache, dass es sehr wohl viele legitime Gegenstände des Denkens, auch des wissenschaftlichen Denkens gibt, in denen Wirkursachen für das Verständnis keine Rolle spielen. Beispielsweise sind die Wechselbeziehungen der Seiten und Winkel eines Dreiecks sicher nicht durch Wirkursachen bestimmt. Dasselbe gilt, wann immer Strukturen, Formen und Muster ins Blickfeld rücken. Hierbei glaubt man allerdings, alles für das Verständnis Nötige geleistet zu haben, wenn man einen kausalen Mechanismus

---

[2] Vgl. Eberhard (1978), 392–419; vgl. auch Lucadou / Römer / Walach (2007).

gefunden hat, durch den sie entstanden sein können. Mit Sicherheit verliert der Satz vom zureichenden Grunde seine Gültigkeit, wenn nur Wirkursachen zugelassen werden.

Außerhalb der Hauptströmung hat es indessen immer wieder Angriffe auf das Erklärungsmonopol kausaler Beziehungen gegeben, und die Forderung, das Augenmerk auf Muster und Formen als vollberechtigte Gegenstände des Nachdenkens zu richten, ist nie verstummt. Gerade die nicht kausalen Verschränkungskorrelationen in Quantensystemen haben in diesem Zusammenhang nicht selten eine paradigmatische Rolle gespielt. Ein besonders klares Beispiel hierfür ist die *Synchronizitätstheorie* von C. G. Jung und Wolfgang Pauli.[3] Sie wurde zunächst im Hinblick auf so genannte paranormale Phänomene formuliert, ist aber keineswegs auf diese beschränkt. Zentral ist hierbei die Vorstellung »sinnvoller Zufälle«, bei denen die Beziehung zwischen Ereignissen nicht durch Wirkursachen, sondern durch ihren Platz in einen ganzheitlichen Sinnzusammenhang gegeben ist. Die Bezeichnung »Synchronizität« ist, wie schon von Pauli erkannt hat, nicht ganz glücklich, da die in ihr zentralen, nicht kausalen Korrelationen in ihrem Wesen keinerlei Bezug zur Zeit haben. Durch Gleichzeitigkeit über große Entfernungen tritt lediglich ihr nicht kausaler Charakter besonders klar hervor. Der Physiknobelpreisträger Wolfgang Pauli hat ausdrücklich auf die Ähnlichkeit derartiger synchronistischer Beziehungen mit quantenphysikalischen Verschränkungskorrelationen hingewiesen und ihre Untersuchung im Rahmen einer noch zu schaffenden »neuen Wissenschaft« gefordert.

In dem Bestreben, Paulis Synchronizitätsvorstellung formal genauer auszuarbeiten, ist oft vermutet worden, synchronistische Korrelationen seien tatsächlich quantenphysikalische Verschränkungskorrelationen. Eine solche Ansicht erscheint uns aus mehreren Gründen als unhaltbar: Erstens zeugt eine solche Zurückführung auf einen rein quantenphysikalischen Effekt von einem stark physikalisch reduktionistischen Weltverständnis, dem wir uns nicht anschließen können. Zweitens sind Effekte der Quantenphysik fast ausschließlich auf die mikroskopische physikalische Welt beschränkt, und die notwendigen Verstärkungsmechanismen, die für das Auftreten massiver quanten-

---

3 Vgl. Atmanspacher / Primas / Wertenschlag-Birkhäuser (1995); Atmanspacher / Primas (2008).

physikalischer Effekte in unserer makroskopischen Lebenswelt vorgeschlagen werden, sind alles andere als überzeugend. Drittens ist die Verschränktheit eines quantenphysikalischen Zustandes eine äußerst labile und störbare Eigenschaft, die nur durch ausgeklügelte Mechanismen stabilisiert werden kann und umso schneller zum Verfall durch »Dekohärenz« neigt, je größer und komplexer ein physikalisches System ist.[4] Was wirklich gebraucht wird, ist ein Formalismus, der die physikalische Quantentheorie so verallgemeinert, dass quantenartige Effekte wie Komplementarität und Verschränkung über den engeren Bereich der Physik hinaus formal definierbar und anwendbar bleiben. Synchronistische Erscheinungen beruhen in einem solchen Rahmen nicht auf Quantenphysik, sondern auf strukturellen Gemeinsamkeiten mit der physikalischen Quantentheorie.

Ein solcher Formalismus ist unter dem Namen »Schwache Quantentheorie« oder auch »Verallgemeinerte Quantentheorie« vom Autor dieser Studie zusammen mit H. Atmanspacher und H. Walach aufgestellt worden.[5]

Die Verallgemeinerte Quantentheorie ist eine Theorie allgemeiner Systeme, die klassische Mechanik und Quantenmechanik als Spezialfälle einschließt aber weit über beide hinausgeht. Grundbegriffe, die sie mit der klassischen und Quantenmechanik gemeinsam hat, sind:
System: Ein *System* ist alles, was, wenigstens in Gedanken, vom Rest der Welt abgetrennt und zum Gegenstand einer Untersuchung gemacht werden kann. In einem System können unter Umständen *Teilsysteme* identifizierbar sein.
Zustand: Ein System kann in verschiedenen *Zuständen* existieren oder gedacht werden, ohne dabei seine Identität als System zu verlieren. Der Begriff des Zustandes enthält ein epistemisches Element, indem er auch Ausdruck des Wissens über ein System ist. Man kann ferner unterscheiden zwischen *reinen Zuständen,* die maximalem möglichem Wissen über ein System entsprechen, und *gemischten Zuständen* in denen maximales Wissen nicht erreicht wird.
Observable: *Observable* entsprechen Zügen des Systems, die in (mehr oder weniger) sinnvoller Weise untersucht werden können. Wenn ein System Teilsysteme besitzt, kann man unterscheiden zwi-

---

[4] Vgl. Giulini / Joos / Kiefer / Kupsch / Stamatescu / Zeh (1996).
[5] Vgl. Atmanspacher / Römer / Walach (2002); Atmanspacher / Filk / Römer (2006).

schen *globalen Observablen,* die sich auf das System als ganzes beziehen, und *lokalen Observablen,* die zu Teilsystemen gehören.

Messung: Eine *Messung* einer Observablen A wird vorgenommen, indem man die Untersuchung, die zur Observablen A gehört, wirklich durchführt und zu einem Ergebnis kommt, das faktischen Charakter beansprucht. Wie dies im Einzelnen geschieht, muss zusammen mit der Definition des Systems festgelegt sein. Das Ergebnis einer Messung wird vom Zustand z des Systems abhängen, aber im Allgemeinen durch z nicht vollständig determiniert sein.

Die Verallgemeinerte Quantentheorie wird durch eine Reihe von Axiomen beschrieben, für die wir auf die oben zitierten Originalveröffentlichungen verweisen. Wir weisen hier nur auf einen wesentlichen Zug hin: Observable A können mit Funktionen identifiziert werden, die Zuständen z andere Zustände A(z) zuordnen. Im Allgemeinen ist $z \neq A(z)$. Das gilt sogar in klassischen Systemen für gemischte Zustände, da sich die Kenntnis eines Systems durch eine Messung im Allgemeinen ändert. In Quantensystemen ist generisch $z \neq A(z)$ auch für reine Zustände. Observable A und B können durch Hintereinanderschalten der ihnen entsprechenden Abbildungen verknüpft werden: $AB(z) = A(B(z))$.

Observable A und B heißen *kompatibel,* wenn AB = BA und *inkompatibel* oder *komplementär,* wenn $AB \neq BA$. Zwei Observable sind genau dann kompatibel, wenn die Reihenfolge der zugehörigen Messungen unerheblich ist. Komplementarität von Observablen tritt in der klassischen Mechanik nicht auf, sie ist ein wesentlicher Zug der Quantentheorie.

Für die Quantenmechanik ebenso wie für die Verallgemeinerte Quantentheorie ist entscheidend, dass Messungen im allgemeinen die Zustände verändern: Wenn die Messung einer Observablen A zu dem Messergebnis α geführt hat, dann ist das System nach der Messung in einem so genannten *Eigenzustand* von A zum *Eigenwert* α, der dadurch gekennzeichnet ist, dass eine erneute Messung von A mit Sicherheit immer wieder dasselbe Ergebnis α liefert. Man kann zeigen, dass es für inkompatible Observablen A und B Messergebnisse α von A gibt, zu denen kein gemeinsamer Eigenzustand von A und B existiert. In diesem Fall ist es nicht möglich, dem betrachteten System zusätzlich zur Eigenschaft α zugleich einen scharfen Messwert β von B zuzuschreiben. Es ist dies die Grundstruktur der quantentheoretischen Komplementarität.

In einem allgemeineren, über den Bereich der Physik im engeren Sinne hinausgehenden Rahmen ist mit der Möglichkeit von Komplementarität immer dann zu rechnen, wenn die Veränderung von Zuständen durch Beobachtungen unvermeidlich ist. Das ist in exemplarischer Weise für Systeme der Fall, die bewusste, zur Selbstbeobachtung befähigte Individuen enthalten. Verschränkung wird, wie sich zeigen wird, in Systemen der Verallgemeinerten Quantentheorie dann zu erwarten sein, wenn Komplementarität zwischen globalen und lokalen Observablen besteht.

Wir wollen uns in dieser Arbeit mit Erscheinungen beschäftigen, die sich als Verschränkungsphänomene in einer Verallgemeinerten Quantentheorie deuten lassen. Hierbei wird nicht der Anspruch erhoben, dass jede andere Deutung unmöglich oder weniger sinnvoll wäre. Wir hoffen aber zu zeigen, wie sich durch Anwendung eines verallgemeinerten Verschränkungsbegriffes viele verschiedene Phänomene in einem gemeinsamen, andersartigen und erhellenden Licht darstellen.

Hierzu werden wir wie folgt vorgehen:

Im folgenden Kapitel 1 werden wir das Phänomen der quantenphysikalischen Verschränkung an dem einfachsten Beispiel eines Systems von zwei Teilchen mit Spin ½ erläutern. In Kapitel 2 folgt eine allgemeine Betrachtung zu kausalen und nicht kausalen Korrelationen. Besonders werden wir uns mit Verschränkungskorrelationen in der Verallgemeinerten Quantentheorie und ihrer Unterscheidung von andersartigen Korrelationen befassen. Eine wesentliche Forderung wird das NT-Axiom sein, welches besagt, dass Verschränkungskorrelationen nicht zur Übermittlung von Signalen und Einwirkungen verwendbar sind.[6] Im zentralen Kapitel 3 werden wir an zehn verschiedenen Beispielen aufzeigen, wie sich in sehr verschiedenen Zusammenhängen die Begrifflichkeit von Verschränkungskorrelationen der Verallgemeinerten Quantentheorie anwenden lässt. Kapitel 4 ist zusammenfassenden Schlussbemerkungen vorbehalten.

---

[6] Vgl. Eberhard (1978), 392–419.

1. Verschränkung in der Quantenmechanik

Um eine möglichst klare Vorstellung von der Natur quantenpysika-
lischer Verschränkungskorrelationen zu vermitteln, wollen wir in diesem Kapitel ein einfaches Beispiel näher beschreiben, bei dem die wesentlichen Züge besonders deutlich hervortreten. Wir werden ein
System von zwei Teilchen mit Spin ½ betrachten. Das hat den Vorteil,
dass es für die dabei auftretenden (lokalen) Observablen nur jeweils
zwei mögliche Messwerte +1 und -1 geben kann. Auf eine vollständige
Behandlung im quantenmechanischen Formalismus müssen wir hier
allerdings verzichten.[7] Spin ist ein innerer Drehimpuls, der Teilchen
wie dem Elektron oder dem Proton zukommt. Die Komponenten des
Spins längs einer beliebigen Geradenrichtung R sind die Spinobservablen des Teilchen, die wir mit σ_R bezeichnen wollen. Elektronen und
Protonen sind besonders einfache Teilchen, so genannte Spin ½ Teilchen. Für sie haben die Spinobservablen σ_R nur zwei möglich Messwerte, nämlich +1: Spin in Richtung von R und −1: Spin in Gegenrich-
tung von R. Für die folgenden Diskussionen verwenden wir für jedes
Teilchen nur drei Spinobservable σ_1, σ_2, und σ_3, die zu drei zueinander
senkrechten Geradenrichtungen gehören. Je zwei der Observablen σ_1,
σ_2, und σ_3 sind zueinander komplementär. In unserem Falle liegt sogar
maximale Komplementarität vor (vgl. Abb. 1):
Die Messung einer Observablen, etwa von σ_3, habe einen Messwert, etwa +1 ergeben. Dann liegt nach der Messung ein Eigenzustand,
nämlich solch ein Zustand vor, dass jede erneute Messung von σ_3 mit
Sicherheit immer wieder denselben Messwert +1 ergibt. Misst man
dann aber anschließend eine andere Spinobservable, etwa σ_2, so ist das
Messergebnis gänzlich unbestimmt, und man wird für σ_2 die Messwerte +1 oder −1 mit jeweils 50 % Wahrscheinlichkeit erhalten. Zur Diskussion von Verschränkungseffekten betrachten wir nun ein System
aus zwei derartigen Teilchen mit Spin ½ und den sechs lokalen Spinob-
servablen $\sigma_1^{(1)}$, $\sigma_2^{(1)}$, $\sigma_3^{(1)}$ sowie $\sigma_1^{(2)}$, $\sigma_2^{(2)}$, $\sigma_3^{(2)}$, von denen sich die
ersten drei auf das erste und die letzten drei auf das zweite Teilchen
beziehen.

---

[7] Eine allgemein verständliche Darstellung findet sich in dem lesenswerten Buch *Verschränkte Welt* von Audretsch (2002).

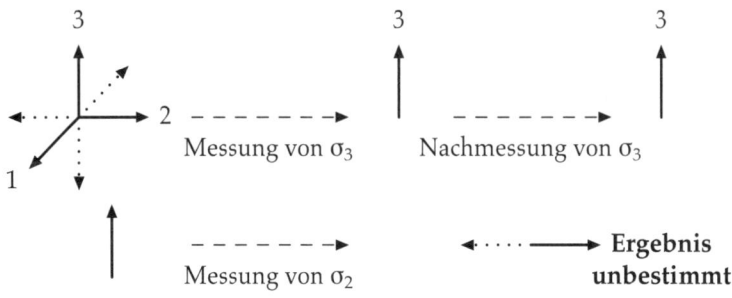

Abb. 1: Messung von Spinobservablen

Die beiden Teilchen dürfen räumlich sehr weit voneinander getrennt sein, und je zwei auf verschiedene Teilchen bezogene Observable sind miteinander kompatibel, also

$$\sigma_i^{(1)} \sigma_j^{(2)} = \sigma_j^{(2)} \sigma_i^{(1)} \text{ für } i,j = 1,2,3.$$

Hingegen sind je zwei auf dasselbe Teilchen bezogene Observable zueinander komplementär. Das System aus zwei Teilchen befinde sich, bevor an ihm weitere Messungen vorgenommen werden, nun im so genannten *Singulettzustand*. Das ist ein verschränkter Zustand, der im quantenmechanischen Formalismus, den wir, wie gesagt, hier nicht entwickeln können, durch $\Psi = \frac{1}{\sqrt{2}}(\psi_{3,+1}^{(1)}\psi_{3,-1}^{(2)} - \psi_{3,-1}^{(1)}\psi_{3,+1}^{(2)})$ beschrieben wird. Nachfolgende Messungen an dem zunächst im Singulettzustand befindlichen System ergeben Folgendes (vgl. Abbildung 2):

Eine Messung einer Spinobservablen, etwa $\sigma_3^{(1)}$, am ersten Teilchen ergibt mit jeweils 50 % Wahrscheinlichkeit die Messwerte +1 oder −1. Dieses Resultat war zu erwarten. Überraschend sind die Ergebnisse einer anschließenden Messung der entsprechenden Spinobservable $\sigma_3^{(2)}$ an dem zweiten Teilchen. Es ergibt sich immer das entgegengesetzte Resultat der Messung am ersten Teilchen, also −1, wenn +1 am ersten Teilchen gemessen wurde und +1, wenn −1 das Ergebnis der Messung am ersten Teilchen war.

Dies ist ein erstes drastisches Beispiel für eine *Verschränkungskorrelation* (die sich in diesem konkreten Fall als Antikorrelation erweist). Obwohl das Messergebnis am ersten Teilchen unvorhersehbar war, bestimmte es anschließend sofort das Messergebnis einer Observablen am zweiten Teilchen. Da die beiden Teilchen beliebig weit von-

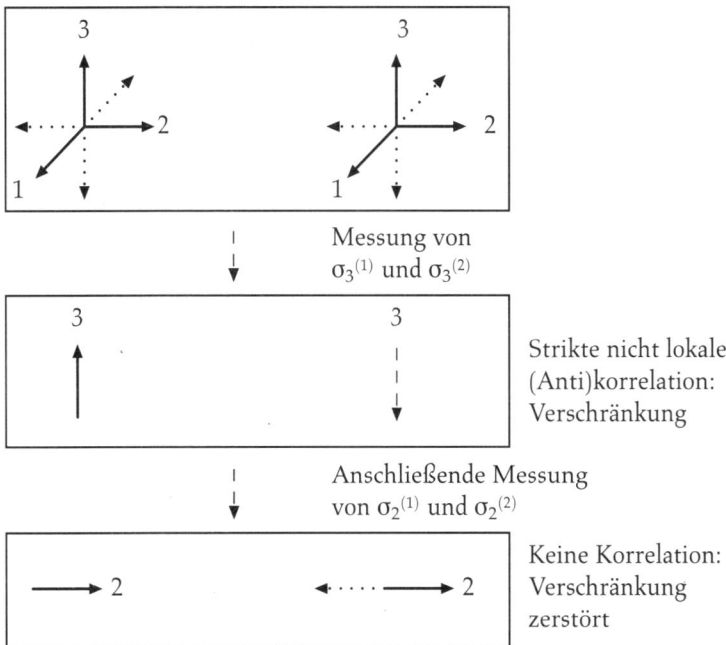

Abb. 2: Verschränkung für zwei Spins

einander entfernt sein dürfen, darf man nicht annehmen, dass das Messergebnis am ersten Teilchen in irgendeiner Weise als Nachricht an das zweite Teilchen übermittelt worden wäre. Vielmehr müssen die Verschränkungskorrelationen im Singulettzustand des Zweiteilchensystems ihren Ursprung haben. Denkbar wäre nun, dass die Messwerte von $\sigma_3^{(1)}$ und $\sigma_3^{(2)}$ bereits vor den Messungen durch irgendeine unbeobachtete oder gar unbeobachtbare zusätzliche Eigenschaft des Singulettzustandes bestimmt gewesen wären. Das würde gerade der in der Einleitung erwähnten Realismusforderung Albert Einsteins entsprechen. Eine genauere Analyse zeigt aber, dass wegen der Verletzung der Bellschen Ungleichungen, die ebenfalls an demselben Zweispinsystem festgestellt werden kann, auch diese Möglichkeit auszuschließen ist.[8]

---

[8] Genaueres zu den Bellschen Ungleichungen und zur Verschränkung findet man in allgemein verständlicher Form beispielsweise in Audretsch (2002). Eine vollständige Behandlung im quantenphysikalischen Formalismus ist enthalten in Nielsen / Chuang

Wegen der Kompatibilität von $\sigma_3^{(1)}$ und $\sigma_3^{(2)}$ hätte man dieselben Verschränkunskorrelationen auch gefunden, wenn man zuerst am zweiten und dann am ersten Teilchen gemessen hätte.

Auch ergeben sich für Messungen mit anderen Paaren einander entsprechender Observablen, etwa mit $\sigma_2^{(1)}$ und $\sigma_2^{(2)}$, dieselben Verschränkungskorrelationen.

Dass die Verschränkungskorrelationen eine Eigenschaft des Singulettzustandes sind, sieht man auch daran, dass sie nach der Messung von $\sigma_3^{(1)}$ und $\sigma_3^{(2)}$, durch die der Zustand verändert worden ist, nicht mehr auftreten. Wenn man nämlich nach diesen Messungen die Observablen $\sigma_2^{(1)}$ und $\sigma_2^{(2)}$ misst, so findet man unkorrelierte Ergebnisse: Zunächst liefert eine Messung von $\sigma_2^{(1)}$ wieder die Werte +1 oder −1 mit jeweils 50 % Wahrscheinlichkeit. Dasselbe gilt nun aber auch für die Messung von $\sigma_2^{(2)}$, und zwar unabhängig vom Messergebnis von $\sigma_2^{(1)}$. Die Verschränkungseigenschaft des Singulettzustandes ist also verloren gegangen und liegt in dem neuen Zustand nach den ersten Messungen nicht mehr vor.

Wir sehen in Abbildung 2 auch, dass die Verschränkungseigenschaft des Singulettzustandes nicht zur Signalübermittlung verwendet werden kann. Wenn man die Observable $\sigma_3^{(2)}$ misst, ohne das Ergebnis einer vorangegangenen Messung von $\sigma_3^{(1)}$ im Singulettzustand zu kennen, dann erhält man wieder die Werte +1 oder −1 mit je 50 % Wahrscheinlichkeit, da ja die Messung von $\sigma_3^{(1)}$ je 50 % für +1 und −1 ergeben hat und die nachfolgende Messung von $\sigma_3^{(2)}$ immer das umgekehrte Resultat liefern muss. Dieselbe Gleichverteilung der Messwerte von $\sigma_3^{(2)}$ findet man aber auch, wenn am ersten Teilchen eine andere Observable oder auch überhaupt nicht gemessen worden ist. Es ist also nicht möglich, durch Messung am ersten Teilchen die Wahrscheinlichkeitsverteilung von Messwerten am zweiten Teilchen zu verändern, ohne Informationen über Art und Ergebnis der ersten Messung bekannt zu geben. Wir erwähnten schon (vergleiche Anmerkung 2), dass ganz allgemein Verschränkungskorrelationen nicht zur Übermittlung von Nachrichten oder Einwirkungen verwendbar sind.

Eine genauere quantentheoretische Analyse zeigt, dass der Ursprung der Verschränkung in dem Zweispinsystem in der Existenz einer globalen Observablen Σ^2 liegt, die komplementär zu den lokalen

---

(2000). Für den aktuellen Forschungsstand zu Verschränkungen sei verwiesen auf die Übersichtsartikel Plenio / Virmani (2007); Horodecki (2007).

Observablen $\sigma_1^{(1)}$, $\sigma_2^{(1)}$, $\sigma_3^{(1)}$, $\sigma_1^{(2)}$, $\sigma_2^{(2)}$, $\sigma_3^{(2)}$ ist. Der Singulettzustand Ψ ist ein *Eigenzustand* von Σ^2, d. h. jede Messung von Σ^2 im Zustand Ψ liefert mit Sicherheit immer denselben Messwert (in diesem Fall den Messwert Null). (Im quantenmechanischen Formalismus ist $\Sigma^2 = \sum_{i=1}^{3}(\sigma_i^{(1)} + \sigma_i^{(2)})^2$ und $\Sigma^2\,\Psi = 0$.)

Das Zweispinsystem ist repräsentativ für Systeme mit Verschränkung, die natürlich auch mehr als nur zwei Teilsysteme haben können. Als Ergebnis der etwas mühsamen und umständlichen Überlegungen dieses Kapitels halten wir für Verschränkungskorrelationen in der physikalischen Quantentheorie als charakteristische Eigenschaften fest:

A) Verschränkungskorrelationen zwischen den Messwerten lokaler Observablen sind nicht kausalen Ursprungs, bestehen also nicht in Wechselwirkungen zwischen den Teilen eines zusammengesetzten Systems, sondern sind eine Eigenschaft der Zustände.

B) Verschränkungskorrelationen können nicht zur Übermittlung von Nachrichten oder Einwirkungen Verwendung finden.

C) Die Möglichkeit von Verschränkungskorrelationen beruht auf Komplementarität von globalen und lokalen Observablen. Unverschränkte reine Zustände sind Eigenzustände lokaler Observablen, verschränkte reine Zustände sind Eigenzustände globaler Observablen.

D) Die Messwerte lokaler Observablen an einem System in einem verschränkten Zustand sind vor der Messung unbestimmt im Sinne der Quantentheorie und nicht nur unbekannt wegen unvollständiger Kenntnis des Zustandes.

2. Kausale und nicht kausale Korrelationen

In diesem Kapitel wollen wir Verschränkungskorrelationen in dem wesentlich weiteren Rahmen der Verallgemeinerten Quantentheorie betrachten und von andersartigen Korrelationen abgrenzen. Gute Dienste werden uns hierbei die vier Kriterien vom Ende des letzten Kapitels leisten, von denen übrigens auffallenderweise drei negative Bestimmungen sind.

Von Korrelationen zwischen zwei Teilsystemen S_1 und S_2 spricht man immer dann, wenn die Ergebnisse von Messungen an einem der Teilsysteme Rückschlüsse auf Messergebnisse an dem anderen Teilsystem erlauben. Art und Stärke der Korrelationen hängen dabei von den betrachteten lokalen Observablen und vom Zustand des Gesamtsystems ab. Eine Korrelation zwischen S_1 und S_2 kann zur Übermittlung von Nachrichten von S_1 nach S_2 verwendet werden, wenn es möglich ist, S_1 gezielt so zu manipulieren, dass durch Messungen an S_2 nur auf Grund der Korrelation und ohne weiteren Informationsaustausch Rückschlüsse auf die Tatsache und die Art der Manipulation an S_1 möglich sind.

Wir wollen nun unterscheiden:

1) *Kausale Korrelationen* zwischen S_1 und S_2 kommen durch kausale Einwirkungen zustande. Man kann weiter trennen zwischen
   1a) *Einwirkungen* von S_1 auf S_2, symbolisch angedeutet durch

$$S_1 \longrightarrow S_2$$

1b) *Wechselwirkungen* zwischen S_1 und S_2, symbolisiert durch

$$S_1 \Longleftrightarrow S_2$$

Beispiele wären etwa eine Grimasse von S_1 und die beleidigte Reaktion von S_2 beziehungsweise ein erregter Disput zwischen S_1 und S_2. Es bedarf wohl keiner weiteren Erklärung, dass bei geeigneten Manipulationsmöglichkeiten kausale Korrelationen zum Signalaustausch brauchbar sind.

Die oben genannten Kriterien A, B und C sind für kausale Korrelationen nicht erfüllt. Ob D erfüllt ist, hängt davon ab, ob die Systeme S_1 und S_2 klassisch oder quantenartig sind.

2) *Korrelation durch gemeinsame Ursache.* Solche Korrelationen zwischen Systemen S_1 und S_2 kommen dadurch zustande, dass beide Systeme kausal von einem dritten System S_3 beeinflusst wurden. Eine solche Situation ließe sich durch ein Diagramm

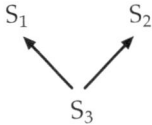

symbolisieren. Ein Beispiel für eine derartige Korrelation ist die Tatsache, dass Menschen und Krokodile von gemeinsamen Vorfahren jeweils vier fünfstrahlige Gliedmaßen geerbt haben. Ein anderes Beispiel ist der gleichzeitige Anstieg des Wasserverbrauches in vielen Haushalten bei Beginn oder Ende mancher Fernsehsendungen.

Kriterium A ist erfüllt, da es sich nicht um eine Einwirkung von S_1 auf S_2 handelt, Kriterium B gilt ebenfalls, da es an der freien Manipulierbarkeit von S_1 fehlt, auf Kriterium C werden wir später eingehen, und mit Kriterium D verhält es sich so wie im Falle 1). Die Korrelationen vom Typ 1) und 2) haben gemeinsam, dass bei ihrem Zustandekommen Kausalität beteiligt ist. Man kann diese Gemeinsamkeit durch die Bezeichnungen »horizontale Kausalbeziehung« und »vertikale Kausalbeziehung« berücksichtigen. Nur eine horizontale Kausalbeziehung taugt zum Signalaustausch.

3) Einen dritten Typ von Korrelationen wollen wir in Ermangelung eines eingebürgerten Namens mit der Bezeichnung »schwarze und weiße Kugel« belegen.

Wir stellen uns vor, eine schwarze und eine weiße Kugel von gleicher Größe und gleichem Gewicht würden in zwei gleich aussehende Pakete verpackt. Die Pakete würden so lange vertauscht, bis niemand mehr wüsste, in welchem sich die schwarze und die weiße Kugel befänden. Anschließend wird das eine Paket nach Berlin und das andere nach Hongkong versandt. Wenn sichergestellt ist, dass beide Pakete angekommen sind, wird das Berliner Paket geöffnet. Wenn es etwa die weiße Kugel enthält, ist augenblicklich und ohne jede kausale Einwirkung sicher, dass das Paket in Hongkong eine schwarze Kugel enthält. Wir haben hier also wieder ein markantes Beispiel für eine nicht kausale Korrelation. Sicher handelt es sich hier nicht um eine Unbestimmtheit vom quantentheoretischen Typ, sondern um ein rein klassisches Phänomen. Die Kriterien C und D sind also sicher nicht erfüllt, wohl aber A und auch B, denn eine planmäßige Manipulation ist nicht möglich, da vor dem Öffnen eines Paketes niemand wissen kann, welche Kugel sich in welchem Paket befindet. Einsteins Annahme des lokalen Realismus läuft darauf hinaus, dass die quantentheoretischen Verschränkungskorrelationen in Wirklichkeit nur von der Art der Korrelation der schwarzen und weißen Kugel seien. Wie gesagt, kann diese Annahme für die physikalische Quantentheorie mit Hilfe der Bellschen Ungleichungen experimentell widerlegt werden. (Im Formalismus der Quantenphysik gesprochen, befinden sich die beiden Kugeln vor dem Öffnen der Pakete in einem nicht verschränkten gemischten Zustand.)

4) Verschränkungskorrelationen in der Quantenphysik sind durch die Kriterien A–D gekennzeichnet, keine der drei bisher genannten Typen von Korrelationen erfüllt für klassische Systeme alle von ihnen. Wir wollen uns nun der Frage zuwenden, was wir für Verschränkungskorrelationen in der Verallgemeinerten Quantentheorie verlangen sollten.

Die Frage nach der Gültigkeit von D in der Verallgemeinerten Quantentheorie führt auf die Frage, wie die Unbestimmtheiten von Messergebnissen in der Verallgemeinerten Quantentheorie zu verstehen ist. Sind sie epistemischer Art, also nur durch unvollständige Kenntnis des Zustandes bedingt oder ontischer Natur, also auch bei vollständiger Kenntnis des Zustandes noch vorhanden? In der Quantenphysik kann diese Frage durch die Bellschen Ungleichung zugunsten des ontischen Charakters entschieden werden, die Axiome der Verallgemeinerten Quantentheorie liefern keine Grundlage für die Ableitung Bellscher Ungleichungen.[9] Für sie hängt die Antwort von dem jeweils betrachteten System ab. Die Quantenmechanik ist ein Spezialfall der Verallgemeinerten Quantentheorie, und für sie sind die Unbestimmtheiten bestimmt ontischer Natur. Die entscheidende strukturelle Gemeinsamkeit zwischen Quantenmechanik und Verallgemeinerter Quantentheorie besteht darin, dass im Allgemeinen Messungen in unvermeidbarer Weise den Zustand ändern. Diese Änderung könnte, wie in der Quantenmechanik, eine wesentliche Reduktion des Zustandes durch Messung sein, sie könnte aber auch, zumal bei komplexen, nicht vollständig kontrollierbaren Systemen, ihren Ursprung in einer unvermeidlichen und unkontrollierbaren Störung des Zustandes durch die Messung haben. Ebenso könnte der Grund für Unbestimmtheiten und Komplementaritäten in der Verallgemeinerten Quantentheorie in manchen Fällen ontischer Natur sein, in anderen auf unvollständiger Kenntnis des Zustandes oder Störungen durch die Umwelt des Systems einschließlich des »Messgerätes« beruhen.

Die Verallgemeinerte Quantentheorie ist eine Rahmentheorie für Systeme allgemeinster Art. Beispielsweise können sich komplexe klassisch-physikalische Systeme bei unvollständiger Kontrolle und Beschränkung auf einen begrenzten Satz von Observablen phänomenologisch wie Quantensysteme im Sinne der Verallgemeinerten Quantentheorie mit komplementären Observablen verhalten.[10] Wenn man

9 Vgl. Atmanspacher / Römer / Walach (2002); Atmanspacher / Filk / Römer (2006).
10 Vgl. beim Graben / Atmanspacher (2006).

die Verallgemeinerte Quantentheorie als eine phänomenologische allgemeine Systemtheorie versteht, dann kann und muss die Frage nach dem ontischen oder epistemischen Charakter der auftretenden Unbestimmtheiten also offen bleiben.

Da sich bei einem solchen phänomenologischen Verständnis der Verallgemeinerten Quantentheorie unkontrollierbare kausale Wechselwirkungen nicht ausschließen lassen, sind die Kriterien A und B durch etwas vorsichtigere Formulierungen zu ersetzen:

A′) Verschränkungskorrelationen zwischen den Messwerten lokaler Observablen sind nicht *kontrollierbar* kausalen Ursprungs, bestehen also nicht in kontrollierbaren Wechselwirkungen zwischen den Teilen eines zusammengesetzten Systems, sondern sind eine Eigenschaft der Zustände.

B′) Verschränkungskorrelationen können nicht zur Übermittlung von Nachrichten oder *kontrollierbaren* Einwirkungen Verwendung finden.

Offenbar folgt A′ aus A und B′ aus B.

An anderer Stelle[11] wurde B′ als *Axiom NT* formuliert und als grundlegend für Anwendungen der Verallgemeinerten Quantentheorie erkannt. Kriterium D ist im Vergleich zu seiner Verneinung die schwächere Annahme. Die Behauptung, Unbestimmtheiten von Messwerten seien lediglich epistemischen Ursprunges, unterstellt nämlich die Existenz zusätzlicher unbeobachteter oder unbeobachtbarer Eigenschaften von Systemzuständen. In der Tat haben Systeme vom klassischen Typ im Rahmen der Verallgemeinerten Quantentheorie die zusätzliche Eigenschaft, dass für sie je zwei Observable miteinander vertauschbar sind.

Ebenso ist das Kriterium C schwächer als seine Verneinung. C ist nämlich eine Explikation von A′, wenn nicht unterstellt wird, dass Korrelationen ohne kontrollierbaren kausalen Hintergrund dennoch eine klassisch kausale Erklärung haben.

Wir sollten also die eingangs gestellte Frage, was für Verschränkungskorrelationen in der Verallgemeinerten Quantentheorie zu fordern sei, wie folgt beantworten:

---

[11] Vgl. Lucadou / Römer / Walach (2007).

Verallgemeinerte Verschränkungskorrelationen erfüllen die Kriterien
A', B', C und D.

In einigen besonders günstigen Fällen lässt sich ausnahmsweise die Möglichkeit kausaler Einwirkungen ausschließen, zum Beispiel bei weiter räumlicher Trennung der Teilsysteme oder dann, wenn die Wirkung der Ursache vorausgehen müsste.

Wenn für die Erklärung von Korrelationen keine klar identifizierbaren kausalen Mechanismen zu erkennen sind, besteht die vorsichtigste Annahme darin, sie, wenigstens bis auf weiteres, als verallgemeinerte Verschränkungskorrelationen aufzufassen, statt sie voreilig einem der Typen 1) bis 3) zuzuordnen.

Eine solche vorschnelle Zuordnung nicht (erkennbar) kausaler Konstellationen geschieht allzu leicht unter dem mächtigen Druck des Vorurteils, jede wirklich befriedigende Erklärung eines Sachverhaltes oder Zusammenhanges müsse eine Kausalerklärung sein.

Wie schon in der Einleitung erwähnt, ist es das Hauptanliegen dieser Studie, auf die Bedeutung nicht kausaler Korrelationen und Erklärungen hinzuweisen. Zu ihrer einheitlichen Beschreibung stellt die Verallgemeinerte Quantentheorie ein geeignetes begriffliches Bezugssystem bereit, in dem sie als (verallgemeinerte) Verschränkungskorrelationen ihren wohl bestimmten Platz finden. Durch ihre Behandlung als Verschränkungskorrelationen treten besonders folgende Züge nicht kausaler Korrelationen klar hervor:

– Die Korrelationen haben ihren Ursprung im Zustand einer integrierenden Ganzheit, die weit mehr als die bloße Summe ihrer Teile ist.
– Auch bei einer Konzentration des Augenmerks auf die Teile bleibt das Ganze in Form von Verschränkungskorrelationen zwischen den Teilen anwesend.
– Wichtig ist das komplementäre Verhältnis von globalen und lokalen Observablen. Hierbei beziehen sich typischer Weise globale Observable auf Muster, Konstellationen und Sinnzusammenhänge des Ganzen.
– Die Teilsysteme verlieren im Ganzen viel von ihrer Selbständigkeit. Ihre Konstituierung ist keineswegs eine unproblematische Operation, sondern ein entscheidender, geradezu schöpferischer Akt. Auf diesen Umstand hat für die Quantentheorie G. Mahler wiederholt mit Nachdruck hingewiesen.[12] Auch wird in vielen Schöpfungs-

---

[12] Vgl. Mahler (2004); Gemmer / Mahler (2001).

mythen die Teilung einer ursprünglichen Einheit als entscheidender kosmogonischer Vorgang dargestellt.

Es soll hier keineswegs im Sinne eines »alles oder nichts« die Bedeutung kausaler Einwirkungen heruntergespielt oder gar bestritten werden. Es werden sogar verschränkte Zustände oft, wenn nicht meistens durch Kausaleinwirkungen präpariert. Es geht lediglich darum, der von vornherein verfehlten Vorstellung eines Erklärungsmonopols kausaler Zusammenhänge entgegenzutreten. Die Grundthese dieser Arbeit, dass Kausalbeziehungen nicht der einzige legitime »Anordner« für das Weltverständnis ist, scheint gegenwärtig in den Hintergrund getreten zu sein. In der philosophischen Tradition findet sie in den verschiedensten Formen Ausdruck. Einige Beispiele seien hier genannt:

– Das Tao der chinesischen Philosophie ist eine Weltharmonie, die allen Einzelerscheinungen ihren Platz und Sinn zuweist.
– Eine ähnliche Bedeutung hat die Vorstellung einer prästabilierten Harmonie bei Leibniz.
– Die teleologische Betrachtungsweise hat nicht kausale Sinnbeziehungen zum Gegenstand.
– Kant unterscheidet ein Reich der Notwendigkeit von einem nicht kausal strukturierten Reich der Freiheit.
– In dieselbe Richtung weist Pascals Unterscheidung einer »ordre de la géométrie« von einer »ordre du cœur«.
– In seinem Aufsatz »Transzendentale Spekulation über die scheinbare Absichtlichkeit im Schicksale des Einzelnen«[13] vergleicht Schopenhauer sehr einprägsam und anschaulich Ereignisse mit Punkten auf einer Kugeloberfläche, wobei kausal zusammenhängende Ereignisse auf einem gemeinsamen Längenkreis liegen, während in einem Sinnzusammenhang stehende Ereignisse auf einem und demselben Breitenkreis ihren Ort haben.
– C. G. Jung und W. Pauli haben diesen Aufsatz Schopenhauers bei der Formulierung ihrer Synchronizitätstheorie gekannt.
– Eine ähnliche Vorstellung liegt auch W. Paulis Forderung nach »neuen Naturgesetzen« zugrunde.
– Verwandt damit ist auch das »Sanfte Gesetz« der deutschen Romantik.

---

[13] Schopenhauer: *Parerga und Paralipomena*, Bd. 1,1.

3. Mögliche Beispiele für Verschränkung

Verschränkungskorrelationen zeigen sich an den verschiedensten Stellen wenn sich erst einmal die Sicht auf nicht kausale Beziehungen unter diesem Blickwinkel aufgetan hat. Wir wollen dies in gedrängter Form an zehn sehr unterschiedlichen Beispielen aufzeigen.

a) Gegenübertragung

Dieses Beispiel wurde schon in der ersten Veröffentlichung zur Verallgemeinerten Quantentheorie in größerer Ausführlichkeit vorgestellt.[14] In psychisch eng gebundenen Gruppen von Menschen geschieht es nicht selten, dass bei einzelnen Gruppenmitgliedern psychische Inhalte auftreten, die eher anderen Gruppenmitgliedern zuzuschreiben wären. Für die Zweierbeziehung von Patient und Psychotherapeut ist diese Erscheinung schon von Siegmund Freud unter der Bezeichnung *»Gegenübertragung«* beschrieben worden.[15] In gewissen Situationen kann der Therapeut Schübe von Emotionen und aufdringlichen Vorstellungen empfinden, die sich durch ihre Unangemessenheit und Fremdheit als nicht ihm selbst, sondern dem Patienten zugehörig ausweisen. In der therapeutischen Praxis wird dieses wohlbekannte Phänomen sowohl zur Diagnose als auch zur Intervention verwendet.

Eine ähnliche Erscheinung ist auch in der Gruppen- und Familientherapie bekannt.[16] Insbesondere wird in Familiengruppen oft ein fremdes Mitglied, der so genannte Protagonist, eingefügt, und es kann geschehen, dass der Protagonist für sich selbst nicht zu integrierende Empfindungen hat, die einem anderen Gruppenmitglied oder sogar einem abwesenden oder verstorbenen Familienmitglied zukommen. Der zu Grunde liegende Sachverhalt braucht dabei keinem der Beteiligten bewusst zu sein. So kann der Protagonist beispielsweise eine Kriegsverletzung eines anderen an der entsprechenden Körperstelle spüren oder aber, wenn ein abwesendes Mitglied freiwillig in den Tod gegangen ist, den starken Drang spüren, den Raum zu verlassen.

---

[14] Vgl. Atmanspacher / Römer / Walach (2002).
[15] Vgl. Freud (1992).
[16] Vgl. Kibed (1998) und weitere Beiträge des Autors in demselben Band.

So häufig derartige Phänomene auftreten, so unklar ist ihre Deutung. Nach dem bisher Gesagten, erscheint es angezeigt, sie phänomenologisch als Verschränkungskorrelationen in einem Mehrpersonensystem zu beschreiben. Das Gesamtsystem ist dabei die Personengruppe, die Teilsysteme sind die Gruppenmitglieder. Die wesentliche globale Observable misst den Grad der Einstimmung und der wechselseitigen Offenheit füreinander. Die lokalen Observablen entsprechen psychischen Inhalten der Gruppenmitglieder und werden durch »Bewusstmachung« gemessen. Da bei hoher wechselseitiger Offenheit die psychische Inhalte der einzelnen Mitglieder in den Hintergrund treten, ist ein komplementäres Verhältnis zwischen globalen und lokalen Observablen sehr plausibel, und man darf erwarten, dass der Zustand wechselseitiger Offenheit ein verschränkter Zustand ist, in dem Verschränkungskorrelationen der soeben beschriebenen Art auftreten.

In dem physikalischen Beispiel eines simplen Zweispinsystems wurde die Verschränktheit des Gesamtzustandes bereits durch eine einzige Messung einer lokalen Observablen zerstört. Das ist für komplexere physikalische Systeme und erst recht für hoch komplexe Mehrpersonensysteme nicht der Fall. Beobachtungen an Teilsystemen werden allenfalls den Grad der Verschränkung ein wenig vermindern, und die Verschränkung kann durch die Dynamik des Systems sogar restauriert oder erhöht werden. Eine wirkliche Zerstörung der Verschränkung droht eher durch desintegrierende Interventionen.

b) Synchronistische Erscheinungen

Wie in der Einleitung erwähnt, hat bereits Wolfgang Pauli die Ähnlichkeit von quantenmechanischen Verschränkungskorrelationen mit den akausalen »sinnvollen Zufällen« in der Theorie der Synchronizität gesehen, die insbesondere zum Verständnis so genannter paranormaler Erscheinungen wie Telepathie, Präkognition oder Telekinese beitragen sollte. Obwohl paranormale Erlebnisse keineswegs selten sind, sondern oft berichtet werden,[17] entziehen sie sich hartnäckig allen Versuchen, sie in wiederholbarer Weise dingfest, geschweige denn anwendbar zu machen. Die Vorherrschaft kausaler Erklärungsmuster macht es ver-

---

[17] Bauer / Schetsche (2003).

ständlich, dass trotz aller Frustration mit derartigen Ansätzen eine synchronistische Auffassung paranormaler Phänomene, die auf die Annahme eines Austauschs von Signalen und Einwirkungen verzichtet, nur zögerlich an Boden gewinnt. Die Verallgemeinerte Quantentheorie erlaubt eine genauere, formal wohl definierte Fassung dieses Ansatzes, indem sie nahe legt, paranormale Phänomene als verallgemeinerte Verschränkungskorrelationen zu deuten.[18] Die hierbei in Betracht kommenden Systeme werden von Varela[19] als »*organisatorisch geschlossen*« bezeichnet. Sie enthalten in hoch komplexer Weise Personen und oft auch Teile der physikalischen Welt, die durch so zahlreiche emotionale und physikalische Bindungen aufeinander bezogen sind, dass sie ein hohes Maß von autonomem Verhalten zeigen, und dass jede Beobachtung an ihnen unkontrollierbare Rückwirkungen hat. Die relevanten globalen Observablen beziehen sich auf Grad und Art der Verbundenheit und enthalten im Allgemeinen einen wesentlichen stark emotionalen Anteil. Komplementarität zu lokalen Observablen ist zu erwarten, da die Konzentration auf Teilsysteme den Grad der Integration des Gesamtsystems schwächt oder gefährdet.

Eine Schlüsselrolle spielt bei dieser Anwendung der Verallgemeinerten Quantentheorie das im vorigen Kapitel beschriebene Axiom NT, durch welches die Möglichkeit von Signalübertragung oder kontrollierter Einwirkung durch Verschränkungskorrelationen ausgeschlossen wird. Aus dieser auf den ersten Blick rein negativen Unmöglichkeitsaussage können positive Voraussagen gewonnen werden,[20] die vielfach durch Erfahrungen mit paranormalen Phänomenen bestätigt sind:

– Der so genannte »*decline-Effekt*«: Wenn versucht wird, durch Experiment und Wiederholung paranormale Effekte mit dem Ziel des Nachweises einer Einwirkung oder Signalübertragung statistisch signifikant zu machen, verschwinden anfängliche Hinweise bis zur Insignifikanz.

– Es gibt eine Reziprozität zwischen Effektstärke und Reproduzierbarkeit, es sind also gerade die drastischsten Effekte am wenigsten wiederholbar.

---

[18] Für eine ausführliche Darstellung vgl. Lucadou / Römer / Walach (2007).

[19] Vgl. Varela (1998).

[20] In ähnlicher Weise folgt aus der Aussage von der Unmöglichkeit eines perpetuum mobile zweiter Art die Grundstruktur der Thermodynamik.

– »Ausweichverhalten«: Paranormale Effekte verschwinden, wo man nach ihnen sucht, und tauchen dafür an unerwarteter Stelle wieder auf.

Gerade das Ausweichverhalten gewährt Möglichkeiten, die Sichtbarkeit paranormaler Effekte in experimentellen Studien zu verbessern. Es ergibt sich ein »springendes Muster« von Korrelationen, deren Stärke und Anzahl signifikant erhöht sind, die aber nicht stabil sind, sondern zu immer anderen Messwerten überwechseln. Durch dieses Verhalten unterscheiden sich diese Korrelationen sowohl vom Nulleffekt als auch von kausalen Korrelationen.

Bei der Anwendung des NT-Axioms kann es zur Verwirrung führen, dass synchronistische Korrelationen oft als erfolgreiche Einwirkungen oder Signalübertragung erlebt werden, nämlich dann, wenn auf der einen Seite einer Korrelation der Wunsch nach Kontakt oder Einflussnahme steht, was gerade in emotional gespannten Situationen oft der Fall ist.

c) Homöopathie

Homöopathie ist wegen ihrer praktischen und wirtschaftlichen Bedeutung ein viel untersuchter aber auch sehr umstrittener Gegenstand.[21] In ihrem theoretischen Hintergrund und in den Ergebnissen experimenteller Befunde weist sie Ähnlichkeit mit paranormalen Phänomenen auf. Trotz unzähliger Zeugnisse über ihre teils drastische Wirksamkeit, zeigen valide Studien unter Doppelblindbedingungen im Allgemeinen keinen Unterschied zum Placeboeffekt, weisen allerdings Anomalien in Schwankungen und Korrelationen auf. Viel Arbeit ist auf eine von der Sache her nahe liegende Behandlung im Rahmen der Verallgemeinerten Quantentheorie geleistet worden.[22]

Hierzu ist ein kompliziertes und nicht voll kontrollierbares System zu betrachten. Wenn man mit aller gebotenen Vorsicht eine Beschreibung im Sinne der Verallgemeinerten Quantentheorie versucht, dann hat man ein System vor sich, in dem homöopathisches Agens, Wasser, Patient, Symptom und wohl auch Therapeut in mannigfacher

---

21 Einen guten Überblick geben Walach / Jonas / Ives / Wijk / Weingärtner (2005).
22 Vgl. Walach (2003).

Weise miteinander verschränkt sein können. Bei der weiteren theoretischen Erforschung in diesem Rahmen sollte man einen Mechanismus in Erwägung ziehen, der in der Quantenphysik unter dem Namen »Quantenteleportation«[23] bekannt und experimentell realisiert worden ist. Dabei handelt es sich um einen Mechanismus, mit dessen Hilfe durch wechselnde Verschränkung ein Zustand von einem System auf ein anderes übertragen werden kann.

Das Prinzip der Quantenteleportation ist das Folgende (vgl. Abb. 3): Ein System S enthalte die Untersysteme S_1, S_2 und S_3. Es befinde sich anfangs S_1 im Zustand z_1 und das aus S_2 und S_3 zusammengesetzte Teilsystem S_{23} in einem verschränkten Zustand z_{23}. Nun wird durch eine Messung das aus S_1 und S_2 zusammengesetzte Teilsystem S_{12} in einem verschränkten Zustand z_{12} versetzt. Schließlich wird am System S_3 eine gewisse vom Ergebnis dieser letzten Messung abhängige Manipulation vorgenommen. Hierdurch kann erreicht werden, dass sich dann das System S_3 in demselben Zustand z_1 befindet, in dem sich zu Beginn das System S_1 befunden hat. Ähnlich kann man sich vielleicht in der Homöopathie die Austreibung eines Krankheitssymptoms mit Hilfe mehrfacher Verschränkung vorstellen.

d) Soziologie

Die Auffassung, dass Völker oder andere große Menschengemeinschaften eine organische Einheit bildeten, war immer weit verbreitet und ist nach dem vielfachen Zeugnis von Ethnologen bei Naturvölkern eine Selbstverständlichkeit.[24] Heute ist die Vorstellung einer »Volksseele« wegen Missbrauchs in der jüngeren Geschichte und wegen der Furcht vor möglichen totalitären Konsequenzen eher verpönt. Sie passt auch wenig ins Weltbild von Vertretern einer Multikulturalität. Anderseits wird in Betrieben und nach deren Vorbild neuerdings auch in Universitäten eine »corporate identity« wegen ihrer effizienzsteigernden Bedeutung eingefordert.

Es scheint mir kaum bestreitbar, dass es in Völkern und großen

---

[23] Vgl. Audretsch (2002); Nielsen / Chuang (2000); Plenio / Virmani (2007); Horodecki (2007).
[24] Vgl. Müller (2004).

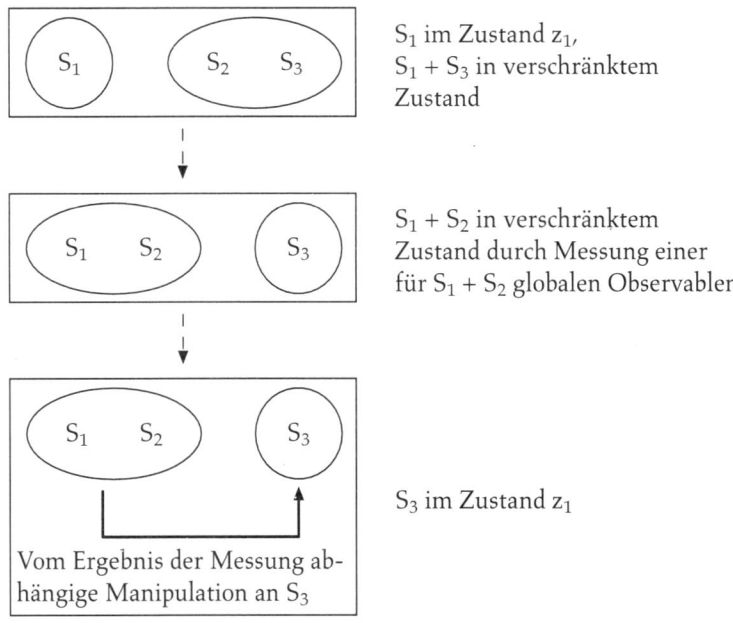

S_1 im Zustand z_1,
$S_1 + S_3$ in verschränktem
Zustand

$S_1 + S_2$ in verschränktem
Zustand durch Messung einer
für $S_1 + S_2$ globalen Observablen

S_3 im Zustand z_1

Vom Ergebnis der Messung abhängige Manipulation an S_3

Abb. 3: Quantenteleportation

Gemeinschaften kollektive Erscheinungen gibt, die sich durch Verschränkungskorrelationen beschreiben lassen.[25]
    C. G. Jungs Theorie des kollektiven Unbewussten sei in diesem Zusammenhang nur eben erwähnt. Eine Leugnung kollektiver Zustände ist schon wegen der Möglichkeit ihres bösartigen manipulatorischen Missbrauchs gefährlich. Es sei daran erinnert, dass verschränkte Zustände durchaus planmäßig-kausal erzeugt werden können. Als Verschränkungskorrelationen beschreiben und verstehen ließen sich viele Erscheinungen wie
– Trends und Moden
– Massenhysterien
– Gesellschaftliche Polarisierungen
– Konjunkturschwankungen

[25] Ich danke A. Wendt, Universität Chicago, für einen Gedankenaustausch zu diesen Fragen.

Eine organismische Auffassung von großen Gemeinschaften lässt auch die Existenz eines »gesellschaftlichen Libetphänomens« vermuten. So wie durch die Untersuchungen von Libet[26] gesichert ist, dass sich beim Menschen Handlungsimpulse schon vor ihrem Bewusstwerden im EKG nachweisen lassen, so kündigen sich gesellschaftliche Veränderungen schon an, bevor sie ins allgemeine Bewusstsein treten. Die Furcht vor angeblich unausweichlichen totalitären Konsequenzen der Vorstellung kollektiver Gesellschaftszustände wird sicher gemildert, wenn man sich auf die Natur von Verschränkungskorrelationen besinnt. Verschränkte Zustände bedeuten keinesfalls notwendig eine determinierte Gleichrichtung der Untersysteme. Dies zeigt schon das physikalische Beispiel aus Kapitel 2. Die Verschränkung determiniert gerade nicht die Messwerte an Einzelsystemen, sondern äußert sich nur in (positiven oder negativen) Korrelationen zwischen den Teilsystemen. Hier deutet sich eine sehr befriedigende Auflösung des Dilemmas zwischen persönlicher Freiheit und gesellschaftlicher Determination an.

e) Geistesgeschichte

Ähnliche Überlegungen wie im vorigen Abschnitt lassen sich auch zur Geistesgeschichte der Menschheit anstellen. Hier sind immer wieder fast gleichzeitig und ohne erkennbaren Zusammenhang an verschiedenen Stellen der Erde Neuerungen aufgetreten. Die von Diffusionisten behaupteten von einem Ursprungszentrum ausgehenden Signale sind nicht allseits überzeugend nachgewiesen. Auch hier sollte die Möglichkeit von Verschränkungskorrelationen in Betracht gezogen werde. Dies würde etwa für folgende Erscheinungen eine alternative Erklärung bereitstellen:

- Die so genannte neolitische Revolution, also der Übergang zum Feld- und Ackerbau etwa ab 10.000 v. Chr.
- Die Entstehung von Hochkulturen auf dem Balkan, in Mesopotamien, Ägypten, dem Industal, China, Mittel- und Südamerika.
- Der oft als Achsenzeit bezeichnete Durchbruch philosophischen Denkens in Griechenland, Indien und China.
- Vielleicht sollte man auch die seit dem Ende des 19. Jahrhunderts

---

[26] Vgl. Libet (1978), (1985).

eingetretene Wende zu einer alles Bisherige übersteigenden Abstraktion in Kunst, Mathematik und Naturwissenschaften in diesem Lichte sehen.

f) Evolution und Phylogenese

Entstehung und Entwicklung des Lebens auf der Erde werden der neodarwinistischen Theorie zufolge ausschließlich durch den Mechanismus von zufälliger Mutation und daran angreifender Selektion bestimmt. Die überlegene Dominanz dieser Anschauung erklärt sich auch daraus, dass sie weithin als einzige Alternative zu intellektuell undiskutablen fundamentalistischen Positionen von Kreationisten und Vertretern des »intelligent design« angesehen wird.

In Wirklichkeit schließen sich ein Mechanismus von Mutation und Selektion und die Vorstellung einer irgendwie gearteten Zielbestimmung in der Verwirklichung einer Gesamtgestalt logisch keineswegs aus, und es ist durchaus eine integrierende Sicht denkbar, von der aus sowohl strikter Neodarwinismus als auch naiver »intelligent design« als Einseitigkeiten erscheinen. In der Tat beruht der Erfolg des Darwinismus wohl nicht zuletzt darauf, dass er ein gewisses teleologisches Element in der neueren Naturwissenschaft in einer Weise hoffähig macht, die auch für Mechanisten noch akzeptabel ist:

Der Zufall ist zwar blind, aber es ist wenigstens von großem heuristischem Wert, bei jeder Einzelerscheinung des Lebens auf der Erde nach ihrem Selektionsvorteil zu fragen.

Gerade was die Entstehung des Lebens, die Konstituierung des genetischen Mechanismus, das Auftreten der ersten Zellen, der Grundbaupläne oder der mehrfach parallel erfolgten Ausbildung komplizierter Organe wie etwa der Augen angeht, weist die darwinistische Theorie noch riesige Erklärungslücken auf.[27]

In einer integrierenden Sicht würden Mutation und Selektion wesentliche Mechanismen sein, mit deren Hilfe sich ein gestaltgebendes

---

[27] Der Biologe M. Nahm (2007) stellt in seinem Buch mit dem (vielleicht unnötig) provozierenden Titel *Evolution und Parapsychologie* hierfür viele überzeugende Belege zusammen. Auch argumentiert er für eine überindividuelle Ganzheit als gestaltgebendes Prinzip.

Prinzip realisiert. Eine solche Auffassung klingt schon bei W. Pauli in Briefen an Max Dellbrück an.[28] In unserer Beschreibung durch Verschränkungskorrelationen wäre diese Gestalt als wesentlich zeitlos zu denken. Sie wäre aber wegen der Zeitgebundenheit unserer Existenz nicht ohne weiteres als Ganzes zu überblicken, sondern würde sich als Entwicklung offenbaren, indem sich das Fenster der jeweiligen Gegenwart über sie hinwegschöbe. Die Beziehung zwischen den Erscheinungsbildern zu verschieden Zeiten wäre nicht gänzlich deterministisch geregelt, sondern hätte auch den Charakter von Verschränkungskorrelationen zwischen verschiedenen Teilen der im Weltzustand liegenden ganzheitlichen Gestalt.

Wir haben bereits in der Einleitung erwähnt, dass ein Zeitbezug kein Wesensmerkmal von Verschränkung ist, und hier hätten wir ein Beispiel für Zeitunterschiede überspringende Verschränkungskorrelationen.

Die nachfolgenden Beispiele belegen die fundamentale und konstitutive Bedeutung der Partition eines Gesamtsystems in Teilsysteme. Die erste, allen anderen vorausgehende Partition ist der »epistemische Schnitt«[29], die Teilung einer Ganzheit in Beobachter und Beobachtetes, Erkennenden und Erkanntes. Der epistemische Schnitt ist für uns als menschliche Individuen Grundlage und Voraussetzung jeder Art von Erkenntnis.

g) Erkenntnis und Messprozess

Jede physikalische Messung geschieht mit Hilfe von Verschränkungskorrelationen.[30] Hierzu hat man ein System $S = S_1 + M$ zu betrachten, das aus dem zu messenden System S_1 und der Messapparatur M zusammengesetzt ist. Vor Beginn der Messung einer Observablen A von S_1 befindet sich das zusammengesetzte System in einem unverschränkten Zustand $\Psi_a = \sum_i c_i \varphi_i \otimes \Phi$, wobei φ_i die Eigenzustände von A sind und Φ den Ruhezustand des Messinstrumentes bezeichnet. Durch die Wechselwirkung von gemessenem Objekt und Messappa-

[28] Vgl. Meyenn (2004) (Hrsg.): W. Pauli: Wissenschaftlicher Briefwechsel mit Bohr, Einstein Heisenberg u. a.
[29] Römer (2006).
[30] Vgl. Audretsch (2002).

ratur geht das zusammengesetzte System in zunächst völlig deterministischer Weise in einen verschränkten Zustand $\Psi_e = \sum_i c_i \varphi_i \otimes \Phi_i$ über. Hierbei ist Φ_i der Zustand des Messinstrumentes, der dem i-ten möglichen Messwert von A entspricht. Ein stochastisches Element kommt nun erst herein, indem man den Zustand Φ_i des Messinstrumentes registriert und diesen als Aussage über den Messwert von A interpretiert.

Es besteht eine eigenartige Symmetrie zwischen dem gemessenen System S_1 und dem Messgerät M, die sich in der Form des verschränkten Zustandes Ψ_e äußert: Wenn man den Zustand φ_i von S_1 registriert und als Aussage über den Zustand des Messinstrumentes deutet, erhält man dieselbe Wahrscheinlichkeitsverteilung der Messwerte.

In dem erweiterten Rahmen der Verallgemeinerten Quantentheorie entspricht der Partition in gemessenes System und Messgerät der epistemische Schnitt zwischen Erkennendem und Erkanntem. Die Möglichkeit von Erkenntnis beruht auch hier auf Verschränkungskorrelationen. Zwar wird ein verschränkter Zustand von Erkennendem und Erkanntem durchaus durch Wechselwirkungen erzeugt, aber die Passung zwischen beiden, die Verweisungsbeziehung zwischen Zeichen und Bezeichneten und die Möglichkeit, Werte von Observablen als Aussagen über Objekte zu deuten, sind nicht kausaler Natur, sondern haben den Charakter von Verschränkungskorrelationen.

Auch die weitreichende Symmetrie zwischen gemessenem System und Messapparatur hat ihr Gegenstück in einer Symmetrie zwischen Erkennendem und Erkannten, innen und außen, die von O. Rössler[31] als Boscovich-Kovarianz bezeichnet wird. Rössler beruft sich dabei auf die Abhandlung »De spatio et tempore ut a nobis cognoscuntur«[32], des Kroatischen Philosophen Rugjer Josip Bošković (1711–1787), in der die Bedeutung der Grenze zwischen Innen und Außen betont und argumentiert wird, dass eine Bewegung innen nicht von einer Gegenbewegung außen unterscheidbar ist.

---

[31] Vgl. Rössler (1992).
[32] In Boscovich (1758).

h) *Emergenz der Zeit*

Die Verallgemeinerte Quantentheorie enthält zunächst keinen Bezug auf irgendeine Zeit. An anderer Stelle[33] ist ein Szenarium beschrieben, wie Zeit in die Welt kommen könnte. Ausgangspunkt ist die subjektive Zeitlichkeit, der wir durch die Weise unserer Existenz als bewusste Individuen unentrinnbar unterworfen sind. Diese subjektive Zeit ist, um eine Unterscheidung von McTaggart[34] aufzugreifen, eine A-Zeit, in der es eine ausgezeichnete erlebte Zeitqualität des »Jetzt« gibt, das sich für uns über die Welt schiebt und Zukunft in Vergangenheit hinübergleiten lässt, so dass uns die Welt in der Art eines Films und nicht wie ein Panoramagemälde erscheint. Im Gegensatz zur A-Zeit ist die Skalenzeit der Physik eine B-Zeit, die kein ausgezeichnetes Jetzt kennt, und in der alle Zeitpunkte gleichwertig sind. Die einzelnen Stationen des Szenarios lassen sich in aller Kürze wie folgt beschreiben:

Erster Schritt: Nach einer epistemischen Spaltung lassen sich im *unus mundus* Teilsysteme S_i identifizieren, die bewussten Individuen zuzuordnen sind.

Zweiter Schritt: In diesen Teilsystemen S_i lassen sich Zeitobservable T_i aufweisen, deren Werte durch starke Verschränkungskorrelationen mit Observablen anderer Systeme korreliert sind. (Der Mechanismus, nach dem gewisse Observable sich als Zeitobservable qualifizieren, ist der Quantenkosmologie in der Formulierung der Wheeler-de-Witt-Gleichung[35] nachempfunden.) Die subjektiven Zeiten T_i sind vom Typ der A-Zeit. Der Ursprung der Zeit wird also in diesem Szenarium in der A-Zeit bewusster Individuen gesehen.

Dritter Schritt: Die subjektiven A-Zeiten T_i sind nicht nur untereinander, sondern auch mit Observablen T_I uhrenartiger physikalischer Teilsysteme S_I durch Verschränkungskorrelationen verbunden.

Vierter Schritt: Durch einen mehrstufigen und langwierigen Prozess wird die Zeit immer mehr nach außen verlegt und mit Observablen physikalischer Systeme in Verbindung gebracht, die so gewählt sind, dass die Verschränkungskorrelationen möglichst strikt werden.

---

[33] Vgl. Römer (2004).
[34] McTaggart (1908).
[35] Eine gute Darstellung findet sich bei Kiefer (1999)

114

Die schließlich auf diese Weise konstruierte physikalische Zeit hat ihren Charakter als A-Zeit eingebüßt und ist nur noch eine strukturarme B-Zeit. Wir sehen, dass die Möglichkeit zeitlichen Vergleichens und Synchronisierens auf Verschränkungskorrelationen beruht.

i) Ästhetik

Die Schönheit eines Kunstwerkes besteht nicht in erster Linie in der Perfektion seiner Einzelteile, sondern vielmehr in deren sicherlich nicht kausalem Zusammenspiel und in der Wirkung auf den Betrachter. Schon diese einfache Beobachtung weist darauf hin, dass Verschränkungskorrelationen auch in der Ästhetik von Bedeutung sein können. Wir wollen hierzu einige Gedanken anklingen lassen, die an anderer Stelle[36] ausgeführt werden sollen.

Bei der Diskussion ästhetischer Verhältnisse ist es sinnvoll, zwischen *Objektästhetik* und *Wirkungsästhetik* zu unterscheiden. Die Objektästhetik beschäftigt sich mit den inneren Beziehungen in einem ästhetischen Gebilde, und die Wirkungsästhetik untersucht die Beziehung zwischen einem ästhetischen Objekt und dem Betrachter oder den Betrachtern.

α) Objektästhetik

Schönheit zeigt sich im Verhältnis der Teile zueinander. Lokale Observable beziehen sich auf die Teile eines ästhetischen Objektes, während globale Observable zu Fragen nach Gesamtgestalt, Darstellungs- and Wirkungsanliegen gehören. Die Frage, wie das Verhältnis der Teile bei einem schönen Gegenstand beschaffen sein sollte, beantwortet Kant in der Kritik der Urteilskraft dahin gehend, dass Zweckmäßigkeit in einem sehr allgemeinen Sinne sichtbar und fühlbar herrschen sollte. Die Einzelheiten sollen sich dem Ganzen so unterordnen, dass offenbar wird, wie sie dem Gesamtanliegen in möglichst vollkommener Weise dienlich sind. Schiller, der Kants Kritik der Urteilskraft bald nach ihrem Erscheinen durchgearbeitet hat, geht noch einen wichtigen Schritt wei-

---

[36] Vgl. Gauger / Römer: *Verschränkung oder das Aenigmatische der Kunst*, in Vorbereitung.

ter:[37] Entscheidend für die Schönheit eines Kunstwerkes ist sein frei-
heitsanaloger Charakter, von Schiller »Freiheit in der Erscheinung«
genannt. Das Kunstwerk muss den Eindruck erwecken, dass sich seine
Einzelheiten in freier Weise in das Gesamtanliegen einordnen, so dass
es schließlich »schlank und leicht, wie aus dem Nichts entsprungen«
dasteht. Das vollendete Kunstwerk erweckt den Eindruck, dass es ganz
anders sein könnte, aber so, wie es ist, vollkommen ist.

Kants und Schillers ästhetische Forderungen enthalten, was wir
als wesentliche Eigenschaften von Verschränkungskorrelationen erkannt haben: keine strikte Determiniertheit durch den Zustand des
Ganzen, aber ein Zusammenspiel, so dass das Ganze sich in den Verschränkungskorrelationen der Teile ausdrücken kann. Als hässlich wird
in unserer Terminologie das Fehlen von Verschränkungskorrelationen
empfunden: Zerfall in zusammenhangslose Teile oder starre Determination der Einzelheiten durch das Ganze im Sinne eines vordergründi-
gen Zweckes. Es stehen also einander gegenüber: Determination, Starr-
heit, Hässlichkeit einerseits und Spielraum, Freiheit und Schönheit
anderseits. Das freie Spiel der Verschränkungskorrelationen kann offenbar erst beginnen, wenn ein Mindestmaß an Komplexität des Ganzen vorliegt. Anzumerken ist noch, dass auch hier die Partitionierung
ein wesentlich schöpferischer Akt ist. Die Teile und Bezüge eines
Kunstwerkes liegen nicht einfach »platterdings« vor, sondern werden
zum großen Teil erst vom Betrachter entdeckt und konstituiert. Diese
Bemerkung leitet über zur

β) Wirkungsästhetik

Dabei wird nun auch der Betrachter oder die ein Kunstwerk betrach-
tende und diskutierende Gemeinschaft zusammen mit dem ästhetischen Objekt in ein umfassenderes System einbezogen. Wieder sind
Verschränkungskorrelationen bedeutsam, diesmal auch zwischen äs-
thetischem Objekt und Betrachter(n). Auch hier ist der ästhetische Eindruck umso stärker, je deutlicher der nicht deterministische Charakter
der Verschränkungskorrelationen zum Ausdruck kommt. Die Reaktion
eines Betrachters auf ein Kunstwerk sollte durch dieses nicht vollständig determiniert sein. Ein großes Kunstwerk sollte seinem Betrachter
Freiheit einräumen. Hieraus folgt dann auch, dass dann der Betrachter

---

[37] Schiller: »Kalliasbriefe an Körner«.

sein Urteil anderen nicht zwingend beweisen, sondern nur aufweisen und vorschlagen kann. Auch behält ein Kunstwerk für den Betrachter immer etwas Aenigmatisches. Dies gilt in besonderem Maße für große Kunstwerke, da sie zu faszinieren vermögen und einen besonderen Reichtum an inneren Beziehungen und Weltbezügen aufweisen.

j) Ethik

In unserer Sichtweise sind die Verhältnisse in ethischen Fragen denen der Ästhetik sehr ähnlich. Das Gute und Schöne rücken auch hier eng zusammen.

Ethik mit ihrer Unterscheidung von Gut und Böse setzt eine epistemische Teilung des Weltganzen und die Konstituierung bewusster Individuen voraus. Wieder ist das Ganze in Verschränkungskorrelationen zwischen verschiedenen Personen und Sachen (!) anwesend. Es erscheint hier wichtig, zu betonen dass Ethik nicht nur im Verhalten zu anderen Personen, sondern auch im Verhältnis zu Sachen ihre Bedeutung hat. Über die Verschränkungskorrelationen determiniert das Ganze nicht das Verhalten einzelner Personen, es bleibt ihnen ein Freiheitsspielraum. Ethisches Verhalten erfordert Einfügung in den Bezug des Weltganzen, unethisches Verhalten läuft auf Missachtung, Leugnung oder Verweigerung von Verschränkungskorrelationen hinaus. Der unethisch eingestellte Mensch ist »mit sich und der Welt zerfallen«.

In diesem Licht lässt sich auch der problematische Charakter der Individuation sehen, die einerseits die Voraussetzung unserer Existenz ist, andererseits bereits in einer gängigen Deutung des Paradiesmythos als die Ursünde erscheint. Jedenfalls liegen Egoismus und Egozentrismus nahe der Wurzel jeden unethischen Verhaltens. Die Ähnlichkeiten zwischen Ethik und Ästhetik sind augenfällig. Man kann die im vorangegangenen Abschnitt genannte Gegenüberstellung so erweitern: Determiniert, starr, hässlich, böse einerseits und frei, Spielraum habend und lassend, beweglich, schön und gut anderseits. Auch das Aenigmatische großer Kunstwerke findet sein Gegenstück in der Konflikthaftigkeit bedeutender ethischer Entscheidungen. Die ethisch gute Haltung der Einordnung ins Ganze und der Anerkennung von Verschränkung lässt sich am treffendsten mit dem Wort »Liebe« bezeichnen. Zur Liebe gehören:

Ernstnehmen des Anderen als je Einzelnes, Geltenlassen, Anerkennung der Freiheit und Erweiterung des Freiraumes des Anderen, Verzicht auf Instrumentalisierung, Empathie und universelles Wohlwollen, Verzicht auf kurzschlüssige Subsumierung und Abstempelung. In der Liebe, die den Zusammenhang nicht leugnet und Anderes in Sympathie gelten lässt, erscheint der Unterschied von Innen und Außen eingeebnet. Universelle Sympathie erweckt das Gefühl, vom Weltganzen wiedergeliebt zu werden und in ihm geborgen zu sein. Sie ist in allgemeinster Weise Sinn für Einheit.

4. Nachwort

»Du siehst mit diesem Trank im Leibe bald Helenen in jedem Weibe.«[38] So wird man mir vielleicht entgegenhalten, wenn ich Verschränkungskorrelationen an allen Ecken und Enden entdecke. Aber erstens steckt wohl wirklich in allen Frauen ein Stück Helena und zweitens wird ja nie behauptet, dass man in ihnen nur Helena und nichts anderes sehen könnte. Gerade als Physiker bin ich weit davon entfernt, die überragende Bedeutung von kausalen Beziehungen zu verkennen. Diese beherrschen das gesamte Gebäude der Physik, auf ihnen beruht das unverzichtbare und allgegenwärtige Gespinst der Technik, das unsere Lebenswelt durchdringt. Sie sind das alleinige Mittel, wenn wir irgendetwas bewirken wollen. Sie sind aber nicht das einzige, wenn es uns ums Verstehen und nicht ums Bewirken geht.

Hierbei spielen nicht kausale Relationen eine mindestens gleichberechtigte Rolle, und die Welt ist auch von einen Geflecht nicht kausaler Beziehungen durchwirkt, die in ihrem Bestehen ebenso ernst genommen werden müssen wie Kausalbeziehungen. Dies zu betonen war das Anliegen dieser Studie. Als Physiker erfüllt es mich mit Befriedigung, dass gerade im Bereich der Physik die Existenz nicht kausaler Verschränkungsrelationen unabweisbar geworden ist. Sie geben das Vorbild, um, angemessen verallgemeinert, nicht kausale Gestalten und Muster auch weit über den Bereich der Physik in einer formal exakten und vereinheitlichenden Weise zu beschreiben.

Ihr eigentliches Reich ist nicht die physikalisch beschriebene Welt; sie sind von jeher bei Künstlern und Denkern zu Hause. Rilke hielt sich

---

[38] Goethe: *Faust I*, V. 2603/4

zeitlebens in diesem Reich auf. Eines seiner Sonette an Orpheus kann direkt als Lobpreis nicht kausaler Korrelationen gelesen werden:

Heil dem Geist, der uns verbinden mag;
denn wir leben wahrhaft in Figuren.
Und mit kleinen Schritten gehn die Uhren
neben unserm eigentlichen Tag.
Ohne unsern wahren Platz zu kennen,
handeln wir aus wirklichem Bezug.
Die Antennen fühlen die Antennen,
und die leere Ferne trug ...

Reine Spannung. O Musik der Kräfte!
Ist nicht durch die läßlichen Geschäfte
jede Störung von dir abgelenkt?
Selbst wenn sich der Bauer sorgt und handelt,
wo die Saat in Sommer sich verwandelt,
reicht er niemals hin. Die Erde schenkt.

– Rainer Maria Rilke: *Sonette an Orpheus* 1, XII[39]

Literatur

Atmanspacher, H. / Primas, H. / Wertenschlag-Birkhäuser, E. (1995) (Hrsg.): *Der Pauli-Jung Dialog und seine Bedeutung für die moderne Wissenschaft.* Berlin, Heidelberg.
Atmanspacher, H. / Römer, H. / Walach, H. (2002): Weak quantum theory: Complementarity and entanglement in physics and beyond, in: *Foundations of Physics* 32, 379–406.
Atmanspacher, H. / Filk, T. / Römer, H. (2006): Weak quantum theory: Formal framework and selected applications, in: *Quantum Theory: Reconsiderations of Foundations 3*, hrsg. von G. Adenier / A. Y. Khrennikov / T. M. Nieuwenhuizen. New York, 34–46.
Atmanspacher, H. / Primas, H. (2008) (Hrsg.): *Recasting Reality, Wolfgang Pauli's Philosophical Ideas and Contemporary Science.* Berlin, Heidelberg.

---

[39] Ich danke Wilhelm Gauger herzlich für einen anregenden Gedankenaustausch zum Aenigmatischen von Kunstwerken. Viel verdanke ich zahlreichen Gesprächen mit Harald Atmanspacher, Eberhard Bauer, Ernst Binz, Klaus Jacobi, Georg Ernst Jacoby, Klaus Kenntemich, Walter von Lucadou, Klaus E. Müller, Gerold Prauss, und Harald Walach.

Audretsch, J. (2002): *Verschränkte Welt*. Weinheim.

Bauer, E. / Schetsche, M. (2003) (Hrsg.): *Alltägliche Wunder: Erfahrungen mit dem Übersinnlichen – wissenschaftliche Befunde*. Würzburg.

beim Graben, P. / Atmanspacher, H. (2006): Complementarity in Classical Dynamical Systems, in: *Foundations of Physics* 36, 291–306.

Boscovich, R. J. (1758): *Theoria Philosopiae Naturalis*. Wien.

Eberhard, P. (1978): Bell's theorem and the different concepts of locality, in: *Nuovo Cimento* 46B, 392–419.

Einstein, A. / Podolsky, B. / Rosen, N. (1935): Can quantum-mechanical description of physical reality be considered complete?, in: *Physical Review* 47, 777–780.

Freud, S. (1992): *Vorlesungen zur Einführung in die Psychoanalyse*. Frankfurt.

Kiefer, C (1999): Conceptual Issues in Quantum Cosmology, in: *Proceedings of the Karpacz Winterschool. From Cosmology to Quantum Gravity*. Berlin, 158–187.

Gauger, W. / Römer, H.: *Verschränkung oder das Aenigmatische der Kunst*. In Vorbereitung.

Gemmer, J. / Mahler, G. (2001): Entanglement and the Factorization Approximation, in: *European Physical Journal* D 17, 385–393.

Giulini, D. / Joos, E. / Kiefer, C. / Kupsch, J. / Stamatescu, I.-O. / Zeh, H. D. (1996): *Decoherence and the Appearance of the Classical World*. Berlin, Heidelberg.

Horodecki, R., P., M., K. (2007): Quantum Entanglement, in: *Quantum Physics*, arXiv:quant-ph/0702225v2.

Kibed, M. V. von (1998): Bemerkungen über philosophische Grundlagen und methodische Voraussetzungen zur systemischen Aufstellungsarbeit, in: *Praxis des Familienstellens*, hrsg. von G. Weber. Heidelberg.

Lucadou, W. von / Römer, H. / Walach, H. (2007): Synchronistic Phenomena as Entanglement Correlations in Generalized Quantum Theory, in: *Journal of Consciousness Studies* 14, 50–74.

Libet, B. (1978): Neuronal vs. Subjective Timing for a Conscious Sensory Experience, in: *Cerebral Correlates of Conscious Experience*, hrsg. von P. A. Buser / A. Rougeul. Amsterdam.

Libet, B. (1985): Unconscious Cerebral Activity and the Role of Conscious Will in Voluntary Action, in: *Behavioral and Brain Sciences* 8, 529–566.

McTaggart, J. E. (1908): The Unreality of Time, in: *Mind* 17, 456–473.

Mahler, G. (2004): The Partitioned Quantum Universe, in: *Mind and Matter* 2, 67–91.

Meyenn, K. v. (2004) (Hrsg.): *W. Pauli: Wissenschaftlicher Briefwechsel mit Bohr, Einstein Heisenberg u. a.*, Band I bis IV. Berlin, Heidelberg.

Müller, K. E. (2004): *Der sechste Sinn*. Bielefeld.

Nahm, M. (2007): *Evolution und Parapsychologie*. Norderstedt.

Nielsen, M. A. / Chuang, I. L. (2000): *Quantum Computation and Quantum Information*. Cambridge.

Plenio, M. B. / Virmani, S. (2007): *An Introduction to Entanglement Measures*, in: *Quant. Inf. Comp.* 7, 1–31.

Römer, H. (2004): Weak Quantum Theory and the Emergence of Time, in: *Mind and Matter* 2, 105–125, http://arxiv.org/abs/quant-ph/0402011.

Römer, H. (2006): Substanz, Veränderung und Komplementarität, in: *Philosophisches Jahrbuch* 113, 118–136.

Römer, H. (2006): Complementarity of Process and Substance, in: *Mind and Matter* 4, 69–91.

Rössler, O. E. (1992): *Endophysik. Die Welt des inneren Beobachters.* Berlin.

Varela, F. J. (1998): Autonomy and Autopoiesis, in: *Self-Organizing Systems,* hrsg. von G. Roth / H. Schwengler. Frankfurt, 14–23.

Walach, H. (2003): Entanglement of Homeopathy as an Example of Generalized Entanglement Predicted by Weak Quantum Theory, in: *Forschende Komplementärmedizin und klassische Naturheilkunde* 10, 192–200.

Walach, H. / Jonas, W. B. / Ives, J. / Wijk, R. van / Weingärtner, O. (2005): Research on Homeopathy: State of the Art, in: *Journal of Alternative and Complementary Medicine* 11, 813–829.

Naphtas Visionen.
Perspektivität in der Naturwissenschaft

Peter beim Graben[1]

»Denn bei näherer Betrachtung ist unschwer einzusehen, daß eine jede Wissenschaft, ob Natur- oder Geisteswissenschaft, ihre Aufgabe genaugenommen gar nicht am Anfang, sondern sozusagen in der Mitte angreift, und daß sie sich von da aus erst mehr oder weniger mühsam zum Anfang hintasten muß, ohne die Aussicht, ihn jemals vollständig zu erreichen. Die Wissenschaft findet ja die Begriffe, mit denen sie arbeitet, nicht fertig vor, sondern muß sie sich erst künstlich schaffen und kann sie nur allmählich vervollkommnen. Sie schöpft aus dem Leben und sie wirkt wieder zurück auf das Leben. Und sie empfängt ihren Antrieb, ihren Zusammenhalt und ihr Gedeihen aus den Ideen, die in ihr herrschen. Die Ideen sind es, welche dem Forscher die Probleme stellen, welche ihn unablässig zur Arbeit treiben und welche ihm die Augen öffnen, um die gefundenen Resultate richtig zu deuten. Ohne Ideen wird die Forschung planlos, und die auf sie gewendete Energie verpufft ins Leere. Erst die Ideen machen den Experimentator zum Physiker, den Chronisten zum Historiker, den Handschriftenexperten zum Philologen.«
– *Max Planck*[2]

1. Auf dem *Zauberberg*

Als Thomas Mann im Jahre 1924 seinen »Zeitroman«[3] *Der Zauberberg* veröffentlichte, war die Naturwissenschaft im Umbruch. Zwar war die Entwicklung der Einstein'schen Relativitätstheorie bereits seit acht

---

[1] Diese Arbeit wurde durch ein Heisenberg–Stipendium der Deutschen Forschungsgemeinschaft gefördert (GR 3711/1–1). Ich bedanke mich bei Bettina Stangneth für ihre hilfreiche Kritik.
[2] Planck (1943h), 221.
[3] Mann (1954), 655.

Jahren abgeschlossen, indes befand sich die quantenmechanische Um-
wälzung noch im vollen Gange und kam erst drei Jahre später durch die
Heisenberg'schen Unschärferelationen und das Bohr'sche Komplementaritätsprinzip zu einem vorläufigen Abschluss. Wer den *Zauberberg* aus dem Blickwinkel der jüngeren Wissenschaftsgeschichte liest,
kommt nicht umhin, bemerkenswerte Parallelen zwischen Literatur
und Naturwissenschaft festzustellen.[4]

Der junge Hans Castorp, Schiffbauingenieur aus Hamburg, be-
sucht seinen Cousin Joachim Ziemßen im Internationalen Sanatorium
»Berghof« in den Schweizer Alpen. Er macht Bekanntschaft mit anderen Lungenkranken, darunter dem italienischen Humanisten und Literaten Lodovico Settembrini, der sich des »Sorgenkinds des Lebens«[5],
wie er Castorp nennt, annimmt und sein geistiger Mentor wird. Sehr
viel später, Settembrini hat inzwischen vom »Berghof« nach »Davos-
Dorf« umziehen müssen, lernen Castorp und Ziemßen Settembrinis
neuen Nachbarn, den Jesuiten Leo Naphta kennen, der mit Settembrini
intellektuelle Streitgespräche zu führen pflegt und ebenfalls, sehr zu
Settembrinis Mißfallen, Einfluss auf Castorps geistige Entwicklung
auszuüben bestrebt ist.[6]

Bei einem Besuch der Vettern in Naphtas Wohnung findet sich
auch Settembrini ein und es entwickelt sich der folgende Disput, bei
dem Naphta äußert:[7]

»Und was die Entwürdigung des Menschen betrifft, so fällt ihre Geschichte
exakt mit der des bürgerlichen Geistes zusammen. Renaissance, Aufklärung
und die Naturwissenschaft und Ökonomistik des neunzehnten Jahrhunderts
haben nichts, aber auch gar nichts zu lehren unterlassen, was irgend tauglich
schien, diese Entwürdigung zu fördern, angefangen mit der neuen Astrono-
mie, die aus dem Zentrum des Alls, dem erlauchten Schauplatz, wo Gott und
Teufel um den Besitz des beiderseits heißbegehrten Geschöpfes kämpften,
einen gleichgültigen kleinen Wandelstern machte und der großartigen kosmischen Stellung des Menschen, auf der übrigens die Astrologie beruhte,
vorderhand ein Ende bereitete.«
»Vorderhand?« Herrn Settembrinis Miene hatte, wie er es lauernd fragte, selber etwas von der eines Ketzerrichters und Inquisitors, der darauf war-
tet, daß der Aussagende sich im unzweifelhaft Sträflichen verfange.

---

[4] Siehe z. B. Mann (1954), 312 und Mann (1954), 338.
[5] Mann (1954), 372.
[6] Wenn ihr »euch pädagogisch um meine arme Seele rauft, wie Gott und Teufel um den
Menschen im Mittelalter.« (Mann 1954), 576.
[7] Mann (1954), 479 f.

»Allerdings. Für ein paar hundert Jahre«, bestätigte Naphta kalt. »Eine Ehrenrettung der Scholastik steht, wenn nicht alles täuscht, auch in dieser Beziehung bevor, sie ist schon im vollen Gange. Kopernikus wird von Ptolemäus geschlagen werden. Die heliozentrische These begegnet nachgerade einem geistigen Widerstand, dessen Unternehmungen wahrscheinlich zum Ziele führen werden. Die Wissenschaft wird sich philosophisch genötigt sehen, die Erde in alle Würden wieder einzusetzen, die das kirchliche Dogma ihr wahren wollte.«

»Wie? Wie? Geistiger Widerstand? Philosophisch genötigt sehen? Zum Ziele führen? Welche Art von Voluntarismus spricht aus Ihnen? Und die voraussetzungsfreie Forschung? Die reine Erkenntnis? Die Wahrheit, mein Herr, die mit der Freiheit so innig verbunden ist, und deren Blutzeugen, aus denen Sie Beleidiger der Erde machen wollen, diesem Stern vielmehr zur ewigen Zierde gereichen?« [...]

Naphta erwiderte mit unangenehmer Ruhe:»Guter Freund, es gibt keine reine Erkenntnis. Die Rechtmäßigkeit der kirchlichen Wissenschaftslehre, die sich in Augustins Satz ›ich glaube, damit ich erkenne‹ zusammenfassen läßt, ist völlig unbestreitbar. Der Glaube ist das Organ der Erkenntnis und der Intellekt sekundär. Ihre voraussetzungsfreie Wissenschaft ist eine Mythe. Ein Glaube, eine Weltanschauung, eine Idee, kurz: ein Wille ist regelmäßig vorhanden, und Sache der Vernunft ist es, ihn zu erörtern, ihn zu beweisen. Es läuft immer und in allen Fällen auf das ›Quod erat demonstrandum‹ hinaus. Schon der Begriff des Beweises enthält, psychologisch genommen, ein stark voluntaristisches Element. Die großen Scholastiker des zwölften und dreizehnten Jahrhunderts waren einig in der Überzeugung, daß in der Philosophie nicht wahr sein könne, was vor der Theologie falsch sei. Lassen wir die Theologie aus dem Spiel, wenn Sie wollen, aber eine Humanität, die nicht anerkennt, daß in der Naturwissenschaft nicht wahr sein kann, was vor der Philosophie falsch ist, das ist keine Humanität. Die Argumentation des heiligen Offiziums gegen Galilei lautete dahin, daß seine Sätze philosophisch absurd seien. Eine schlagendere Argumentation gibt es nicht.«

»Eh, eh, die Argumente unseres armen, großen Galilei haben sich als stichhaltiger erwiesen! Nein, lassen wir uns ernsthaft reden, Professore! Beantworten Sie mir vor diesen beiden aufmerksamen jungen Leuten die Frage: Glauben Sie an eine Wahrheit, an die objektive, die wissenschaftliche Wahrheit, der nachzustreben oberstes Gesetz aller Sittlichkeit ist und deren Triumphe über die Autorität die Ruhmesgeschichte des Menschengeistes bilden?!«

[...] Naphta antwortete:

»Ein solcher Triumph ist nicht möglich, denn die Autorität ist der Mensch, sein Interesse, seine Würde, sein Heil, und zwischen ihr und der Wahrheit kann es keinen Widerstreit geben. Sie fallen zusammen.«

»Die Wahrheit wäre demnach –«

»Wahr ist, was dem Menschen frommt. In ihm ist die Natur zusammengefaßt, in aller Natur ist nur er geschaffen und alle Natur nur für ihn. Er ist das Maß der Dinge und sein Heil das Kriterium der Wahrheit«.

Wir halten hier inne, bevor das Gespräch sich ins garstig Politische wendet und Naptha der Diktatur des Proletariats und des kommunistischen Gottesstaats, kurz des totalitären Terrorismus das Wort redet.[8] Die obigen Sätze, die Thomas Mann seiner literarischen Kunstfigur Naphta in den Mund legt, sind eine philosophische Zumutung. Meint Naphta das ernst? Kann man im 20. Jahrhundert ernsthaft behaupten, das heliozentrische Weltbild lasse sich zugunsten des geozentrischen revidieren? Was hat Mann sich dabei gedacht? Oder, um mit Settembrini zu fragen, kann die Existenz einer objektiven, wissenschaftlichen Wahrheit wirklich angezweifelt werden? Oder die Voraussetzungsfreiheit der Forschung? Ungeachtet seines freiheitlichen Humanismus vertritt Settembrini hier die Positionen des wissenschaftlichen Realismus, der sich im 19. Jahrhundert aus dem mechanistischen Forschungsprogramm entwickelt hatte[9] und die heute von physikalistischen Philosophen vertreten werden.[10]

Der vorliegende Beitrag macht den Versuch, Naphtas wissenschaftliche Visionen, die als überholt und rückständig erscheinen mögen, unter dem Gesichtspunkt der neueren Entwicklungen in den Naturwissenschaften zu analysieren und ihren Gültigkeitsanspruch zu diskutieren. Dabei wird sich erweisen, dass die moderne Naturwissenschaft keineswegs »voraussetzungsfrei« ist und dass ihre metaphysischen Voraussetzungen mit der physikalistischen Doktrin unvereinbar sind.

2. Perspektivität in der Naturwissenschaft

Wir beginnen mit der offensichtlichsten Zumutung Naphtas. Welchem Widerstand könnte die heliozentrische These begegnet sein, wenn wir das in Naphtas Stube statthabende Gespräch ins Jahr 1907 oder 1908 datieren?[11] Die Frage, ob die Erde um die Sonne kreist, oder ob die

---

[8] Mann (1954), 487, 483.
[9] Einstein / Infeld (1956), Heisenberg (1955).
[10] Earman (1975), Stoljar (2001), Montero (2001).
[11] *Der Zauberberg* endet mit dem Kriegsausbruch 1914, als Castorp sieben Jahre bei »denen dort droben« verbracht hat.

Sonne um die Erde rotiert, ist eine Frage nach der *Relativbewegung* zweier Himmelskörper. Daher bietet die Einstein'sche Relativitätstheorie den geeigneten Begriffsrahmen, um Naphtas Vision zu erörtern.

2.1 Relativität

Die von Einstein 1905 publizierte spezielle Relativitätstheorie geht von zwei physikalischen Grundprinzipien aus. Dem speziellen Relativitätsprinzip gemäß besitzen alle Naturgesetze in allen gleichförmig geradlinig gegeneinander bewegten Bezugssystemen die gleiche Form, während das Prinzip von der Konstanz der Lichtgeschwindigkeit besagt, dass der Wert der Vakuumlichtgeschwindigkeit in allen derartigen Systemen derselbe sei. Zusammengenommen haben beide Prinzipien eine Revision der Grundbegriffe von Raum und Zeit erforderlich gemacht,[12] da die Lichtgeschwindigkeit in der Physik des 19. Jahrhunderts auf ein bevorzugtes Bezugssystem, den absolut im Raum ruhenden Äther, bezogen wurde. Das spezielle Relativitätsprinzip hat den absoluten Raum und damit die Begriffe der absoluten Ruhe und der absoluten Gleichzeitigkeit aus der Physik verbannt und dadurch die besondere Bedeutung des Bezugssystems, von dem aus ein Beobachter physikalische Messungen und Erfahrungen macht, betont. In einer etwas anderen Formulierung besagt das spezielle Relativitätsprinzip, dass alle gleichförmig geradlinig gegeneinander bewegten Beobachter gleichberechtigt bei der Beschreibung ihrer Messungen seien; dass kein Beobachter vor einem anderen bevorzugt und daher keine gleichförmig geradlinige Bewegung vor einer anderen ausgezeichnet sei. Andererseits liefert die spezielle Relativitätstheorie das mathematische Werkzeug, um Erfahrungen, die von Beobachtern in verschiedenen, gegeneinander bewegten Bezugssystemen gemacht werden, vergleichen zu können. Dies sind die sogenannten Lorentz–Transformationen, durch die unterschiedliche Beschreibungen ineinander überführt und somit objektiviert werden können.

Die Beschränkung der speziellen Relativitätstheorie auf gleichförmig geradlinig gegeneinander bewegte Bezugssysteme empfand Ein-

---

[12] Siehe das kurze Gespräch zwischen Castorp (»Ich bin sehr scharf im Kopf heute«) und Ziemßen über die Zeit (Mann 1954), 77.

stein als theoretisch unbefriedigend.[13] Daher strebte er eine allgemeine Relativitätstheorie an, deren allgemeines Relativitätsprinzip die vollkommene Gleichwertigkeit jeglicher gegeneinander bewegten Bezugssysteme postuliert. Da in beschleunigten Systemen Trägheitskräfte beobachtet werden, muss ein Beobachter diese Kräfte als Schwerkräfte in einem Gravitationsfeld interpretieren, um sich selbst mit Berechtigung als ruhend ansehen zu können. Die allgemeine Relativitätstheorie von 1916 vereint daher das allgemeine Relativitätsprinzip mit dem sogenannten Äquivalenzprinzip der Ununterscheidbarkeit von träger und schwerer Masse zu einer Gravitationstheorie.

Im Rahmen der allgemeinen Relativitätstheorie ist nur die Relativbewegung der Himmelskörper Erde und Sonne von Bedeutung. Sowohl ein ptolemäischer Beobachter, der die Erde als ruhend betrachtet, als auch ein kopernikanischer Beobachter, der dasselbe von der Sonne behauptet, sind nach dem allgemeinen Relativitätsprinzip gleichermaßen dazu berechtigt, ihre Ansichten zu vertreten. Einstein und Infeld sagen,[14]

»die Frage, ob das Ptolemäische oder das Kopernikanische Weltbild das richtige sei, um die in den Anfängen der Naturwissenschaft ein so heftiger Streit entbrannte, wäre völlig gegenstandslos geworden. Es bliebe sich dann gleich, welches System man zugrunde legte, und es wäre reine Formsache, ob wir sagen: ›Die Sonne ruht und die Erde bewegt sich‹ oder ›die Sonne bewegt sich und die Erde ruht‹.«[15]

Ganz offensichtlich hat Naphta hierin recht. Der Begründer der Relativitätstheorie und andere namhafte Physiker unterstützen seine Auffassung, dass das heliozentrische Weltbild keine objektive Gültigkeit habe. Allerdings gilt dasselbe auch für das von Naphta bevorzugte geozentrische System. Napthas Kritik der humanistischen Naturwissenschaft, sei es in der Form der positivistischen »Ökonomistik«[16] oder des physikalischen Realismus,[17] zielt keineswegs auf einen wissenschaftlichen Relativismus, demzufolge jedes (oder auch gar kein) Weltbild seine Daseinsberechtigung habe, sondern vielmehr auf einen doktrinären Absolutismus, der das geozentrische Weltbild und die »kirchliche Wis-

13 Einstein (1984), 130.
14 Einstein / Infeld (1956), 143.
15 Vgl. auch Planck (1943 f.), 169 sowie Planck (1943i), 81.
16 Mann (1954), 479; Planck (1943 f.,) 172.
17 Mann (1954), 841; Planck (1943 f.), 173.

senschaftslehre«[18] in ihre ursprünglichen Rechte wieder einzusetzen bestrebt ist.

In der Auseinandersetzung von Settembrini, Naphta und Castorp hat Mann eine literarische Dialektik gezeichnet, in der Settembrini die physikalistische These der »objektiven Wahrheit« und Naphta die sophistische Antithese des »wahr ist, was dem Menschen frommt« verfechten. Indem Settembrini Castorp die Maxime des »placet expiriri«[19] zuspricht, verkörpert dessen »Mut der Einfalt«[20] die pluralistische Synthese:

»Wir sprachen auch von der Neutralität und geistigen Unschlüssigkeit der Jugend, von ihrer Wahlfreiheit, ihrer Neigung, mit den möglichen Standpunkten Versuche anzustellen.«[21]

Genau dies ist, in Settembrinis Worten, die Aussage des Relativitätsprinzips: Kein Standpunkt ist bevorzugt, alle Standpunkte sind für die Beschreibung der Natur gleichberechtigt und es besteht Wahlfreiheit, einen bestimmten Standpunkt anzunehmen. Dadurch wurde in der Relativitätstheorie zwar keineswegs der Beobachter (als geistiges Subjekt), aber gleichwohl der Beobachtungsstandpunkt in Form des Bezugssystems und mithin *Perspektivität* zum Gegenstand physikalischer Wissenschaft.

2.2 Komplementarität

Während die Einstein'sche Relativitätstheorie als Abschluss und Vollendung der klassischen Physik angesehen wird, führten Plancks Entdeckung des Wirkungsquantums im Jahr 1900 und Einsteins Erklärung des photoelektrischen Effekts durch die Lichtquantenhypothese 1905 zu einer schweren Erschütterung der klassischen Physik, weil Licht, das bis dahin als elektromagnetische Wellenerscheinung aufgefasst worden war, plötzlich auch Teilcheneigenschaften aufzuweisen schien. Noch komplizierter wurde die Situation, als de Broglie aus Symmetriegründen vorgeschlagen hatte, den Welle–Teilchen–Dualismus auch auf die Materie anzuwenden. Die begriffliche Klärung dieser Widersprü-

---

[18] Mann (1954), 480.
[19] Mann (1954), 116.
[20] Mann (1954), 455.
[21] Mann (1954), 241.

che aus den Anfängen der Quantentheorie wurde 1927 durch Heisenbergs Unschärferelationen und durch Bohrs Komplementaritätsprinzip ermöglicht:

»Unter bestimmten einander ausschließenden Versuchsbedingungen gewonnene Aufschlüsse über das Verhalten eines und desselben Objektes können jedoch gemäß einer häufig in der Atomphysik angewandten Terminologie treffend als komplementär bezeichnet werden.«[22]

Demnach erforderte der Aufbau der Quantenmechanik die Berücksichtigung der Beobachtungsbedingungen, unter denen physikalische Messungen durchgeführt werden, wie Planck in aller Klarheit darstellt:

»Ein solcher Standpunkt wird aber nur dadurch zu finden sein, daß wir der Quelle, welcher alle unsere Erfahrungen entspringen, näher nachgehen, [...] daß wir die Meßinstrumente mit in den Kreis der Untersuchungen einbeziehen. Das ist ein Schritt von prinzipiell enormer Tragweite, er kann als die Einführung des Begriffs der Ganzheit in die Physik bezeichnet werden.«[23]

Vollzieht man diesen Schritt, so verhält sich ein Elektron in der Nebelkammer wie ein Teilchen, welches zu einem bestimmten Zeitpunkt einen bestimmten Ort innehat, weil die Nebelkammer als Messanordnung den Ort bis auf die Größe eines Nebeltröpfchens unbestimmt lässt. Andererseits verhält sich das Elektron im Doppelspaltversuch wie eine Welle, weil seine räumliche Lokalisation mit dem interferometrischen Versuchsaufbau unvereinbar ist.[24] Bohr vergleicht die quantenmechanische Komplementarität einander ausschließender Beobachtungsbedingungen mit dem Einstein'schen Relativitätsprinzip:

»Während der entscheidende Punkt in der Relativitätstheorie die Erkenntnis war, daß zwei sich relativ zueinander bewegende Beobachter das Verhalten gegebener Objekt wesentlich verschieden beschreiben werden, hat die Klärung der atomphysikalischen Paradoxien die Tatsache enthüllt, daß die unvermeidliche Wechselwirkung zwischen Objekt und Meßgerät der Möglichkeit, überhaupt von einem von den Beobachtungsmitteln unabhängigen Verhalten atomarer Objekte zu sprechen, eine prinzipielle Grenze setzt.«[25]

22 Bohr (1985h), 25.
23 Planck (1943h,) 214.
24 So z. B. Englert et al. (1995).
25 Bohr (1985h), 24.

»Ungeachtet allen Unterschiedes zwischen den typischen Situationen, auf die sich die Begriffe Relativität und Komplementarität beziehen, zeigen sie in erkenntnistheoretischer Hinsicht weitgehende Ähnlichkeiten.«[26] Mithin erweist sich auch das quantenmechanische Komplementaritätsprinzip als ein Prinzip der Perspektivität. Nicht der Bewegungszustand eines Bezugssystems, sondern eine Versuchsanordnung definiert einen bestimmten Standpunkt, eine Perspektive für physikalische Beschreibungen. Auch die Quantenmechanik verfügt über mathematische Methoden, komplementäre Beobachtungsbedingungen vergleichbar zu machen. Während dies in der (speziellen) Relativitätstheorie durch die Lorentz–Transformationen geleistet wird, bezeichnet man das quantenmechanische Analogon als *Darstellungstheorie*. Komplementären Versuchsanordnungen entsprechen verschiedene Darstellungen sogenannter Observablen–Algebren, die durch unitäre Transformationen ineinander überführt und dadurch objektiviert werden können.[27]

Seit der Begründung der Quantentheorie hat sich die Notwendigkeit erwiesen, dass auch andere Wissenschaften über ihre eigenen Forschungsmethoden und Beobachtungsbedingungen Rechenschaft ablegen. So haben u. a. Bohr, Pauli und Planck Vorschläge unterbreitet, wie das Komplementaritätsprinzip auf andere Gebiete anzuwenden sei. Bohr schlägt z. B. vor, die »mechanistische« und die »finalistische« Beschreibung des Lebens[28] als komplementär anzusehen:

»In diesem Zusammenhang müssen wir vor allem bedenken, daß jede vorstellbare Versuchsanordnung, mit der wir das Verhalten der den Organismus ausmachenden Atome in einem Umfang untersuchen könnten, wie wir es in der Atomphysik vermittels grundlegender Experimente an einzelnen Atomen tun können, die Möglichkeit ausschließt, den Organismus am Leben zu erhalten. Der unaufhörliche, unlöslich mit dem Leben verbundene Stoffwechsel macht es sogar unmöglich, einen Organismus als wohldefiniertes System materieller Teilchen zu betrachten, das jenen Systemen entspricht, die für die Erklärung der gewohnten physikalischen und chemischen Eigenschaften der Materie in Frage kommen. In der Tat liegt es nahe, die spezifisch biologischen Gesetzmäßigkeiten als Naturgesetze zu betrachten, komplementär zu jenen, die für eine Beschreibung der Eigenschaften unbelebter Körper geeignet sind, ganz in Analogie zu der komplementären Beziehung zwischen den Stabilitätseigenschaften der Atome und solchen Phänomenen,

---

[26] Bohr (1985b), 110.
[27] Heisenberg (1959), 33.
[28] Bohr (1985e), 74.

für deren Beschreibung eine raumzeitliche Koordinierung der einzelnen atomaren Teilchen in Betracht kommt.«[29]

Die Anwendung des Komplementaritätsprinzips auf die Biologie zeitigt natürlich auch Folgen für die kognitiven Neurowissenschaften, weil es nach von Foerster

»eines Gehirns bedarf, um eine Theorie über das Gehirn zu schreiben. Daraus folgt, daß eine Theorie über das Gehirn, die Anspruch auf Vollständigkeit erhebt, dem Schreiben dieser Theorie gerecht werden muß. Und, was noch faszinierender ist: der Schreiber dieser Theorie muß über sich selbst Rechenschaft ablegen. Auf das Gebiet der Kybernetik übertragen heißt das: indem der Kybernetiker sein eigenes Terrain betritt, muß er seinen Aktivitäten gerecht werden: die Kybernetik wird zur Kybernetik der Kybernetik, oder zur Kybernetik zweiter Ordnung.«[30]

Schließlich werden damit Probleme aus der Psychologie und Philosophie berührt. Im Geiste der Kant'schen Antithetik der reinen Vernunft hat Planck in einer Reihe von Vorträgen immer wieder das Problem der Willensfreiheit thematisiert.[31] In einer früheren Arbeit schreibt er:

»Nur wenn jemand imstande wäre, allein auf Grund des Kausalgesetzes seine eigene Zukunft vorauszusehen, müßte man ihm das Bewußtsein der Willensfreiheit absprechen. Ein solcher Fall ist aber deshalb unmöglich, weil er einen logischen Widerspruch enthält. Denn jedes vollständige Erkennen setzt voraus, daß das zu erkennende Objekt durch innere Vorgänge im erkennenden Subjekt nicht verändert wird, und diese Voraussetzung ist hinfällig, wenn Objekt und Subjekt identisch werden. Oder konkreter gesprochen: da die Erkenntnis irgendeines Willensmotives im eigenen Inneren ein Erlebnis ist, aus welchem ein neues Willensmotiv entspringen kann, so vermehrt sich durch sie die Zahl der möglichen Willensmotive. Diese Feststellung bringt eine neue Erkenntnis, die abermals ein neues Willensmotiv zeitigen kann, und so geht die Kette der Schlußfolgerungen weiter, ohne daß man jemals zur Feststellung des für eine zukünftige eigene Handlung endgültig ausschlaggebenden Motivs gelangen kann.«[32]

---

[29] Bohr (1985c), 19 f. – Interessanterweise gelangt im *Zauberberg* Hans Castorp während der abendlichen Liegekur zu ganz ähnlichen Einsichten (Mann 1954), 338. – Siehe auch Planck (1943c), 53.
[30] von Foerster (1993), 65. – Siehe auch Bishop / Nasuto (2005), Heylighen / Joslyn (2001), beim Graben / Atmanspacher (2006), beim Graben (2007).
[31] Unter anderem in Planck (1943c; 1943d; 1943e; 1943b; 1943i; 1943a; 1958).
[32] Planck (1943e), 131. – Siehe auch Schröder (2008), 41.

131

Diese Argumentation erinnert an die quantenmechanische Situation, wo ein Objekt, wie z. B. ein Elektron mit einem Meßgerät wechselwirken muss, das seinerseits aus den gleichen Objekten, also Elektronen besteht, die dem Untersuchungsobjekt ihre eigenen Zustände überlagern (wir werden unten auf dieses Problem zurückkommen[33]). Später heißt es bei Planck:

»Denn die Antwort auf die Frage, ob der Wille kausal gebunden ist oder nicht, lautet verschieden, je nach dem Standort, der für die Betrachtung gewählt wird. Von außen, objektiv betrachtet, ist der Wille kausal gebunden; von innen, subjektiv betrachtet, ist der Wille frei.«[34]

Schließlich sei auf ein eigenes Beispiel verwiesen. Beim Graben und Atmanspacher[35] haben vorgeschlagen, wie der quantenmechanische Komplementaritätsbegriff auf klassische dynamische Systeme verallgemeinert werden kann, deren Zustände lediglich in einer Vergröberung beschreibbar sind. Zwei verschiedene Vergröberungen desselben Systems sind dann komplementär, wenn mindestens eine von ihnen sich nicht dynamisch verfeinert.[36] *Dynamische Verfeinerung* ist ein wesentliches Stabilitätskriterium für Zustandsraumvergröberungen, bei der wie in einer Intervallschachtelung ganze Zustandsraumgebiete im Laufe der Zeit auf singuläre Punkte zusammenschnurren. Mithilfe dieses verallgemeinerten Komplementaritätsbegriffs habe ich nachgewiesen, dass die Dynamik z. B. in einem neuronalen Netzwerk komplementär zu ihrer Interpretation als kognitive Berechnung sein kann.[37]

2.3 Kontextualität

Die von Bohr, Heisenberg, Schrödinger und anderen Physikern ausgearbeitete und von John von Neumann endgültig kodifizierte Quantenmechanik beschreibt strenggenommen abgeschlossene Quantensysteme mit endlich vielen Freiheitsgraden.[38] Da an einem abgeschlossenen

33 Bohr (1985c), 17.
34 Planck (1943i), 80. – Vgl. dazu auch Planck (1958), 8.
35 beim Graben / Atmanspacher (2009).
36 Genaugenommen sind solche Vergröberungen *inkompatibel*, Komplementarität ist eine noch stärkere Eigenschaft.
37 beim Graben (2004).
38 Primas (1990), 233.

System prinzipiell keine Messungen durchführbar sind, musste die mathematische Theorie mit einer *Schnittstelle*[39] versehen werden, die in der Kopenhagener Interpretation durch das *Projektionspostulat* ihren Ausdruck fand.

Demnach macht ein abgeschlossenes Quantensystem eine durch die Schrödingergleichung beschriebene deterministische zeitliche Entwicklung durch, während ein quantenmechanisches Experiment zum indeterministischen *Quantensprung* führt, wonach sich das System in einem Zustand befindet, in dem die betreffende Messgröße aktualisiert ist. Dieser Dualismus von deterministischer und indeterministischer Dynamik ist der Kern des unter Physikern und Philosophen ausgiebig diskutierten quantenmechanischen Messproblems.[40] Die vollständige Lösung dieses Problems konnte im Rahmen der traditionellen Quantenmechanik nicht erbracht werden. Indes ist das Problem im allgemeineren Rahmen der sogenannten algebraischen Quantentheorie, die die Quantenfeldtheorien und die Quantenstatistik für Systeme mit unendlich vielen Freiheitsgraden umfasst, lösbar.[41] Das Lösungsverfahren war bereits von Bohr intuitiv vorgezeichnet worden:

»Hierfür ist die Erkenntnis entscheidend, daß, wie weit auch die Phänomene den Bereich klassischer physikalischer Erklärung überschreiten mögen, die Darstellung aller Erfahrung in klassischen Begriffen erfolgen muß. Die Begründung hierfür ist einfach die, daß wir mit dem Wort ›Experiment‹ auf eine Situation hinweisen, in der wir anderen mitteilen können, was wir getan und was wir gelernt haben, und daß deshalb die Versuchsanordnung und die Beobachtungsergebnisse in klar verständlicher Sprache unter passender Anwendung der Terminologie der klassischen Physik beschrieben werden müssen.«[42]

Nach Heisenberg beginnt daher die Kopenhagener Deutung der Quantentheorie »mit einem Paradoxon«[43], weil wir die Anwendbarkeit der klassischen Begriffe voraussetzen müssen, um in der Quantenmechanik die Notwendigkeit ihrer Revision aufzeigen zu können.[44] Die Lösung des quantentheoretischen Messproblems besteht nun darin, dass

---

[39] Mahler / Ellis (2009).

[40] Heisenberg (1959), Mittelstaedt (1981), Röseberg (1978).

[41] Hepp (1972), Primas (1990).

[42] Bohr (1985 f.), 38. – Siehe auch Bohr (1985h), 24; Heisenberg (1969), 96, 169; Heisenberg (1959), 28, 38 f.; Primas (2007), 8.

[43] Heisenberg (1959), 28.

[44] Bezeichnenderweise verachtet der Klassizist Settembrini im *Zauberberg* die Paradoxe

»der Gegenstand vor oder wenigstens im Moment der Beobachtung in Wechselwirkung stehen muß mit dem übrigen Teil der Welt, nämlich mit der experimentellen Anordnung, den Maßstäben und so weiter. [...] Da die Anordnung außerdem mit dem Rest der Welt verbunden sein muß, enthält sie tatsächlich die Unsicherheiten der mikroskopischen Struktur der ganzen Welt.«[45]

Leider legt dieses Zitat die Fehldeutung nahe, dass es im Verlauf einer Messung zu einer unkontrollierten *Störung* des Gegenstands durch seine Wechselwirkung mit dem übrigen Universum kommt. Das ist jedoch nicht der Fall. Vielmehr besteht die Wechselwirkung darin, dass der Untersuchungsgegenstand und der »Rest der Welt« einen Zustand der gegenseitigen Verschränkung einnehmen und ein holistisches Gesamtsystem erzeugen, aus welchem der Objektzustand erst wieder herausprojiziert werden muss.[46] Im Rahmen der algebraischen Quantentheorie wird die Wechselwirkung eines quantenmechanischen Untersuchungsobjekts mit dem »Rest der Welt«, d.h. mit den unendlichen vielen Freiheitsgraden des elektromagnetischen Strahlungsfeldes oder eines Wärmebads präzis beschrieben. Bohrs Intuition bestätigt sich dadurch, dass ein »Quantenobjekt«,[47] dem individuelle und objektive Eigenschaften zugesprochen werden können, nur dann vorliegt, wenn seine Umgebung ein klassisches System ist. Derartige Objekte stehen dann zwar in (energetischer) Wechselwirkung mit ihrer Umgebung, sind aber nicht mit ihr verschränkt.[48]

Allerdings ist die Weise, in der ein Quantenobjekt aus der Verschränkung mit einer klassischen Umgebung gewonnen werden kann, nicht eindeutig vorgegeben. Die Auslöschung der Verschränktheits-

---

(Mann 1954), 267. – Dagegen hätte sich Naphta mit seinem »christlichen Kommunismus« (Mann 1954, 488) an der Kopenhagener Interpretation durchaus erfreuen können: »Die erkannten Naturgesetze sind einerseits Resultat unseres Erkenntnisprozesses und tragen daher folglich auch Spuren dieses Prozesses selbst. Sie sind aber zugleich Widerspiegelungen objektiver, also vom Subjekt unabhängiger allgemein-notwendiger und wesentlicher Beziehungen. [...] Ein dialektisch-materialistisches Herangehen erst erlaubt es, einerseits die Objektivität der Gesetze herauszuarbeiten und andererseits die Rolle des Subjekts bei der Erkenntnis dieser in den Erscheinungen selbst zum Ausdruck kommenden objektiven gesetzmäßigen Beziehungen zu berücksichtigen.« (Röseberg 1978, 125).

[45] Heisenberg (1959), 36.
[46] Mittelstaedt (1981), 109 ff.
[47] Primas (1990), 244.
[48] Primas (1990), 244.

beziehungen ist lediglich eine notwendige aber keine hinreichende Bedingung für Objektemergenz. Um auch hinreichende Bedingungen angeben zu können, bedarf es einer weiteren Art von Perspektivität, nämlich eines *Kontexts*.[49] In der Sprache der traditionellen Quantentheorie gehören Kontexte zum Inventar der Schnittstelle, die sich mit dem *Heisenberg–Schnitt* identifizieren lassen:

»Sofern wir ein atomares Phänomen theoretisch beschreiben, müssen wir an irgendeiner Stelle einen Schnitt ziehen zwischen dem Phänomen und dem Beobachter oder seinem Apparat. Die Lage des Schnittes kann wohl verschieden gewählt werden, aber auf der Seite des Beobachters müssen wir die Sprache der klassischen Physik verwenden.«[50]

Die Lage des Heisenberg–Schnitts mag »wohl verschieden gewählt werden«, letztlich wird sie indes zweckmäßig gewählt werden müssen.[51] Nach Primas entscheiden Kontexte, welche Eigenschaften innerhalb einer wissenschaftlichen Fragestellung als wesentlich und welche als unwesentlich erachtet werden sollen:

»No comprehensive universal operational description for the whole material reality can be found. The reason is that nothing can be said about nature unless some abstractions are made. There is no science without abstractions but abstractions are context-dependent, they do not falsify our description of the material reality but they create the patterns of reality. All concepts of empirical science refer to observations obtained by some pattern recognition methods which distinguish between relevant and irrelevant features.«[52]

Und im selben Sinne schreibt Planck:

»Hier ist nun von besonderer Wichtigkeit die Feststellung, daß es einen bestimmten, von vornherein zweifellos feststellbaren Gesichtspunkt, nach welchem eine endgültige, für alle Fälle passende Einteilung getroffen werden kann, in keinem Fall, in keiner einzigen Wissenschaft gibt, daß man also in dieser Beziehung niemals von einem zwangsläufigen, aus der Natur der Sache selbst entspringenden und von jeder willkürlichen Voraussetzung freien

---

[49] In der algebraischen Quantentheorie werden Kontexte durch Referenzzustände eingeführt, die zu unterschiedlichen Darstellungen führen, die, im Gegensatz zu komplementären Darstellungen in der traditionellen Quantentheorie nicht unitär äquivalent sind (Primas 1990, 239). In klassischen Systemen können Referenzzustände durch Wahrscheinlichkeitsmaße im Zustandsraum vorgegeben werden, die zu unterschiedlichen kontextuellen Vergröberungen führen (beim Graben / Atmanspacher 2009).

[50] Heisenberg (1959), 180.

[51] Pauli (1950).

[52] Primas (1990), 243. – Siehe auch Primas (2007), 11 f.

Aufbau einer Wissenschaft reden kann. [...] daß gleich am Anfang einer jeden wissenschaftlichen Erkenntnis eine Entscheidung über den Standpunkt der Betrachtung getroffen werden muß, zu deren Festsetzung sachliche Erwägungen nicht ausreichen, sondern Werturteile mit herangezogen werden müssen.«[53]

Damit ist Settembrinis Einwand, die wissenschaftliche Forschung sei »voraussetzungsfrei«, widerlegt und Naphtas Behauptung »ein Wille ist regelmäßig vorhanden« vollends bestätigt.[54]

Unterschiedliche, auf Wertungen beruhende Kontexte liefern die hinreichenden und das Verschwinden der Verschränkungskorrelationen die notwendigen Bedingungen für die Emergenz individueller Quantenobjekte in der algebraischen Quantentheorie. Dafür haben Bishop und Atmanspacher den Begriff der *kontextuellen Emergenz* geprägt und auf andere Fälle verallgemeinert.[55] Ersetzt man das Auslöschen der Quantenkorrelationen durch umfassendere *Stabilitätsbedingungen*, wie z. B. die oben erwähnte dynamische Verfeinerung, ist es möglich, kontextuelle Emergenz auch in klassischen dynamischen Systemen nachzuweisen.[56] Mit der oben erörterten Methode der Vergröberung dynamischer Systeme konnten Atmanspacher und beim Graben z. B. die kontextuelle Emergenz mentaler Zustände[57] in neuronalen Systemen[58] und beim Graben et al. die kontextuelle Emergenz makroskopischer Zustände in neuronalen Netzwerken untersuchen.[59]

3. Intentionalität in der Naturwissenschaft

In den obigen Abschnitten haben wir festgestellt, dass Perspektivität eine fundamentale Eigenschaft neuzeitlicher Wissenschaft ist. In der Relativitätstheorie begegnet sie uns als Relativitätsprinzip, die Gleich-

---

[53] Planck (1943b), 53. – Siehe auch Planck (1943g), 122.
[54] Wobei der »Wille« bei Naptha im weitesten Sinne politisch ist und wohl sinngemäß als Wille zur Macht verstanden werden kann, während wir ihn unten im philosophischen Sinne als *Intentionalität* interpretieren werden.
[55] Bishop / Atmanspacher (2006).
[56] Atmanspacher / Bishop (2007), Atmanspacher / beim Graben (2007).
[57] Chalmers (2000).
[58] Atmanspacher / beim Graben (2007).
[59] beim Graben et al. (2009).

berechtigung aller relativ zueinander bewegten Bezugssysteme behauptend, in der Quantentheorie, der Biologie, Kybernetik und Psychologie beschreibt sie komplementäre Beobachtungsbedingungen und ebenfalls in der Quantentheorie, in der Philosophie des Geistes und in der Neurowissenschaft tritt sie in Form kontingenter Beobachtungskontexte auf. Das führt letzten Endes zu dem entscheidenden Problem nach den *Bedingungen der Möglichkeit von Perspektivität* in der Naturwissenschaft. Einen bestimmten Standpunkt einnehmen kann nur, *wer* einen bestimmten Standpunkt einnehmen kann. Das heißt, das *Subjekt*, welches Standpunkte einnehmen kann, muss als existierend vorausgesetzt werden. Darüberhinaus sind die obigen Prinzipien durch *Freiheiten* charakterisiert: Nur wer unter gleichberechtigten Perspektiven frei wählen kann, kann auch *einen bestimmten* von diesen Standpunkten einnehmen. Vordergründig bestätigt sich hier Napthas Ansicht »die Autorität ist der Mensch«, die auch von anderen Wissenschaftlern geteilt wird. So schreibt Bohr,

»daß die in der Physik vorliegende neue Situation uns so eindringlich an die alte Wahrheit erinnert hat, daß wir sowohl Zuschauer als auch Teilnehmer in dem großen Schauspiel des Daseins sind.«[60]

Bei Heisenberg heißt es entsprechend,

»daß wir aber nicht von der Tatsache absehen können, daß alle Naturwissenschaft vom Menschen gebildet ist. Die Naturwissenschaft beschreibt und erklärt die Natur nicht einfach so, wie sie ›an sich‹ ist. Sie ist vielmehr ein Teil des Wechselspiels zwischen der Natur und uns selbst. Sie beschreibt die Natur, die unserer Fragestellung und unseren Methoden ausgesetzt ist.«[61]

Und bei Planck:

»Wie ein physikalischer Vorgang sich prinzipiell nicht trennen läßt von dem Meßinstrument oder dem Sinnesorgan, von dem er wahrgenommen wird, so läßt sich eine Wissenschaft prinzipiell nicht trennen von den Forschern, welche sie betreiben.«[62]

Und im selben Sinne schreibt Schröder:

»Unser Erkennen ist immer perspektivisch. Wir können aber die verschiedenen Perspektiven oder Erkenntnishaltungen unterscheidend beschreiben.

---

[60] Bohr (1985d), 11.
[61] Heisenberg (1959), 60f. – Siehe auch (Heisenberg 1955), 12, 18, 21.
[62] Planck (1943h), 220. – Siehe auch (Planck 1943b), 52f.

Hier ist jetzt der Unterschied zwischen der objektiven Erkenntnishaltung, bei der idealerweise ein neutraler Beobachter Feststellungen über einen Sachverhalt oder Gegenstand trifft [...], und der interpersonalen Erkenntnishaltung bei der Menschen miteinander über etwas oder mit jemanden diskutieren, streiten, sich verständigen. Das ist nur möglich, wenn ich den anderen als meinesgleichen akzeptiere, also nicht als neutraler Beobachter Daten über ihn und sein Gehirn registriere und auswerte, sondern mich in ihn hineinversetze und, wenn wir in Verbindung sind, seine Zustimmung suche.«[63]

Besonders gründlich widmet sich Primas der aller Naturwissenschaft vorauszusetzenden Subjektivität. In der experimentellen Forschung plant und präpariert der Wissenschaftler sein Experiment. Er baut geeignete (u. U. komplementäre) Messinstrumente auf und initialisiert die Anfangsbedingungen. Dies sind Handlungen, die sich nur als *intentionale Akte* verstehen lassen:

»All experimental science is based on the understanding that the actions of an experimenter are intentional, and not actions which happen to him. There are no physical laws which cover intentionality (understood as the mind's directedness upon objects). Experimental physics demands the distinction of past and future, the concept of the now, and the freedom of the experimenter to choose initial conditions.«[64]

In Analogie zum Heisenberg-Schnitt zwischen Untersuchungsgegenstand und kontextueller Umgebung, schlägt Primas vor, hier vom *Newtonschen Schnitt* zwischen dem zweckmäßig gewählten Versuchsaufbau und kontingenten Anfangsbedingungen einerseits und den Naturgesetzen andererseits zu unterscheiden.[65] Damit erhebt sich Settembrinis Frage nach der »objektiven, der wissenschaftlichen Wahrheit«. Was ist eigentlich ein Naturgesetz? Dazu schreibt Planck:

»Denn es ist das charakteristische Merkmal wahrer Wissenschaft, daß ihre Erkenntnisse allgemein, objektiv, für alle Zeiten und alle Völker verbindlich sind, daß ihre Resultate daher unbeschränkte Anerkennung beanspruchen und schließlich auch immer durchsetzen. Fortschritte der Wissenschaft sind eben immer endgültig und lassen sich unmöglich auf die Dauer ignorieren.«[66]

---

[63] Schröder (2008), 65. – Siehe auch beim Graben (2007).
[64] Primas (2009), 174. – Siehe auch Primas (2007), 30 ff.; Primas (2009), 204; Bohr (1985e), 72; Bohr (1985g), 82.
[65] Primas (2007), 30 f.
[66] Planck (1943d), 83 f. – Siehe auch Planck (1943b), 58.

Demnach ist ein Naturgesetz ein Urteil, das unabhängig von Ort, Zeit und Beobachter (bzw. den Beobachtungmitteln) ist. Solche Urteile lassen sich durch die oben geschilderten Transformationen erzeugen. Urteile, die an verschiedenen Orten zu verschiedenen Zeiten in bewegten Bezugssystemen gewonnen werden, können durch die Lorentz-Transformationen der speziellen Relativitätstheorie verglichen werden; Urteile, die von verschiedenen Beobachtern mittels unterschiedlicher Versuchsanordnungen gefällt werden, können durch die Darstellungstransformationen der Quantentheorie verglichen werden. Kombiniert man diese Transformationen in einer Weise, die wiederum von Raum und Zeit abhängig gemacht werden, gelangt man zum Begriff der *lokalen Eichtransformation*[67]. Wir gewinnen dadurch ein modernes Kriterium wissenschaftlicher Objektivität: Naturgesetze sind Urteile, die sich aus beliebigen Perspektiven durch lokale Eichtransformationen ineinander überführen lassen. Ein solcher Objektivitätsbegriff setzt wiederum die Freiheit voraus, einen beliebigen Standpunkt einnehmen zu können. Im Lichte dieser Erörterungen erweist sich die ontologische Doktrin des Physikalismus[68] als unvereinbar mit den epistemischen Bedingungen der Möglichkeit jeglicher Naturwissenschaft.

Anstelle von Naphtas totalitärem Voluntarismus stellen sich nunmehr Settembrinis und Castorps freiheitlicher Pluralismus als die eigentliche Grundlage der modernen Naturwissenschaft heraus. Wir sympathisieren daher mit Hans Castorp, wenn er hinsichtlich Settembrinis feststellt:

»Ach ja, du pädagogischer Satana mit deiner ragione und ribellione, dachte er. Übrigens habe ich dich gern. Du bist zwar ein Windbeutel und Drehorgelmann, aber du meinst es gut, meinst es besser und bist mir lieber als der scharfe kleine Jesuit und Terrorist, der spanische Folter- und Prügelknecht mit seiner Blitzbrille, obgleich er fast immer recht hat, wenn ihr euch zankt.«[69]

Literatur

Atmanspacher, H. / beim Graben, P. (2007): Contextual emergence of mental states from neurodynamics, in: *Chaos and Complexity Letters* 2(2/3), 151–168.

---

[67] Mack (1994).
[68] Earman (1975), Stoljar (2001), Montero (2001).
[69] Mann (1954), 576.

Atmanspacher, H. / Bishop, R. C. (2007): Stability conditions in contextual emergence, in: Chaos and Complexity Letters 2(2/3), 139–150.

Atmanspacher, H. / Primas, H. (Hrsg.) (2009): Recasting Reality. Wolfgang Pauli's Philosophical Ideas and Contemporay Science. Berlin.

Bishop, J. M. / Nasuto, J. S. (2005): Second-order cybernetics and enactive perception, in: Kybernetes 34(9/10), 1309–1320.

Bishop, R. C. / Atmanspacher, H. (2006): Contextual emergence in the description of properties, in: Foundations of Physics 36(12), 1753–1777.

Bohr, N. (1985a): Atomphysik und menschliche Erkenntnis. Braunschweig.

Bohr, N. (1985b): Atomphysik und Philosophie – Kausalität und Komplementarität, in: Bohr (1985a), 104–110.

Bohr, N. (1985c): Biologie und Atomphysik, in: Bohr (1985a), 12–21.

Bohr, N. (1985d): Die Atomtheorie und die Prinzipien der Naturbeschreibung, in: Bohr (1985a), 1–11.

Bohr, N. (1985e): Die Physik und das Problem des Lebens, in: Bohr (1985a), 67–75.

Bohr, N. (1985 f.): Diskussion mit Einstein über erkenntnistheoretische Probleme in der Atomphysik, in: Bohr (1985a), 31–66.

Bohr, N. (1985g): Einheit des Wissens, in: Bohr (1985a), 76–91.

Bohr, N. (1985h): Erkenntnistheoretische Fragen in der Physik und die menschlichen Kulturen, in: Bohr (1985a), 22–30.

Chalmers, D. J. (2000): What is a neural correlate of consciousness?, in: Neural Correlates of Consciousness, hrsg. von T. Metzinger. Cambridge, 17–39.

Earman, J. (1975): What is physicalism?, in: Journal of Philosophy 72(17), 565–567.

Einstein, A. (1984): Mein Weltbild. Frankfurt a. M.

Einstein, A. / Infeld, L. (1956): Die Evolution der Physik. Hamburg.

Englert, B.-G. / Scully, M. O. / Walther, H. (1995): Komplementarität und Welle-Teilchen-Dualismus, in: Spektrum der Wissenschaft, Februar, 50–55.

von Foerster, H. (1993): KybernEthik. Berlin.

beim Graben, P. (2004): Incompatible implementations of physical symbol systems, in: Mind and Matter 2(2), 29–51.

beim Graben, P. (2007): Lems »Solaris« im Lichte der Kybernetik, in: SchriftZüge. Brandenburgische Blätter für Kunst und Literatur 9(1), 126–132.

beim Graben, P. / Atmanspacher, H. (2006): Editorial, in: Mind and Matter 4(2), 131–139.

beim Graben, P. / Atmanspacher, H. (2009): Extending the philosophical significance of the idea of complementarity, in: Atmanspacher / Primas (2009), 99–113.

beim Graben, P. / Barrett, A. / Atmanspacher, H. (2009): Stability criteria for the contextual emergence of macrostates in neural networks, in: Network: Computation in Neural Systems 20(3), 178–196.

Heisenberg, W. (1955): Das Naturbild der heutigen Physik. Hamburg.

Heisenberg, W. (1959): Physik und Philosophie. Frankfurt a. M.

Heisenberg, W. (1969): Der Teil und das Ganze. Gespräche im Umkreis der Atomphysik. München.

Hepp, K. (1972): Quantum theory of measurement and macroscopic observables, in: *Helvetica Physica Acta* 45, 237–248.

Heylighen, F. / Joslyn, C. (2001): Cybernetics and second-order cybernetics, in: *Encyclopedia of Physical Science and Technology*, hrsg. von R. A. Meyers. New York.

Mack, G. (1994): Gauge theory of things alive and universal dynamics, in: *DESY technical report* 94–184.

Mahler, G. / Ellis, G. (2009): Plato's cave revisited: Science at the interface, in: *Mind and Matter* 7(1), 9–36.

Mann, T. (1954): *Der Zauberberg*. Frankfurt a. M.

Mittelstaedt, P. (1981): *Philosophische Probleme der modernen Physik*. Mannheim.

Montero, B. (2001): Post-physicalism, in: *Journal of Consciousness Studies* 8(2), 61–80.

Pauli, W. (1950): Die philosophische Bedeutung der Komplementarität, in: *Experimentia* 6, 72–81.

Planck, M. (1943a): Determinismus oder Indeterminismus, in: Planck (1943k), 105–122.

Planck, M. (1943b): Die Physik im Kampf um die Weltanschauung, in: Planck (1943k), 52–69.

Planck, M. (1943c): Dynamische und statistische Gesetzmäßigkeit, in: Planck (1943j), 40–54.

Planck, M. (1943d): Kausalgesetz und Willensfreiheit, in: Planck (1943j), 70–101.

Planck, M. (1943e): Physikalische Gesetzlichkeit, in: Planck (1943j), 117–141.

Planck, M. (1943 f.): Positivismus und reale Außenwelt, in: Planck (1943j), 166–184.

Planck, M. (1943g): Sinn und Grenzen der exakten Wissenschaft, in: Planck (1943k), 123–141.

Planck, M. (1943h): Ursprung und Auswirkung wissenschaftlicher Ideen, in: Planck (1943j), 206–222.

Planck, M. (1943i): Vom Wesen der Willensfreiheit, in: Planck (1943k), 70–87.

Planck, M. (1943j): *Wege zur physikalischen Erkenntnis*, Bd. I. Hirzel, Leipzig.

Planck, M. (1943k): *Wege zur physikalischen Erkenntnis*, Bd. II. Hirzel, Leipzig.

Planck, M. (1958): Scheinprobleme der Wissenschaft. Barth, Leipzig 1958.

Primas, H. (1990): Mathematical and philosophical questions in the theory of open and macroscopic quantum systems, in: *Sixty-two Years of Uncertainty: Historical, Philosophical and Physics Inquries into the Foundation of Quantum Mechanics*, hrsg. von A. I. Miller. New York, 233–257.

Primas, H. (2007): Non-Boolean descriptions for mind-matter problems, in: *Mind and Matter* 5(1), 7–44.

Primas, H. (2009): Complementarity of mind and matter, in: Atmanspacher / Primas (2009), 171–210.

Röseberg, U. (1978): *Quantenmechanik und Philosophie*. Braunschweig.

Schröder, R. (2008): *Abschaffung der Religion?* Freiburg.

Stoljar, D. (2001): Physicalism, in: *Stanford Encyclopedia of Philosophy*. URL: http://plato.stanford.edu/entries/physicalism/

141

II. Der Physikalismus und die gegenwärtige Geist-Gehirn-Debatte

Lebendiger Geist

Wider den Dualismus von »Mentalem« und »Physischem«

Thomas Fuchs

>»Bewusstes Erleben gleicht einem Tunnel. Die moderne Neurowissenschaft hat gezeigt, dass der Inhalt unseres bewussten Erlebens nicht nur ein inneres Konstrukt, sondern auch eine höchst selektive Form der Darstellung von Information ist. [...] Was wir sehen und hören oder ertasten und erfühlen, was wir riechen und schmecken, ist nur ein kleiner Bruchteil dessen, was tatsächlich in der Außenwelt existiert. Unser bewusstes Wirklichkeitsmodell ist eine niedrigdimensionale Projektion der unvorstellbar reicheren und gehaltvolleren physikalischen Wirklichkeit, die uns umgibt und uns trägt. [...] unser Gehirn [erzeugt] eine Simulation der Welt, die so perfekt ist, dass wir sie nicht als ein Bild in unserem eigenen Geist erkennen können.«
>
> *Thomas Metzinger*[1]

Dass wir uns im Tunnel eines vom Gehirn erzeugten Weltmodells befinden, ja dieser Tunnel selbst sind – diese Selbstverbannung des Subjekts aus der Welt liegt in der Logik des physikalistischen Programms, das sich seit der Neuzeit etabliert hat. Dieses Programm ist seinem Prinzip nach reduktionistisch. Es zielt auf eine Konzeption der Natur, aus der alle qualitativen, holistischen, also nicht einzeln-zählbaren Bestimmungen als bloß subjektive oder anthropomorphe Zutaten eliminiert sind. Diesem Ziel dient die Zerlegung ursprünglich lebensweltlicher Erfahrungen in eine physikalisch-quantitative und eine subjektiv-qualitative Komponente: Die eine wird der experimentellen Erforschung und Erklärung zugänglich, die andere in eine subjektive Innenwelt verlegt. So teilt man z. B. das Phänomen »Wärme« auf in eine subjektive Empfindung einerseits und in physikalische Teilchenbewegungen andererseits. Der Naturwissenschaftler definiert also den Begriff der Wärme neu, indem er das Phänomenale von ihm abtrennt

---

[1] Metzinger 2009, 21.

und als »Wärmeempfindung« in das Subjekt verlagert. Gleiches gilt
für Farbe, Klang, Geruch oder Geschmack: Sie sind fortan nur noch
subjektive Zutaten zur materiellen Realität.

Die ursprünglich zum Zweck der Messbarkeit und Vorhersagbar-
keit entwickelten wissenschaftlichen Konstrukte (Teilchen, Kräfte, Fel-
der etc.) werden also immer mehr zur eigentlichen Wirklichkeit hypostasiert. Damit sinkt die Sphäre der alltäglichen Lebenserfahrung zum
Schein herab, und zum wahren Sein wird das, was die Physik erfasst.
Bereits für Galilei, Descartes und andere Protagonisten des Naturali-
sierungsprojekts war die Welt nicht das, als was sie uns in alltäglicher
Erfahrung erscheint. Ihre eigentliche Natur sei der Wahrnehmung
nicht zugänglich; sie müsse mit mathematischen Begriffen erst auf-
gedeckt werden. Damit erhielt die Lebenswelt einen virtuellen oder
illusionären Status: Wir glauben, so Descartes, »wir sähen die Fackel
selbst und hörten die Glocke selbst, während wir nur die Bewegungen
empfinden, die von ihnen ausgehen«[2]. Die Wahrnehmung vermittelt
nur Scheinbilder, zweckmäßig für uns erzeugt durch unsere natürliche
Sinnesorganisation; erst die Wissenschaft kann uns darüber Auskunft
geben, in welcher Welt wir tatsächlich leben.

Nach und nach gelang es auf diese Weise, Subjektivität nahezu
vollständig aus der wissenschaftlich umgedeuteten Welt zu verdrän-
gen. Auch das Leben selbst ließ sich auf biochemische Molekularpro-
zesse zurückführen, allerdings um einen hohen Preis: Was wir mit dem
Sein von Lebewesen verbinden – Empfinden, Fühlen, Sich-Bewegen,
Nach-etwas-Streben – wurde aus der Erforschung des Lebendigen ausgeklammert oder wiederum in eine subjektive Innenwelt verlagert.
Mit der Neurobiologie als neuer Leitwissenschaft gelangt dieses Programm nun an einen entscheidenden Punkt. Es begnügt sich nicht
mehr mit der Reinigung der Natur durch Verschiebung von Qualitäten
in das Subjekt. Auch das subjektive Erleben, das Bewusstsein selbst soll
nun naturalisiert, auf physikalische Prozesse zurückgeführt werden.
Gelänge die materialistische Aufklärung der Hirnfunktionen, dann wäre gleichsam die letzte Zitadelle des Subjektiven und Qualitativen in
der physikalischen Wüste geschleift, die der Reduktionismus hinterlas-
sen hat. Die »Entanthropomorphisierung« der Natur geht über in die
Naturalisierung des Menschen. Subjektivität bleibt zurück als ein Tunnel ohne Ausgang.

---

[2] R. Descartes, *Die Leidenschaften der Seele*, § 41.

Die inzwischen schon weit verbreitete Auffassung der Erfahrung als einer »großen Illusion« führt letztlich in einen erkenntnistheoretischen (Neuro-)Solipsismus. Denn wie die »Kommunikation von Tunnel zu Tunnel« möglich sein soll, wenn wir andere nicht als leibhaftige Personen wahrnehmen, sondern nur als gehirnerzeugte Simulationen, bleibt eine unlösbare Frage. Doch die von Subjekten entleerte reale Welt besteht nur solange, wie wir die physikalistische Voraussetzung akzeptieren: Es existiere eine objektive materielle Welt »da draußen«, die von unseren Beobachtungen und unserer lebensweltlichen Verankerung unabhängig sei, und von der es eine vollständige physikalische Beschreibung geben müsse – eine Beschreibung, die auch das Sein von Subjekten und von Lebendigem einschließt. Diese Voraussetzung ist nicht nur erkenntnistheoretisch selbstwidersprüchlich, sie führt auch an der Schlüsselstelle des Gehirn-Geist-Verhältnisses in eine Sackgasse. Worin sie besteht, und wie sie zu überwinden ist, will ich im Folgenden darlegen.

Der Geist-Körper-Dualismus und das Lebendige

Trotz seiner physikalistischen Voraussetzungen beruht das gegenwärtig dominierende Paradigma der Neurowissenschaften noch immer auf der letztlich cartesianischen Kluft zwischen dem subjektiven Geist und dem objektiven Körper, oder zwischen *mentalen* und *physikalischen* Vorgängen. Die einen sind danach nur aus der Innenperspektive (1.-Person-Perspektive), die anderen aus der Außenperspektive (Beobachter- oder 3.-Person-Perspektive) zugänglich. Ebenso erscheinen Geist und Welt als grundlegend voneinander getrennt, denn die Wahrnehmung und Erkenntnis, die wir von der Welt haben, wird als Erzeugnis eines repräsentationalen Systems im Kopf ausgegeben. Bewusstsein wird dann zu einem neuronal realisierten, aber vom lebendigen Organismus insgesamt getrennten Innenraum, einem »Kopfkino«[3] oder »*Phenospace*«.[4] Dem Körper bleibt die Rolle einer physiologischen Trägermaschine für das Gehirn, dessen physikalische Prozesse diese unkörperliche Innenwelt erzeugen.

---

[3] Damasio 2002.
[4] Nach Metzinger befinden wir uns in einem »*Phenospace*«, d. h. »innerhalb einer durch mentale Simulation erzeugten virtuellen Realität« (Metzinger 1999, 243).

Der Dualismus wird damit zwar durch einen physikalistischen Monismus ersetzt, doch nur scheinbar überwunden. Denn was mit der prinzipiellen Trennung von Geist und Körper verloren geht, ist das Phänomen des *Lebendigen:* Mentale Prozesse werden nicht als Funktionen eines lebendigen Organismus angesehen und können daher nur mit Gehirnprozessen »kurzgeschlossen« werden. Das führt zu den bekannten Aporien der »Erklärungslücke«[5] und den vielfältigen vergeblichen Versuchen, sie zu schließen – sei es, indem die mentalen Vorgänge als mit den neuronalen Prozessen *identisch,* als zu ihnen *epiphänomenal, supervenient, emergent* oder aber als gänzlich eigenständig im *dualistischen* Sinne angesehen werden. Ausgerechnet ein Materialist, nämlich Ludwig Feuerbach hat in seiner Auseinandersetzung mit dem zeitgenössischen Dualismus klar erkannt, was dem zerebrozentrischen Materialismus fehlt – nämlich der *Leib* und das *Leben:*

»Weder die Seele denkt und empfindet […], noch das Hirn denkt und empfindet; denn das Hirn ist eine *physiologische Abstraktion,* ein aus der Totalität herausgerissenes, vom Schädel, vom Gesicht, vom Leibe überhaupt abgesondertes, für sich selbst fixiertes Organ. Das Hirn ist aber nur solange Denkorgan, als es mit einem menschlichen Kopf und Leibe verbunden ist.«[6]

Dem ist nur hinzuzufügen: … mit einem menschlichen Leib, der seinerseits in kontinuierlicher Interaktion mit der Umwelt und mit anderen Menschen steht. Denn nur im Verlauf dieser lebendigen Interaktionen entfalten sich, wie wir noch sehen werden, die Strukturen des menschlichen Geistes ebenso wie des Gehirns. Der neurowissenschaftliche Zentralismus des Gehirns jedoch vernachlässigt diese Wechselbeziehungen und Interaktionen – so wie wenn man das Herz ohne den Kreislauf begreifen wollte, oder die Lungen ohne den Atemzyklus und die umgebende Luft. Das Gehirn wird so konzipiert und erforscht, als könnte es selbst in einer Nährlösung ohne Körper noch Bewusstsein erzeugen. Das herrschende Paradigma kann Geistiges nicht als lebendige Tätigkeit, als Lebensvollzug begreifen, da ihm der Begriff des Lebendigen fehlt. Das so genannte »harte Problem des Bewusstseins«[7] wird aber unlösbar bleiben, solange Geist und Leben so konzipiert sind, dass sie einander grundsätzlich ausschließen.

---

5 Vgl. Levine 1983.
6 Feuerbach 1985, 177.
7 Chalmers 1996.

Das Projekt der Naturalisierung von Bewusstsein verliert nur zu leicht über der Genauigkeit des Hinsehens seinen Gegenstand aus den Augen und hat dann nur noch Fragmente vor sich. Hier gilt, was bereits Lichtenberg über den Versuch des Anatomen Soemmering schrieb, die Seele in den Gehirnventrikeln zu lokalisieren:

»Wenn ich bei Betrachtung der untergehenden Sonne einen Schritt gegen sie tue, so nähere ich mich ihr, so wenig es auch ist. Bei dem Organ der Seele ist es ganz anders. Ja es wäre möglich, dass man sich durch allzu große Näherung, etwa mit dem Mikroskop, wieder *selbst* von dem entfernte, dem man sich nähern kann.«[8]

Mit anderen Worten: Geist, Bewusstsein und Leben sind nicht Mikro-, sondern *Makrophänomene*. Sie zeigen sich nicht beim immer genaueren Eindringen in neuronale Prozesse, sondern nur in der lebendigen Koexistenz. Unterhalb einer gewissen Distanz entschwinden sie dem Blick und lassen sich in physikalischen Mikroprozessen nicht mehr auffinden.[9] »Um Lebendes zu erforschen, muss man sich am Leben beteiligen«, schreibt Viktor von Weizsäcker.[10] Dies ist nicht nur eine romantische Idee von Ganzheit, sondern selbst von zentraler Bedeutung für die Entwicklung von Geist und Gehirn. Mütter halten im Kontakt mit ihren Säuglingen intuitiv die richtige Distanz ein, damit die Babys sie deutlich sehen können.[11] Nachahmung, Affektabstimmung, gemeinsame Aufmerksamkeit und Empathie – alles Prozesse, auf denen die frühe Entwicklung des kindlichen Geistes und Gehirns beruht – setzen den »richtigen Abstand« voraus, aus dem wir andere

---

[8] Lichtenberg 1973, 852. – Auch Kant verwahrte sich in einem Nachwort zu Soemmerings »Über das Organ der Seele« (1796) gegen die Lokalisierung der Seele, die sich selbst nur mit dem »inneren Sinn« wahrnehmen, damit aber keine räumliche Zuordnung in der äußeren Welt vornehmen könne. Transzendentalphilosophisch ausgedrückt: Räumlichkeit ist ein Merkmal der Erfahrungswelt, nicht aber des Bewusstseins, das diese Welt erst konstituiert. Doch geht es mir nicht um eine transzendentalphilosophische Argumentation, die letztlich nur wieder zurück in die »Zitadelle des Subjekts« führt, sondern um die leiblich situierte, verkörperte Subjektivität. – Vgl. zu Soemmerring, Kant und Lichtenberg: Hagner 1997, 83 ff.

[9] »Ein lebendiger Körper etwa, aus zu großer Nähe und ohne Hintergrund gesehen, von dem er sich abhebt, ist kein lebendiger Körper mehr, sondern eine materielle Masse, seltsam wie eine Mondlandschaft, wie z. B. wenn man ein Stück Haut unter der Lupe betrachtet« (Merleau-Ponty 1966, 350 f.).

[10] v. Weizsäcker 1986, V.

[11] Vgl. zu diesen »intuitiven mütterlichen Kompetenzen« Papoušek und Papoušek 2002.

als belebte, beseelte Körper wahrnehmen, nämlich in der 2. Person-
oder »Du«-Perspektive. Nur im Verlauf dieser verkörperten, lebendigen Interaktionen können die neuronalen Systeme heranreifen, die für
die Entwicklung der spezifisch menschlichen Fähigkeiten erforderlich
sind.[12] Und nur in dieser Perspektive können wir bestimmte physische
Objekte, nämlich lebendige Körper auch *als belebt* wahrnehmen.

Dem Dualismus von Mentalem und Physischem will ich daher
eine andere Konzeption gegenüberstellen, in der *das Lebewesen oder
der lebendige Organismus* die primäre Entität darstellt (Abb. 1). Am
Lebewesen lassen sich einerseits bewusste (seelische, geistige) Lebensäußerungen wahrnehmen, andererseits physiologische Prozesse in be-
liebiger Detailliertheit untersuchen. Das Lebewesen erscheint also unter einem *Doppelaspekt* – der allerdings nicht mit dem Dualismus von
Mentalem und Physischem zusammenfällt. Denn die bewussten Lebensäußerungen sind *als* Funktionen eines lebendigen Organismus
durchaus physischer Natur. Sie können zudem nicht nur in der Perspektive der 1. Person, sondern auch in der Perspektive der 2. Person
wahrgenommen werden, etwa wenn wir einem anderen beim Sprechen
zuhören oder ihn Schmerzen leiden sehen. Um eine Unterscheidung
Plessners aufzugreifen: Im einen Aspekt haben wir es mit dem lebendigen und erlebten *Leib* zu tun, im anderen Aspekt mit dem physiologisch beschreibbaren *Körper*.

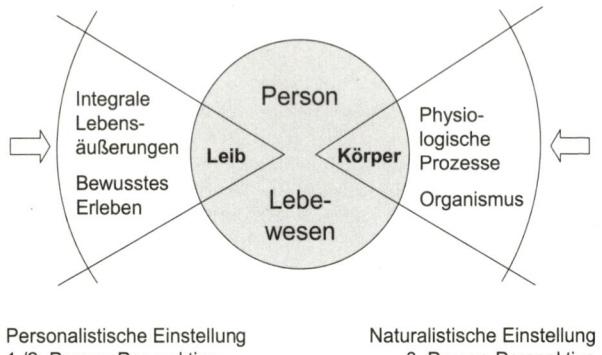

Personalistische Einstellung   Naturalistische Einstellung
1./2. Person-Perspektive   3. Person-Perspektive

Abb. 1: Doppelaspekt des Lebewesens bzw. der Person

---

12 Vgl. hierzu ausführlich Fuchs 2009, 183 ff.

Anstelle eines Grabens zwischen zwei radikal voneinander verschiedenen Ontologien, dem Mentalen und dem Physikalischen, haben wir es nun mit der Dualität zweier Aspekte innerhalb der Verkörperung zu tun, nämlich mit der Frage nach dem Verhältnis zwischen dem subjektiv gelebten Leib und dem Körper als Organismus. Man könnte sagen, an die Stelle eines Gehirn-Geist-Problems tritt ein »Leib-Körper-Problem«, aber mit einer gemeinsamen Beziehung beider Aspekte auf das Lebewesen oder, im Falle des Menschen, auf die *Person*. Denn die Person meint immer ein Lebewesen, ein verkörpertes Subjekt. Sie existiert weder als reine Innenwelt, die nur in der 1.-Person-Perspektive zugänglich ist, noch als komplexes physikalisches System, dass sich von außen, in der 3.-Person-Perspektive beobachten lässt. Die Person ist vielmehr eine Einheit von Innerlichkeit und Äußerlichkeit; und sie interagiert mit anderen in der 2.-Person- oder »Du«-Perspektive. Ihr kommen auch alle lebensweltlichen Prädikate zu wie »sprechen«, »lachen«, »Schmerzen leiden«, die *sowohl* aus der Perspektive des Erlebenden *als auch* aus der Perspektive eines Teilnehmers anwendbar sind und die sich nicht in »mentale« und »körperliche« Bestandteile aufspalten lassen.

Der lebendige Organismus also ist die Mitte, die wir zwischen mentalen und physischen Prozessen wieder einsetzen müssen, damit wir das Gehirn angemessen begreifen können. Es ist primär ein *Organ des Lebewesens,* und nur als solches wird es auch zum Organ des Geistes. Denn sowohl Leben als auch Geist sind wesentlich bezogen auf das, was über sie hinausgeht, auf den kontinuierlichen Austausch mit der Umwelt. So wie die Atmung nicht auf die Lungen begrenzt bleibt, sondern nur in systemischer Einheit mit dem gesamten Organismus und der Umwelt geschieht, so lässt sich der lebendige Geist nicht auf das Gehirn beschränken. Bewusstsein ist überhaupt kein Gegenstand oder Zustand, der sich lokalisieren ließe. Es ist vielmehr *eine Tätigkeit, die wir im Kontakt mit der Welt vollziehen* – ein Wahrnehmen-von …, Wünschen-von …, Sich-Erinnern-an …, Sprechen-mit … Es bedeutet eine *Welt* des Erlebens, die sich nicht verdinglichen und im Schädel einsperren lässt. Der dynamische und intentionale Charakter des Bewusstseins geht nicht auf im Begriff von »mentalen Ereignissen«, die mit Gehirnzuständen korreliert wären.

Daher kann auch das neurokognitive System nicht getrennt für sich verstanden werden. Es erfüllt seine Funktion nur in Verbindung mit der Welt, in der wir wahrnehmen, uns bewegen und mit anderen zusammenleben. Statt also zu versuchen, mentale Zustände unmittelbar mit Gehirnzuständen zu identifizieren, obwohl doch die Begriffe der mentalen und die Begriffe der neuronalen Beschreibung offensichtlich inkommensurabel sind, sollten wir vielmehr erforschen, wie Gehirn- und Bewusstseinsprozesse gleichermaßen an den dynamischen, interaktiven Prozessen beteiligt sind, die den lebendigen Organismus und die Umwelt umgreifen. Das Gehirn erscheint dann nicht mehr als isoliertes Organ, das die erlebte Welt oder das Subjekt selbst konstruiert, sondern in erster Linie als *Vermittlungsorgan für die Beziehungen des Lebewesens zu seiner Umwelt.*

In den letzten zwei Jahrzehnten hat sich auf dieser Basis eine neue Richtung der Kognitionswissenschaften entwickelt. Sie betrachtet Subjektivität als verkörpert in der sensomotorischen Aktivität des Organismus und als eingebettet in die Umwelt *(»embodied«* oder *»enactive cognition«*).[13] Das Gehirn fungiert in diesen Interaktionen nicht mehr als Speicher kompletter Bewegungs- und Verhaltensprogramme, sondern eher als eine Modulationsinstanz, die sich der ständigen Rückmeldung des Organismus im Aktionsfeld anpasst.[14] Doch nicht nur Wahrnehmung und Bewegung, auch die für das Bewusstsein überhaupt konstitutiven Trägerprozesse überschreiten aus dieser Sicht die Grenzen des Schädels und des Körpers. Sie sind nicht ausschließlich im Gehirn lokalisierbar, sondern erfordern die dynamische Interaktion von Gehirn, Körper und Umwelt. Für das menschliche Bewusstsein konstitutiv sind dabei insbesondere die Beziehungen zu anderen Menschen.

Verkörperte Subjektivität

Drei Dimensionen dieser Verkörperung will ich im Folgenden näher darstellen. Sie resultieren aus den Interaktionen (1) von Gehirn und Körper; (2) von Gehirn, Körper und Umwelt, und (3) aus der Interaktion von Personen.

---

[13] Vgl. dazu vor allem Varela et al. 1992; Clark 1997; Thompson / Varela 2001; Thompson 2007.
[14] Dreyfus 2002.

1. Interaktion von Gehirn und Körper

Phänomenologische und neurobiologische Bewusstseinstheorien wie etwa die Damasios[15] oder Panksepps[16] stimmen darin überein, dass jedem Bewusstseinszustand ein *primäres* oder *Kernbewusstsein* zugrunde liegt, ein leibliches, affektiv getöntes Selbsterleben, das man auch mit dem Begriff von Lebendigkeit oder Lebensgefühl umschreiben kann. Es ist das Empfinden, »wie es ist«, »wie es sich anfühlt«, in einem bestimmten Bewusstseinszustand zu sein.[17] Neurologisch entspricht ihm z. B. Damasios Konzeption des somatischen Hintergrunderlebens, das durch die Übermittlung propriozeptiver, viszeraler, endokriner u. a. Signale aus dem Körper an subkortikale und somatosensorische Hirnzentren entsteht.

Bewusstes Erleben beruht danach auf der ständigen *Interaktion des Gehirns mit dem Organismus*, vermittelt vor allem über die vegetativen Zentren des Hirnstamms und Zwischenhirns: Kein Bewusstsein ohne leibliches Hintergrundempfinden. Zwar ist unsere Aufmerksamkeit zumeist auf die Gegenstände unserer Gedanken, Vorstellungen oder Wahrnehmungen gerichtet, so dass der Eindruck entstehen kann, kognitive Leistungen bedürften keines Leiberlebens. Doch nur die Einbettung in das basale Selbstempfinden erlaubt es mir überhaupt, irgendeinen Gedanken als den meinen zu denken, und ermöglicht den Zusammenhalt meines subjektiven Erlebens.

In gleicher Weise sind die *Affekte* als Kern der Subjektivität an die v. a. über den Hypothalamus vermittelte Interaktion von Gehirn und Körper gebunden. Stimmungen und Gefühle sind, biologisch betrachtet, immer gesamtorganismische Zustände, die nahezu alle Subsysteme des Körpers einbeziehen: Gehirn, autonomes Nervensystem, endokrines und Immunsystem, Herz, Kreislauf, Atmung, Eingeweide und Ausdrucksmuskulatur (Mimik, Gestik und Haltung). Jedes Gefühlserlebnis ist untrennbar verknüpft mit physiologischen Veränderungen dieser Körperlandschaft. Erst wenn diese an somatosensible Areale des Gehirns weitergeleitet werden, können Gefühle im vollen Sinn auftreten.[18]

---

15 Damasio 1995, 2000.
16 Panksepp 1998a, b.
17 Nagel 1994, Zahavi und Parnas 1998.
18 Damasio 1995.

153

Die Einheit von Gehirn und Organismus, die schon auf der vegetativen (humoral-endokrin-autonomen) Ebene besteht, umfasst also auch die höheren Hirnfunktionen. Alle Bewusstseinstätigkeiten wie Wahrnehmen, Denken oder Handeln beruhen keineswegs nur auf neuronalen Verrechnungen im Neokortex, sondern ebenso auf den kontinuierlichen vitalen und affektiven Regulationsprozessen, die den ganzen Organismus und seinen aktuellen Zustand einbeziehen. Der traditionelle »Zerebrozentrismus« der kognitiven Neurowissenschaften beruht insofern auf einem latenten Cartesianismus, einer Trennung von Bewusstsein und Körper, die einer systemisch-biologischen Betrachtung des Organismus nicht Stand hält. Weder der Gehirn noch das Bewusstsein lassen sich vom lebendigen Körper insgesamt trennen.

2. Interaktion von Gehirn, Körper und Umwelt

Das Gehirn ist also eingebettet in den Organismus, in den es sich bis in die letzten Verzweigungen des Nervensystems hinein fortsetzt, und mit dessen vegetativen Funktionen es auf das Engste verknüpft ist. Ebenso aber ist das Gehirn abhängig von der *sensomotorischen Interaktion mit der Umwelt*, von Sinneseindrücken, Stimulation und Kommunikation. Um tasten, hören, sehen, sprechen zu können, bedarf es jedoch nicht nur eines Gehirns, sondern eines tastenden, hörenden, sehenden und sprechenden Körpers. Verkörperung bedeutet hier vor allem die Verknüpfung von Wahrnehmung und Bewegung, wie sie im *Funktionskreis* Jakob von Uexexternal konzipiert wurde (vgl. Abb. 2).[19] Was der Organismus wahrnimmt, ist abhängig von seiner Bewegung und umgekehrt. In einem klassischen Experiment haben Held und Hain in den 60er Jahren des letzten Jahrhunderts gezeigt, dass neugeborene Kätzchen, die ja zunächst blind sind, keinerlei Raumwahrnehmung entwickeln können, wenn man sie nur in ihrer Umgebung herumträgt, ohne dass sie sich dabei selbst aktiv bewegen können.[20] Das heißt: Nur der empfindende *und zugleich bewegliche* Organismus formt sich einen erlebten Raum aus zunächst undifferenzierten visuellen und anderen Reizen. Bereits etwas so Grundlegendes wie den Raum erfassen wir nur als verkörperte

---

[19] v. Uexküll 1973, v. Weizsäcker 1986.
[20] Held und Hein 1963.

und agierende Wesen. Allgemeiner formuliert: Wahrnehmung beruht auf körperlicher Tätigkeit.

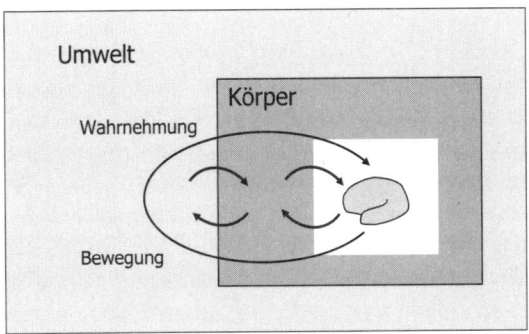

Abb. 2: Sensomotorischer Funktionskreis von Gehirn, Körper und Umwelt

Diese verkörperte und handlungsbezogene Auffassung der Wahrnehmung *(enactive perception)* ist unter anderem von O'Regan und Noë entwickelt worden.[21] Wahrnehmung ist aus dieser Sicht kein Innenzustand des Gehirns, sondern eine fortwährende Interaktion mit der Umgebung. Sie beruht z.B. wesentlich auf der Variation der sensorischen Reize in Abhängigkeit von der eigenen Bewegung: Wenn sich die Augen bewegen, verändert sich die Stimulation der Netzhaut in ganz bestimmter Weise, ebenso wenn der Körper sich dem Objekt nähert oder sich von ihm entfernt. Beim Tasten ist die sensomotorische Wechselbeziehung noch offensichtlicher: Die tastende Hand erspürt den Gegenstand, und umgekehrt leitet der Gegenstand die Tastbewegungen der Hand. Wahrnehmen bedeutet also, sich implizit und fortlaufend auf die Muster sensomotorischer Wechselbeziehungen zu stützen, um die Welt aktiv zu erkunden.

Mehr noch: Wir nehmen die Dinge immer zugleich als Objekte möglicher Handhabung wahr, sie sind uns »zuhanden« – eine Tür zum Öffnen, eine Treppe zum Steigen, ein Apfel zum Essen usw. Aktuelle neurobiologische Forschungen zur Koppelung von sensorischen und motorischen Systemen bestätigen diese Konzeption: Bereits beim Ansehen von Werkzeugen werden auch die Areale in der prämotorischen Hirnrinde aktiviert, die mit ihrer tatsächlichen Handhabung ver-

---

21 O'Regan / Noë 2001; Noë 2004.

knüpft sind.[22] Die Wahrnehmung verwendbarer Objekte ruft also im Organismus schon die Bereitschaft zu einer Manipulation auf, d. h. die mögliche Aktion geht bereits mit in die Wahrnehmung ein. Einen Gegenstand zu erkennen bedeutet also *zu wissen, wie man mit ihm umgeht.* Verkörperung charakterisiert auch unseren Bewegungs- und Handlungsvollzug. Meine Handlungen werden nicht etwa durch ein »inneres Ich« ausgelöst, sondern *ich vollziehe sie* als lebendiges und verkörpertes Subjekt. Wenn ich einen Walzer tanze, weiß ich zwar nicht im Einzelnen, wie ich das tue, denn ich könnte es kaum beschreiben oder in gezielte Bewegungen zerlegen. Und doch ist es nicht ein Körperautomat, den ich beim Tanzen in Bewegung setze, sondern ich selbst bin es, der die in meinem Leib gleichsam schon wartende Bewegung aktualisiert, der in den Rhythmus des Walzers einschwingt, und der *zu tanzen weiß.* Dieses implizite Wissen und Können ist weder ein Vermögen des Gehirns noch ein Vermögen eines reinen Bewusstseins, sondern das Vermögen meiner selbst als eines lebendigen, leiblichen Wesens.

Besonders offenkundig wird die systemische Einheit von Gehirn, Organismus und Umwelt bei allen *instrumentellen* Handlungen. Schreibe ich einen Brief, so wäre es sinnlos, diese Tätigkeit dualistisch aufzuteilen: Es gibt keinen Punkt in der Einheit der Handlung, an der mein »Selbst« aufhört und die Welt beginnt. Neuronale Netzwerke im Gehirn, muskuläre Bewegungen meiner Hand, Stift, Papier und Unterlage bilden eine Einheit, und meine gedachten Worte setzen sich unmittelbar in die leibliche Bewegung um. Das gesamte System von Organismus und Umwelt wirkt in der Handlung synergisch zusammen. Es ist nicht möglich, hier eine Grenze zwischen »Innen« und »Außen«, »Selbst« und »Nicht-Selbst« zu ziehen. Ich bin kein reines Bewusstsein außerhalb meines Schreibens, sondern ein »ökologisches Selbst«, verkörpert und eingebettet in die Umwelt.[23] Daher fallen die gespürten Grenzen meines Leibes auch nicht unbedingt mit denen des Körpers zusammen: Beim geschickten Werkzeuggebrauch verleibt er sich gewissermaßen die Instrumente ein. Beim Schreiben spüre ich die Oberfläche des Papiers an der Spitze des Stifts, ebenso wie der geübte Autofahrer die Reibung der Straße unter den Reifen seines Fahrzeugs spürt.

---

[22] Grafton et al. 1997; Gallese / Umiltà 2002.
[23] Vgl. zum Begriff des »ökologischen Selbst« Neisser 1988.

Der Amputierte integriert seine Prothese nach und nach so in sein Körperschema, dass er sie wie ein neues Leibglied spürt.

Zusammengefasst: Nur über den Körper verlaufen alle Interaktionen von Gehirn und Umwelt, und diese fortlaufende Vermittlung wird verfehlt, wenn man Gehirn und Außenwelt in direkten Bezug zueinander setzen will. Dies kann dann nur auf ein letztlich statisches Abbildungs- oder Repräsentationsverhältnis hinauslaufen: Draußen die objektive Welt, drinnen ihr subjektives Abbild oder Modell in einem cartesianischen, entkörperten Bewusstsein. Doch bewusstes Erleben ist keine Abbildung der Welt im Gehirn, sondern ein aktiver Lebensvollzug. Es bildet das jeweilige »Integral« der dynamischen Beziehung, des Funktionskreises von Gehirn, Organismus und Umwelt.[24] Das Gehirn fungiert in diesen Interaktionen nicht als zentrale Befehlsinstanz, sondern eher als Organ der Vermittlung, der Modulation und der Transformation, insbesondere der Umwandlung von Wahrnehmung in Bewegung und umgekehrt.

3. Personale Interaktion

Für die Entwicklung der spezifisch menschlichen Subjektivität bedarf es nicht nur der allgemeinen Interaktion von Gehirn, Körper und Umwelt, sondern vor allem der Interaktion mit anderen Personen. Auch sie bedeutet primär verkörperte Intersubjektivität oder, mit einem Begriff Merleau-Pontys, »*Zwischenleiblichkeit*«.[25] So legen die Forschungen der letzten ein bis zwei Jahrzehnte nahe, dass die Fähigkeit des menschlichen Säuglings zur spontanen und genauen *Imitation* von intentionalen und expressiven Handlungen essenziell für das Verstehen anderer ebenso wie für die Entstehung von Selbstbewusstsein ist. Säuglinge sind von Geburt an in der Lage, mimische Gesten von Erwachsenen wie Zungezeigen, Mundöffnen oder Stirnrunzeln zuverlässig nachzuahmen.[26] Sie verfügen demnach über ein angeborenes intersubjektives Körperschema, so dass sich der eigene Leib mit der Wahrnehmung anderer assoziiert. Ihr Leib wird von vorneherein als verwandt zum eigenen erfahren. Dies ist die Voraussetzung für die

---

[24] Vgl. dazu ausführlich Fuchs 2008, 149 ff.
[25] Merleau-Ponty 2003.
[26] Meltzoff / Moore 1977, 1989.

Fähigkeit, die intentionalen Handlungen und Ausdrucksbewegungen anderer nach dem Muster der eigenen Aktivität zu verstehen.

Die Forschungen zum System der »Spiegelneuronen« *(mirror neurons)* haben bestätigt, dass die Einheit von Wahrnehmung und Bewegung auch die interpersonelle Wahrnehmung regiert. Es besteht eine enge neuronale Koppelung zwischen Handlungen, die eine Person bei einer anderen *sensorisch* wahrnimmt, und den gleichen Handlungen, die sie selbst *motorisch* ausführt.[27] Die Bewegung des anderen, etwa das Greifen nach einer Tasse, wird von vorneherein als zielgerichtet wahrgenommen, da sie mit dem eigenen intentionalen Handlungsvermögen übereinstimmt. Ähnliche neuronale Grundlagen existieren offenbar auch für die emotionale Resonanz: Schmerz- oder Ekelempfindungen, die wir an anderen wahrnehmen, aktivieren die gleichen Neuronengruppen, deren Tätigkeit dem eigenen Schmerz- oder Ekelerleben zugrunde liegen.[28] Auch die soziale Wahrnehmung ist somit verkörpert: Wir nehmen die Absichten, Empfindungen und Gefühle anderer unmittelbar in ihrem leiblichen Ausdruck und Verhalten wahr, da sich diese Wahrnehmung mit unserer eigenen Leiblichkeit verknüpft. Diese Resonanz des eigenen Leibes mit dem Ausdruck anderer ist die Grundlage der *Empathie.*

Freilich stellen neuronale Mechanismen wie das Spiegelneuronen-System für sich genommen noch keine hinreichende Basis für soziales Verstehen dar. Der Säugling muss erst im Verlauf wechselseitiger Interaktionen lernen, dass andere »so wie er selbst« sind; und er muss lernen, Handlungen selbst auszuführen, bevor seine Spiegelneuronen die Verknüpfung mit den entsprechenden Handlungen anderer herstellen können. Das Spiegelneuronen-System kann seine Funktion also erst erfüllen, wenn es in einen *intersubjektiven Handlungs- und Bedeutungsraum eingebettet* ist und sich in ihm entfaltet. So wie sich die Kognition generell aus verkörperten Handlungserfahrungen in der Umwelt entwickelt, so beruht die Entwicklung der sozialen Kognition auf der Interaktion und Kooperation verkörperter Subjekte *(»enactive social cognition«).*

Diese Interaktionen schlagen sich bei entsprechender Wiederholung in Form von *emotional-interaktiven Schemata* im impliziten Gedächtnis und damit auch im Gehirn des Kindes nieder: Es bilden sich

---

[27] Vgl. Gallese 2001, 2002.
[28] Hutchison et al. 1999, Wicker et al. 2003.

vertraute Interaktionsmuster, entsprechende Verhaltensbereitschaften und -erwartungen. Die soziale Wahrnehmung entwickelt sich als ein praktischer Sinn, eine »Musikalität« für die Bedeutung des Ausdrucks, der Gesten und Handlungen anderer in aufeinander abgestimmten Interaktionen, die dem gemeinsamen Improvisieren zweier Musiker auf ein Leitthema gleichen.[29] Zugleich entfaltet sich in diesen Resonanzprozessen aus einem primären »Wir-Erleben« stufenweise die 2. Person- oder »Du«-Perspektive, d. h. das empathische Verständnis anderer als intentionaler Akteure. Man kann auch sagen: Andere zu verstehen bedeutet primär mit ihnen umgehen und kooperieren zu können. So wie sich das ökologische Selbst durch den Funktionskreis von Wahrnehmung und Bewegung konstituiert, so entwickelt sich das intersubjektive Selbst im Verlauf sozialer Interaktionen, als ein »Selbst-mit-anderen«.

Die Zwischenleiblichkeit wird damit auch zur entscheidenden Voraussetzung für die adäquate Reifung des Gehirns. Das Gehirn kommt ja nicht als fertiger Apparat auf die Welt, um sie zu erkennen, sondern es bildet sich erst in und an ihr. Aufgrund der neuronalen Plastizität, also der Ausformung der Synapsenstruktur vor allem in der frühen Kindheit, entwickelt es sich zu einem Organ, das komplementär zu seiner Umwelt passt wie der Schlüssel zum Schloss. Das gilt insbesondere für die soziale und kulturelle Umwelt, denn die einzigartige Plastizität des menschlichen Gehirns entspricht der besonders ausgedehnten und intensiven Sozialisationsphase des menschlichen Nachwuchses. In ihrem Verlauf eignet sich das Kind Lebensformen, Gewohnheiten und Kulturtechniken einerseits durch implizites, zwischenleibliches Lernen, andererseits durch explizite Identifikation, Nachahmung und verbales Lernen an.[30] Diese Lernprozesse lassen sich auch als »verkörperte Sozialisation« auffassen, insofern sich die spezifisch menschlichen Fähigkeiten nur im Rahmen gemeinsamer, verkörperter Praxis entwickeln und dabei den organischen Reifungsprozessen des Gehirns aufgeprägt werden. Kultur in diesem Sinn ist nicht nur ein System von Zeichen und Bedeutungen, sondern umfasst alle sozialen Prozesse der Bildung des Individuums und seiner Fähigkeiten, die in seinem Organismus bzw. seinem Gehirn verankert werden. Von Ge-

---

[29] Vgl. zur Entwicklung dieser interaktiven Prozesse vor allem Stern 1998.
[30] Vgl. Tomasello 2002, S. 97.

burt an formt sich der individuelle Geist im gemeinsamen Lebensvollzug, im Zuge sozialer Praxis – als lebendiger, verkörperter Geist.

Resümee

Ich habe damit drei Stufen der Verkörperung beschrieben, die jeweils auf kreisförmigen Interaktionen beruhen:
(1) auf der Interaktion zwischen Gehirn und Körper, die in erster Linie der Selbstregulation des Organismus dient, zugleich aber auch dem basalen, leiblich-affektiven Selbsterleben zugrunde liegt;
(2) auf den sensomotorischen Interaktionen von Gehirn, Körper und Umwelt, die sich im »ökologischen Selbst« manifestieren;
(3) auf den zwischenleiblichen Interaktionen von Personen, die der Entwicklung des intersubjektiven »Selbst-mit-anderen« zugrunde liegen.

Das menschliche Gehirn ist das Zentralrogan für alle drei Funktionskreise der Verkörperung. Doch es erzeugt diese Kreise nicht, sondern es vermittelt und reguliert sie, und es wird seinerseits von ihnen geformt und geprägt. Wenn nun Bewusstsein aus diesen Formen verkörperter Interaktion entsteht, also selbst im lebendigen Organismus verkörpert ist, dann beruhen neuroreduktionistische Thesen wie »Sie sind Ihr Gehirn« oder »Sie sind das Produkt ihrer Synapsen«[31] nicht nur auf einem Kategorienfehler, sondern auch auf schlechter Biologie. Das Gehirn ist nur ein Organ des Lebewesens, nicht der Sitz des Geistes. Denn geistige Wesen sind wir nur als lebendige, verkörperte Wesen in Beziehung zu anderen.

Die Gedankenexperimente von einem entkörperten Gehirn, das, in einer Nährlösung versorgt und von einer Apparatur geeignet stimuliert, ein illusionäres, aber von unserem realen Erleben nicht zu unterscheidendes Bewusstsein produzieren könnte, lassen sich rasch entkräften: Um die Illusion des leiblichen In-der-Welt-Seins zu erzeugen,

---

[31] »This simple fact makes it clear that you are your brain. The neurons interconnecting in its vast network, discharging in certain patterns modulated by certain chemicals, controlled by thousands of feedback networks – that is you. And in order to be you, all of those systems have to work properly« (Gazzaniga 2005, 31). – »You are your synapses. They are who they are« (LeDoux 2002).

müsste die Apparatur nicht nur die homoöstatische Selbstregulation des Organismus genau nachbilden, sondern auch alle fortlaufend rückgekoppelten Interaktionen von Gehirn, Körper und Umwelt simulieren, was wiederum nur durch einen beweglichen, gegliederten und mit beweglichen Sensoren ausgestatteten Körperapparat möglich wäre. Das heißt, das Experiment würde schließlich eine Apparatur erfordern, die nichts anderes wäre als ein lebendiger und mit der Umwelt interagierender Körper. Nur als Organ eines Lebewesens wird das Gehirn zu einem Vermittler geistiger Prozesse. Insofern ist bereits die Grundannahme irrig, die das Gedankenexperiment leitet: *Es gibt nicht etwas in uns,* das wahrnimmt, fühlt oder denkt – weder einen cartesianischen Geist noch ein körperloses Gehirn. Bewusstsein ist kein Innenzustand, kein »Tunnel«, sondern der Lebensvollzug, das In-der-Welt-Sein eines lebendigen Wesens oder einer verkörperten Person.

Wie eingangs erwähnt, setzt der neurowissenschaftliche Reduktionismus trotz seiner anticartesianischen Rhetorik implizit noch immer den Dualismus von Mentalem und Physischem voraus. Er beruht insofern auf der Einebnung des Unterschieds von Belebtem und Unbelebtem, oder mit anderen Worten, auf der Reduktion des Lebendigen auf pure Äußerlichkeit. Nur solange Geist und Bewusstsein vom Leben abgetrennt und als körperlose Innenwelten verstanden werden, lassen sie sich als Produkte eines informationsverarbeitenden neuronalen Apparats deuten. Die Folge ist eine methodische Einengung des neurowissenschaftlichen Blicks auf das isolierte Gehirn und die Vernachlässigung seiner Einbettung in den Organismus.

Die Überwindung des latenten Dualismus der Neurowissenschaften erfordert eine Konzeption des lebendigen Organismus als Selbstsein, als Einheit von Innerlichkeit und Äußerlichkeit, die wir nur aus einer teilnehmenden Perspektive wahrnehmen können. Leben als Selbstsein, als verkörperte Subjektivität widersetzt sich der physikalistischen Reduktion. Es besteht in der fortwährenden Selbstbewegung und Selbstüberschreitung auf seine Umwelt hin. Diese Lebensäußerungen können wir an anderen wahrnehmen, weil wir selbst leibliche, fühlende und sich bewegende Wesen sind, und weil wir somit einer zwischenleiblichen Gemeinschaft angehören. Nichts zwingt uns, die bewussten Lebensäußerungen anderer einem unsichtbaren Geist oder einem unsichtbaren Organ im Inneren ihres Körpers zuzuschreiben, denn diese Äußerungen sind ihre unteilbaren Lebensvollzüge. Die Hand des anderen ergreifend, gebe ich *ihm* die Hand. Im Blick seiner

Augen sehe ich *ihn selbst*. Wir sind keine Erzeugnisse von Gehirnen, sondern lebendige, leibhaftige Personen.

Literatur

Bennett, M. R. / Hacker, P. M. S. (2003): *Philosophical foundations of neuroscience*. Oxford.

Chalmers, D. J. (1996): Facing up to the problems of consciousness, in: *Toward a science of consciousness*, hrsg. von S. R. Hameroff / A. W. Kaszniak / A. C. Scott. Cambridge, 5–28.

Clark, A. (1997): *Being there. Putting brain, body, and world together again*. Cambridge, M.A.

Damasio, A. (1995): *Descartes' Irrtum. Fühlen, Denken und das menschliche Gehirn*. München.

Damasio, A. (2000): *Ich fühle, also bin ich. Die Entschlüsselung des Bewusstseins*. München.

Damasio, A. (2002): Wie das Gehirn Geist erzeugt, in: *Spektrum der Wissenschaft*, Dossier 2: Grenzen des Wissens, 36–41.

Dreyfus, H. L. (2002): Intelligence without representation – Merleau-Ponty's critique of mental representation, in: *Phenomenology and the Cognitive Sciences* 1, 367–383.

Feuerbach, L. (1985): Wider den Dualismus von Leib und Seele, Fleisch und Geist (1846), in: Ders.: *Anthropologischer Materialismus. Ausgewählte Schriften I*, hrsg. von A. Schmidt. Frankfurt/M., Berlin, 165–191.

Fuchs, T. (2009): *Das Gehirn – ein Beziehungsorgan. Eine phänomenologisch-ökologische Konzeption*. Stuttgart ²2009.

Gallese, V. (2001): The ›shared manifold‹ hypothesis. From mirror neurons to empathy, in: *Journal of Consciousness Studies* 8, 33–50.

Gallese, V. (2002): The roots of empathy: the shared manifold hypothesis and the neural basis of intersubjectivity, in: *Psychopathology* 36, 171–180.

Gallese, V. / Umiltà, M. A. (2002): From self-modeling to the self model: agency and the representation of the self, in: *Neuro-Psychoanalysis* 4, 35–40.

Gazzaniga, M. S. (2005): *The ethical brain*. Chicago.

Grafton, S. T. / Fadiga, L. / Arbib, M. A. / Rizzolatti, G. (1997): Premotor cortex activation during observation and naming of familiar tools, in: *Neuroimage* 6, 231–236.

Hagner, M. (1997): *Homo cerebralis. Der Wandel vom Seelenorgan zum Gehirn*. Darmstadt.

Held, R. / Hein, A. (1963): Movement-Produced Stimulation in the Development of Visually Guided Behavior, in: *Journal of Comparative Physiology and Psychology* 56, 872–876.

Hutchison, W. D. / Davis, K. D. / Lozano, A. M. / Tasker, R. R. / Dostrovsky, J. O.

(1999): Pain-related neurons in the human cingulate cortex, in: Nature Neuroscience 2, 403–405.

LeDoux, J. (2002): *The synaptic self*. New York.

Levine, J. (1983): Materialism and qualia: The explanatory gap, in: *Pacific Philosophical Quarterly* 64, 354–361.

Lichtenberg, G. C. (1973): Schriften und Briefe, hrsg. von W. Promies, Bd. 1, Sudelbücher. München ³1973.

Meltzoff, A. N. / Moore, M. K. (1977): Imitation of facial and manual gestures by human neonates, in: *Science* 198, 74–78.

Meltzoff, A. / Moore, M. K. (1989): Imitation in newborn infants: exploring the range of gestures imitated and the underlying mechanisms, in: *Developmental Psychology* 25, 954–962.

Merleau-Ponty, M. (1966): *Phänomenologie der Wahrnehmung*. Berlin.

Merleau-Ponty, M. (2003): Der Philosoph und sein Schatten, in: Ders.: *Das Auge und der Geist. Philosophische Essays*. Hamburg, 243–274.

Metzinger, T. (2009): *Der Ego-Tunnel. Eine neue Philosophie des Selbst: Von der Hirnforschung zur Bewusstseinsethik*. Berlin.

Metzinger, T. (1999): *Subjekt und Selbstmodell*. Paderborn ²1999.

Nagel, T. (1994): Wie es ist, eine Fledermaus zu sein, in: *Analytische Theorien des Selbstbewusstseins*, hrsg. von M. Frank. Frankfurt/M., 135–152.

Neisser, U. (1988): Five kinds of self-knowledge, in: *Philosophical Psychology* 1, 35–59.

Noë, A. (2004): *Action in Perception*. Cambridge, M.A.

O'Regan, J. K. / Noë, A. (2001): A sensorimotor account of vision and visual consciousness, in: *Behavioural and Brain Sciences* 24, 939–1011.

Panksepp, J. (1998a): *Affective neuroscience: the foundations of human and animal emotions*. Oxford, New York.

Panksepp, J. (1998b): The periconscious substrates of consciousness: affective states and the evolutionary origins of the self, in: Journal of Consciousness Studies 5, 566–582.

Papousek, H. / Papousek, M. (2002): Intuitive parenting, in: *Handbook of parenting*: Vol. 2: Biology and ecology of parenting (2nd ed.), hrsg. von M. H. Bornstein. Mahwah, NJ, 183–203

Stern, D. N. (1998): *Die Lebenserfahrungen des Säuglings*. Stuttgart ⁶1998.

Straus, E. (1956): *Vom Sinn der Sinne*. Berlin ²1956.

Thompson, E. (2007): *Mind in life. Biology, phenomenology, and the sciences of mind*. Cambridge, M.A.

Thompson, E. / Varela, F. J. (2001): Radical embodiment: neural dynamics and consciousness, in: *Trends in Cognitive Sciences* 5, 418–425.

Tomasello, M. (2002): *Die kulturelle Entwicklung des menschlichen Denkens. Zur Evolution der Kognition*. Darmstadt.

Uexküll, J. v. (1973): *Theoretische Biologie*. Frankfurt/M.

Varela, F. / Thompson, E. / Rosch, E. (1992): *Der mittlere Weg der Erkenntnis*. München.

Weizsäcker, V. v. (1986) *Der Gestaltkreis. Theorie der Einheit von Wahrnehmen und Bewegen*. Stuttgart ⁵1986.

Wicker, B. / Keysers, C. / Plailly, J. / Royet, J. P. / Gallese, V. / Rizzolatti, G. (2003): Both of us are disgusted in my insula: the common neural basis of seeing and feeling disgust, in: *Neuron* 40, 644–655.

Zahavi, D. / Parnas, J. (1998): Phenomenal consciousness and self-awareness: a phenomenological critique of representational theory, in: Journal of Consciousness Studies 5, 687–705.

Zum Problem der Physikalisierung des Bewusstseins. Was der Physikalismus nicht erklären kann

Tobias Müller

1. Einleitung

Der enorme Erfolg der Naturwissenschaften seit dem 19. und vor allem 20. Jahrhundert führte dazu, dass man einerseits in der Beschreibung der quantifizierbaren Aspekte der Natur durch immer detaillierter und präziser werdende Modelle der Naturerkenntnis einen unglaublichen Fortschritt machte. Andererseits wurden diese Erkenntnisse auch erfolgreich technisch umgesetzt.

Beide Begebenheiten führten nun dazu, dass man gerade der Physik, die sich mit den abstraktesten Natureigenschaften beschäftigt und durch ihre Mathematisierung die präziseste empirische Einzelwissenschaft ist, in weltanschaulicher Sicht eine Sonderrolle zuwies. Denn aufgrund der großen Erfolge glaubte man, dass man nicht nur bestimmte abstrakte Aspekte der Natur thematisieren und beherrschen konnte, man glaubte zudem, dass nun eine Ontologie, welche die Physik nahelegt, die eigentliche Wirklichkeit sei. Diese Position nannte man gewöhnlich »Physikalismus«, der sich innerhalb eines reduktionistischen Positionenspektrums eben dadurch auszeichnet, dass nach ihm alle Entitäten und Geschehnisse direkt oder indirekt aus der Physik ableitbar sind. Dass der Physikalismus nicht mit der Physik identisch ist, sondern eine philosophische Position darstellt, die nicht direkt aus der Physik folgt, ergibt sich daraus, dass er auf starken Voraussetzungen aufbaut, die nicht mit den Methoden der Physik als Wissenschaft abgeleitet werden können, z. B. die These, die vermeintliche physikalische Ontologie treffe die eigentliche Realität. Als Extrapolation und exklusive Ontologisierung ist diese These für das erfolgreiche Arbeiten der Physik gar nicht maßgebend. Hier genügt es – wenn man eine wissenschaftsrealistische Position in der Physik einnimmt –, dass die in ihr thematisierten Aspekte und Verhältnisse eine Entsprechung in der Wirklichkeit haben. Dass diese Aspekte die einzig wirklichen sind, folgt logisch nicht aus einer erfolgreich arbeitenden Physik, denn diese besagt aus methodischen Gründen nichts über den Geltungsbereich ihrer Erkenntnisse zu möglichen anderen.

Hier zeichnet sich schon ab, dass eine kritische Auseinandersetzung mit dem Physikalismus keinerlei Auswirkung auf den Status der Physik als empirische Wissenschaft hat.

So schön und einfach eine physikalistische Weltanschauung auch scheinen mag – denn schließlich reduzierte sie eine Pluralität von Erfahrungen und Erscheinungen auf basale und einfache Strukturen –, beim genaueren Hinsehen ergeben sich jedoch Begründungsschwierigkeiten.

Dies gilt sogar dann, wenn man physikalistische Versionen zugrunde legt, die sich nicht explizit auf die Physik als Begründungsinstanz beziehen. Eine solche Version des Physikalismus muss nämlich das Physische anders definieren und erklären, wie man 1. zu dieser Definition des Physischen gelangt, und 2. wie Eigenschaften in der Welt realisiert werden, die nicht aus dem neu definierten Physischen hergeleitet werden können.

Diese Probleme zeigen sich exemplarisch in der Geist-Gehirn-Debatte, die sich deshalb eignet, die Erklärungskraft des Physikalismus kritisch zu beleuchten.

Das Ziel des Beitrages ist es, die Voraussetzungen eines modernen Physikalismus zu benennen und das Konzept der Realisierung mentaler Eigenschaften im physikalistischen Rahmen genauer zu untersuchen. Es geht also darum zu klären, ob und wie die phänomenalen Eigenschaften des Bewusstseins als Explanandum vom Physikalismus erklärt werden können.

Die hier gewonnen Argumente zeigen also prinzipiell die Schwachstelle physikalitischer Ansätze, auch wenn sie aus der Geist-Gehirn-Debatte gewonnen werden.

Dazu werde ich zunächst auf die innerphysikalistische Debatte eingehen, um den physikalistischen Grundkonsens aufzuzeigen und um auf die Probleme eines minimalistischen Physikalismus einzugehen.

2. Neuere Entwicklungen im Physikalismus

Im Logischen Empirismus hat die Grundthese, dass sich alle Sachverhalte letztlich auf die physikalische Sachverhalte zurückführen lassen, ihren Ursprung. Diese Annahme wird heute in der Debatte um einen modernen Physkalismus eher selten vertreten, da man eingesehen hat, dass damit die Position des Physikalismus mit erheblichen Begründungsschwierigkeiten belastet würde. Im Gegensatz zu der ursprünglichen Variante des Physikalismus wird heutzutage meist vertreten, dass der Physikalismus keine spezifischen methodologischen Voraussetzungen hat, dass er also unabhängig von der Physik beschrieben und begründet werden kann.[1]

Damit modifiziert sich die ursprüngliche These »Alles, was es gibt, ist letztlich physikalisch« zu der These »Alles, was es gibt, hat eine physische Natur«.[2]

Diese Grundidee lässt sich noch genauer fassen:

(P) Alle in unserer Welt vorkommenden Dinge, Eigenschaftsinstantiierungen etc. sind physisch, oder sie kommen kraft der physischen Dinge, Eigenschaftsinstantiierungen etc. in der Welt vor.[3]

Es ist offensichtlich, dass eine so starke These eine geeignete Definition des »Physischen« voraussetzt, da sonst nicht klar ist, worauf der Physikalismus aufbaut.

Laut der Analyse von Nimtz kann zunächst keine der gängigen Definitionen eine adäquate und unparteiische Beschreibung liefern, die gleichzeitig zu einer korrekten Formulierung des Physikalismus führt.

Um diesen wichtigen Punkt näher zu beleuchten, lohnt ein kurzer Blick auf die gängigsten Definitionsversuche, wobei ich der Analyse von Nimtz folge:

---

[1] Vgl. Papineau (2001) und Nimtz (2009), der in diesem Zusammenhang von der Unabhängigkeitsthese spricht.

[2] Dieser Übergang vom »Physkalischen« zum »Physischen«, wie ihn Nimtz vornimmt, ist bezeichnend dafür, dass die meisten Physikalisten eine wichtige begriffliche Unterscheidung von Physischem und Physikalischem nicht beachten und beides gleichsetzen. Es sei hier nur angemerkt, dass das »Physikalische« immer theorie- und methodengebunden ist, so dass eine unterstellte Identifizierung nicht einfach unthematisiert vorgenommen werden kann. Für die hier vorgetragene Kritik spielt die Nichtbeachtung dieser Unterscheidung keine große Rolle, da beide vorgebrachten Definitionen rein relationalen Charakter haben, woraus sich die Erklärungsprobleme erst ergeben. Aufgrund der Theorie- und Methodengebundenheit des Physikalischen, verschärfen sich aber die Erklärungsprobleme, was moderne Physikalisten wie Nimtz auch zugeben.

[3] Nimtz (2009), 26.

(1) Eine Eigenschaft F ist physisch genau dann, wenn F eine explanatorische Rolle in der Physik zukommt.

(2) Eine Eigenschaft F ist physisch genau dann, wenn F nicht mental (d. h. intentional oder phänomenal) ist.

(3) Eine Eigenschaft F ist physisch genau dann, wenn F charakteristische Merkmale derselben Art hat wie die Eigenschaften Ausdehnung oder magnetisch zu sein.

Definitionsversuch (1) hat zunächst das Problem, dass hier der Bezug zur Physik auf zweierlei Weise möglich ist. Denn entweder ist die gegenwärtige Physik gemeint, dann steht zu erwarten, dass diese noch gar nicht alle physischen Eigenschaften erfasst, da die gegenwärtige Physik nicht die ideale Physik ist, in der alle möglichen physikalischen Sachverhalte bereits beschrieben werden. Oder man bezieht sich auf eine ideale Physik. In beiden Fällen folgt aus methodischen Gründen, dass man hier das »Physikalische« definiert, das nicht einfach mit dem »Physischen« gleichzusetzen ist, da im Fall des »Physikalischen« eine relationale Struktur innerhalb eines Theorierahmens bezeichnet wird, der gerade nichts über Eigenschaften aussagt, die über den spezifischen relationalen Rahmen hinausgehen. Peter Unger hat z. B. deutlich gemacht, dass die Strukturen der Physik für ontologisch unterschiedliche Welten gelten können.[4] Durch die relationale Struktur der Physik ist sie ontologisch unterbestimmt, so dass sich aus ihr nicht die erforderliche Definition des »Physischen« ableiten lässt. Dies gilt erst recht, wenn der Physikalismus auch unabhängig von der Physik formuliert werden können soll.[5]

Der Definitionsversuch (2) verstößt gegen den Grundsatz, dass das Definiens nicht rein negativ sein darf und dass – nach Nintz – eine Definition neutral sein muss. Aus Definition 2 würde aber folgen, dass der sogenannte Panpsychismus, nach dem es in der gesamten Natur Vorformen von Erfahrungsfähigkeit gibt, falsch ist. Dass er falsch ist,

[4] Vgl. Unger (2006).
[5] Nimtz kritisiert die erste Definition auf einem anderen Weg: Nach ihm ist nicht ausgeschlossen, dass eine ideale Physik auch nicht-physische Eigenschaften beinhaltet (Nimtz (2009), 28). Bei dieser Kritik bleibt anzumerken, dass die Physik aus methodischen Gründen nicht-physischen Kräften keine explanatorische Rolle zuweisen kann. Alle diese Eigenschaften, die nicht im Rahmen der Physik thematisiert werden können, erscheinen dann innerhalb der Physik als Zufall.

erfordert aber eine Diskussion und kann nicht einfach durch eine Definition festgelegt werden.

Definitionsversuch (3) ist neutral hinsichtlich des Wahrheitsanspruchs von Alternativpositionen des Physikalismus. Dies mag für den Physikalisten zunächst problematisch erscheinen, denn oft wird angenommen, dass die Definition des Physischen den Physikalismus einschließt. Nach Nimtz ist dies aber nicht der Fall. Eine adäquate Definition des Physischen muss eben so verfasst sein, dass sie per definitionem andere Ansichten nicht ausschließt. Das bedeutet, dass die eigentliche Kernthese des Physikalismus nicht schon in der Definition des Physischen enthalten sein darf. Damit ist für den Physikalisten aber nicht viel gewonnen, denn die dritte Definition eingesetzt in (P) würde den Panpsychismus nicht ausschließen, was Nimtz dazu veranlasst, (P) so zu modifizieren, dass die intendierte Kernthese so formuliert wird, dass sowohl eine neutrale Definition von »physisch« enthalten als auch der Ausschluss des Panpsychismus garantiert wird.

Man kommt also zu folgender Formulierung[6]:

(P*) Alle in unserer Welt vorkommenden Dinge, Eigenschaftsinstantiierungen etc. sind physisch *und nicht mental*, oder sie kommen kraft der physischen *und nicht mentalen* Dinge, Eigenschaftsinstantiierungen etc. in der Welt vor.[7]

Diese Modifikation ist wichtig, denn die Kritik am Physikalismus sollte an der modifizierten Version der Grundintention ansetzen. Soweit gezeigt werden kann, dass (P*) gerade in der Bewusstseinsdebatte ohne Erklärungskraft ist, gerät der Physikalist in erhebliche Schwierigkeiten, wie sich zeigen wird.

Für diesen Kontext ist es noch wichtig, auf ein anderes zentrales Konzept, das der Multi-Realisierbarkeit, moderner Physikalismen einzugehen, denn dadurch wird die Problematik, mit der sich die Physikalisten konfrontiert sehen, noch deutlicher. Das Konzept der Multi-Realisierbarkeit behauptet, dass die funktionale Eigenschaft F durch verschiedene Systeme realisiert werden kann.

Nimtz verteidigt die Idee der Multi-Realisierbarkeit gegen Ein-

---

[6] Nimtz (2009), 31.

[7] Diese Formulierung entgeht der Kritik der zweiten Definition nur dann, wenn man das »und« zwischen »physisch« und »mental« als komplementär auffasst.

wände, die in den letzten Jahren gegen dieses Konzept vorgebracht worden sind, denn nach ihm ist das Konzept auch die Grundvoraussetzung für die These, dass nicht alle Sachverhalte mit der Physik beschrieben werden können. Nur, wenn es Multi-Realisierbarkeit gibt, gibt es auch Ebenen, die nicht durch die Physik beschreibbar sind. Dies wiederum ist die Grundlage für einen modifizierten Physikalismus, der ja in einer methodologischen Unabhängigkeit zur Physik stehen und so über die Reichweite der Physik hinausgehen soll. Anders formuliert: Nur wenn es Multi-Realisierbarkeit gibt, kann (P*) auch für Sachverhalte gelten, die nicht in der Physik vorkommen, denn Multi-Realisierbarkeit, sofern sie vorkommt, spricht z. B. in der Bewusstseinsdebatte gegen eine physikalistische Identitätstheorie. Das bedeutet, dass (P*) zusammen mit dem Konzept der Multi-Realisierbarkeit die physikalistische Grundidee retten können soll. Insofern handelt es sich tatsächlich um ein Kernkonzept eines modernen Physikalismus.

Alle Einwände gegen Multi-Realisierbarkeit gehen von einem »Makro-Makro-Verständnis von Realisierung«[8] aus, die alle behaupten die funktionale Eigenschaft F eines Systems werde durch das Ganze des Systems realisiert, was zweierlei Konsequenzen nach sich zieht: 1. Das Konzept der Multi-Realisierbarkeit würde dadurch eingeschränkt, denn wenn zwei Systeme als Ganze dieselbe funktionale Rolle haben, dann seien sie identisch, haben sie sie nicht, dann sind es zwei verschiedene Dinge und man kann ebenfalls nicht mehr von Multi-Realisierbarkeit sprechen. 2. Das »Makro-Makro-Verständnis von Realisierung« kann nur die generellen Instantiierungsbedingungen angeben, was bedeutet, dass die Eigenschaft F durch die für die Eigenschaft charakteristischen Merkmale expliziert wird. Damit wird aber nicht mehr erklärt, warum einem Gegenstand diese oder jene Eigenschaft zukommt, was mit den speziellen Instantiierungsbedingungen dieser Eigenschaft zu tun hat. Das heißt, die Frage, warum ein System eine bestimmte Makroeigenschaft hat und wie diese mit den Mikroeigenschaften zusammenhängt, wird im »Makro-Makro-Verständnis« nicht beantwortet.

Aufgrund dieser Mängel des »Makro-Makro-Verständnis von Realisierung« bei gleichzeitiger Unabdingbarkeit der Multirealisierbarkeitsthese, schlägt Nimtz ein »Mikro-Makro-Verständnis von Realisierung« vor, das die angegebenen Mängel umgehen soll.[9]

---

[8] Nimtz (2009), 38.
[9] Nimtz (2009), 38 ff.

Im »Mikro-Makro-Verständnis von Realisierung« wird die funktionale Eigenschaft eines Systems S durch seine Teile realisiert, so dass zwar zwei verschiedene Systeme dieselbe funktionale Gesamtleistung erbringen können, sich die Systeme aber in ihren Teilsystemen unterscheiden, durch die die Eigenschaft F erst im ganzen System realisiert wird. Die Gesamtleistung F wird also durch die Teilsysteme hervorgebracht.

Dies besagt aber nichts anderes, als dass in dem benutzen Verständnis von Multi-Realisierbarkeit vorausgesetzt wird, dass erklärbar ist, wie die höhere funktionale Ebene zustande kommen kann. Dies wird später bei der Betrachtung des Verhältnisses von Bewusstseins und Physikalismus ein wichtiger Punkt.

Im nächsten Punkt werde ich einen kurzen Überblick über Argumente geben, die die Verschiedenheit von Bewusstsein und Physikalischem behaupten. Sind diese Argumente gültig, dann scheiden für den Physikalisten z. B. identitätstheoretische Ansätze aus. Dies bedeutet dann, dass der Physikalist sich um andere Modelle bemühen muss. Ich werde anschließend zeigen, warum auch diese alternativen Modelle des Physikalisten grundlegende Probleme nicht vermeiden können.

3. Argumente gegen den Physikalismus

Zunächst sollen die Argumente kurz aufgeführt werden, die sich für die Verschiedenheit von Bewusstsein und Physischem anführen lassen. Davon sind zunächst nur reduktive Physikalismen betroffen. Gleichzeitig werden aber durch diese Kritik und die Konzepte, die in Punkt 2 dargelegt wurden, Rahmenbedingungen für Alternativmodelle vorgegeben, die es von physikalistischer Seite einzulösen gilt. Ob dies in der oben genannten modernen Variante des Physikalismus möglich ist, soll in Punkt 4 geklärt werden.

3.1 Argumente gegen die physikalistische Identitätsthese

Der Erkenntnisfortschritt der Naturwissenschaften führte zu folgenden philosophischen Konsequenzen: 1. Man glaubte, Naturwissenschaften beschrieben das Wesen der Dinge. 2. Die formale strukturelle Erkenntnis der Welt wurde aufgrund ihrer Fähigkeit, die Welt in der

Technik nach Zwecken zu manipulieren, zur Erkenntnis intrinsischer Eigenschaften, also solcher, die über die spezifischen relationalen Strukturen hinausgehen, stilisiert. Allein dieser Schritt ist schon problematisch, denn, wenn Naturwissenschaften die Eigenschaften der Wirklichkeit funktional begreifen, dann machen sie gerade keine Wesensaussagen.

Ein solcher wissenschaftlicher Essentialismus führte nun Ende der fünfziger Jahre dazu, diesen Ansatz auch für das Bewusstsein geltend zu machen. U. T. Place und J. J. C. Smart entwickelten in diesem Sinne eine physikalistische Identitätstheorie, in der phänomenale Gehalte des Bewusstseins als mit physikalischen Gehirnzuständen identisch erklärt wurden.

Wenn man bei jedem phänomenalen Bewusstseinszustand auch eine Gehirnaktivität hat, dann erscheint diese Position aus Sparsamkeitsprinzipien intuitiv gerechtfertigt.

Bei genauer Betrachtung spricht allerdings eine ganze Reihe von Einwänden gegen die Identitätstheorie, die heute in der skizzierten Form auch so gut wie gar nicht mehr vertreten wird.

Da diese Argumente heute gut bekannt sind, möchte ich sie an dieser Stelle nur kurz ansprechen: die Argumente der empirischen Verifizierbarkeit (a), des Leibniz-Prinzips (b), des Gedankenexperiments mit der Neurophysiologin Mary (c), des Zombiearguments (d) und das der Multi-Realisierbarkeit (e).

(a) Die Problematik der Identitätstheorie beginnt mit der empirischen Begründbarkeit. Gesetzt den Fall, man könnte für jeden mentalen Zustand einen physiologischen Zustand ausfindig machen, würde daraus folgen, dass der mentale Zustand mit dem physiologischen identisch ist? Dies folgt nicht logisch aus der Korrelation, denn diese besagt noch nichts über die ontologische Bestimmtheit der Korrelate über die Bestimmtheit als Korrelate hinaus. Schließlich wäre es möglich, dass ein kausales Verhältnis besteht, in dem Sinn, dass der physiologische Zustand den mentalen Zustand hervorbringt. In dieser Form wäre er vielleicht die hinreichende Ursache, der mentale Zustand die Wirkung. Aber auch das folgt aus der Korrelation nicht, denn sogar ein Substanzdualismus ist logisch verträglich mit den korrelativen Verhältnissen. Aus der Korrelation ist also Identität nicht abzuleiten. Unterstellen wir dennoch Identität, dann liegt daran, dass wir psychologisch dasjenige, was wir intersubjektiv messen können, intuitiv immer als die »objektive« Grundlage ansehen. Wenn nun noch andere in dieser Beschreibung nicht enthaltene Eigenschaften hinzukommen, dann tendieren wir dazu, das Gemessene automatisch als ontologische Grundlage von dieser Eigenschaft zu sehen, das als allein wirklich gesetzt wird. Dass diese Identifikation logisch aber problematisch ist, zeigen zwei Überlegungen: Zum einen ist die Identitätsrelation logisch gesehen symmetrisch, das bedeutet, wenn a mit b identisch ist, dann muss auch b mit a identisch sein. Wenn man also mentale Zustände korrelativ auf hirnphysiologische Zustände bezieht, dann gilt auch umgekehrt, dass hirnphysiologische auf mentale Zustände zu beziehen sind. An diesem Beispiel sieht man, dass die Identitätsrelation in der Geist-Gehirn-Debatte fehl am Platz ist. Denn den Befürwortern der Identitätstheorie ging es nicht um diese Art von Identität, die ein neutrales Drittes voraussetzt, in der dann beide Aspekte identisch sein können, sondern darum, mentale Zustände auf hirnphysiologische zu reduzieren, was aber eine Asymmetrie einschließt und damit zu einem anderen Theorieansatz führt.

(b) Weiter hat die Identitätstheorie Schwierigkeiten, die aus dem Leibnizschen Gesetz der Ununterscheidbarkeit des Identischen folgen: Wenn zwei Dinge identisch sind, dann haben sie alle Eigenschaften gemeinsam. Daraus kann man folgern, dass zwei Dinge alle Eigenschaften gemeinsam haben müssen, um identisch zu sein. Haben sie auch nur eine Eigenschaft nicht gemeinsam, sind sie auch nicht identisch. Dass dies aber gerade hinsichtlich der Unterscheidung von Bewusstsein und Physischem der Fall ist, ist evident. Das Bewusstsein ist gerade nicht in demselben Sinn ausgedehnt und nicht in demselben Sinne teilbar wie das Physische. Außerdem kommen qualitative Bewusstseinsgehalte (Qualia) im Physischen nicht vor, selbst dann nicht, wenn man das Physische nicht mit dem Physikalischen gleichsetzt, was die Begründungslast für den Identitätstheoretiker nur noch erschwert.

(c) Dass es sich bei Physischem und Bewusstsein um zwei verschiedene Eigenschaftsbereiche handelt, zeigt auch das Gedankenexperiment mit der allwissenden Neurophysiologin Mary. Hierbei ist Mary eine Neurophysiologin, die alle physiologischen und physikalischen Tatsachen der Farbwahrnehmung kennt. Allerdings befindet sie sich in einem Raum, in dem sie nur schwarzweiß sehen kann. Die qualitative Farbwahrnehmung – wie es ist, etwa einen Grünton wahrzunehmen – kennt sie nicht. Den lernt sie vielmehr erst kennen, wenn sie diese selbst erfährt. Daraus folgt, dass in dem Wissen über physiologische und physikalische Tatsachen, die Qualia-Wahrnehmung nicht erfasst wird.[10] Wenn dem so ist, dann gibt es eine Eigenschaft, die über das Physische im definierten Sinn hinausgeht.

(d) David Chalmers entwickelte das sogenannte Zombieargument, das folgende Struktur hat: Ist eine mögliche Welt vorstellbar, in der es Menschen gibt, die physisch identisch sind mit Menschen unserer Welt, nur mit dem Unterschied, dass sie kein phänomenales Bewusstsein haben? Wenn man diese Vorstellung bejaht, ist die physikalistische Identitätstheorie falsch. Die Tatsachen über physische Sachverhalte implizieren auch hier keine Wahrheiten über phänomenale Erfahrungen.[11]

(e) Das bekannteste Argument gegen die Identitätstheorie basiert auf der *multiplen Realisierung* mentaler Eigenschaften.[12] So wird die mentale Eigenschaft des Schmerzes z. B. in einem Oktopus anders verwirklicht als in einem Menschen. Obwohl sie gleichermaßen Schmerz empfinden können, wird er demnach physisch (bzw. neurologisch) jeweils unterschiedlich realisiert. Aber auch innerhalb eines einzigen menschlichen Individuums kann sich die physische Realisierung eines mentalen Zustands aufgrund eines neurologischen Schadens (z. B. nach einem Unfall) und der darauf folgenden Anpassung des Nervensystems ändern. Somit gibt es nicht jeweils *einen* neurologischen Zustand, mit dem ein mentaler Zustand korrespondiert, sondern mehrere. Wenn dem so ist, ist die Identitätstheorie, welche die Identität zwischen jeweils genau einem physischen und einem mentalen Zustand behauptet, nicht aufrechtzuerhalten.

---

[10] Zu der Verteidigung der Qualia-These im Mary-Gedankenexperiment siehe auch Martine Nida-Rümelin (1993) und (1995).

[11] Gegner dieses Arguments wenden ein, dass sich bei diesem Vorstellbarkeitsargument ein, dass hier von der logischen Möglichkeit auf die metaphysische Möglichkeit schließt, was nicht ganz voraussetzungslos ist und damit Gegenstand der Diskussion bleibt.

[12] Diese Argumentationslinie geht zurück auf Putnam (1975) und Fodor (1974).

3.2 Funktionalismus als Physikalismus

Das Problem der Multirealisierbarkeit führte dazu, dass diese auch in physikalistischen Ansätzen berücksichtigt wurde. Hierfür machte man sich den Funktionalismus zunutze, dem zufolge bewusste Zustände mit ihrer kausalen Rolle identisch sind. Das bedeutet, dass im Unterschied zur Identitätstheorie die bewussten Zustände nicht material, sondern rein funktional definiert sind. Dabei wird ein funktionaler Zustand als die Menge aller kausalen Relationen zwischen mentalen Zuständen und Umwelteinflüssen als Input und Verhaltensreaktionen als Output angesehen.

Ned Block definiert Funktionalismus wie folgt:

»Funktionalismus ist die These, dass (zum Beispiel) Schmerz mit einem bestimmten funktionalen Zustand identisch ist, der durch die kausalen Beziehungen zwischen Input-, Output und anderen mentalen Zuständen definiert ist. Der funktionale Zustand, mit dem der Schmerz identisch ist, kann unter anderem durch seine Ursachen und Wirkungen beschrieben werden oder das Verlangen hervorrufen, den Schmerz zu lindern oder Maßnahmen in die Wege zu leiten, um die Wunde zu versorgen und zu verbinden.«[13]

Der Funktionalismus ist als metaphysische Annahme mittlerweile hinreichend kritisch beleuchtet worden, so dass ich mich hier auf einige wesentliche Argumente beschränken kann. Zu diesem Zweck möchte ich einer Unterscheidung von Godehard Brüntrup folgen, der die These des Funktionalismus in ihrem Geltungsanspruch zunächst in zwei Auffassungen unterteilt: Zum einen als methodologisches und heuristisches Prinzip empirischer Forschung und als metaphysische These.[14] Die erste Auffassung stellt die nach Brüntrup das heuristische Prinzip des naturwissenschaftlichen Vorgehens schlechthin dar, denn in den Naturwissenschaften wird zunächst ja nur nach den kausalen Rollen der betrachteten Gegenstände gefragt, wodurch die Struktur der naturwissenschaftlichen Theorien rein relationaler Natur ist. Deshalb fragen die Naturwissenschaften nicht nach dem Wesen der Dinge, sondern nur danach, wie sich die jeweilige Entität in das kausale Netz der jeweiligen Betrachtungsebene einfügt.[15] Dieses Vorgehen ist als solches unproblematisch.

---

[13] Block (1980), 257.
[14] Brüntrup (2003), 58 f.
[15] Vgl. z. B. Esfeld (2002), 73–82.

Schwieriger wird es bei der metaphysischen Lesart des Funktionalismus, nach dem das Wesen der Entitäten durch nichts anderes charakterisiert werden kann als durch die kausale Rolle.

Nun lässt sich eine weitere Unterscheidung treffen, die hier nur in ihrer metaphysischen Lesart relevant ist: der schwach-reduktive Funktionalismus und der stark-reduktive Funktionalismus.

Der schwach-reduktive Funktionalismus setzt in seiner Analyse ein mindestens dreigliedriges Schema voraus, das zunächst drei Ebenen einbezieht, nämlich die mentale, die funktionale und die physische Ebene. Während Vertreter dieser Variante davon ausgehen, dass zwischen der mentalen und funktionalen Ebene eine Typen-Identität herrscht, und so mentale auf funktionale Strukturen reduziert werden können, gibt es zwischen der funktionalen und der physischen Ebene eine Token-Identität, die keine Reduktion zulässt. Damit wird der funktionalistischen Ebene eine gewisse Unabhängigkeit von ihrer physischen Basis eingeräumt, wodurch die Möglichkeit entsteht, ihre Gesetzmäßigkeiten unabhängig von den Gesetzen der physischen Basis zu erforschen. In diesem Sinne hat man auch den Computerfunktionalismus zu sehen, nach dem die Software eines Computers auf verschiedener Hardware realisiert sein kann.

In der methodologischen Lesart dieses Funktionalismus ist damit lediglich gesagt, dass es möglich ist, die Gesetzmäßigkeiten der funktionalen Ebene – in diesem Fall die psychologische Ebene – zu erforschen, ohne sie auf die physikalischen Gesetzmäßigkeiten reduzieren zu müssen.

Der stark-reduktive Funktionalismus geht noch einen Schritt weiter und behauptet statt einer Token-Identität eine Typ-Identität zwischen der funktionalen und der physischen Ebene, so dass die funktionale Ebene keine Eigenständigkeit mehr genießt und eine Reduktion auf eine möglichst basale physische Ebene angestrebt wird.

In dieser Variante entsteht folgendes Problem: Ist die unterste Reduktionsebene selbst rein funktional bestimmt? Wenn ja, wäre es aber möglich, dass diese Funktion in einer anderen Welt anders realisiert werden könnte, womit ein starker Reduktionismus nicht mehr möglich wäre und man beim schwach-reduktiven Funktionalismus gelandet wäre. Wenn die unterste Ebene aber nicht rein funktional bestimmt ist, dann ist es möglich, dass diese Ebene andere nicht kausal-funktional bestimmte Eigenschaften besitzt, wie z. B. andere qualitative Gehalte des phänomenalen Erlebens, wie das von Ned Block und

Jerry Fodor konzipierte Gedankenexperiment der vertauschten Qualia zeigt.[16] Während man sich vertauschte Farbspektren mit identischen-kausalen Rollen vorstellen kann, gibt es auch noch die Möglichkeit, dass es dieselben qualitativen Gehalte, z. B. ein Schmerzempfinden, bei normalen Menschen zur Folge hätte, dass sie ein Verhalten zeigen, dass zur Beseitigung dieses Zustands führt. Dies wäre aber nicht so bei masochistisch veranlagten Menschen, die aufgrund einer Lustempfindung dies gerade nicht tun wollen. Es gibt also keine eindeutige Zuordnung von Erleben und kausaler Rolle, selbst bei dem Schmerzbeispiel nicht, also bei einer phänomenalen Qualität, die noch am ehesten eine eindeutige und einheitliche kausale Rolle vermuten lassen würde. Alle anderen Empfindungsqualitäten als Schmerz lassen eine weitaus größere Diversität von möglichen kausalen Rollen zu. Ein Einwand, zu dem empirische Psychologie eine ganze Menge zu sagen hätte.

Das Ganze lässt sich noch steigern im Gedankenexperiment des sogenannten »Superspartaners«, der zwar eine qualitative Empfindung hat, aber sich davon äußerlich nichts anmerken lässt. Dass der »Superspartaner« nicht nur ein Gedankenexperiment ist, lässt sich medizinisch nachweisen, denn bedauerlicherweise gibt es Fälle in Operationen, in denen der Patient total paralysiert ist und trotzdem alles – inklusive der Schmerzempfindung – mitbekommt, ohne die Chance zu haben, körperlich auf sich aufmerksam zu machen.[17]

Ein anderer Einwand hängt mit der kausalen Wirksamkeit mentaler Eigenschaften im Funktionalismus zusammen: Im Funktionalismus wird angenommen, dass die funktionale Eigenschaft F die kausale Rolle spielt, während der sie realisierende physische Zustand P der Inhaber dieser kausalen Rolle sein soll. Kann also die mentale Eigenschaft F durch ihren mentalen Gehalt noch eine kausale Rolle einnehmen, wenn schon der Inhaber der kausalen Rolle auf der physischen Ebene diese Wirksamkeit belegt? Entweder die funktionale Rolle hat eine nicht-reduzierbare kausale Rolle, dann wird die für den Physikalismus wichtige These der kausalen Geschlossenheit des physischen Bereichs negiert oder die mentale Eigenschaft hat keine, dann ist der Funktionalismus als Theorie überflüssig, denn er thematisiert ja ge-

---

[16] Block / Fodor (1972).
[17] Vgl. beispielsweise Domino / Posner / Caplan / Cheney (1999).

rade die Funktion der mentalen Eigenschaften, die dann keine mehr wären.

Neben diesen Einwänden, die spezifisch auf das funktionalistische Programm abgestimmt sind, hat sich der Funktionalismus mit all den Argumenten auseinanderzusetzen, die auf den qualitativen Gehalten bewusster Erfahrung, also den sogenannten Qualia, basieren. Denn in jedem Fall lässt der funktionalistische Physikalismus diesen Aspekt bei der wesentlichen Beschreibung mentaler Zustände aus, und die Argumente aus Punkt 3.1 sollten verdeutlicht haben, dass die relationale Beschreibung eine wesentliche Eigenschaft bewussten Erlebens auslässt, so dass sie der Reduktion entgeht. Dies wird durch ein weiteres Argument im Folgenden (3.3) verstärkt werden.

Für die methodologische Lesart des Funktionalismus entstehen damit keine Probleme, denn sie enthält sich einer Aussage über den ontologischen Status mentaler Zustände. Dass mentale Zustände funktionale Rollen haben bzw. haben können, ist unbestritten – wie weit eine eindeutige Zuordnung von mentalen und funktionalen Zuständen reicht, steht auf einem anderen Blatt. Dass mentale Zustände sich nur in ihrer kausalen Rolle definieren lassen, ist also angesichts der vorgetragenen Argumente sehr fraglich, weshalb die metaphysische Lesart des Funktionalismus als Physikalismus es mit den diskutierten Problemen zu tun bekommt.

3.3 Gregg Rosenbergs Argument der zellulären Automaten in der Life World

Rosenberg liefert ein Argument gegen den Physikalismus, das sich von Chalmers Zombie-Argument darin unterscheidet, dass es ohne einen Bezug auf mögliche Welten und die damit verbundenen Schwierigkeiten (Gleichsetzung von logischen und metaphysischen Möglichkeiten) auskommt, und das alle Physikalismen betrifft, sofern es sich bei ihren Definitionen des Physischen um relationale Definitionen handelt, worauf noch einzugehen sein wird.

Dazu betrachtet Rosenberg sogenannte zelluläre Automaten, die aus Zellen oder Punkten in einem abstrakten Raum bestehen und die sich nach vorgegeben Regeln entwickeln können.[18] Ein bestimmter zel-

---

[18] Vgl. dazu Rosenberg (2004), 14f.

lulärer Automat, der »Life« genannt wird, entwickelt sich in einer zweidimensionalen Gitterstruktur. Dabei können die Zellen dieser Automaten nur die abstrakten und rein relationalen Eigenschaften »an« und »aus« haben. Diese sind deshalb rein relational, weil ihre Definition nichts weiter involviert als die gegenseitige Beziehung: »an« bedeutet »nicht aus« und »aus« bedeutet »nicht an«. Hinzu kommen drei Regeln, die die Entwicklung der abstrakten Strukturen bestimmen:

– Wenn genau zwei Nachbarn einer Zelle »an« sind, dann behält diese Zelle in nächsten Entwicklungsschritt ihren Zustand (entweder »an« oder »aus«)
– Wenn genau drei Nachbarn einer Zelle »an« sind, dann hat diese Zelle in nächsten Entwicklungsschritt ihren Zustand »an«
– In allen anderen Fällen bekommt die Zelle den Zustand »aus«

Man kann diese Eigenschaften und Regeln mit der Struktur unserer Physik vergleichen (Rosenberg spricht auch von der »physics« der »Life-World«), da es hier nur um relationale Strukturen geht.

Lässt man die zellulären Automaten in Life sich entwickeln, dann bilden sich sehr komplexe Formen. Dies geht sogar soweit, dass der Erfinder von Life, der Mathematiker John Conway, zeigen konnte, dass hier Muster entstehen, die denen der DNS-Replikation ähneln. Alle diese komplexeren Eigenschaften lassen sich prinzipiell aus den zwei Eigenschaften und den drei Regeln erklären, da es sich hierbei um eine schwache Emergenz handelt. Aus diesem Sachverhalt hat Rosenberg folgendes Argument gegen den Physikalismus formuliert:[19]

(1) Die Fakten des zellulären Automaten enthalten keine Fakten über phänomenales Bewusstsein (weder a priori noch a posteriori).
(2) Wenn die Fakten des zellulären Automaten keine Fakten über phänomenales Bewusstsein enthalten, dann enthalten physikalische Fakten keine Fakten über phänomenales Bewusstsein.
(3) Also enthalten rein physikalische Fakten keine Fakten über phänomenales Bewusstsein.

Wie können wir sicher sein, dass hier kein phänomenales Erleben emergiert? Rosenbergs Antwort lautet, dass wir in diesem Fall sehr

---

[19] Rosenberg (2004), 168.

genau wissen, was wir in diese Entwicklung hineingeben. Und das sind rein relationale Strukturen und abstrakte Entwicklungsregeln. Das bedeutet, alles, was sich hieraus entwickelt, muss aus diesen Strukturen erklärt werden können, da anderenfalls überhaupt nicht nachzuvollziehen wäre, wie völlig neuartige Strukturen entstehen könnten, die mit den verwendeten Eigenschaften (»an« und »aus«) und den drei Regeln nichts zu tun haben.

Dieses Argument gilt nicht nur für physikalische Fakten, sondern für alle Fakten auf einer rein relationalen und abstrakten Ebene, also auch für Fakten, die wie im 2. Abschnitt in der dritten Definition als »physisch« definiert worden sind, was gleich noch näher ausgeführt wird, und auch für funktionalistische Ansätze im Physikalismus, da der unterstellte metaphysische Funktionalismus ja annehmen muss, dass alles durch die kausale (und daher rein relationale und abstrakte) Rolle charakterisiert wird.

Aus Rosenbergs Argument bleibt festzuhalten: Qualitative Gehalte beinhalten also immer mehr als reine abstrakte und rein relationale Strukturen. Und umgekehrt: Rein relationale Fakten beinhalten keine Fakten über qualitative Gehalte.

4. Was bedeutet die Kritik für den Physikalismus?

Der moderne Physikalismus, wie er in (P*) mit der dritten Definition des Physischen auftritt, driftet in folgendes Dilemma: Entweder der Physikalist sieht ein, dass es sich um rein relationale Strukturen handelt, dann kann er aber aufgrund der Relationalität nicht ausschließen, dass es noch andere fundamentale Eigenschaften beispielsweise nichtphysische gibt, die mit dem Physischen einhergehen, wodurch Positionen wie der Panpsychismus nicht mehr ausgeschlossen sind. Oder er hypostasiert die relationalen Eigenschaften zu pseudoinstrinsischen Eigenschaften, indem er behauptet, diese seien die wesentlichen Eigenschaften des Physischen, dann zeigt aber das Life-World-Argument, dass alle Positionen, welche als Basis nur relationale (und somit auch funktionale) Eigenschaften annehmen, überhaupt nicht erklären können, wie es zu dem phänomenalen Eigenschaften des Bewusstseins kommt, womit dann zugegeben wäre, dass die Realisierungsthese des Physikalismus in der Bewusstseinsdebatte nichts erklärt. Diese Unmöglichkeit wird durch die modifizierte Form des Mikro-Makro-Verständnis des modernen Physikalismus verstärkt, das aber wiederum gebraucht wird, um nicht in eine Position zu verfallen, die die Physik monopolisiert und die noch viel größere Begründungsschwierigkeiten hat. Aber dazu später mehr.

Zurück zu Rosenbergs Argument: Der Physikalismus möchte mit seiner Grundthese (P*) behaupten, dass alles, was es in der Welt gibt, Realisierungen des Physischen ist und die dritte Definition soll angeben, was man darunter zu verstehen hat. Wenn das Argument von Rosenberg stimmt, dann folgt daraus, dass es nicht nur für eine Definition greift, die das Physikalische definiert, sondern, dass es ebenso gültig ist für alle rein relationalen Definitionen des Physischen. Das betrifft auch die 3. Definition in Abschnitt 2, denn die hier genannten Kriterien sind ebenfalls rein relationaler Natur. Dazu sollen hier kurz die angeführten Kriterien der dritten Definition betrachtet werden, die das Physische vom Nicht-Physischen abgrenzen soll: Ausgedehntheit und physikalische Eigenschaften.[20] Insgesamt ist die Definition des Physischen schwierig, was dadurch verschärft wird, dass in einem modernen Physikalismus die Physik nicht mehr als Leitdisziplin auftritt. In der dritten Definition wird aber explizit eine physikalische Eigenschaft genannt. Nun sind aber alle physikalischen Größen relational definiert, so dass die Physik keine Wesensaussagen machen kann, sondern nach dem funktionalen Rollen innerhalb eines Theorierahmens fragt. So gesehen ist Masse z. B. im zweiten Newtonschen Gesetz dann der Widerstand gegen Beschleunigung.[21]

Ebenso verhält es sich mit der anderen angeführten Eigenschaft, der Ausgedehntheit, die erst seit Descartes Unterscheidung von »res cogitans« und »res extensa« als *die* Charakterisierung von Materie im Gegensatz zum Geist gilt.

Reine Ausdehnung ist – das hatten schon Leibniz und Kant gegen den kartesischen Materiebegriff eingewandt – ein relativer Begriff: Er reicht nicht aus, um die Natur eines Dinges zu erklären, sondern zeigt nur die Wiederholung von bereits Ausgedehntem. Was

---

[20] Nimtz nennt neben der Ausgedehntheit das Magnetischsein als Eigenschaft. Vgl. Nimtz (2009), 29.

[21] Vgl. für diese Analyse beispielsweise Brüntrup (2008), 169; Esfeld (2002), 73–82; Russell (1927), 270; Eddington (1920), 200; Whitehead (1933), 132. Darüber hinaus auch Peter Ungers Analyse (Unger 2006), nach der die abstrakte Struktur der Physik in ontologisch verschiedenen Welten realisiert werden kann.

das aber ist, bleibt unklar, weil es sich hier nicht um intrinsische Naturen handelt.[22] Beide Eigenschaftsbeispiele geben also nur relationale Beschreibungen an. Dies heißt wiederum, dass man zugeben müsste, dass man die eigentliche Natur der Dinge, die als physisch gelten, nicht kennt, und dass sich dahinter alles Mögliche verbergen könnte. Oder man geht einen Schritt weiter und stilisiert die relationalen Eigenschaften zu den »eigentlichen« und wesentlichen Eigenschaften des Physischen, dann sieht man sich in der Bewusstseinsdebatte mit dem Rosenberg-Argument konfrontiert. Denn aus dieser Relationalität folgt auf der Erklärungsebene nichts, weder begrifflich noch ontologisch für das qualitative Bewusstsein. Dies hat z. B. Jeagwon Kim bezüglich der Qualia zugegeben.[23]

Ich möchte für diese Art von Physikalismus das Gesagte noch einmal von einer anderen Seite beleuchten. Nach Ansgar Beckermann vertritt der Physikalismus die These:

(PH) Alles, was es gibt, ist physischer Natur

Diese Grundthese enthält drei Teilthesen:
(PH1) Alle Dinge sind physische Dinge
(PH2) Alle Eigenschaften sind physische Eigenschaften
(PH3) Alle Ereignisse sind physische Ereignisse

Beckermann präzisiert (PH1), indem er behauptet, alles, was existiert, sind Elementarteilchen, oder ist zusammengesetzt aus Elementarteilchen. Auch hier ließe sich über den Status der physikalischen Entitäten diskutieren[24], interessanter und wichtiger ist aber im vorliegenden Zusammenhang die Präzisierung von (PH2):

---

[22] Man könnte sogar mit Rosenberg soweit gehen zu fragen, wie es denn möglich ist, dass zirkuläre relationale Systeme in der Welt realisiert sind? Rosenberg versucht zu zeigen, dass letztlich alle relationalen Eigenschaften sogenannte Träger brauchen, die darüber hinaus intrinsische Eigenschaften haben müssen (Rosenberg (2004), 230–247. Dieses Argument erschwert zusätzlich den rein relationalen Definitionsversuch des Physischen.

[23] Kim (2005).

[24] Vgl. zu dieser aus der Physik entstammenden Definition des Physischen Mutschler (2002), der darauf hinweist, dass Teilchenvorstellungen in der Quantenfeldtheorie so gar nicht mehr vorkommen und dass es Formulierungen der Quantentheorie gibt, in der nicht das Teilchen, sondern das Feld im Mittelpunkt steht.

(PH2′) (a) Elementarteilchen haben nur physische Basiseigenschaften.

(b) Alle Eigenschaften komplexer Dinge können auf die physischen Eigenschaften ihrer Teile und auf deren räumliche Anordnung reduziert werden.[25]

Zudem führt Beckermann ein von Charles D. Broad entlehnten Realisierungs- bzw. Reduktionsbegriff ein:

»(R) Die Systemeigenschaft *F* eines komplexen Systems ist genau dann durch dessen Mikrostruktur $[C_1, ..., C_n; R]$ *realisiert* bzw. auf diese Mikrostruktur *reduzierbar*, wenn aus den *allgemeinen*, für Gegenstände mit den *fundamentalen* Eigenschaften der Komponenten $C_1, ..., C_n$ geltenden Naturgesetzen folgt, daß Systeme mit der Mikrostruktur $[C_1, ..., C_n; R]$ alle für die Systemeigenschaft *F* charakteristischen Merkmale besitzen.«[26]

Diese Art von Reduktionsbegriff hat nach Beckermann mindestens drei Vorteile: 1. Er setzt nicht voraus, dass sich Systemeigenschaften mit Hilfe von Ausdrücken definieren lassen, die sich auf Mikrostrukturen beziehen. 2. Ist er mit dem Prinzip der Multirealisierung vereinbar und vermeidet somit die mit der Identitätstheorie verbundenen Probleme. 3. Wird er allen Intuitionen gerecht, die man mit Eigenschaftsreduktion verbindet.

Beckermann zeigt dann, wie man die Eigenschaft des Magnetischseins von Makrogegenständen in diesem Sinne auf die Mikrostruktur reduzieren kann, ohne sie als emergent behaupten zu müssen. Auf der physikalischen Ebene mag dies unproblematisch sein[27], auf der biologischen Ebene gilt das schon weniger, aber in der Bewusstseinsdebatte bleiben jedoch schwierige Fragen offen.

Die Argumente von Levine, Chalmers, Jackson und Rosenberg haben gezeigt, dass Qualia sich gerade nicht auf relationale, physische und noch weniger auf physikalische Eigenschaften reduzieren lassen, und das Leibniz-Prinzip lässt keinen Zweifel offen, dass eine direkte Identifizierung nicht gelingen kann. Ein »Mikro-Makro-Verständnis

---

[25] Beckermann (2000), 132.
[26] Beckermann (2000), 136.
[27] Dass diese Art von Reduktion auch in der Physik nicht ganz unproblematisch ist, dazu auch Falkenburg (2006). In diesem Artikel zeigt Falkenburg zum einen, was alles erfüllt sein muss, damit man in der »Top-Down-Analyse« Dinge reduzieren kann. Erfolgreiche ontologische Reduktionen gibt es aber nicht allzu viele. Darüber hinaus zeigt sie, dass es schon innerhalb der Physik emergente Phänomene gibt, die sich nicht reduzieren lassen.

von Realisierung« muss aber genau dies unterstellen, denn dort wird
die funktionale Eigenschaft eines Systems S durch seine Teile realisiert,
so dass zwar zwei verschiedene Systeme dieselbe funktionale Gesamtleistung erbringen können, die Systeme selbst sich aber in ihren Teilsystemen unterscheiden, durch die die Eigenschaft F erst im ganzen
System realisiert wird, wobei die Teilsysteme für die Realisierung der
Gesamteigenschaft verantwortlich sind.

Dies besagt aber nichts anderes, als dass in dem benutzen Verständnis von Multi-Realisierbarkeit vorausgesetzt wird, dass erklärt
werden kann, wie die höhere Eigenschaftsebene zustande kommen
kann, *wie* also die basalere Ebene die höhere bewirkt. Und das muss
erst recht im Fall von Bewusstsein gelten, denn hier ist ein solches
Vorgehen noch viel weniger selbstverständlich und intelligibel. Da hilft
es auch nicht, wenn einige Vertreter wie David Papineau wieder zur
Identitätstheorie zurückkehren:

»Wenn bewußte Eigenschaften identisch mit materiellen Eigenschaften sind,
dann, so behaupte ich, gibt es kein Rätsel hinsichtlich der Frage, weshalb
materielle Eigenschaften bewußte Eigenschaften ›hervorbringen‹. Das ist so,
weil Identitäten keiner Erklärung bedürfen. Wenn die ›zwei‹ Eigenschaften in
Wirklichkeit eine sind, dann ist es nicht so, daß die materielle Eigenschaft die
bewußte Eigenschaft hervorbringt – sie *ist* die bewußte Eigenschaft. Und
wenn sie es ist, dann gibt es kein Rätsel, warum sie ist, was sie ist.«[28]

Papineau glaubt Identität damit begründen zu können, dass mentalen
und physischen Eigenschaften nur eine kausale Rolle zukommt und
Dinge mit denselben kausalen Rollen identisch sein müssen. Dies setzt
aber eine einheitliche Kausalitätstheorie und das Wissen voraus, dass
es sich tatsächlich um dieselbe kausale Rolle an derselben Stelle des
Kausalgeflechts handelt. Beides unterstellt Papineau einfach, und ignoriert darüber hinaus die anderen Argumente, die gegen die Identitäts-
these sprechen. Denn selbst wenn die Annahmen über die Identität
kausaler Rollen stimmen, müsste man fragen, in welchem Verhältnis
die verschieden erscheinenden Aspekte stehen, wie also zwei unterschiedliche Eigenschaften identisch sein können. Identitäten bedürfen
in dem Modell von Ursache und Wirkung keiner Erklärung, wohl aber
in der Frage, wie die logischen Kriterien erfüllt werden können, die wir
an Identitätsbehauptungen gewöhnlicher Weise stellen. Wir kennen
kein anderes Phänomen, bei dem es völlig verschiedene Aspekte gibt

---

[28] Papineau (2002), 231.

und das dennoch identisch ist. Außerdem kämen wir in anderen Fällen nie auf die Idee, zwei Gegenstände als identisch zu behaupten, deren Eigenschaften sich dermaßen unterscheiden.[29] Auch in dieser Version des Physikalismus wird das eigentliche Explanandum – das phänomenale Bewusstsein – nicht erklärt.

Ein Ausweg für den Physikalisten könnte noch darin bestehen, dass man eine starke Emergenz einführt, die behauptet, dass Bewusstsein bei einer bestimmten Konstellation von Physischen im rein relational definierten Sinn plötzlich emergiert. Diese Variante der Emergentismus ist aber ebenfalls umstritten. Zuletzt hat Galen Strawson das Konzept der starken Emergenz kritisiert. Zunächst ist für Strawson, der Physikalist sein möchte, klar, dass selbst ein Physikalist zugestehen muss, dass es phänomenales Erleben im Universum gibt. Dabei entsteht das »harte Problem« in jeder Bewusstseinstheorie, die folgende zwei Prämissen für wahr hält:[30]

1. »(RP) Erfahrung ist ein reales, konkretes Phänomen und jedes konkrete Phänomen ist physisch«
2. »(NE) physischer Stoff ist in sich selbst, in seiner fundamentalen Natur gänzlich und absolut nicht-erfahrungsfähig«

Das »harte« Problem der Bewusstseinsdebatte ergibt sich nun in der Kombination der beiden Thesen, wie auch das Life-World-Beispiel Rosenberg zeigt. Was bringt nun das Konzept der Emergenz unter diesen Voraussetzungen? Hierzu lassen sich nach Strawson zwei Typen von Emergenz unterscheiden:

Typ I ist epistemisch recht harmlos, wie sich z. B. beim Flüssigsein von Wasser zeigt: Diese Eigenschaft ist nicht in den Ausgangsentitäten vorhanden, lässt sich aber auf diese beziehen, so dass einsichtig wird, wie diese neue Eigenschaft entsteht. Die neuen Eigenschaften, die entstehen, sind auf derselben Qualitätsebene.

Typ II ist in seinem Erklärungswert fraglich und spielt nach Strawson in der Bewusstseinsdebatte eine Rolle. Die starke Emergenz zeichnet sich gerade dadurch aus, dass sie qualitativ keinen Bezug zu ihrer Basis hat: Aus nicht-erfahrungsfähigen Material wird Erfahrung,

---

[29] Vgl. dazu Zoglauer (1998), 105.
[30] Vgl. Strawson (2006), 11 f.

was bedeutet, dass die neue Eigenschaft nicht auf derselben qualitativen Ebene liegt.

Gibt es in Natur andere Beispiele für eine starke Emergenz, die dieses Konzept plausibel machen könnten? Die Überlegung, dass aus unausgedehnten Entitäten Ausdehnung entstehen könnte, dass man aus Punkten Räumliches konstruieren kann, funktioniert nicht und taugt gerade nicht als ein Beleg.[31]

Gerade die absolute Beziehungslosigkeit, die bei starker Emergenz zwischen der Basis und der emergenten Eigenschaft angenommen wird, lässt diese als »gesetzmäßiges Wunder« erscheinen, denn das Emergente ist willkürlich, weil es per definitionem keinen inhaltlichen Bezug zur Basis hat. Nichts könnte auf der emergenten Ebene ausgeschlossen werden: es könnten z. B. negative Zahlen durch Summierung positiver Zahlen entstehen.

Strawson unterscheidet den seiner Auffassung nach einzig vertretbaren Physikalismus, den »real physicalism«, der eben die Erfahrung als Phänomen ernst nimmt, und unterscheidet davon den »physicSalism«, der annimmt, nur physikalische Entitäten ohne Erfahrungsfähigkeit seien real. Deshalb schlussfolgert Strawson, dass die grundlegenden Entitäten des Universums (was auch immer diese sind), auf jeden Fall eine sehr primitive Erfahrungsfähigkeit besitzen müssen, und sieht diese Schlussfolgerung als den einzig vernünftige Möglichkeit, die Idee des Physikalismus konsistent zu machen und zu retten.

Ob es sich hierbei tatsächlich um eine Art des Physikalismus handelt, bleibe hier dahingestellt.

Für den von Nimtz und Beckermann modifizierten Physikalismus hat dieses Argument aber noch eine andere Spitze: Wenn die grundlegenden »Bausteine« der Welt absolut frei von jeder Erfahrungsfähigkeit und Vorform von Bewusstsein sind, so muss auch der Realisierungsphysikalist zugestehen – und das Rosenberg-Argument macht das deutlich –, dass dieser Übergang von relationalen Strukturen zu phänomenalem Erleben nicht erklärbar ist. Die starke Emergenz in diesem Sinn erklärt nichts, sondern stellt nur fest, dass es qualitative Sprünge gibt, die in der starken Variante der Emergenz zu nicht-physischen Eigenschaften führt.

---

[31] Hier taucht ein Grundproblem der Philosophie auf: Man kann zwar aus Konkretem Abstraktionen gewinnen und dann andere Aspekte vernachlässigen, man kann aber aus dem Abstrakten gerade nicht wieder das Konkrete »zusammenbauen«.

5. Zusammenfassung

Der Physikalismus entstand durch die starke Intuition, dass die Physik die absolute Grundwissenschaften der Welt und die Leitwissenschaft der empirischen Wissenschaften ist, die nicht nur fundamentale quantitative Eigenschaften der Natur beschreibt, sondern die ontologisch fundamentalen Eigenschaften schlechthin.

Dies hat sich aus verschiedenen Gründen als nicht haltbar erwiesen, und moderne Physikalisten wie Nimtz haben versucht, dies in ihrer Version des Physikalismus einfließen zu lassen. Dadurch wurden zwar einige Probleme behoben – so hat man der beispielsweise dem Konzept der Multirealisierung einen Platz eingeräumt – und die Position des Physikalismus so kohärenter gestaltet. Aber die vorgetragenen Überlegungen haben gezeigt, dass die Definitionen des Physischen entweder nur relational sind, und damit andere, ebenso fundamentale aber nicht-physische Eigenschaften nicht ausschließen können, oder – nimmt man sie als pseudointrinsisch, also Eigenschaften, die über ihre Bestimmung als relationale Bestimmungen hinausgehen – man sich dann im Falle des phänomenalen Bewusstseins mit den Problemen konfrontiert sieht, die zu den Argumenten von Leibniz, Chalmers, Rosenberg und Levine führen.

Hinsichtlich der Bewusstseinsdebatte lässt sich daraus schließen, dass der Physikalismus das Explanandum – phänomenales Bewusstsein – nicht angemessen erklären kann. Die Forschungspraxis von Physik und Neurowissenschaften bleibt hiervon unberührt.[32]

Literatur

Beckermann, A. (2000): Ein Argument für den Physikalismus, in: *Naturalismus. Philosophische Beiträge*, hrsg. von G. Keil / H. Schnädelbach. Frankfurt a. M., 128–143.

Beckermann, A. (2002): Die reduktive Erklärbarkeit des Phänomenalen Bewußtseins – C. D. Broad zur Erklärungslücke, in: *Phänomenales Bewusstsein – Rückkehr zur Identitätstheorie?*, hrsg. von M. Pauen / A. Stephan. Paderborn, 122–147.

Beckermann, A. (2008): *Analytische Einführung in die Philosophie des Geistes*. Berlin ³2008.

---

[32] Ich danke Hermann Schrödter für die kritische Diskussion und die konstruktiven Hinweise.

Block, N. / Fodor, J. (1972): What Psychological States are not, in: *Philosophical Review* 81, 151–181.

Brüntrup, G. (2003): Zur Kritik des Funktionalismus, in: *Ist der Geist berechenbar?*, hrsg. von H.-D. Mutschler / W. R. Köhler. Darmstadt, 58–76.

Brüntrup, G. (2008): *Das Leib-Seele-Problem. Eine Einführung.* Stuttgart ³2008.

Eddington, A. (1920): *Space, Time, and Gravitation.* Cambridge.

Esfeld, M. (2002): *Einführung in die Naturphilosophie.* Darmstadt.

Falkenburg, B. (2006): Was heißt es, determiniert zu sein? Grenzen der naturwissenschaftlichen Erklärung, in: *Philosophie und Neurowissenschaften* hrsg. von D. Sturma. Frankfurt a. M., 43–74.

Fodor, J. (1974): Special Sciences, in: *Synthese* 28, 97–115.

Kim, J. (2005): *Physcalism, or Something Near Enough.* Princeton.

Mutschler, H.-D. (2003): Rechnet die Materie?, in: *Ist der Geist berechenbar?*, hrsg. von H.-D. Mutschler / W. R. Köhler. Darmstadt, 128–146.

Nida-Rümelin, M. (1993): *Farben und phänomenales Wissen.* St. Augustin.

Nida-Rümelin, M. (1995): Was Mary nicht wissen konnte, in: *Bewußtsein. Beiträge aus der Gegenwartsphilosophie*, hrsg. von T. Metzinger. Paderborn.

Nimtz, C. / Schütte, M. (2003): On Physicalism, Physical Properties, and Panpsychism, in: *Dialectica* 57, 413–422.

Nimtz, C. (2009): ›Physisches‹ und Multi-Realisierbarkeit, oder: zwei Probleme für den Physikalismus gelöst, in: *Physikalismus – Willensfreiheit – Künstliche Intelligenz*, hrsg. von J. Michel / M. Backmann. Paderborn, 23–42.

Papineau, D. (2001): The Rise of Physcalism, in: *Physicalism and its Discontents*, hrsg. von C. Gillet / B. Loewer. Cambridge, 3–36.

Papineau, D. (2002): Achtung Lücke!, in: *Phänomenales Bewusstsein – Rückkehr zur Identitätstheorie?*, hrsg. von M. Pauen / A. Stephan. Paderborn, 222–242.

Domino K. / Posner K. / Caplan R. / Cheney F. (1999): Awareness during anesthesia: closed claims analysis, in: *Anesthesiology* 90, 1053–1061

Putnam, H. (1975): Psychological Predicates, wiederabgedruckt als »The Nature of Mental States« in: *Mind, Language and Reality. Phil. Papers.* Vol. 2, hrsg. von H. Putnam. Cambridge, 429–440.

Rosenberg, G. (2004): *A Place for Consciousness.* Oxford, New York.

Russell, B. (1922): The *Analysis of Matter.* London 1992.

Strawson, G. (2006): Real Monism. Why Physicalism entails Panpsychism, in: *Consciousness and its Place in Nature*, hrsg. von A. Freeman. Exeter, 1–33.

Unger, P. (2006): *All the Power in the World.* Oxford.

Weingartner, P. (2005): The Pluralism of Concepts of Causality in Laws of Physics, in: *Formale Teleologie und Kausalität in der Physik*, hrsg. von M. Stöltzner / P. Weingartner. Paderborn, 245–265

Whitehead, A. N. (1933): *Adventures of Ideas.* New York 1967.

Zoglauer, T. (1998): *Geist und Gehirn.* Göttingen.

Jenseits von Physikalismus und Dualismus!

Der Hylemorphismus als wirkliche Alternative in einem aktuellen Streit

Marcus Knaup

Vorbemerkung: Worum geht es?

Eine viel zitierte Formulierung des Leib-Seele-Problems stammt von Peter Bieri, der vielen Nichtphilosophen vor allem durch seine beeindruckenden Romane unter dem Pseudonym Pascal Mercier bekannt ist. Bieri unterscheidet messerscharf Stoffwechselvorgänge und Aktionspotentiale im menschlichen Gehirn einerseits von Phänomenen wie Meinungen, Planungsvorhaben, angestrengten Denkübungen oder Empfindungen andererseits. Man könne eine Liste anfertigen mit physischen Phänomenen auf der einen und mentalen Lebensäußerungen auf der anderen Seite.[1] »Jedes Phänomen«, so Bieri, »ist entweder mental oder physisch [...] und kein Phänomen, das einmal mental ist, [kann] jemals physisch werden oder umgekehrt.«[2] Das sehr schroffe Auseinanderdividieren von physischen und mentalen Phänomenen sei völlig »unverfänglich« und »nicht besonders problematisch«[3]. Und was dies seiner Ansicht nach bedeutet, macht folgender Satz sehr schön deutlich: »›Mental‹ gewinnt seine Bedeutung durch den Kontrast mit ›physisch‹.«[4] »Kontrast« ist hier das entscheidende Stichwort, auf das es ankommt. Um diesen so anschaulich wie möglich zu machen, schlägt er vor, an *dunkel* und *hell* sowie an *laut* und *leise* zu denken.[5] Aber jeder, der mit offenen Augen durch die Welt geht, kann selbst sehen, dass es nicht bloß den »grellen Sonnenschein« und die »Finsternis der Nacht« gibt. Für die Musik gilt Ähnliches: Wer die Oper liebt oder selbst gerne singt (und wenn es unter der Dusche ist), weiß, dass es

---

[1] Bieri (2007), 2.
[2] Ebd., 3.
[3] Ebd., 2.
[4] Ebd., 3.
[5] Vgl. ebd., 3.

nicht nur Fortissimo und Pianissimo, sondern auch wohltuende Zwischenklänge gibt (Pianoforte).

Bieri beharrt darauf, dass es einen tiefen Graben zwischen mentalen Lebensäußerungen und physischen Prozessen gibt.[6] Daher verwundert es nicht, wenn der erste Philosoph, der von Bieri namentlich erwähnt wird, Descartes ist. Die entscheidende Frage sei, wie man sich zu diesem Graben zu positionieren gedenke: Will man ihn erhalten und sich für eine dualistische Position einsetzen? Oder will man sich auf eine Grabenseite schlagen und behaupten, den Graben dadurch einebnen zu können, dass diese Seite hinreicht, um alles andere zu erschließen? Will man sich also für den Physikalismus engagieren?[7] Ob es einen tragfähigen Gegenvorschlag jenseits dualistischer und physikalistischer Wege geben könnte, scheint nicht von Interesse zu sein.[8] Ist Bieris Grundprämisse tatsächlich der richtige Ausgangspunkt? Daran darf man schon zweifeln. Sicherlich kennen Sie, ebenso wie ich, Situationen, in denen Sie köstlich über den Witz eines guten Freundes gelacht, vor Freude das Tanzbein geschwungen oder (z. B. im Fußballstadion) in einen Jubelgesang eingestimmt haben. Und wohl auch Situationen, in denen Sie ganz besorgt waren, sich über etwas aufgeregt haben oder üble Schmerzen hatten. Diese Lebensäußerungen können nicht einfach auseinandergezerrt und bürokratisch in das Schema »rein physisch« oder »rein mental« einsortiert werden. Sie haben nicht nur mit etwas an oder in Ihnen zu tun, sondern ganz konkret mit Ihnen als lebendiger Ganzheit. Gerade diese Einheit muss mit bedacht werden und kann am adäquatesten mit Hilfe des aristotelischen Hylemorphismus ausgesagt werden, der weder dualistisch noch physikalistisch ist.

---

[6] Ebd., 4.

[7] Vgl. ebd., 5.

[8] Bis zur Neuzeit ist man davon überzeugt, dass die Seele den Leib lebendig macht. René Descartes unterscheidet – wie sattsam bekannt – zwischen *res cogitans* und *res extensa* und identifiziert seine *res cogitans* mit der Seele, was geistesgeschichtlich weit reichende Konsequenzen hatte. Lebendige Organismen sind für ihn Maschinen. Den Begriff »Seele« benutzt er für die in diesen Maschinen auszumachenden bewussten mentalen Lebensäußerungen. Körperliche Prozesse werden seit der Neuzeit fast ausschließlich naturwissenschaftlich erklärt. Zwischen diesen und unseren mentalen Lebensäußerungen wird ein tiefer Graben gezogen.

1. Auf der Suche nach wohltuenden Zwischenklängen im Konzert der Physikalisten und Dualisten: Was eine Zwischenposition leisten muss

Der vorliegende Beitrag geht davon aus, dass weder Physikalismus noch Dualismus, die immer wieder als die beiden einzigen Optionen dargestellt werden, tragfähig sind. Dualisten legen besonderes Augenmerk darauf, dass es nicht-reduzierbare, nicht-eliminierbare mentale Entitäten gibt. Wenn ich im folgenden Beitrag von »dualistisch« bzw. Dualismus« spreche, meine ich solche Theorien, welche zwei Seinsbereiche (»Grabenseiten«) einander gegenüberstellen, wobei der Bereich des Mentalen als völlig eigenständig gilt. Anders gesagt: Dualisten nehmen an, dass es für unsere mentalen Lebensäußerungen weder notwendige noch hinreichende Bedingungen gibt.

Ihnen gegenüber steht die zahlenmäßig größere Gruppe der Physikalisten, die nicht müde werden, zu betonen, dass die Welt gänzlich aus materiellen Entitäten besteht. »Physicalism is the thesis [...] that whatever exists or occurs is ultimately constituted out of physical entities [and] can be completely described in the vocabulary of physics.«[9] Unsere mentalen Lebensäußerungen können, so sind Physikalisten überzeugt, restlos auf physikalische Grundlagen[10] reduziert werden. Alles, auch unsere mentalen Lebensäußerungen, sei physikalisierbar. Es sei auf jeden Fall so, dass mentale Lebensäußerungen aus hinreichenden physischen Grundlagen folgen.

Das Problem mit dem Physikalismus besteht darin, dass es keine nicht-reduzierbaren mentalen Entitäten geben soll. Mentale Lebensäußerungen könnten eliminiert oder reduziert werden. In dualistischen Beiträgen bleibt letztlich die Frage unbeantwortet, wie denn überhaupt die Beziehung von (mechanistischer) Materie und (körperlosem) Geist verantwortet gedacht werden kann. Aus diesem Grund ist es wichtig, nach einer Alternative Ausschau zu halten (»start looking for a credible middle path«[11]).

---

[9] Audi (2001), 706.

[10] Im vorliegenden Aufsatz werde ich von »physisch« bzw. »physischen Voraussetzungen« sprechen, wenn es ganz grundsätzlich um die materiale Komponente von Organismen geht. Mit einer »physikalischen« Herangehensweise meine ich im Unterschied hierzu eine Auseinandersetzung mit der Ansammlung und Reaktionsweise physikalisch-chemischer Partikel und ihren Gesetzmäßigkeiten.

[11] Burnyeat (1992), 16.

Was zeichnet die gesuchte Zwischenposition aus? Welche Anforderungen muss sie erfüllen? Um nicht in dualistisches Fahrwasser zu geraten, muss sie notwendige physische Bedingungen für mentale Lebensäußerungen benennen können. Physikalistische Theorien können dadurch umschifft werden, dass hinreichende physische Voraussetzungen für unsere mentalen Lebensäußerungen zurückgewiesen werden.[12] Ein Blick auf die aktuelle Philosophie des Geistes zeigt schnell, dass eine Position, welche notwendige, allerdings nicht hinreichende physische Voraussetzungen für mentale Lebensäußerungen annimmt, möglicherweise zunächst exotisch erscheint. Davon sollten wir uns nicht abschrecken lassen, da jenseits der Skylla und Charybdis von Physikalismus und Dualismus neue Denkwege eröffnet werden können. Neue Denkwege zu betreten bedeutet, das Zeitalter des Post-Physikalismus einzuläuten.

2. De Anima: Was uns Aristoteles über Leib und Seele zu sagen hat

Es gehört »zum Schwierigsten, eine gewisse Glaubwürdigkeit der Erkenntnis über [die Seele] zu gewinnen«[13], wie schon Aristoteles weiß. Heute von »Seele« zu sprechen, wird oft genug von Seiten zahlreicher Naturwissenschaftler, Psychologen, Theologen und Philosophen bestenfalls belächelt. Im marxistischen *Wörterbuch der Philosophie* findet sich kein Eintrag zu den Begriffen »Seele« und »Geist«.[14] Standardeinführungen zur Psychologie verzichten ebenfalls auf den Seelenbegriff. Francis Crick hält die Vorstellung einer menschlichen Seele sogar für einen »aggressiven Glauben«[15] und letztlich für »unnötig«[16]. Die »Märchen der Vergangenheit«[17] hätten ausgedient. Er erhebt den Anspruch, auf dem Boden neurologischer Daten eine vollständige Erklä-

---

[12] Zur Konzeption einer aristotelischen Alternativposition: Liske (2006), 197–220, Liske (2003), 20–56, Runggaldier (2006), 221–248 und Sorabji (1993), 162–196. Zur aristotelischen Seelenkonzeption siehe auch: Nussbaum / Oksenberg Rorty (1992), Durrant (1993) und Picht (1987).
[13] An. I 1, 402a.
[14] Vgl. Klaus / Buhr (1966).
[15] Crick (1997), 18.
[16] Ebd. 321.
[17] Ebd. 319.

rung für unsere mentalen Lebensäußerungen liefern zu können. Mentale Lebensäußerungen sollen gänzlich auf zerebrale Abläufe zurückgeführt werden.[18] Ein Begriff wie »Seele« sei letztlich ein Riesenirrtum, eine Lüge, eine Illusion. Allerdings ist auch Cricks Überlegung, mentale Lebensäußerungen seien letztlich nichts anderes als neuronale Gegebenheiten, selbst ein mentales Phänomen, was deutlich die Sackgassen physikalistischer Allerklärungsversuche zeigt.

Aristoteles spricht nicht nur von einer Seele des Menschen, sondern auch davon, dass Pflanzen[19] und Tiere[20] beseelt sind. Die Seele ist für ihn das Prinzip unterschiedlicher Grundvermögen. So lassen sich Gemeinsamkeiten und Unterschiede von unterschiedlichen Lebewesen benennen. Aristoteles erklärt: Lebewesen heben sich durch die innere Organisation ihrer seelischen Vermögen voneinander ab. Es ist nicht so, dass alles, was beseelt, d. h. lebendig ist, sämtliche Vermögen aufweist. Wir sehen schon: Es geht Aristoteles um einen viel weiteren Sinn von Seele als es heute oftmals üblich ist. Er spart nicht mit Kritik an Denkern, die nur über die menschliche Seele reflektieren.[21]

Die Auseinandersetzung mit dem Sujet »Seele« ist nach Aristoteles alles andere als eine nebensächliche Frage. Es geht seiner Ansicht

---

[18] Vgl. ebd. 316.

[19] Die Nährseele bzw. Pflanzenseele (*threptikê psychê, anima vegetativa*) ist die Differentia Specifica des Organismus gegenüber dem unbeseelten Stoff. Als ihre entscheidenden Grundfunktionen sieht Aristoteles Selbstreproduktion und Stoffwechsel an. In heutigen Debatten wird häufig der Eindruck erweckt, der Unterschied zwischen Organismen einerseits und Robotern/ Computern andererseits würde dahin schmelzen. Aber nicht einmal der beste Roboter/ Computer verfügt wie ein Apfelbaum, ein Rosenstock oder das Efeu an meiner Hauswand über die Fähigkeit, sich zu ernähren und fortzupflanzen. Die vegetative Seelenfunktion gilt als Grundlage von Leben überhaupt. Allen Organismen kommt sie folglich zu: Dem Rosenstock ebenso wie dem Menschen.

[20] Die *anima sensitiva* kommt bei Tieren zu der *anima vegetativa* hinzu. Durch sie sind Tiere nach Aristoteles fähig zur Wahrnehmung (*aisthêsis*), Ortsbewegung und Streben (*orexis*). Vgl. An. II 2, 413b; An. III 7, 431a9–14.
Nach Aristoteles haben Tiere einen Zweck in sich selbst, während Descartes nur ihren Vorteil für den Menschen im Blick hat. Im zweiten Buch von *De anima* heißt es: »Wo nämlich Wahrnehmung vorliegt, da auch Schmerz und Lust, und wo diese, da auch notwendigerweise Begehren« (An. II 2, 413b). Laut Descartes, der das neuzeitliche Denken maßgeblich geprägt hat, empfindet ein Hund, der geschlagen oder getreten wird, keinen Schmerz: Eine Sichtweise, die überaus brutalen und unwürdigen Formen des Umgangs mit Tieren Tor und Tür geöffnet hat. »Nimmt man dagegen ein seelisches Eigenleben der Tiere an, ist der Schutz der Tiere gegen Grausamkeit und für eine artgerechte Haltung in ihrer Natur begründet.« Brandt (2009), 13.

[21] An. I 1, 402b3–5.

nach um nicht weniger als einen der würdigsten Gegenstände des Wissens (*epistêmê*). Wenn Aristoteles von der »Seele« spricht, ist damit nichts Dunkles und Geheimnisumwobenes gemeint. Schon gar kein »Gespenst in einer Körpermaschine« oder etwas, das man in neuronalen Netzen einfangen könnte. Er zielt nicht auf etwas ab, was man in einer modernen Buchhandlung unter den Stichworten »alternative Lebenshilfe«, »Esoterik«, »Übersinnliches« suchen würde. Vielmehr ist mit diesem Begriff das *Lebendigsein eines Organismus* angesprochen, was den hohen Wert anzeigt, den Aristoteles der Seele zuspricht. »The study of Aristotle's conception of the soul [...] helps us to identify more clearly some of our preconceptions concerning both the mental and the physical.«[22]

Aristoteles geht es um mehr als um festgezurrte Definitionen und terminologische Spitzfindigkeiten. Er schaut hin: Nicht irgendwie, sondern überaus präzise. Und über das so in den Fokus Genommene will er schreiben. »Fortwährend weist er im Laufe der Untersuchung auf ungelöste Schwierigkeiten hin; fortwährend stellt er die Methode seines Vorgehens selbst in Frage. Nirgends erhebt er den Anspruch, zu einem letzten und unerschütterlichen Resultat gelangt zu sein.«[23] Seine Vorstellung davon, wie Wissenschaft funktioniert und eine tragfähige Erforschung der Natur betrieben werden kann, ist durchaus anders als die Arbeit eines modernen Naturwissenschaftlers. Damit meine ich nicht, dass er noch keinen Zugang zu den Techniken, Maschinen und Hochleistungscomputern unserer Tage hatte. Nein, es geht um etwas Anderes: Für unseren Philosophen ist es nämlich ganz selbstredend, qualitative Dimensionen der Wirklichkeit nicht einfach abzutun, sondern ernst zu nehmen. Laut Aristoteles treten seelische Vollzüge nicht losgelöst von physischen Prozessen auf und sind daher in der Lage, sich in ihnen auszudrücken. Im zurückliegenden 20. Jahrhundert hat die phänomenologische Bewegung diesen wichtigen Gedanken stark gemacht und darauf hingewiesen, dass sich Seelisches im Leib manifestiert, der Leib Medium des Ausdrucks ist.[24] Insofern der Blick des Menschen spricht und Freude, Sorge, Angst und Zorn ausdrücken kann, begegnet uns Seelisches. An der Körperhaltung eines Menschen lesen wir ab, was ihn anspornt und bewegt. Seelisches wird

---

[22] Frede (1992), 93.
[23] Picht (1987), 192.
[24] Vgl. hierzu: Knaup (2010), 97–117.

leiblich offenbar. Wir selbst empfinden uns und andere als leib-see-lische Einheit und nicht etwa als eine Koalition und »Grabenvereinigung« aus zwei Substanzen. Um diese Einheit geht es Aristoteles und dem Hylemorphismus. Der beseelte Leib (nicht eine Gensequenz oder die Größe des Gehirns) ist die unhintergehbare Perspektive, von der sich uns die Welt erschließt.

Dem Thema »Seele« hat Aristoteles ein eigenes Buch gewidmet: *Peri psychês* (wie es griechisch heißt), *De anima* (im Lateinischen), *Über die Seele* (wie wir es ins Deutsche übertragen können). Viele kluge Leute haben dieses Buch bereits kommentiert: In der Antike waren dies z. B. Theophrast, Alexander von Aphrodisias, Themistius, Simplicius und Philoponus, um nur einige wenige Namen zu nennen. Einen wirklich großartigen Kommentar hat Thomas von Aquin vorgelegt. »From this time on, Aristotle's *de Anima* was continually discussed within the philosophical traditions of Europe. Meanwhile, in the Arab world, the treatise was also available, and was the subject of much discussion [...].«[25] Angesichts dieser überaus reichen Rezeptionsgeschichte ist es vielleicht wichtig hervorzuheben, dass die Schriften von Aristoteles keine Texte sind, die man mit Weihrauch umnebeln sollte oder die ehrfurchtsvoll nachzubeten wären. Wohl aber haben uns diese Texte etwas zu sagen. Wir dürfen uns von Aristoteles ansprechen, herausfordern lassen. In den Worten von Georg Picht: »Erst wenn wir Aristoteles in uns selbst, also in jenen Vorstellungen, die unser Verhalten bestimmen, entdecken und zu identifizieren vermögen, merken wir, was es in Wahrheit ist, wovon die Texte reden.«[26]

Aristoteles unternimmt es in *De Anima*, sich damit auseinanderzusetzen, was denn Lebendigsein eigentlich bedeutet und ausmacht. Er fragt beispielsweise: Was sind eigentlich die Prinzipien dafür? Können wir Gründe angeben? Von diesen Prinzipien und Gründen will er Rechenschafft ablegen. *De anima* kann mit Höffe als eine »Metaphysik des Lebendigen«[27] bezeichnet werden, insofern hier die philosophischen Grundlagen der gesamten Biologie verhandelt werden. Der Mensch wird als ein höheres Tier in die Kette der Lebewesen eingeordnet. Treffend bringt es auch Amélie Oksenberg Rorty auf den Punkt: »The scope of *De Anima* is much broader than that of either

---

[25] Nussbaum (1992), 4.
[26] Picht (1987), 31.
[27] Höffe (1999), 141.

contemporary philosophy of mind or contemporary philosophical psychology. It is a metaphysical inquiry into the ontology of *psuchē* and of *nous*; it is philosophical psychology, a general analysis of the activities of *psuchē*, it is philosophical bio-psychology, an investigation of the teleologically organized functions that are common to living bodies.«[28] Zu Beginn des ersten Buches von *De Anima* benennt Aristoteles zwei Extrempositionen, die damals wie heute große Geltung genießen: Einerseits eine Haltung, welche die Seele und die mentalen Lebensäußerungen des Menschen ohne Rekurs auf den Leib mustern will, andererseits eine Position, welche nicht mehr von der Seele reden mag und die hinreichenden Bedingungen für mentale Lebensäußerungen in den Gegebenheiten des Körpers ausloten will.[29] Erhellend ist in diesem Kontext die Analyse des Zorns in An. I 1, 403a30. Von seiner Arbeitsweise her ist es dem *physikos* möglich, nur das physikalisch Feststellbare in den Blick zu nehmen. Ein moderner Neurowissenschaftler könnte z. B. sagen, was wo im Gehirn passiert. Aber warum jemand zornig ist und wie sich dies für den jeweiligen Menschen anfühlt, bleibt so unausgesprochen. Aristoteles ermutigt dazu, diese Sichtweise nicht zu vergessen. Nehme man das Beziehungsgeflecht mit anderen Menschen mit ins Visier, ließe sich der Zorn als »Streben nach Wiedervergeltung des Schmerzes« auffassen. Auf diesem Auge sollten wir nicht blind sein und nicht den Fehler machen, diese Sichtweise für weniger wichtig zu halten.

Aristoteles setzt sich kritisch mit verschiedenen Empfehlungen auseinander, wie man sich das Verhältnis von Leib und Seele vorzustellen habe. Er hält nicht viel von Antworten, welche die Seele als vom Körper getrennt, als Harmonie oder als rein körperlich betrachten. Auch ist die Seele nicht als Zahlenverhältnis bzw. als sich selbst bewegende Zahl zu verstehen. Aristoteles kann nicht nachvollziehen, dass es Denker gibt, die sich gescheite Gedanken über die Seele und das mentale Erleben des Menschen machen, »während sie über den Körper [...] nicht noch weitere Bestimmungen geben«[30]. Wenn Aristoteles von der Seele spricht, dann geht das für ihn nur, wenn er eben etwas über den beseelten Leib sagt. Leib und Seele gehören für ihn zusammen. Kopf-

---

28 Oksenberg Rorty (1992), 7.
29 An. I 1, 403a27–b19.
30 An. I 3, 407b.

schütteln seinerseits über Leute, die meinen, der Leib sei bloß ein Gefängnis der Seele.

Zwei Vokabeln sind für Aristoteles wichtig, um seinen Lesern zu erläutern, dass die unterschiedlichen Lebensäußerungen zu lebendigen Organismen, zu leib-seelischen Ganzheiten, gehören: *Form* und *Materie*. Seine Sichtweise wird *Hylemorphismus* genannt. Hiermit ist eine Position gemeint, die davon ausgeht, dass physische Prozesse, die Materie (*hylê*), und die Formkraft der Seele (*morphê*) komplementär zueinander gehören. Wenn Aristoteles von der »Materie« spricht, meint er damit das Zugrundeliegende. Es zeichnet sie laut Aristoteles aus, dass sie dies und das werden kann (*dynamis*). Und wenn von »Form« die Rede ist, ist damit das gemeint, was Materie strukturiert, organisiert, durchwaltet, gestaltet. Nach hylemorphistischer Auffassung sorgt sie dafür, dass das verwirklicht wird, was grundgelegt ist. Aristoteles charakterisiert die *forma* so, dass sie die Aktualität bzw. Wirklichkeit von etwas ist. Und die Materie? Aristoteles antwortet: Sie ist das Mögliche. Das bedeutet auch: Das, was möglich ist, ist offen für Gestaltung, Strukturierung, Durchwaltung. »Die Materie ist Potenz/Möglichkeit, die Form aber ist Vollendung (Entelechie).«[31] Materie und Form können aus diesem Grund in den konkreten Seienden, mit denen wir täglich Umgang haben, nicht voneinander getrennt werden.[32] Wir können keinen Graben ziehen und auf der einen Seite die Materie verorten, auf der anderen Seite die Form.

Was können wir noch über die Form sagen? Aristoteles erklärt: Sie *durchformt* den Stoff, organisiert ihn. Wo der Stoff ist, ist eben auch die Formkraft. Es ist Aristoteles ein besonderes Anliegen hervorzuheben, dass die *forma* etwas zu dem macht, was es ist: In unserem Fall also zu einem lebendigen menschlichen Organismus. Jedem Lebewesen (ob Hund, Katze, Maus oder Mensch) kommt ein Körper bzw. Leib (*sôma*) als der Materie wie auch eine *forma* zu. Aristoteles versteht, und das ist ganz entscheidend für seinen Vorschlag, die Seele als Form eines lebendigen Leibes.[33] »So, the phrase ›to have a soul‹ does not signify a relation of possession between an agent and an entity, as does ›to have a car‹. Furthermore, the soul does not stand to the body as

---

[31] An. II 1, 412a.
[32] Zu diesen Grundbegriffen der aristotelischen Philosophie sei verwiesen auf die Bücher VII–IX der *Metaphysik*.
[33] An. II 1, 412a.

the brain does, for it is not a part of the body.«[34] Wir dürfen »Form«
hier auch nicht im Sinne einer »Kuchenform« verstehen. Diese könnte,
wie schon jedes Kind weiß, bestehen, ohne dass sie gerade zur Produktion von leckeren Backwaren eingesetzt wird. Außerdem könnte man
sie so vermessen. Dies gilt aber für den aristotelischen Begriff der Form
gerade nicht. »Eine Form ist nichts für sich Existierendes, an dem sekundär – auf welche Weise auch immer – Erscheinendes ›teilhat‹, sondern sie ist Prinzipienmoment *im* Seienden; sie kommt den natürlichen
Dingen nicht gleichsam fremd und von außen zu, sondern sie ist deren
bestimmte Wirklichkeit.«[35] Materie ist mehr als Ausdehnung, mehr
als res extensa. Sie ist stets von einem Formprinzip durchwaltet und
durch die Durchformung das, was sie ist. Es ist gar nicht so leicht, dies
in den heutigen Sprachgebrauch zu übersetzen. In der Literatur der
biologischen Zunft jedenfalls geht man ganz unbefangen mit der Vo-
kabel »organisierte Materie« um. Das trifft das aristotelische Anliegen
ganz gut. So könnte man heute »Form« mit »Organisation« bzw. »Information« wiedergeben, allerdings sollten wir hier nichts überstürzen
und Vorsicht walten lassen, da man nicht einfach eine Gleichsetzung
unserer Seele mit der genetischen Information auf die Tagesordnung
setzen kann, hätte dies doch das ungute Nachspiel, dass die Seele letztlich materiell wäre bzw. eine hinreichende Bedingung für das seelische
Leben vorliegen würde.

Wenn Aristoteles über die Seele referiert, meint er damit das, was
ein Lebewesen (also z. B. Sie oder mich) zu dem macht, was es ist. Er
legt sich nicht auf die Lauer und glaubt, die Seele in irgendwelchen
Gehirnwinkeln aufstöbern zu können. Das unterscheidet seinen Vorschlag wohltuend von anderen Positionen. Stets hat Aristoteles die Dimension der Leiblichkeit im Blick. Ohne Leib kann kein Lebewesen
sein. Für Lebendigkeit und mentale Lebensäußerungen reicht die Materie unseres Körpers nicht aus. Aristoteles erklärt: Dies verdanken Sie
und ich unserer Beseeltheit. Die Seele ist das, »wodurch wir primär
leben, wahrnehmen. Daher ist sie wohl ein gewisser Begriff und eine
Form, nicht jedoch Materie und Zugrundeliegendes«[36]. Seele und Leib
bilden zusammen das Lebewesen.[37] Der Mensch ist eine leib-seelische

---

[34] Bennett / Hacker (2010), 14.
[35] Jacobi (1985), 78 f.
[36] An. II 2, 414a12 f.
[37] An. II 2, 413a.

Einheit. Die Seele ist nicht ohne den Körper. Die *forma* ist aber auch kein Körper oder ein Körperteil. Der Leib ist etwas gänzlich anderes als das, was nicht lebendig ist. Der Unterschied Ihres Leibes zu dem Schreibtisch, an dem Sie jetzt vielleicht gerade sitzen, und dem Computer, der im Hintergrund surrt, ist dieser: Er ist lebendig. Die Seele ist vom reinen Geist abzugrenzen. Warum? Die Antwort liegt auf der Hand (oder sehen wir, wenn wir unsere Hand sehen): Sie ist stets die Seele eines Leibes. Die Seele ist nach Aristoteles Ursache (*aitia*) und Prinzip (*archê*) des Lebens.[38] Heute würden wir wohl sagen, dass aus den materiellen Abläufen nicht das Lebendigsein und die dafür typischen Lebensäußerungen hervorgerufen werden können, diese (und das gilt selbst für unsere Hirnprozesse) also keine hinreichende Erklärung für unsere Lebensäußerungen bereitstellen. Leben kann nicht vom Vollzug des Lebens abgelöst werden.

Alles, was bloß dem Anschein nach ein Lebewesen ist, aber nicht lebendig ist, ist selbstredend auch kein Lebewesen. »Von den natürlichen Körpern haben die einen Leben, die anderen haben es nicht. Leben nennen wir sowohl Ernährung, als auch Wachstum und Schwinden.«[39] Beispiele zur Erläuterung sind schnell genannt: So können wir beispielsweise einen Crashtest-Dummy, der uns zwar täuschend ähnelt, aber eben nur ein Dummy ist, nicht als ein Lebewesen bezeichnen (nicht umsonst setzt man ihn und nicht uns in ein Auto, das vor eine Wand rast). Wir können sagen: Zu Ihnen, zu mir und zu allen lebendigen Organismen gehören bestimmte Lebensäußerungen. Das Sein der Lebewesen, so sagt Aristoteles prägnant, besteht in ihrem Leben.[40] Aristoteles versteht die Seele als *Aktualitätsprinzip*. Was heißt das? Ein toter Körper ist nicht (mehr) beseelt. Für Ihren oder auch meinen Leib gilt, dass dieser ein Lebensprinzip hat und daher Lebensäußerungen aufweist. Die Seele macht also das Besondere gegenüber einem toten Gegenstand aus. Mit Aristoteles dürfen wir auch sagen: Ihr ist unser Lebendigsein verdankt.[41]

---

[38] An. II 4, 415b8.

[39] An. II 1, 412a.

[40] »Das Leben eines Lebewesens stellt sich zwar auf der phänomenalen Oberfläche als eine Reihe diverser Lebensäußerungen dar, aber darin erschöpft sich das Leben nicht: Hinter der phänomenalen Oberfläche steht ein Grundcharakter, der den einzelnen Lebensvollzügen und –funktionen bestimmte Grundzüge verleiht und die Einzeltätigkeiten zu Teilen eines bestimmten Lebenstypus gestaltet.« Runggaldier (2003), 218.

[41] Vgl. hierzu: Hübner (1999), 11 ff.

Ein lebendiger Organismus ist nicht einfach nur graduell etwas anderes als ein Leichnam. Einem Leichnam fehlt offensichtlich etwas ganz Wesentliches: sein *Lebensprinzip*, seine Seele. Diese *forma* kommt nicht zu einem lebendigen Körper noch von außen noch herein geschwebt. Während beispielsweise ein Stein oder ein Schreibtisch einfach nur »da« sind, ist das Sein des Lebendigen aktiver Selbstvollzug, ein Streben gegen das Nichtsein. Organismen hören auf lebendig zu sein, wenn ihre Integrationsprozesse enden. Fehlt die Seele, so ist Aristoteles überzeugt, vergeht der Leib.[42] »Wenn sie (von ihm) herausgeht, dann verflüchtigt er sich und verfault.«[43] Bei einem toten Körper fehlt das Wesentliche. Lebensäußerungen wie Stoffwechsel gibt es ebenso wenig wie Lachen, Fieber, Wundheilung und Bewegung. Die Seele gibt dem Leib Einheit und hält ihn zusammen. Die Seele gewährleistet die Erhaltung und Organisation des Organismus. Sie ist die einheitsstiftende Form.[44] Aristoteles versteht die Seele als erste *Entelechie* des Leibes, was er anhand des menschlichen Auges erläutert:

»Wenn nämlich das Auge ein Lebewesen wäre, so wäre seine Seele die Sehkraft; denn sie ist das Wesen des Auges dem Begriffe nach. Das Auge aber ist die Materie der Sehkraft. Wenn diese sich entfernte, wäre es kein Auge mehr, es sei denn nur im namensgleichen (äquivoken) Sinne, wie das steinerne oder das gezeichnete (Auge). Die Verhältnisse am Teil muss man nun am ganzen lebenden Körper erfassen; denn wie sich der Teil (die Sehkraft) zum Teil (zum Auge) verhält, so verhält sich analog die ganze Wahrnehmungskraft zum ganzen wahrnehmungsfähigen Körper als solchem. Nicht der Körper, der die Seele verloren hat, sondern der sie besitzende ist der in Möglichkeit seiende Körper, so dass er leben kann.«[45]

Dieses Beispiel ist wirklich sehr aussagekräftig. Aristoteles schlägt uns vor, dass wir einmal denken, das Auge wäre ein Lebewesen. Das, was

---

[42] An. I 5, 411b8–10.

[43] An. I 5, 411b8–10.

[44] Günter Rager hat dies sehr eindrucksvoll am Beispiel der Zygote gezeigt: »Schon bei der Zygote und in den nachfolgenden Blastomerenstadien sehen wir einen Austausch von Molekülen zwischen dem Individuum und der Umwelt. Die Einheit der Zygote und der Blastomeren bleibt aber gewahrt durch die gezielte Steuerung des Stoffwechsels, der sich im schützenden Raum der *Zona pellucida* abspielt. So haben wir einerseits die Materialität, welche dem Individuum einen bestimmten Ort in bestimmten Grenzen anweist, es in Raum und Zeit verankert, ihm seine Individualität gibt. Zum anderen haben wir eine Form, welche nicht nur das Überleben der Zygote, sondern auch ihre Einheit und ihre Weiterentwicklung garantiert.« Rager (2006), 159 f.

[45] An. II 1, 412b10 ff.

für das Auge typisch ist, die Sehkraft also, wäre demnach die Seele. Ohne Sehkraft wäre es ziemlich irrwitzig, weiterhin von einem Auge zu sprechen. Das Auge, so führt Aristoteles aus, sei die »Materie der Sehkraft«. Aristoteles erläutert also, was notwendig ist, damit es zu einer Lebensäußerung wie dem Sehen kommen kann. Das ist in Aristoteles' Sprache die *hylê*, also die entsprechend organisierte Materie. Ohne Auge – kein Sehen. In den Worten des portugiesisch-amerikanischen Gehirnforschers Antonio Damasio hört sich das so an: Das menschliche Sehvermögen ist »von mehreren spezifischen neuronalen Regionen abhängig, die entlang der Nervenbahnen von der Netzhaut zu den Großhirnhemisphären angeordnet sind. Fällt eine dieser Regionen aus, ist das Sehen gestört.«[46] Es kommt Damasio darauf an festzuhalten, dass unser Sehen unmöglich wäre, wenn die notwendigen physischen Grundlagen gestört oder ganz ausgefallen wären. Der Sehvorgang stellt nach Aristoteles eine Lebensäußerung dar, bei dem der Prozess des Sehens und das Sehen von etwas zusammengehören. Man kann so etwas nicht auseinanderreißen, wie er meint. Wir haben es mit einer Lebensäußerung eines leib-seelischen Organismus zu tun. Die physiologischen Vorgänge, über die uns Damasio einiges sagen kann, werden von Aristoteles als materielle Voraussetzung für mentale Lebensäußerungen berücksichtigt. Wichtig ist hier festzuhalten, dass die Materie (*hylê*) nicht – wie in physikalistischen Konzeptionen – als hinreichend dafür eingeschätzt wird, dass unsere Lebensäußerungen stattfinden können. Klar ist, dass unser Leib von Belang ist, damit Sie und ich überhaupt Lebensäußerungen haben. Das dahinter stehende Prinzip ist die *anima*, die Seele.[47] Dass es zu den jeweiligen Lebensäußerungen kommen kann, ist ihr verdankt. Aristoteles spricht in diesem Zusammenhang von der ersten *Entelechie*.

Der griechische Begriff *Entelechie* meint das, in dem etwas »in sein Ziel« gelangt, die Verwirklichung dessen, was als möglich gilt. Im Hinblick auf das Beispiel mit dem Auge besteht die *Entelechie* hier also im Sehen. Die Sehkraft können wir daher als Vollendung des Auges bezeichnen: Bei einem (selbst von einem Meister wie Rembrandt) gezeichneten Auge handelt es sich nicht wirklich um ein Auge. Das gilt freilich auch für ein steinernes Auge bzw. ein Glasauge. Diesen man-

---

[46] Damasio (2005a), 220.
[47] Daher greift es auch zu kurz, die aristotelische Position, wie A. Oksenberg Rorty es tut, als »psychophysicalism« zu bezeichnen: Oksenberg Rorty (1992), 13.

gelt es nämlich an der Sehkraft, also daran, was das Auge ausmacht. Was über das Auge gesagt wurde, kann nach Aristoteles auf den gesamtem Organismus übertragen werden. »Wie aber die Pupille und die Sehkraft das Auge bilden, so bilden [...] die Seele und der Körper das Lebewesen.«[48] Wenn Aristoteles davon spricht, die Seele sei die erste *Entelechie* des Leibes, will er uns damit sagen, dass es hier um das Lebendigsein des Organismus geht.[49]

In An. II 1, 412a1–b9 differenziert Aristoteles zwei Weisen der Vollendung. Aristoteles macht den Vorschlag, die Seele mit angeeignetem Wissen zu vergleichen. Das ist nicht dasselbe wie ein konkretes Umgehen und Hantieren mit diesem Wissen. Im Hinblick auf die Unwissenheit meint Ersteres, wie Aristoteles umgehend darlegt, bereits eine Vollendung. Angenommen, ich habe eine Berufsausbildung absolviert, kann diesem Betätigungsfeld aber momentan aus diesen oder jenen Gründen nicht nachkommen. Freilich ist das Berufswissen, das ich mir in meiner Ausbildungsphase angeeignet habe, eine erste Vollendung jenes Wissens. Es handelt sich freilich nicht um ein »Ding«, etwas, das man einfach wegoperieren könnte. Mit dem Bogenschlag zur zweiten Vollendung ist die Ausübung des potentiell jederzeit einsatzfähigen Wissens angesprochen. Aristoteles will hierauf hinaus: Das Beseeltsein des natürlichen Körpers, damit dieser überhaupt lebendig ist, ist hier sehr schön im Sinne des angeeigneten Wissens anschaulich zu machen. Also: Die *forma* als erste *Entelechie*, die erste Vollendung des durch sie durchwirkten Körpers. Im Hinblick auf das Augenbeispiel ist das Sehvermögen die erste Vollendung des Augapfels. Wenn wir jetzt gerade etwas sehen (z. B. diese Buchseite), wäre dies die zweite *Entelechie*. Und das lässt sich laut Aristoteles auf den Organismus übertragen. Die Seele ist die erste *Entelechie* des Leibes, die Basisvoraussetzung dafür, dass Sie und ich lebendig sind. Ohne sie gibt es keinerlei Lebensäußerungen. Es dürfte nun auch klar sein, was mit der zweiten *Entelechie* des Leibes gemeint ist: Die lebendige Entfaltung und Ausübung dieser Lebensäußerungen. Die Seele ist also »die erste Vollendung der Seele eines natürlichen Körpers, der in Möglichkeit Leben hat, und zwar von der Art, wie es der organische ist«[50]. Aristoteles benennt, was dies mit sich bringt: Die Seele ist meilenweit davon

---

[48] An. II 1, 413a.
[49] Vgl. hierzu: Hübner (1999), 1–32.
[50] An. II 1, 412b.

entfernt, eine unabhängige Substanz (wie der Substanzendualismus meint) oder auch eine bloße Zier und Eigenschaft zu sein.[51] Man kann auch nicht behaupten, Leib und Seele seien dasselbe.[52] Beseelt ist nicht ein x-beliebiger Körper. Anders formuliert: Zu dieser Seele steht ein organischer Körper in Beziehung. Aristoteles begreift die Seele als das Form-, Zweck-, Bewegungs- und Lebensprinzip. Der heute manchmal übliche Vergleich von Hard- und Software ist wirklich nicht besonders erhellend, um die Relation von Leib und Seele zu erläutern. Abgesehen davon, dass ein PC seiner Vollzüge nicht gewahr werden kann, offenbart sich das, was für dieses Programm denn nun typisch ist, nicht in der Hardware. Seelische Fähigkeiten schwirren nicht irgendwo im luftleeren Raum herum, sondern durchformen, wie Aristoteles hervorhebt, Ihre und meine Organe.

»Die einzelnen Teile eines Organismus sind nicht nur zufällig zu einer bestimmten Funktion fähig, sondern zu diesem spezifischen Zweck gebildet. Der Begriff des Organischen beinhaltet daher, dass der Körper eine Ganzheit ist, bei der die einzelnen Teilfunktionen sinnvoll zusammenwirken. Sie sind derart aufeinander abgestimmt, dass sie ihre spezifischen Funktionen nur im Zusammenspiel mit allen anderen Organen vollbringen können. Als Gestalt- und Funktionsganzheiten sind Lebewesen nicht in einzelne Elemente zerlegbar.«[53]

Während physikalistische Theorien von der Annahme ausgehen, Materie sei die hinreichende Bedingung für all unsere Lebensäußerungen, wird diese Sichtweise von Aristoteles ebenso zurückgewiesen wie die Annahme, mentale Lebensäußerungen seien völlig losgelöst von physischen Grundlagen.[54]

Der *noûs* soll das spezifisch Menschliche sein: Das, was ihn von Tieren und Pflanzen unterscheidet. Aber es ist nicht ganz einfach zu verstehen, was Aristoteles mit *noûs* meint. Und es wird nicht einfacher für uns, wenn er diesbezüglich zwischen einem an den Körper gebundenen und damit vergänglichen Element und einem unpersönlichen,

---

51 An. II 2, 414a14 ff.; vgl. An. I 1, 403a3 ff.
52 An. II 2, 414a20 f.
53 Kather (2003), 25.
54 »Als Verwirklichung ist es [das mentale Leben, M. K.] offenbar bereits von seinem Begriff her von einer zu verwirklichenden materiellen Basis abhängig und zwar nicht irgendeiner beliebigen, sondern einer, die als stofflicher Träger der einschlägigen Tätigkeiten geeignet ist: *dynamis* lässt sich natürlicherweise als ermöglichende Voraussetzung oder negative Vorbedingung (conditio sine qua non) auffassen.« Liske (2003), 28.

körperlosen, göttlichen und damit unvergänglichen Element unterscheidet. [55] Unsere Denkprozesse haben wie die mentalen Lebensäußerungen des Sehens, Wahrnehmens, Vorstellens organische Funktionen als notwendige Bedingung. Aus modernen bildgebenden Verfahren (z. B. dem Magnetresonanzverfahren und der Positronen-Emissions-Tomographie) lässt sich genauso wenig wie aus der Physiologie unserer zerebralen Strukturen selbst herauslesen und ableiten, dass das in diesen Prozessen gedachte Wissen *wahr* ist. So wird die Wahrheit der Aussage $1 + 1 = 2$ nicht von der physiologischen Beschaffenheit des Gehirns berührt. Sie ist für alle Menschen, egal ob sie dick oder dünn, jung oder alt, groß oder klein sind, identisch. Die Aussage $1 + 1 = 2$ bleibt wahr. Das Vermögen zu erkennen, was wahr ist, nennt Aristoteles *noûs*. »Von diesem Vermögen müssen wir noch heute wie Aristoteles sagen: es gibt dafür kein körperliches Organ.«[56] Vertrauter klingt möglicherweise folgende Aussage von Thomas Nagel, die das Gemeinte trifft: »Ein anderer kann unseren Schädel öffnen und sich sein Innenleben ansehen, er kann jedoch nicht unseren Geist öffnen und in ihn hineinblicken – zumindest nicht auf die gleiche Weise.«[57] Dank der beeindruckenden Daten der Gehirnforschung wissen wir, welche Prozesse wo im Gehirn ablaufen, wenn wir etwas sehen und wahrnehmen. »Aber die Erkenntnis, daß das, was im Spiel dieser Reaktionen herauskommt, der Wirklichkeit des Wahrgenommenen entspricht, vermag sie wiederum nicht zu erklären.«[58] Das Vermögen zu erkennen, was *wahr* ist (z. B. eine mathematische Gleichung) nennt Aristoteles *noûs*.

Ein Problem vieler Publikationen rund um das Leib-Seele-Problem scheint mir zu sein, dass etwas mit Brachialgewalt zurückgewiesen wird, von dem man eine verzerrte Vorstellung hat. Bereits folgende Buchtitel lassen jedem, der nur ein wenig Ahnung von einer aristotelischen Seelenauffassung hat, die Haare zu Berge stehen und die Fußnägel im Eiltempo aufrollen: »Bauplan für eine Seele«[59], »Die Technik auf dem Weg zur Seele«[60] und nicht zu vergessen, ein Vortrag Gerhard Roths mit dem schillernden Titel »Wie das Gehirn die Seele macht«[61],

---

[55] An. II 4, 413b24–29 und An. III 5, 430a22–25.
[56] Picht (1987), 372.
[57] Nagel (1990), 27.
[58] Picht (1987), 373.
[59] Dörner (2008).
[60] Maar (1996).
[61] Roth (2001).

in dem die Seele zu einem Nebenprodukt der neuronalen Maschinerie gerät.[62] Bei Daniel Dennett, der davon überzeugt ist, das Phänomen des Lebendigen gut genug verstanden zu haben, um sagen zu können, jede Zelle sei ein geistloser Mikroroboter, findet sich folgende Aussage: »Lange Zeit ist man versucht gewesen, sich vorzustellen, dass diese auffälligen Unterschiede [zwischen Menschen wie auch zwischen Menschen und unbelebten Dingen, M. K.] in speziellen Merkmalen irgendeines *zusätzlichen* Dings – einer Seele – gründen müssten, das auf irgendeine Weise in den Hauptquartieren unseres Körpers eingebaut ist.«[63]

In welchen Hauptquartieren des Körpers soll denn das »Ding« Seele eingebaut sein und in welchen nicht? Für die aristotelische Sichtweise ist die Vorstellung, nur irgendwelche Hauptquartiere des Körpers seien beseelt und andere nicht, geradezu absurd: Dort, wo der Leib ist, ist auch die Seele (*anima tota in corpore toto*). Der Hylemorphismus geht von einer Allgegenwart der Seele im Leib aus. Die bei Dennett zum Vorschein kommende strikte Trennung von leiblichen und seelischen Prozessen ist der aristotelischen Philosophie fremd. Die Seele ist kein »Ding«, nichts Physikalisches, sondern Form und Lebensprinzip des ganzen Organismus. Sie ist keine bestimmte Gegebenheit *am* Menschen, sondern der Grund, dass Sie und ich als leibliche Organismen leben. Auch Dennetts Verdacht, die Seele sei ein »kurioses Relikt«, das dem Wunsch entstamme, »uns selbst als absolut zu setzen«[64] ist zurückzuweisen. Von »Seele« im aristotelischen Sinne zu sprechen, bedeutet doch auch, dieses Lebensprinzip bei Pflanzen und Tieren anzunehmen. »Seele« in diesem Sinne ist also das Gemeinsame alles Lebendigen. »Alle natürlichen Körper nämlich sind Organe der Seele.«[65]

Nicht wenige Autoren lehnen die Vorstellung einer Seele ab, weil sie vor allem an eine Seele im Sinne der cartesischen Philosophie denken. Auch dann, wenn ausdrücklich eine Berufung auf Aristoteles erfolgt, scheint Descartes einen langen Schatten zu werfen. So bei Dietrich Dörner, der fest davon überzeugt ist, dualistische Modelle seien längst überholt und der Physikalismus sei der einzige Ausweg. In

---

[62] Die Neurobiologie kann »heute in groben Zügen angeben, wie das Gehirn die Seele macht« (ebd., 17).

[63] Dennett (2007a), 15.

[64] Dennett (2007b), 119.

[65] An. II 4, 415b.

einem Aufsatz mit dem bezeichnenden Titel *Man muss wissen, wonach man sucht* schreibt er:»Fraglich ist nicht, ob Neuronen die Seele konstituieren, sondern wie sie dies tun.«[66] Weiß Dörner wirklich wonach gesucht wird? Welche Vorstellung von Seele hat er? In einem anderen Aufsatz spricht Dörner von der»Seele aus der Retorte – das heißt heutzutage natürlich Seele im Computer, die Seele in der Maschine und als Maschine.«[67] Den Menschen begreift er als Maschine.[68] Die Verschaltung dieser Maschine soll die»Seele« sein.[69] Dass er im gleichen Aufsatz an *De Anima* (III. Buch) erinnert, um seine Gedanken zu Sprache und Denken zu untermauern,[70] legt den Verdacht nahe, dass er Aristoteles nicht ausreichend studiert hat. Dieser Verdacht verstärkt sich bei der Lektüre seines Buches *Bauplan für eine Seele*. Ohne Probleme spricht er hier vom»Seelenleben« eines Roboters,[71] von rationalen Seelenprozessen, die im Computer ablaufen[72] und davon, dass »Seele als Maschine möglich ist«[73]. Der Autor, der mit Abstand am häufigsten in dem immerhin über 800 Seiten starken Buch erwähnt wird, ist Aristoteles,[74] den Dörner auch hier als Kronzeugen bemüht: »Schon in der Antike hat Aristoteles diese Auffassung in seinem Büchlein *Über die Seele* vertreten.«[75] In eben diesem Buch aber heißt es: »Nicht von einem sobeschaffenen Körper ist ja die Seele das (wesensmäßige) Sosein und der Begriff, sondern von einem natürlichen, sobeschaffenen Körper, der das Prinzip der Bewegung und Ruhe in sich besitzt.«[76] Anders als künstliche Körper haben natürliche Körper nach Aristoteles einen Bewegungsursprung in sich selbst (*en hautô*).[77] Dör-

---

[66] Dörner (2007), 92.
[67] Dörner (2003), 264.
[68] Vgl. ebd., 264, 277.
[69] Vgl. ebd., 277.
[70] Vgl. ebd., 273.
[71] Dörner (2008), 11.
[72] Ebd., 14.
[73] Ebd., 19.
[74] Vgl. ebd., 20, 25, 28, 33, 258, 272, 323, 478, 510, 609, 712, 734, 736, 808 f.
[75] Ebd., 20, ähnlich 809.
[76] An. II 1, 412b.
[77] Die Seele gilt Aristoteles als Ursprung der Lebewesen, hat sie doch den Ursprung der Bewegung in sich. Wenn wir an Met. V 4, 1015a 14 f. denken, dann kann das, was den Ursprung der Bewegung in sich hat, als *physis* bezeichnet werden. Die Seele ist der Ursprung der Bewegung, während die *hylê* das Vermögen in sich aufnimmt, sich selbst zu bewegen. Ohne das Medium der Bewegung gibt es keine Bewegung, *physis* nicht ohne Materie. Georg Picht weist daher darauf hin, dass der *physis*-Begriff den Sinn hat,

ner zitiert die Aussage von Aristoteles, wonach die Seele Ursache und Prinzip des *lebenden Körpers* ist und diskutiert gleichzeitig die Frage, ob ein Kühlschrank lebt,[78] was für ihn offensichtlich bedeutet, eine »sehr einfach[e] Kopplung von Sensoren und Motoren«[79] zu besitzen. In seinem Kapitel *Die Bausteine des Geistes* werden kurzer Hand Liebe, Hass, Verzweifeln, Hoffen und Bewusstsein im Gehirn verortet, wobei ein Neuron als Rechenmaschine aufgefasst wird,[80] die die Seele bzw. mentales Leben hervorbringt.[81] In der Materie wird hier also die hinreichende Bedingung für mentale Lebensäußerungen erblickt, während Aristoteles die Seele doch als *Entelechie*, als erste Verwirklichung versteht, was doch bedeutet, dass der Körper nicht ohne Seele sein kann. Was ist zu Dörner zu sagen? Am besten ist es wohl, Dörners eigene Worte aufzugreifen und ihn noch einmal zu zitieren:

»Jeder Schalterbeamte ist geistig flexibler, ist geradezu ein Universalgenie im Vergleich mit einem System, das Auskunft über den Fahrplan gibt, oder mit sonst irgendeinem ›Expertensystem‹. Kein Wunder, dass viele unter ›KI‹ nicht mehr ›Künstliche Intelligenz‹, sondern ›Künstlicher Idiot‹ verstehen.«[82]

3. In den Spuren von Aristoteles: Der Hylemorphismus als Gegenvorschlag zu Physikalismus und Dualismus

Der Hylemorphismus macht den Gedanken stark, dass unsere mentalen Lebensäußerungen (ob wir nun singen, uns an etwas erinnern oder über das hier Dargelegte nachdenken) nur vor dem Hintergrund unseres gesamten Organismus verstanden werden können. Dies unterscheidet ihn sowohl von physikalistischen als auch dualistischen Entwürfen. Dass wir einen organischen Körper, einen Leib, haben, ist nach Aristoteles wichtig und notwendig dafür, dass wir z. B. diese Zeilen hier lesen und uns darüber austauschen können. Aber nicht unser Körper, und schon gar nicht ein einzelnes Superorgan, bestimmt keineswegs alleine

---

»schon im Ansatz jede Möglichkeit eines Dualismus von Leib und Seele auszuschließen.« Picht (1987), 180.

[78] Dörner (2008), 33–47.
[79] Ebd., 47.
[80] Vgl. ebd., 61 f., 71.
[81] Ebd., 88.
[82] Dörner (2008), 12.

Marcus Knaup

unsere mentalen Lebensäußerungen. Anders als dualistische Theorien stellt der Hylemorphismus heraus, dass unsere mentalen Lebensäußerungen von materiellen Grundvoraussetzungen abhängig sind. Ohne Leib können wir nicht nur nicht sehen, hören oder denken, sondern auch überhaupt nicht leben. Wie er »leibt und lebt« sagen wir im Deutschen (Wir sind eben keine Engel!). Im Unterschied zu physikalistischen Angeboten auf dem bunten Markt der Philosophie des Geistes wird angenommen, dass es sich bei den materiellen Voraussetzungen nicht um hinreichende, sondern notwendige handelt.[83] So können Skylla und Charybdis, d. h. Dualismus und Physikalismus, umschifft werden. Physisches und Mentales werden nicht messerscharf auseinander gezerrt, der *Einheit der Lebensäußerungen* wird entsprochen. Es gibt keinen Graben zwischen mentalen Lebensäußerungen und physischen Vollzügen. Der Hylemorphismus ist »wie keine andere aus der Geschichte des Denkens bekannte Theorie in der Lage, die Einheit des Menschen zu denken, ohne die Unterscheidung der beiden ontologischen Dimensionen, [...] Geist und Materie, zu vernachlässigen.«[84]

Der Hylemorphismus stellt eine wirkliche Alternative zu physikalistischen wie dualistischen Entwürfen dar.[85] In den Worten von Ed-

[83] Vgl. auch: Liske (2006), 197–220, Liske (2003), 20–56.
[84] Scherer (1983), 64.
[85] Thorsten Streubel setzt in seinem Buch *Gehirn und Ich* (Streubel (2008)) mit der verheißungsvollen Frage an, ob die aristotelische Seelenlehre eine Alternative zu Descartes darstellt (ebd., 11–32). Der *Entelechie*- und Formgedanke scheint für ihn auf den ersten Blick die Probleme der gängigen Lösungsstrategien zu unterlaufen. Bei genauerer Betrachtung zeige sich jedoch, dass die aristotelischen Überlegungen keine echte Alternative zu einem cartesischen Substanzendualismus darstellen und diesen sogar noch bestätigen. Streubel konstatiert, dass der aristotelische Seelenbegriff viel umfassender als der cartesische Begriff der *res cogitans* sei, da er den vegetativen und sensomotorischen Bereich mit umfasse und sich nicht nur auf die noetischen Funktionen beschränke (ebd., 18). Anders als der cartesische *res extensa*-Begriff, der lediglich das allen Körpern Gemeinsame umfasse, könne der aristotelische Begriff der Form die Unterschiede zwischen verschiedenen Arten von Körpern aufzeigen: zum einen zwischen lebendigen und toten, zum anderen zwischen lebendigen und künstlichen (ebd., 26). Streubel sieht ganz richtig, dass für Aristoteles – anders als für Descartes – Wahrnehmung und Denken ohne den Leib nicht möglich sind (ebd., 18) und die Form von Aristoteles als Wesen und Prinzip dem Stoff zwar begrifflich entgegengesetzt wird, Stoff und Form aber eben nur in der Einheit eines konkreten Seienden wirklich sind (ebd., 20). Streubel sieht ebenfalls, dass die Seele nach aristotelischem Verständnis ihre Funktionen ohne die Einflüsse der leiblichen Umwelt nicht entfalten kann: »Ohne Nahrung kann sich das Nährvermögen nicht realisieren, ohne Sinneseindrücke kann nichts wahrgenommen und ohne Wahrnehmungen nichts denkend erfasst werden. Der lebendige Körper kann sein

mund Runggaldier: »Aristotelian philosophy and ontology opens the way to alternative approach to the mind-body problem and avoids the extremes of physicalism and dualism. It allows for a conception of ourselves compatible with the assumptions of diachronic personal identity, indexicality and agent causality.«[86] Runggaldier[87] tritt ebenfalls für eine aristotelische Zwischenposition ein und macht darauf aufmerksam, dass Physikalisten und Dualisten ein Verständnis des Körpers teilen, welches sich aus der Physik ergebe. Für naturwissenschaftliche und theoretische Zwecke können – mit Runggaldier gesprochen – physikalistische und naturalistische Ontologien ausreichend sein, sie greifen aber als Deutungsmuster des Menschen, der Zwecke verfolgt, handelt und sich als derselbe erlebt, zu kurz.

Wenn Aristoteles die Seele als die »erste Vollendung eines natürlichen, organischen Körpers«[88] bezeichnet, meint er hiermit keineswegs etwas, was mit dem Körper nichts zu tun hätte bzw. von außen an ihn herantreten würde. Gemeint ist kein »Hirnprodukt«, sondern die »grundlegende Aktivität des lebenden Körpers«[89]. Freilich habe ich in meinem Beitrag zu diesem Sammelband begrifflich Seele und Leib unterschieden. Daher darf nicht unerwähnt bleiben, dass die Seele

---

seelisches Potential erst aufgrund seiner Umweltoffenheit aktivieren und sich so fortlaufend realisieren und erhalten« (ebd., 22). Von daher verwundert Streubels Frage, ob der cartesische Dualismus der Sache nach bei Aristoteles angelegt sei und man daher im Hylemorphismus einen präcartesischen Dualismus erkennen könne. Im Rahmen dieser Fragestellung, wird dann auch Descartes als Hylemorphist bezeichnet: »Selbst Descartes könnte ja gewissermaßen den Geist als Vollendung des Körpers bezeichnen, insofern einem menschlichen Körper ohne Geist gerade das spezifisch Menschliche fehlen würde. Insofern wäre auch Descartes ein ›Hylemorphist‹, ohne dass er jedoch den Dualismus aufgeben müsste« (ebd., 30). Descartes aber als Hylemorphisten zu bezeichnen, ist völlig abwegig. Zu kurz greift Streubel dann auch, wenn er die hylemorphistische Konzeption als einen »versteckte[n] Dualismus« (ebd., 30) bezeichnet. Für Streubel stellt die aristotelische Seelenlehre jedenfalls keine Alternative zu Descartes dar, da die Gemeinsamkeiten letztlich überwiegen würden und lediglich Akzente anders gesetzt würden (ebd., 33). Das Verhältnis von Körper und Seele als die Weise ihres Zusammenwirkens würde Aristoteles genauso wenig einsichtig machen können wie die cartesische Tradition: »Sein Hylemorphismus konnte die Dualität von Körper und Geist nicht aufheben« (ebd., 46). In dieser Aussage wird ganz deutlich, dass Streubel nicht verstanden hat, was *hylê* und *morphê* eigentlich sind. Insofern kann er auch den Hylemorphismus nicht als Alternative zu dualistischen und physikalistischen Modellen begreifen.

[86] Runggaldier (2006), 221.
[87] Ebd., 221–248.
[88] An. II 1, 412b5–6.
[89] Voigt (2006), 121.

während des gesamten menschlichen Lebens als Lebensprinzip »untrennbar auf ihn als einen Körper von ganz bestimmter Art«[90] bezogen bleibt. Das, was unseren lebendigen Organismus ausmacht, hat seinen Grund in der Beseeltheit. Die Klärung der stofflichen Grundlagen gilt heute als hinreichend für das, was Lebewesen sind. Das aristotelische Formprinzip ist weiter: »Aristotle thinks that it is true of natural objects and their behaviour in general that they cannot be fully understood in terms of material constituents and their properties, but have to be explained in terms of their essence or nature.«[91] Es wird dem Lebendigen nicht gerecht, nur Material- und Kausalursachen in den Blick zu nehmen, wie es Physikalisten fleißig tun. Es gibt offensichtlich auch noch, so Aristoteles, Form-, Wirk- und Zielursachen.

Die Form ist etwas anderes als ein ungebetener Flaschengeist aus »Tausendundeine Nacht«. Zur Grundauffassung des Hylemorphismus gehört es, dass sie den Stoff durchformt, Form und Stoff ineinander sind. Die Form ist die Form eines Stoffs und der Stoff stets durchwirkt von der Form. Es ist die *forma*, die einen lebendigen Organismus zu einem lebendigen Organismus macht. Als solche tritt sie auch nicht auf den Plan, sobald der Körper einen gewissen Organisationslevel erklommen hat. Die Seele, auch das dürfte nun klar sein, ist nach Aristoteles nicht eine mehr oder weniger hübsche Zierde von Körpern, eine Eigenschaft. Sie ist die Entelechie lebender Organismen.

Nach Aristoteles ist nicht zu fragen, »ob die Seele und der Körper Eines sind, wie auch nicht, ob das Wachs und die Figur (Eines sind), und überhaupt nicht, ob die Materie und das, wovon sie Materie ist, (sc. die Form); denn da das Eine und das Sein in mehrfacher Bedeutung verstanden werden, ist die Vollendung das (Eine und Seiende) in entscheidender (erster) Bedeutung«[92]. Seele und Körper als identisch anzusehen, ist nach Aristoteles ein grober Denkfehler. Aristoteles geht es um den lebendigen Organismus in seiner leib-seelischen Ganzheit, um das konkrete Eine und Ganze. Leib und Seele sind *nicht dasselbe*.[93] In

---

[90] Ebd., 121.
[91] Frede (1992), 94.
[92] An. II 1, 412b6 ff.
[93] Feigl hat in den 1950er Jahren in Aristoteles einen Vorläufer der Identitätstheorie erkennen wollen (vgl. hierzu: Feigl (1958) und Matson (1966), 92–102). Unbeachtet bleibt hier, dass körperliche und seelische Prozesse für Aristoteles nicht dasselbe sind. Die Materie ist nicht die Form und die Form nicht die Materie, aber die Materie steht stets in Form.

den Worten von Sorabji:»Aristotle's use of the matter/form distinction in his psychology has been called a strain, a misfit and an obfuscation. But it has the merit of steering us away from the idea that mental states may be *identical* with, or may be *simply*, physiological processes.«[94] Leib und Seele sind auch nicht zwei zählbare Substanzen, wie Descartes oder in der gegenwärtigen Diskussion Richard Swinburne meinen.[95] Unsere mentalen Lebensäußerungen sind keineswegs mit einem bloßen Körperverhalten zu verwechseln. Sie sind eingebunden in eine organismische Ganzheit: Angenommen, ich will einen philosophischen Aufsatz zu Papier bringen. Ohne Zweifel brauche ich dafür mein Gehirn. Die unterschiedlichen Prozesse in den einzelnen Arealen des Hirns ergeben aber nicht das Fazit, auf das ich in meinem Aufsatz hinaus will. Denken und Schreiben sind lebendige Vollzüge und wir müssen daher, so Aristoteles, den lebendigen Menschen in seiner leibseelischen Ganzheit in den Blick nehmen. In zahlreichen Diskussionsbeiträgen aus dem Bereich der Neurowissenschaften und der Neurophilosophie findet sich sehr häufig ein mereologischer Fehlschluss.[96] Mit der Bezeichnung *Mereologie* ist die Lehre vom Verhältnis einzelner Teile zum Ganzen gemeint. Das Problematische hierbei ist, dass ein Teil (das griechische Wort *méros* bedeutet Teil) von Ihnen oder mir (sprich: das Gehirn) mit Ihnen bzw. mir (also der leib-seelischen Personeinheit) vertauscht wird. So ist es nach Ansicht vieler namhafter Autoren das Gehirn, das denkt und entscheidet.[97] Aristoteles, der unsere modernen bildgebenden Untersuchungsverfahren noch nicht zur

---

[94] Sorabji (1993), 176.
[95] Insofern die Seele Entelechie ist, der Leib also immer schon durch die Seele aktiv ist (vgl. An. I 4, 408b14–15), stellt sich für den Hylemorphismus das Problem der kausalen Interaktion nicht in der Weise wie für Descartes oder auch für Physikalisten. Zur Abgrenzung des Hylemorphismus vom Eigenschaftsdualismus sei verwiesen auf: Liske (2006), 214 f.
[96] Hierzu: Bennett / Hacker (2010), 68 ff. und Fuchs (2008), 65 ff.
[97] Vgl. z. B. Roth (2004), 77; Roth (2001), 338; Roth (1992), 128; Churchland (2002), 1; Cruse (2004), 223–228.
Eine hylemorphistische Sichtweise wird dem Umstand gerecht, dass die Entscheidungen des Menschen neuronale Prozesse als notwendige Voraussetzung haben, er sich durch die Vernunft leiten lassen kann und durch Überlegungen und Gründe beeinflusst werden kann. Dank der modernen Gehirnforschung wissen wir, welche Gehirnareale beteiligt sind, wenn wir etwas ausführen wollen. Ein Primat der hirnphysiologischen Prozesse und Strukturen gegenüber unseren Lebensäußerungen kann aus dem neurowissenschaftlichen Labordatenmaterial nicht legitimiert werden.

Verfügung hatte, kann hier wirklich vor Engführungen bewahren: »So ist die Aussage, dass die Seele sich erzürne, ähnlich der, wie wenn man sagte, die Seele webe ein Tuch oder baue ein Haus; denn es ist vielleicht besser, nicht zu sagen, die Seele habe Mitleid, oder lerne, oder denke, sondern der Mensch mit der Seele. [...]«[98] Das ist deutlich. Weder das Gehirn noch die Seele sind der Autor dieses philosophischen Aufsatzes, sondern ich bin es in meiner leib-seelischen Ganzheit, der seine »grauen Zellen« arbeiten lässt und Fragen zum Leib-Seele-Problem erörtert. Es gilt also, so könnte man den Hinweis von Aristoteles zusammenfassen, den lebendigen Menschen in den Blick zu nehmen: »Das Denken und Lieben oder Hassen sind nicht Affekte der Vernunft, sondern des Menschen, der es hat.«[99] Das Organ unter unserer Schädeldecke gehört zu einem leib-seelischen Ganzen, einem lebendigen Organismus, der in mannigfaltiger Weise (vom Stoffwechsel angefangen bis zum Wechselverkehr mit Anderen) mit der Umwelt verwoben ist.[100] Der beseelte Leib ist unsere Brücke zur Umwelt und zu unseren Mitmenschen. Das aristotelische Verständnis der Seele als (Lebens-) Prinzip des Organismus kann heute fruchtbar gemacht werden, wenn es um die Frage nach dem Verhältnis von Leib und mentalen Lebensäußerungen geht, insofern stets der Blick auf den gesamten Organismus eröffnet wird.[101]

---

[98] An. I 4, 408b.

[99] An. I 4, 408b.

[100] Interessant scheint mir in diesem Zusammenhang, dass Antonio Damasio die »bemerkenswerte Abwesenheit eines *Organismusbegriffs* in der Kognitions- und Neurowissenschaft« beklagt. »Der Geist blieb in einer etwas doppeldeutigen Beziehung mit dem Gehirn verknüpft, und das Gehirn wurde konsequent vom Körper getrennt, statt es als Teil eines komplexen lebenden Organismus zu sehen.« Damasio (2006), 55. Der Hylemorphismus erfüllt die Kriterien, die nach Damasio eine neurowissenschaftlich und philosophisch verantwortbare Position aufweisen muss: »daß zum umfassenden Verständnis des menschlichen Geistes eine organische Perspektive erforderlich ist, daß der Geist nicht nur aus einem körperlosen Cogitum in das Reich von Körpergeweben verlegt, sondern auch zu einem ganzen Organismus in Beziehung gesetzt werden muß, der aus den vielfältig miteinander verflochtenen Teilen des Körpers im engeren Sinn und des Gehirns besteht und der mit einer physischen und sozialen Umwelt interagiert.« Damasio (2005b), 333.

[101] Günter Rager hat einen überzeugenden Vorschlag gemacht, wie wir uns die Durchformung des Körpers durch die Seele vorstellen können. Diese könnte u. a. »erfolgen durch die fortlaufende chemische und neuronale Kontrolle des inneren Milieus, deren Auswirkungen bis auf die molekulare Ebene reichen, die kontinuierliche Regulation der Tätigkeit der Eingeweide und des Bewegungssytems zur Situierung des Organismus in der Umwelt und durch die zahllosen Wiedereintrittsschleifen (reentry loops), durch

Der Hylemorphismus wird dem gerecht, dass wir uns als leib-see-lische Einheit und weder als zwei zusammenaddierte Substanzen noch als bloß physikalisierbares Etwas verstehen. Wir können als Ergebnis festhalten, dass der Hylemorphismus die eingangs genannten Anforderungen an einen tragfähigen Gegenvorschlag zu physikalistischen und dualistischen Entwürfen erfüllt. Es gibt nicht nur *laut-leise, hell-dunkel*. Es gibt wohltuende Zwischenklänge, weshalb es nicht nötig ist, in das Konzert von Physikalisten und Dualisten einzustimmen.[102]

Literatur

Aristoteles:

Aristoteles: *Über die Seele*: griechisch-deutsch, mit Einleitung, Übersetzung (nach W. Theiler) und Kommentar, hrsg. von H. Seidel, Hamburg 1995.

Weitere:

Bennett, M. / Hacker, P. (2010): *Philosophical Foundations of Neuroscience*. Oxford [10]2010.
Bieri, P. (2007): Generelle Einführung, in: *Analytische Philosophie des Geistes*, hrsg. von P. Bieri. Weinheim, Basel [4]2007.
Brandt, R. (2009): *Können Tiere denken? Ein Beitrag zur Tierphilosophie*. Frankfurt a. M.
Burnyeat, M. F. (1992): Is An Aristotelian Philosophy Of Mind Still Credible? A Draft, in: *Essays on Aristotle's De Anima*, hrsg. von M. C. Nussbaum / A. Oksenberg Rorty. Oxford.
Churchland, P. (2002): *Brain-Wise. Studies in Neurophilosophy*. Cambridge.
Crick, F. (1997): *Was die Seele wirklich ist. Die naturwissenschaftliche Erforschung des Bewusstseins*. Reinbek bei Hamburg.
Cruse, H. (2004): Ich bin mein Gehirn. Nichts spricht gegen den materialistischen Monismus, in: *Hirnforschung und Willensfreiheit. Zur Deutung der neuesten Experimente*, hrsg. von C. Geyer. Frankfurt a. M.

welche alle Hirntätigkeiten potentiell in allen Hirnregionen zusammenwirken. Dieser Informationsaustausch selbst und die damit verbundenen Regelprozesse sind es, welche die Einheit und die Fortdauer des Selbst gewähren.« Rager (2006), 160.
Rager zieht daraus die einsichtige Konsequenz, dass die Befunde der Neurowissenschaften die aristotelische Philosophie bereichern und konkretisieren können (ebd., 160).
[102] Ich danke meinen Freunden Gaby Olveira, Erik Riemer und Tobias Schulte für anregende Diskussionen zu dieser Thematik.

Damasio, A. (2005a): *Der Spinoza-Effekt. Wie Gefühle unser Leben bestimmen.* Berlin ²2005.

Damasio, A. (2005b): *Descartes' Irrtum. Fühlen, Denken und das menschliche Gehirn.* Berlin ²2005.

Damasio, A. (2006): *Ich fühle, also bin ich. Die Entschlüsselung des Bewusstseins.* Berlin ⁶2006.

Dennett, D. C. (2007a): *Süße Träume. Die Erforschung des Bewusstseins und der Schlaf der Philosophie.* Frankfurt a. M.

Dennett, D. C. (2007b): »Wir müssen unsere Intuitionen über das Bewusstsein aufgeben« – ein Gespräch mit Susan Blackmore, in: *Gespräche über Bewusstsein,* hrsg. von S. Blackmore, Frankfurt a. M.

Dörner, D. (2003): Seelen aus der Retorte?, in: *Gene, Meme und Gehirne. Geist und Gesellschaft als Natur,* hrsg. von A. Becker / C. Mehr / H. H. Nau / G. Reuter / D. Stegmüller. Frankfurt a. M.

Dörner, D. (2007): Man muss wissen, wonach man sucht, in: *Wer erklärt den Menschen? Hirnforscher, Psychologen und Philosophen im Dialog,* hrsg. von C. Könneker, Frankfurt a. M.

Dörner, D. (2008): *Bauplan für eine Seele.* Reinbek bei Hamburg ²2008.

Durrant, M. (Hrsg.) (1993): *Aristotle's De Anima in focus.* London.

Feigl, H. (1958): The »Mental« and the »Physical«, in: *Minnesota Studies in the Philosophy of Science,* Bd. II. Minneapolis.

Frede, M. (1992): On Aristotle's Conception Of The Soul, in: *Essays on Aristotle's De Anima,* hrsg. von M. C. Nussbaum / A. Oksenberg Rorty. Oxford.

Fuchs, T. (2008): *Das Gehirn – ein Beziehungsorgan. Eine phänomenologisch-ökologische Konzeption.* Stuttgart.

Höffe, O. (1999): *Aristoteles.* München ²1999.

Hübner, J. (1999): Die aristotelische Konzeption der Seele als Aktivität in De Anima II 1, in: *Archiv für Geschichte der Philosophie* 81, 1–32.

Jacobi, K (1985): Aristoteles, in: *Klassiker des philosophischen Denkens.* Band 1, hrsg. von N. Hoerster. München.

Kather, R. (2003): *Was ist Leben? Philosophische Positionen und Perspektiven.* Darmstadt.

Klaus, G. / Buhr, M. (1966): *Philosophisches Wörterbuch.* Leipzig.

Knaup, M. (2010): »Personalität« und »Leiblichkeit« als Voraussetzung für zugelassenes Anderssein. Nachdenken in den Spuren Edith Steins, in: *Europa und seine Anderen. Edith Stein – Emmanuel Lévinas – Józef Tischner,* hrsg. von H.-B. Gerl-Falkovitz / R. Kaufmann / H. R. Sepp. Dresden.

Liske, M.-T. (2003): Aristoteles' Philosophie des Geistes: Weder Materialismus noch Dualismus, in: *Seele, Denken, Bewusstsein. Zur Geschichte der Philosophie des Geistes,* hrsg. von U. Meixner / A. Newen. Berlin, New York.

Liske, M.-T. (2006): Lässt sich eine aristotelische Zwischenposition zwischen Dualismus und Physikalismus konzipieren?, in: *Die menschliche Seele. Brauchen wir den Dualismus?,* hrsg. von B. Niederbacher / E. Runggaldier. Frankfurt et al.

Maar, C. (1996): *Die Technik auf dem Weg zur Seele. Forschungen an der Schnittstelle Gehirn/Computer.* Reinbek bei Hamburg.

Matson, W. I. (1966): Why Isn't the Mind-Body Problem Ancient?, in: *Mind,*

Matter, and Method. Essays in Philosophy and Science in Honor of Herbert Feigl, hrsg. von P. K. Feyerabend / G. Maxwell. Minneapolis.

Nagel, T. (1990): *Was bedeutet das alles? Eine ganz kurze Einführung in die Philosophie*. Stuttgart.

Nussbaum, M. C. (1992): Introduction, in: *Essays on Aristotle's De Anima*, hrsg. von M. C. Nussbaum / A. Oksenberg Rorty. Oxford.

Nussbaum, M. C. / Oksenberg Rorty, A. (Hrsg.) (1992): *Essays on Aristotle's De Anima*. Oxford.

Oksenberg Rorty, A. (1992): De Anima: Its Agenda And Its Recent Interpreters, in: *Essays on Aristotle's De Anima*, hrsg. von M. C. Nussbaum / A. Oksenberg Rorty. Oxford.

Picht, G. (1987): *Aristoteles' »De Anima«*. Stuttgart.

Rager, G. (2006): *Die Person. Wege zu ihrem Verständnis*. Fribourg, Wien.

Roth, G. (1992): Kognition: Die Entstehung von Bedeutung im Gehirn, in: *Emergenz: Die Entstehung von Ordnung, Organisation und Bedeutung*, hrsg. von W. Krohn / G. Küppers. Frankfurt a. M.

Roth, G. (2001a): *Fühlen, Denken, Handeln. Wie das Gehirn unser Verhalten steuert*. Frankfurt a. M.

Roth, G. (2001b): *Wie das Gehirn die Seele macht. Vortrag auf dem 51. Lindauer Psychotherapiewochen*. http://www.lptw.de/archiv/vortrag/2001/roth.pdf (eingesehen am 15. Sept. 2008).

Roth, G. (2004): Worüber dürfen Hirnforscher reden – und in welcher Weise?, in: *Hirnforschung und Willensfreiheit. Zur Deutung der neuesten Experimente*, hrsg. von C. Geyer. Frankfurt a. M.

Runggaldier, E. (2003): Deutung menschlicher Grunderfahrung im Hinblick auf unser Selbst, in: *Unser Selbst. Identität im Wandel der neuronalen Prozesse*, hrsg. von G. Rager / J. Quitterer / E. Runggaldier. Paderborn, München, Zürich [2]2003.

Runggaldier, E. (2006): The Aristotelian Alternative to Functionalism and Dualism, in: *Die menschliche Seele. Brauchen wir den Dualismus?*, hrsg. von B. Niederbacher / E. Runggaldier. Frankfurt et al.

Scherer, G. (1983): Das Leib-Seele-Problem in seiner Relevanz für die individuelle Eschatologie, in: *Tod, Hoffnung, Jenseits. Dimensionen und Konsequenzen biblisch verankerter Eschatologie. Ein Symposion*, hrsg. von F. Dexinger. Freiburg, Basel, Wien.

Sorabji, R. (1993): Body and Soul in Aristotle, in: *Aristotle's De Anima in focus*, hrsg. von M. Durrant. London, New York.

Streubel, T. (2008): *Gehirn und Ich. Plädoyer für einen Paradigmenwechsel*, Frankfurt a. M.

Voigt, U. (2006): Wozu brauchte Aristoteles den Dualismus?, in: *Die menschliche Seele. Brauchen wir den Dualismus?*, hrsg. von B. Niederbacher / E. Runggaldier. Frankfurt et al.

Wilkes, K. V. (1992): Psuchē Versus The Mind, in: *Essays on Aristotle's De Anima*, hrsg. von M. C. Nussbaum / A. Oksenberg Rorty. Oxford.

Was leistet der Seelenbegriff zur Überwindung physikalistischer Deutungen personaler Identität?

Josef Quitterer

Physikalistische Versionen personaler Identität

Eine Annahme, die wir täglich machen ohne lange darüber nachzudenken, ist die unserer Identität durch die Zeit *(diachrone Identität)*. Wir setzen voraus, dass wir durch die Zeit dieselben bleiben. Dies tun wir sowohl in Bezug auf uns selbst als auch in Bezug auf andere. In Bezug auf uns selbst nehmen wir z. B. an, dass wir es waren, die vor etlichen Jahren die Schulbank gedrückt haben, und nicht eine andere Person. Wir tun dies, obwohl wir uns seit dieser Zeit vielleicht sehr verändert haben und uns oft kaum noch an die Schulzeit erinnern können. Vor Operationen oder anderen lebensbedrohenden Situationen hoffen wir nach dem einschneidenden Ereignis als dieselben weiter zu leben. Der Hinweis der Anästhesistin, sie könne zwar garantieren, dass eine mit uns sehr ähnliche Person, nicht aber wir selbst überleben, wird uns kaum zufriedenstellen. Offensichtlich legen wir Wert darauf, auch in Zukunft als dieselben weiter zu existieren. Auch in Bezug auf andere Personen nehmen wir an, dass diese durch die Zeit dieselben bleiben. Wenn wir z. B. eine gute Bekannte nach langer Zeit wieder treffen, setzen wir – obwohl sie sich stark verändert hat – voraus, dass sie dieselbe ist, wie die, die wir vor langer Zeit kennen gelernt haben. Sollte es sich herausstellen, dass es sich nur um eine sehr ähnliche Person handelt, würden wir uns für die Verwechselung entschuldigen und das Gespräch beenden. Die Annahme, dass wir durch die Zeit dieselben bleiben, nimmt auch in zahlreichen gesellschaftlichen Institutionen einen zentralen Stellenwert ein: Unsere Gerichte ziehen Menschen für Taten zur Rechenschaft, die sie vor Jahren begangen haben; unser Arbeitgeber überweist das Gehalt auf unser Konto und setzt dabei natürlich voraus, dass wir von Monat zu Monat dieselben bleiben; Grenzbehörden kontrollieren Ausweise und stellen die Identität (oder Nicht-Identität) von Personen fest. Diese skizzenhaften Beispiele sollten genügen, um die Annahme unserer Identität durch die Zeit als festen Bestandteil unserer Alltagswelt auszuweisen. Die Tatsache, dass wir etwas im Alltag als bestehend voraussetzen, ist nun für sich genommen noch nicht ausreichend, um die Wahrheit dieser Annahme zu begründen. Gerade im Zusammenhang mit der Annahme personaler Identität durch die Zeit offenbart eine genauere philosophische Analyse die Problematik dieser Alltagsintuition. Die Behauptung von Identität gehört zu den logisch stärksten Behauptungen und setzt entsprechende Wahrheitsbedingungen voraus. Für die Wahrheit einer Identitätsaussage ›x ist dasselbe wie y‹ ist es notwendig und hinreichend, dass x und y nicht zwei, sondern nur eine Entität sind. Genau genommen wird hier nicht das Bestehen eines Sachverhalts, sondern lediglich die Existenz eines Gegenstandes behauptet, auf den sich die zwei verschiedenen Ausdrücke beziehen, die zu den beiden Seiten des Identitätszeichens stehen. Obwohl in der Behauptung, dass etwas mit sich identisch ist, letztlich kein Sachverhalt zum Ausdruck gebracht wird, der bestehen oder nicht bestehen kann, sind Identitätsaussagen nicht trivial. Identitätsbehauptungen haben insofern einen Informationsgehalt, als durch sie behauptet wird, dass zwei Ausdrücke, die scheinbar verschiedene Entitäten bezeichnen, sich auf dasselbe beziehen. Im Alltag behaupten wir oft die Identität von scheinbar numerisch verschiedenen Entitäten – z. B. in Aussagen wie ›der Mörder war der Gärtner‹ oder ›der Lawinenabgang, von dem die Zeitungen heute berichten, ist derselbe wie der, den wir gestern beobachtet haben‹; oder wir behaupten, dass Dinge, die scheinbar miteinander identisch sind, in Wirklichkeit numerisch verschieden sind: ›Bei dem älteren Herr, den Du gestern im Zug getroffen hast, handelt es sich nicht um meinen Klavierlehrer, sondern um eine fremde Person.‹ Die Entdeckung, dass sich zwei Ausdrücke mit verschiedener Bedeutung auf denselben Gegenstand beziehen, kann unter Umständen auch als wissenschaftlicher Erkenntnisgewinn angesehen werden. Dies lässt sich an einem klassischen Beispiel illustrieren, das auf *Frege* zurückgeht: Der Behauptung, dass der Abendstern mit dem Morgenstern identisch ist, liegt die astronomische Entdeckung zu Grunde, dass der Himmelskörper, der am Abend am hellsten leuchtet, derselbe ist wie jener, der am Morgen am hellsten leuchtet, das heißt, dass die zwei Ausdrücke ›Abendstern‹ und ›Morgenstern‹ sich auf denselben Planeten beziehen.

Wenn wir in Identitätsaussagen von scheinbar numerisch verschiedenen Gegenständen behaupten, dass sie miteinander identisch sind, haben wir ein zumindest implizites Wissen von ihren Identitätsbedingungen. Identitätsbedingungen sind jene Bedingungen, die gegeben sein müssen damit Identitätsaussagen wahr sind. Identitätsbedingungen sind von Identitätskriterien zu unterscheiden. Während man sich mit Identitätskriterien auf der epistemischen Ebene bewegt und nach den Erkenntnisgründen für Annahme einer Identität zwischen bestimmten Entitäten fragt, betreffen Identitätsbedingungen die ontologische Ebene. Sie sind eigentlich unabhängig von der Frage zu behandeln, wie diese Bedingungen erkannt oder bestimmt werden können. Wie in den nun folgenden Ausführungen deutlich wird, lässt sich im Zusammenhang mit der diachronen Identität von Personen die Frage nach dem Vorliegen der jeweiligen Bedingungen auf der ontologischen Ebene jedoch nur schwer von der Frage ihrer epistemischen Feststellbarkeit trennen.

Eindeutige Bedingungen von Identität werden im so genannten *Leibnizschen Prinzip* formuliert. Von *Leibniz* selbst stammt die negative Form – das *principium identitas indiscernibilium*. Darin wird ausgeschlossen, dass es zwei numerisch verschiedene Seiende gibt, die sich völlig gleichen und bei denen es nicht möglich wäre, einen inneren oder auf einer inneren Bestimmung beruhenden Unterschied zu finden.[1] Während dieses Prinzip bei *Leibniz* eine hinreichende Bedingung für Identität darstellt, wird es im in der zeitgenössischen Ontologie häufig als notwendige Bedingung von Identität formuliert. Demnach ist x mit y dann und nur dann identisch, wenn x in allen Eigenschaften mit y übereinstimmt. Es stellt sich die Frage, ob Identitätsaussagen tatsächlich nur dann wahr sind, wenn sie die Bedingungen des Leibnizschen Prinzips erfüllen. Zweifellos gilt das Leibnizsche Prinzip für synchrone Identitätsaussagen; das heißt, x und y sind zu einem Zeitpunkt t dann und nur dann identisch, wenn x und y in allen Eigenschaften übereinstimmen. Schwieriger wird die Anwendung des Leibnizschen Prinzips bei Aussagen über die diachrone Identität von Personen und Lebewesen. Die Behauptung, dass ich dieselbe Person bin wie vor 20 Jahren, steht in einem offensichtlichen Widerspruch zum Leibnizschen Prinzip. Wie kann ich nach 20 Jahren noch dieselbe Person sein, wenn ich mich in zahlreichen Eigenschaften geändert habe?

Autoren, welche die Intuition der diachronen Identität verteidigen,

---

[1] Leibniz, 608.

plädieren deshalb für eine Abschwächung des Leibnizschen Prinzips als Identitätsbedingung. Statt einer Übereinstimmung in sämtlichen Eigenschaften wird eine Übereinstimmung in den wesentlichen oder *sortalen* Bestimmungen gefordert: Zwei Entitäten x und y sind demnach nur dann durch die Zeit miteinander identisch, wenn x und y dieselben artspezifischen oder sortalen Bestimmungen haben.[2] Diese Abschwächung des Leibnizschen Prinzips durch die Beschränkung auf sortale Eigenschaften hat jedoch den Nachteil, dass sie nur notwendige, aber keine hinreichenden Bedingungen für die diachrone Identität liefert. Die Übereinstimmung in den sortalen Bestimmungen ist nämlich auch bei numerisch verschiedenen Individuen derselben Art gegeben. Aus diesem Grund ist die Hinzunahme weiterer Bedingungen erforderlich.

In der klassischen Philosophie des Aristoteles und des Thomas von Aquin wird nun die Frage nach den notwendigen und hinreichenden Bedingungen für die diachrone Identität eines natürlichen Dings mit dem Hinweis auf seine substanzielle Form *(forma substantialis)* beantwortet. Die substantielle Form beinhaltet zwar sämtliche wesentlichen Bestimmungen der Entität (z. B. das Menschsein); das oben geschilderte Ungenügen sortaler Abhängigkeit zur hinreichenden Bestimmung von Identität (auch numerisch verschiedene Dinge können dieselben sortalen Bestimmungen aufweisen) wird im klassischen *forma substantialis*-Begriff jedoch dadurch vermieden, dass die formalen Bestimmungen, die einem Ding aufgrund seiner substanziellen Form zukommen, formale Bestimmungen nur dieses und keines anderen Individuums sind. Mit der substanziellen Form sind also letztlich nicht die allgemeinen Bestimmungen gemeint, die verschiedenen Individuen derselben Art zukommen, sondern die wesentlichen Bestimmungen insofern sie in einem bestimmten konkreten Individuum realisiert sind. So wäre z. B. die substanzielle Form des Sokrates nicht das Menschsein als eine Eigenschaft, die Sokrates mit allen anderen Menschen gemeinsam hat, sondern das individuelle Menschsein des Sokrates – das Sokrates-Sein eben. Auf diese Weise wird die substanzielle Form zu einer notwendigen und hinreichenden Bedingung der diachronen Identität von Dingen: Ein Ding x ist mit einem Ding y identisch, wenn es dieselbe substanzielle Form hat.[3]

---

[2] Runggaldier / Kanzian (1998), 152 f.
[3] Stump (2003), 46: »For any substances x and y, x is identical to y if and only if the substantial form of x is identical to the substantial form of y.«

Die substanzielle Form eines Lebewesens ist bekanntlich seine ›Seele‹. Die Seele umfasst als substanzielle Form die wesentlichen Bestimmungen z. B. dieses konkreten Menschen. Diese wesentlichen Bestimmungen bleiben dieselben, auch wenn sich der Mensch permanent verändert. Aus diesem Grund wurde in der philosophischen Tradition die Frage nach den Bedingungen für die diachrone Identität von Menschen mit dem Hinweis auf seine Seele beantwortet. Unter ›Seele‹ wird dabei dasjenige verstanden, was wir unabhängig von den Veränderungen, denen wir im Laufe der Zeit unterliegen, sind. In dieser Bedeutung setzt die Annahme einer Seele voraus, dass es wesentliche Eigenschaften gibt, die durch die Zeit trotz aller Veränderungen dieselben bleiben. Diese unwandelbaren Wesenseigenschaften wären demnach gleichzusetzen mit dem ›Kern‹ unserer Person.

Diese Gleichsetzung von ›Seele‹ mit bestimmten unwandelbaren Eigenschaften des Menschen ist wohl der Hauptgrund dafür, dass der Begriff der Seele als philosophisches Mittel zur Rechtfertigung diachroner personalen Identität in Verruf geraten ist. Wo sollten beim Menschen solche unwandelbaren formalen Bestimmungen zu finden sein? Die empirischen Wissenschaften zeigen, dass es weder physische noch psychische Eigenschaften gibt, die nicht dem prozesshaften Geschehen unterliegen. Viele naturalistisch gesinnte Autoren sehen im Begriff der Seele deshalb ein Relikt eines veralteten Begriffssystems zur Erklärung des menschlichen Verhaltens, das man heute angesichts neuerer naturwissenschaftlicher Erkenntnisse nicht mehr benötigt.[4] Der Seelenbegriff – so eine weit verbreite Argumentation – setze entweder die Annahme essentieller Eigenschaften voraus, die sich wissenschaftlich nicht nachweisen lassen, oder er werde auf eine immaterielle Substanz bezogen. Ebenso wenig wie man aber essentielle Eigenschaften benötige, brauche man zur Erklärung menschlichen Verhaltens eine geisterhafte Überwachungsinstanz *(ghostly supervisor)* oder – wie Daniel Dennett es auch ausdrückt – kausal wirksame geistige ›Seelenperlen‹.[5]

Physikalistische Autoren plädieren infolgedessen nicht nur für eine Elimination des Seelenbegriffs,[6] sie fordern zudem eine Revision

---

[4] Vgl. dazu Crick (1994), 17: »Ein moderner Neurobiologe braucht die religiöse Vorstellung einer Seele nicht, um das Verhalten von Menschen und anderen Lebewesen zu erklären.«

[5] Dennett (1991), 423.

[6] Vgl. Churchland (1990).

unserer Alltagsauffassung von der diachronen Identität von Personen. Für sie ist es philosophisch unseriös, die Identität durch die Zeit von sich dauernd ändernden Lebewesen zu behaupten. Diese Annahme würde ja voraussetzen, dass ich zu jedem Zeitpunkt meiner Existenz als derselbe Mensch existiere, obwohl ich permanent bestimmte Eigenschaften verliere und andere hinzugewinne. Der Verlust und Gewinn von Eigenschaften beträfe mich in diesem Fall gar nicht wirklich. Ich wäre dann auch schon am Beginn meiner Existenz schon als Ganzer – nämlich als derselbe J. Q. – da wie am Ende, obwohl ich am Beginn bestimmte Eigenschaften noch nicht habe, die ich erst im Laufe meiner Existenz erwerbe. Aus diesem Grund wird eine andere ontologische Deutung der Existenz von Lebwesen durch die Zeit *(Persistenz)* angestrebt. Statt sie wie Dinge oder Substanzen zu behandeln, die zu jedem Zeitpunkt ihrer Existenz schon als Ganze da sind, solle man sie wie zeitlich ausgedehnte *Ereignisse* verstehen. Ereignisse sind im Unterschied zu Substanzen nicht zu jedem Zeitpunkt ihrer Existenz schon als Ganze da. So ist z. B. ein Fußballspiel kurz nach dem Anpfiff noch nicht jenes Spiel, über das am nächsten Tag die Zeitungen berichten. Ereignisse sind im Unterschied zu Dingen zeitlich ausgedehnt. Übertragen auf die Existenz von Menschen und anderen Lebewesen würde das bedeuten, dass diese zusammenfällt mit der Geschichte ihres Lebens. Lebewesen wären demnach zeitlich ausgedehnte Aggregate von Lebensereignissen. Ihre Identität wäre abhängig von der zeitlichen Ausdehnung ihrer Lebensgeschichte. Jede Änderung der zeitlichen Ausdehnung wäre gleichbedeutend mit einer Änderung ihrer Identitätsbedingungen. Wenn Sokrates z. B. zwei Jahre länger gelebt hätte, wäre er nicht mehr Sokrates, sondern eine numerisch verschiedene Person.

In dieser Sichtweise kann natürlich keine Rede mehr davon sein, dass wir durch die Zeit dieselben bleiben. Streng genommen werden wir in jedem Augenblick, in welchem wir einen neuen zeitlichen Teil erhalten, andere. Identität ist demnach nicht eine Relation zwischen meinem Personsein von früher und dem von heute, sondern es ist die Beziehung von mir zum gesamten Aggregat meiner Lebensereignisse.[7]

---

[7] Vgl. dazu Quine (1980), 298 f.: »Aus der Raum-Zeit-Perspektive ist es leichter einzusehen, dass es keinen Grund gibt, weshalb mein erstes und mein fünftes Jahrzehnt – wie verschieden sie auch sein mögen – nicht ebenso als Teile desselben Menschen zählen

Diese ›revisionäre Ontologie‹[8] soll nicht nur den soeben geschilderten ontologischen Problemen Rechnung tragen, sie will auch jenen Alltagsintuitionen gerecht werden, die so etwas wie eine Identität durch die Zeit vorauszusetzen scheinen. Der wahrscheinlich bekannteste Entwurf einer revisionären Ontologie zur Rekonstruktion unserer zeitlichen Existenz stammt dabei von David Lewis. Aus den oben geschilderten Alltagsintuitionen, die in einem unmittelbaren Zusammenhang zur diachronen Identität stehen, wählt Lewis unsere Hoffnung weiterzuleben. Lewis beschäftigt sich mit der Frage, wie innerhalb einer physikalistisch-empiristischen Konzeption unsere Hoffnung auf Weiterleben ausgefaltet werden kann. Er versteht diese Hoffnung zunächst als Wunsch, »mein geistiges Leben möge weiterfließen«[9]. Der Teilsatz ›mein geistiges Leben möge weiterfließen‹ kann nun auf zwei verschiedene Weisen verstanden werden:

a) Es soll auch in Zukunft ein geistiges Leben geben, das *mein* geistiges Leben ist.

b) Es soll ausgehend von meinem (jetzigen) geistigem Leben *ein* weiteres geistiges Leben geben.

Aus den Erläuterungen, die sich unmittelbar an den Teilsatz anschließen, wird klar, dass Lewis ›mein geistiges Leben möge weiterfließen‹ im zweiten Sinn versteht:

»Meine gegenwärtigen Erfahrungen, Gedanken, Meinungen, Wünsche und Charakterzüge sollen in der Zukunft geeignete Nachfolger haben. Mein gesamter gegenwärtiger Geisteszustand soll nur ein momentanes Stadium in einer kontinuierlichen Aufeinanderfolge von Geisteszuständen sein.«[10]

Weiterleben heißt demnach, dass es einen ›Nachfolger‹ zu meinem aktuellen geistigen Zustand gibt, der zu diesem Zustand in einer Beziehung der Ähnlichkeit und gesetzesmäßigen kausalen Abhängigkeit steht.[11] Auf diese Weise wird die Annahme geistiger *Identität* (Deutung a) – die geistigen Zustände in der Zukunft sollen ebenso meine sein, wie meine gegenwärtigen Zustände) auf eine der *Kontinuität* zwi-

---

sollen wie mein Kopf und meine Füße. […] so braucht es […] keinen unveränderlichen Kern zu geben, durch den ich in beiden Jahrzehnten zum selben Menschen werde«.
[8] Zum Begriff ›revisionäre Metaphysik‹ bzw. ›revisionäre Ontologie‹ vgl. Löffler (2007), 114 ff.
[9] Lewis (1983), 68.
[10] Lewis (1983), 68.
[11] Lewis (1983), 69.

schen geistigen Zuständen (Deutung b) – es soll in Zukunft geistige
Zustände geben, die sich von meinen jetzigen geistigen Zuständen kausal herleiten lassen und eine gewisse Ähnlichkeit mit ihnen haben)
zurückgeführt.

Postphysikalistische Deutungen personaler Identität

Die physikalistische Deutung unseres Weiterlebens als Kontinuität
geistiger Ereignisse steht jedoch in offensichtlichem Widerspruch zu
dem, was wir tatsächlich voraussetzen, wenn wir hoffen weiterzuleben.
Der englische Philosoph Richard Swinburne bringt dies in folgendem
Gedankenexperiment auf den Punkt: Man stelle sich vor, dass mein
Gehirn zweigeteilt wird und je eine Hälfte eines geteilten Gehirns in
den leeren Schädel eines Körpers transplantiert wird, in dem das Hirn
zuvor entfernt wurde. Wenn man nun zusätzlich annimmt, dass beide
Gehirnhälften in ihren neuen Körpern durch Verknüpfung mit zusätz-
lichem Gehirngewebe wieder jeweils eine Person konstituieren, ergibt
sich die Frage, wer von den beiden Personen nun ich bin:

»Wenn diese Operation durchgeführt würde und wir dann zwei lebende Personen mit dem Erleben bewusster Erfahrungen hätten: Welche wäre ich?
Wahrscheinlich würden sich beide bis zu einem gewissen Ausmaß so verhalten wie ich und behaupten, ich zu sein und sich daran zu erinnern, das getan
zu haben, was ich tat.«[12]

Es können nicht beide Personen mit mir identisch sein, sonst wären sie
dieselbe Person. Die Antwort des Physikalisten auf dieses Problem
würde nach Swinburne unbefriedigend ausfallen. Demnach wäre die
Frage des Überlebens »eine Frage des Grades«. Das heißt, ich ›überlebe‹
»in dem Ausmaß, als das geistige Leben einer späteren Person ›Erinne-
rungen von‹ meinem geistigen Leben aufweist und von ihm verursacht
ist«.[13]

Diese Deutung unseres Weiterlebens trifft nach Swinburne genau
das nicht, was wir tatsächlich erhoffen, wenn wir überleben wollen. Es
kommt uns dabei nicht darauf an, dass wir uns später an möglichst viel
aus unserem früheren Leben erinnern oder dass wir unserem Vorgän-

---

[12] Swinburne (2006), 47.
[13] Swinburne bezieht sich in seiner Argumentation nicht auf Lewis, sondern auf Parfit,
was aber für unseren Zusammenhang unerheblich ist; Swinburne (2006), 49.

ger möglichst ähnlich sind; es geht uns vielmehr darum, dass wir die Person sind, die überlebt:»Ich will, dass diese Person ich bin, auch wenn ich mich an viele Dinge meines früheren Lebens nicht erinnern kann.«[14] Wenn ich hoffe zu überleben, hoffe ich nicht, dass mein gegenwärtiger Geisteszustand nur einer in einer Kette von geistigen Zuständen ist, die sich weiter fortsetzt. Auch für die Erfüllung meiner Hoffnung weiterzuleben genügt es nicht, wenn es einen ›Nachfolger‹ zu meinem aktuellen geistigen Zustand gibt, der zu meinem jetzigen Zustand in einer Beziehung der Ähnlichkeit und der kausalen Abhängigkeit steht. Gerade hier wird deutlich, dass es beim Weiterleben nicht auf Kontinuität, sondern auf Identität ankommt. Die Relation der Kontinuität schließt Mehrdeutigkeit nicht aus: Ein und dasselbe Ding oder eine Person kann gleichzeitig in einer Kontinuitätsbeziehung zu zwei (oder mehreren) Nachfolgern stehen. Dies ist eine für die Frage des Weiterlebens völlig inakzeptable Möglichkeit. Die einzige Relation, in der eine derartig kontraintuitive Möglichkeit ausgeschlossen wird, ist die Relation der Identität. In dieser Relation gibt es nur eine zukünftige Person, mit der ich im Falle meines Überlebens identisch sein kann.

In einer adäquaten Rekonstruktion unserer Hoffnung zu Überleben und der Erfüllung dieser Hoffnung führt also kein Weg an der Identitätsbeziehung vorbei. Damit sind aber die oben genannten grundlegenden Einwände gegen eine Anwendung der Identitätsbeziehung auf das Problem unserer Existenz durch die Zeit noch nicht aus dem Weg geräumt. Die Attraktivität der physikalistischen Position beruht ja gerade darauf, dass sie die Schwierigkeiten im Zusammenhang mit der Anwendung des Leibnizschen Prinzips auf die Persistenz menschlicher Personen ernst nimmt und dafür eine elegante Lösung anbietet. Gesucht wäre also eine Rekonstruktion menschlicher Persistenz, die zum einen unseren Alltagsüberzeugungen gerecht wird, zum anderen aber jene Schwierigkeiten vermeidet, welche sich aus dem Faktum der permanent wechselnden Eigenschaften und den daraus resultierenden Problemen für die Anwendung der Identitätsrelation ergeben.

Swinburne selbst entwickelt eine Rekonstruktion personaler Existenz durch die Zeit, in welcher er beiden Anliegen gerecht zu werden versucht. Diese Rekonstruktion stützt sich wiederum auf eine Analyse der Überlebensthematik. Für mein Überleben spielt – wie oben deutlich

---

[14] Swinburne (2006), 49.

wurde – die Ähnlichkeit meiner physischen Zustände keine entscheidende Rolle. Dagegen ist es für mein Überleben nach Swinburne konstitutiv, ob ich mich als mich selbst aus der Ersten-Person-Perspektive reidentifizieren kann. Ob ich in der einen oder anderen Person (oder in gar keiner von beiden) überlebt habe, hängt allein davon ab, ob ich die geistigen Zustände der einen oder der anderen (oder gar keiner) Person als meine eigenen geistigen Zustände erlebe. Auf diese Weise gewinnt Swinburne eine Möglichkeit, die Relation der Identität auf die zeitliche Existenz von Personen anzuwenden, ohne dabei irgendwelche ihrer psychischen oder physischen Eigenschaften berücksichtigen zu müssen: Für den Ich-Bezug zu meinen eigenen geistigen Zuständen können nämlich keine empirisch feststellbaren (Identitäts-) Bedingungen ausschlaggebend sein; vielmehr handelt es sich um eine irrtumsfreie Identifikation. »Bei dem Satz ›ich erinnere mich, dass ich gestern sehr großen Hunger hatte‹ handelt es sich nach Swinburne bei beiden Vorkommnissen des Wortes ›ich‹ um *informative Designatoren*. Das heißt, ich bin in beiden Fällen gegenüber einer möglichen Fehlidentifikation immun«:[15] »Ich kann nicht erfassen, dass eine Erfahrung (z. B. Schmerzen) stattfindet und mich fragen, ob sie meine ist oder nicht, so wie ich etwa wissen kann, wie man das Wort ›Hesperus‹ verwendet und mich dennoch fragen kann, ob der Planet, auf den ich blicke, Hesperus ist.«[16] Es gibt also dafür, ob ich als P_1 mit einer Person P_2 oder P_3 (oder mit überhaupt keiner) identisch bin, weder empirischen Kriterien noch empirisch feststellbare Identitätsbedingungen; vielmehr ist die Identität der Person ein »basales und essenziell an die erstpersönliche Perspektive gebundenes Faktum.«[17] Quante spricht in diesem Zusammenhang von der ›einfachen Theorie personaler Identität‹ durch die Zeit, da die diachrone Identität nicht von zusätzlichen Identitätsbedingungen abhängig ist.[18]

Ähnlich wie Swinburne argumentiert die US-amerikanische Philosophin Lynne Rudder Baker gegen physikalistische Deutungen personaler Identität. Personen zeichnen sich demnach gegenüber allen anderen Lebewesen dadurch aus, dass sie eine ›Erste-Person-Perspektive‹

---

[15] Swinburne (2006), 56 f.; Swinburne definiert geistige Eigenschaften als Eigenschaften, zu denen man einen privilegierten Zugang hat (ebd., 42).
[16] Swinburne (2006), 55 f.
[17] Quante (2002), 30.
[18] Quante (2002), 34.

besitzen. Unter einer ›Ersten-Person-Perspektive‹ versteht Rudder Baker die Fähigkeit,»sich selbst als sich selbst zu begreifen«[19] bzw. die Fähigkeit,»eine Perspektive einnehmen zu können, von der aus sich jemand als sich selbst erkennen kann«[20]. Als Person kann ich mir zum Beispiel Gedanken darüber machen, ob ich beim morgigen Zahnarztbesuch Schmerzen empfinden werde oder ob mir das Mittagessen heute geschmeckt hat. Rudder Bakers Einführung des Begriffs der Ersten-Person-Perspektive ermöglicht eine Präzisierung des für Personen charakteristischen Selbstbezugs. Das Überleben einer Person wird dadurch gewährleistet, dass diese Person zum Zeitpunkt t_2 dieselbe Erste-Person-Perspektive hat wie zum Zeitpunkt t_1.[21]

Es geht also nicht um irgendeinen Bezug zu jemandem, der denselben Namen hat wie ich, sondern um den Bezug zu mir selbst. Aus diesem Grund unterscheidet Rudder Baker zwischen einem Selbstbezug aus der Dritten- und dem aus der Ersten-Person-Perspektive:

»Wir haben die begriffliche Fähigkeit, an uns zu denken ohne einen Namen, eine Beschreibung oder einen anderen Ausdruck in dritter Person zu verwenden. Ich kann unterscheiden zwischen den Gedanken ›Ich bin froh, dass ich glücklich bin‹ und ›Ich bin froh, dass Lynne Baker glücklich ist‹. Ich könnte auch dann froh sein, dass ich glücklich bin, wenn ich unter Amnesie leiden und nicht wissen würde, dass Lynne Baker glücklich ist.«[22]

Mit der sogenannten ›einfachen Theorie personaler Identität‹ entziehen sich Swinburne und Rudder Baker den oben genannten Einwänden gegen die diachrone Identität von Personen. Da die Identitätsbeziehung ausschließlich vom ›basalen Faktum‹ des erstpersönlichen Zugangs abhängig gemacht wird, ist es unerheblich, welche Eigenschaften dem Subjekt neben dem nicht weiter auflösbaren Selbstbezug sonst noch zukommen.

---

[19] Rudder Baker (2000), 66.

[20] Rudder Baker (2000), 60.

[21] Rudder Baker (2000), 132:»In the first place, a person is defined in terms of a first-person perspective. So, person P_1 at t_1 is the same person as person P_2 at t_2 if and only if P_1 and P_2 have the same first-peron perspective.«

[22] Rudder Baker (2008), 62.

Der Beitrag des Seelenbegriffs zur adäquaten Rekonstruktion personaler Identität

Die *einfache Theorie* personaler Identität muss jedoch weiter präzisiert werden, bevor sie zu einer Rekonstruktion der Alltagsintuitionen im Zusammengang mit dem Weiterleben herangezogen werden kann. Zwar ist die von Swinburne und Rudder Baker beschriebene irrtumsfreie Selbstidentifikation an keinerlei empirisch feststellbare Bedingungen geknüpft. Dies gilt jedoch nur für das Gelingen des Selbstbezugs im Augenblick des Vollzugs. Das Zustandekommen einer derartigen Selbstidentifikation ist als solche sehr wohl an bestimmte kognitive Voraussetzungen gekoppelt. So ist eine bestimmte Art des Selbstbewusstseins erforderlich, damit ein Lebewesen überhaupt seine eigenen psychischen und physischen Zustände aus der Ersten-Person-Perspektive begreifen kann. Nach Rudder Baker verfügen überhaupt nur höhere Lebewesen (Primaten) und Menschen ab einem bestimmten Entwicklungsstadium über die zum Vollzug des irrtumsfreien Selbstbezugs nötigen kognitiven Voraussetzungen.[23]

Es gibt aber noch eine weitere Frage, die geklärt werden muss, bevor die einfache Theorie zur Rekonstruktion diachroner personaler Identität als taugliche Alternative zum physikalistischen Konzept verwendet werden kann: Wenn personale Identität durch die Zeit ausschließlich durch denselben irrtumsfreien Selbstbezug (Swinburne) bzw. dieselbe Erste-Person-Perspektive (Rudder Baker) konstituiert wird, beschränkt sich Identität durch die Zeit dann nicht auf jene Phasen des Personseins, in denen die entsprechenden Bewusstseinszustände tatsächlich realisiert sind? Ein Begriff personaler Identität, der sich einzig und allein auf einen selbstbezüglichen Bewusstseinsakt gründet, würde implizieren, dass personale Identität nicht mehr das ganze Leben eines Menschen umfasst, sondern nur noch jene Momente, in denen Menschen tatsächlich selbstbewusst tätig sind. Es gibt aber in unserem Leben zahlreiche Momente – zum Beispiel im Tiefschlaf und in Zuständen von Bewusstlosigkeit –, in denen wir jede Art von selbstbewusster Aktivität ausschließen können. Ausgehend von einer sehr eng gefassten Interpretation der ›einfachen Theorie‹ ließen sich jene Momente der Bewusstlosigkeit nicht mehr in meine personale Existenz integrieren. Meine Existenz als Person wäre lückenhaft, eine durch-

---

[23] Rudder Baker (2008), 64 ff.

gängige Kontinuität nicht mehr gegeben. Diese Ablehnung einer kontinuierlichen Existenz muss sich aber mit dem Einwand auseinandersetzen, dass die Unterbrechung der Existenz von Lebewesen gleichbedeutend mit deren Ende ist:[24] Wenn eine Person zu einem Zeitpunkt zu existieren aufhört und nach einer zeitlichen Unterbrechung wieder zu existieren beginnt, kann keine numerische Identität mehr zwischen der Person vor und der nach der Unterbrechung behauptet werden. Anders ausgedrückt: Kontinuität ist – zumindest für Lebwesen – eine notwendige Bedingung diachroner Identität.

Nun ist auch Swinburne klar, dass unser personales Existieren in der Zeit nicht auf das aktuelle Haben von Bewusstseinszuständen reduziert werden kann. Swinburne würde Bewusstseinsausfälle auch nicht als Unterbrechungen unseres Personseins ansehen. Er verweist darauf, dass es geistige Zustände auch dann gibt, wenn sie uns aktuell nicht bewusst sind. Nach seiner Auffassung ist zu unterscheiden zwischen geistigen Zuständen, die ein Subjekt nur zu dem Zeitpunkt hat, wenn das Subjekt diese Zustände auch bewusst erlebt, und jenen geistigen Zuständen, welche nicht an ein aktuelles bewusstes Erleben gekoppelt sind. Zur ersten Klasse von geistigen Zuständen gehören Gedanken und Empfindungen. Von diesen ›bewussten Episoden‹ *(conscious episodes)* sind mentale Zustände zu unterscheiden, die auch zu den Zeitpunkten bestehen, zu denen das Subjekt diese Zustände gerade nicht bewusst erlebt. Swinburne bezeichnet letztere als ›*continuing mental states*‹[25]. Unter die zweite Klasse fallen z. B. Wünsche, Überzeugungen und Absichten. Diese Unterscheidung Swinburnes leuchtet ein, denn gerade bei Absichten, Wünschen und Überzeugungen ist davon auszugehen, dass sie auch dann vorliegen, wenn das Subjekt sich dieser Zustände gerade nicht bewusst ist. Allerdings können derartige Zustände – z. B. auf Nachfrage – prinzipiell bewusst gemacht werden.

In den gängigen Klassifikationen werden solche latent vorhandenen mentalen Zustände im Unterschied zu den aktuell sich manifestierenden Bewusstseinszuständen normalerweise unter die Kategorie der Dispositionen subsumiert. Swinburne wehrt sich zwar gegen eine derartige Einordnung mit der Begründung, dass Dispositionen als solche nicht kausal wirksam sind, latent vorhandene mentale Zustände aber

---

[24] Van Inwagen (1980), 142 ff.
[25] Swinburne (1997), 18.

sehr wohl; er plädiert stattdessen dafür, innerhalb des Bereichs der kausal wirksamen mentalen Wirklichkeit zwischen latenten und manifesten mentalen Zuständen zu unterscheiden.[26] Swinburnes Scheu vor dem Gebrauch des Dispositions-Begriffs resultiert wahrscheinlich aus einer nicht-realistischen Deutung von Dispositionen. Dispositionen kann demnach nur insofern eine kausale Wirksamkeit zugeschrieben werden, als sie sich auf faktische Gegebenheiten reduzieren lassen.[27] Latente mentale Zustände können dagegen nicht reduziert werden auf die Momente, in denen sie tatsächlich bewusst gemacht werden. In der aktuellen Diskussion zum Dispositionsbegriff begegnet aber auch eine realistische Deutung, welche den Dispositionsbegriff in einen unmittelbaren Zusammenhang mit aktiven und kausal wirksamen Vermögen bringt, wie sie z. B. in der Metaphysik des Aristoteles thematisiert werden. Derartige Vermögen *(powers)* sind demnach real und kausal wirksam.[28]

Dass diese realistische Deutung des Dispositionsbegriffs dem Anliegen Swinburnes eher gerecht wird, zeigt sich auch daran, dass für ihn das der geistigen Substanz innewohnende Vermögen zu einem geistigen Leben selbst schon eine geistige Eigenschaft ist.[29] Das durchgängige (kontinuierliche) Weiterbestehen von Personen scheint also nicht so sehr auf den faktischen Vollzügen selbstbewusster Akte zu basieren, sondern vielmehr auf Zuständen, die dem Vermögen nach selbstbewusste Akte werden können. Angesichts der geschilderten Bedrohung unserer durchgängigen personalen Existenz durch Bewusstseinsausfälle scheint das Vermögen zu einem geistigen Leben grundlegender zu sein als die selbstbezüglichen Bewusstseinsakte selbst, aus denen wir die unbezweifelbare Gewissheit unserer Identität gewinnen. Diese Sichtweise deckt sich mit Rudder Bakers Konzeption der einfachen Theorie personaler Identität. Auch für sie scheint das Vermögen oder die Fähigkeit[30], eine Erste-Person-Perspektive einnehmen zu können, grundlegender zu sein als der tatsächliche Vollzug des erstpersönlichen

---

[26] Swinburne (1997), 110.
[27] Armstrong (1996), 15 ff.
[28] Mumford (1998), 118 ff.
[29] Swinburne (2006), 45.
[30] Ich behandle an dieser Stelle die Begriffe ›Fähigkeit‹ und ›Vermögen‹ als Synonyme. Ausgehend von der aristotelischen Begriffsbestimmung ist der Begriff des Vermögens weiter als jener der Fähigkeit, umfasst ersterer doch auch noch den kontrovers diskutierten Begriff der ›Potentialität‹.

Selbstbezugs. Diese weiter gefasste Deutung der einfachen Theorie ergibt sich bereits aus ihrer Definition des Personenbegriffs: Demnach ist es die *Fähigkeit*, eine Erste-Person-Perspektive einnehmen zu können, die menschliche Personen zu Personen macht.[31] Spätestens an dieser Stelle wird deutlich, wie der Seelenbegriff zur Rekonstruktion diachroner personaler Identität in Anschlag gebracht werden kann. Swinburne bezeichnet mit ›Seele‹ den wesentlichen Teil einer Person, der notwendig und hinreichend ist für personale Identität. Bei der Seele handelt es sich demnach um eine geistige Substanz, die wesentlich als ›Vermögen zu geistigem Leben‹ bestimmt ist.[32] Die Deutung der Seele als geistiger Substanz ist – wie oben ausgeführt – allerdings auch einer der Hauptgründe für die Schwierigkeit, diesen Begriff für den aktuellen Diskurs in der Philosophie des Geistes fruchtbar zu machen. Diese substanzialistische Konzeption des Seelenbegriffs erinnert zu sehr an die Position von René Descartes mit ihrer Problematik der Wechselwirkung von denkender und ausgedehnter Substanz. Wenn Swinburne bei der Einführung des Begriffs der Seele jedoch das *Vermögen zu geistigem Leben* in den Vordergrund stellt, muss dies aber noch nicht im Sinne eines Substanzdualismus verstanden werden. Das Verständnis von Seele als einem Vermögen zu geistigem Leben ließe sich auch aristotelisch deuten. Nach Aristoteles ist die Seele zwar Substanz, es handelt sich dabei nicht um eine Substanz im dinglichen Sinn. Vielmehr handelt es sich bei der Seele um ein formales Prinzip, das als wesentliche Bestimmung nicht mit dem konkreten Ding gleichgesetzt werden kann, dessen Prinzip sie ist.[33] Ebenso wenig wie die Seele als konkrete für sich bestehende Substanz angesehen werden darf, ist ihre Realität im Sinne einer manifesten oder aktuell vorliegenden Wirklichkeit zu verstehen. Aristoteles unterscheidet zwei Arten von Wirklichkeit oder Verwirklichung (Vollendung):

»Diese [Vollendung] wird in zweifacher Bedeutung verstanden, in der einen wie ⟨z. B.⟩ eine Wissenschaft, in der anderen wie das Betrachten.« (412a, 22 f.)

Mit ›Betrachten‹ meint Aristoteles jene Art von Realität, die im Sinne eines konkreten Ereignisses oder Vollzugs zu verstehen ist. Demgegenüber nimmt Aristoteles eine zweite Grundkategorie von Wirklichkeit

---

31 Rudder Baker (2000), 91.
32 Swinburne (2006), 45 u. 52.
33 Aristoteles 412a 19 f.

an, die er in Analogie zur ›Wissenschaft‹ – besser wäre hier vielleicht ›Wissen‹ *(episteme)* – verdeutlicht. Es handelt sich dabei nicht um einen konkreten Vollzug oder ein im Hier und Jetzt vorzeigbares Ereignis, sondern um eine Fähigkeit, eine Disposition, die dem konkreten Vollzug bzw. der Ausübung der Fähigkeit vorausgeht und zugrunde liegt. Wenn von der Wirklichkeit der Seele gesprochen wird, so ist immer die zweite Bedeutung – die dispositionale Wirklichkeit im Sinne eines Vermögens – gemeint:

»Offensichtlich ist sie [die Seele] nun ›Vollendung‹ wie die Wissenschaft. Mit dem Dasein der Seele gibt es auch Schlaf und Wachen. Das Wachen ist analog dem Betrachten, der Schlaf dem Besitzen, ohne Betätigung. Früher aber, der Entstehung nach, ist bei demselben (Subjekt) die Wissenschaft. Deshalb ist die Seele die erste Vollendung der Seele eines natürlichen Körpers, der in Möglichkeit nach Leben hat.« (412a, 23 ff.)

Die Seele ist also die erste Verwirklichung eines Lebewesens im Sinne eines sämtlichen Lebensäußerungen zugrunde liegenden aktiven Vermögens. Als allen Aktivitäten zugrunde liegende Realität garantiert die Seele auch die Identität des Lebewesens, dessen Lebensprinzip sie ist. Sie ist jenes Prinzip, das als ein und dasselbe sämtlichen Veränderungen des Organismus zugrunde liegt und sie kausal hervorbringt. Die Seele des Menschen kann bei Aristoteles also ebenso wie bei Swinburne als Vermögen zu geistigem Leben bezeichnet werden.

Es gibt aber einen wesentlichen Unterschied zwischen den beiden Seelenkonzepten. Während Swinburne oder Rudder Baker ein rein kognitives Vermögen als Garanten für personale Identität annehmen, umfasst der aristotelische Seelenbegriff auch nicht-geistige Vermögen. Die aristotelische Auffassung von der Seele als Lebensprinzip des organischen Körpers geht von einer Grundlage sämtlicher geistiger und körperlicher Aktivitäten aus, die selbst weder rein geistig noch rein körperlich zu bestimmen ist. Als Grundvermögen garantiert es die Existenz des Personseins auch zu den Zeitpunkten, in denen die für Personen kennzeichnenden geistigen Aktivitäten gerade nicht stattfinden. Die Annahme einer Seele liefert sozusagen ein funktionales Prinzip zur Erklärung des Gesamtverhaltens von Organismen.

Ein derartig umfassendes Grundvermögen ist besser als ein rein geistiges Vermögen geeignet, diachrone Identität in den Phasen unseres Lebens zu gewährleisten, in welchen keinerlei geistige Aktivität vorliegt. Im Gegensatz zu einer reinen geistigen Substanz liefert die aristotelische Seele eine zureichende Begründung diachroner Identität auch bei Abwesenheit aktueller geistiger Aktivität. Die Seelensubstanz lässt Unterbrechungen des Bewusstseinsstroms zu und kann zu einer adäquaten Rekonstruktion jener Alltagsintuitionen herangezogen werden, die im Zusammenhang mit unserer zeitlichen Existenz stehen. Es handelt sich um ein substanzielles Prinzip, welches in unserem Leben jene Phasen der Existenz in unser Personsein integriert, zu denen wir geistig noch nicht, gerade nicht oder nicht mehr aktiv sind. Warum sollte man ein derartiges Prinzip nicht gerade dann heranziehen, wenn es um eine adäquate philosophische Deutung unseres Weiterlebens geht. Die Seele wäre demnach sowohl Garant unserer Identität durch die Zeit als auch ontologische Grundlage für sämtliche körperlichen und geistigen Aktivitäten unserer menschlichen Existenz. Zwar wird in der aristotelischen Philosophie die oben geschilderte Selbstbezüglichkeit des personalen Bewusstseins – die Erste-Person-Perspektive – nicht explizit zum Thema,[34] sie ließe sich jedoch ohne Gewaltmaßnahmen in das aristotelische Seelenkonzept integrieren. Bei einer derartigen Erweiterung des Aristotelischen Seelenbegriffs auf das Phänomen des Selbstbewusstseins wäre aber jedenfalls zu beachten, dass derartige kognitive Vermögen nur vor dem Hintergrund der Gesamtorganisation des Organismus, in dem sie auftreten, adäquat gedeutet werden können. Erst wenn man den ganzen Organismus und seine funktionale Architektur in den Blick nimmt, lassen sich die sogenannten höheren kognitiven Prozesse in ihrer Eigenart verstehen. Bei Aristoteles kommt diese Aufhebung der Trennung zwischen dem geistig-mentalen auf der einen und dem biologisch-physikalischen Bereich auf der anderen Seite dadurch zum Ausdruck, dass er die Seele die erste Entelechie des Körpers nennt.[35] So ist z. B. beim Menschen die Vernunftseele nicht nur für die höheren kognitiven Fähigkeiten verantwortlich, sondern sie bestimmt auch die grundlegenden physiologischen Prozesse des menschlichen Organismus. In der aristotelischen Auffassung wird die Seele sowohl zur Erklärung biologisch-physikalischer als auch mentaler Phänomene herangezogen.[36] Das Explanandum von Seele erweitert sich

---

[34] Wobei man darauf hinweisen muss, dass bei Aristoteles jeder Erkenntnis- oder Wahrnehmungsakt einen selbstbezüglichen Charakter aufweist. Vgl. dazu Aristoteles 425b, 11.
[35] Aristoteles 412a, 27 f.
[36] Vgl. dazu auch Quitterer (2005).

auf diese Weise auf die gesamten Erlebens- und Verhaltensweisen von Organismen. Die Annahme einer Seele bietet so eine Möglichkeit, wie die Alltagsintuition der personalen Identität mit der Erfahrung der Veränderung zusammen gedacht werden kann.

Literatur

Aristoteles (1995): *Über die Seele*, hrsg. von H. Seidl. Hamburg.

Armstrong, D. M. (1996): Dispositions as categorical states, in: *Dispositions – A Debate*, hrsg. von T. Crane. London.

Churchland, P. M. (1990): Eliminative materialism and the propositional attitudes, in: *Mind and Cognition*, hrsg. von W. G. Lycan. Oxford.

Crick, F. (1994): *Was die Seele wirklich ist: die naturwissenschaftliche Erforschung des Bewusstseins*. München.

Dennett, D. C. (1991): *Consciousness Explained*. Boston.

Kuhn, T. (1988): *Die Entstehung des Neuen. Studien zur Struktur der Wissenschaftsgeschichte*. Frankfurt a. M.

Leibniz, G. W. (1980): Monadologie § 9, in: Ders.: *Philosophische Schriften IV*, hrsg. von C. J. Gebhardt. Hildesheim.

Lewis, D. (1983): Überleben und Identität, in: *Identität der Person. Aufsätze aus der nordamerikanischen Gegenwartsphilosophie*, hrsg. von L. Siep. Basel.

Löffler, W. (2007): Über deskriptive und revisionäre Metaphysik, in: *Metaphysik heute – Probleme und Perspektiven der Ontologie*, hrsg. von M. Lutz-Bachmann / T. M. Schmidt. Freiburg.

Mumford, S. (1998): *Dispositions*. Oxford.

Quante, M. (2002): *Personales Leben und menschlicher Tod*. Frankfurt a. M.

Quine, W. V. O. (1980): *Wort und Gegenstand (Word and Object)*. Stuttgart.

Quitterer, J. (2005): Was die Seele wirklich erklärt?, in: *Die Rolle der Seele in der Kognitions- und Neurowissenschaft*, hrsg. von M. F. Peschl. Würzburg.

Rudder Baker, L. (2000): *Persons and Bodies – A Constitution View*. Cambridge.

Rudder Baker, L. (2008): Tätigsein und die Erste-Person-Perspektive, in: *Was sind menschliche Personen? Ein akttheoretischer Zugang*, hrsg. von B. Niederbacher / E. Runggaldier. Frankfurt a. M.

Runggaldier, E. / Kanzian, C. (1998): *Grundprobleme der Analytischen Ontologie*. Paderborn.

Stump, E. (2003): *Aquinas*. London.

Swinburne, R. (1997): *The Evolution of the Soul*, Revised Edition. Oxford.

Swinburne, R. (2006): Wodurch ich ich bin – Eine Verteidigung des Substanzdualismus, in: *Die menschliche Seele. Brauchen wir den Dualismus?*, hrsg. von B. Niederbacher / E. Runggaldier. Frankfurt a. M.

Van Invagen, P. (1980): *Material Beings*. Ihaca.

Das Leibniz-Gesetz

Franz von Kutschera

Seit ihren Anfängen musste sich die Philosophie mit dem Materialismus auseinandersetzen. In seinen späten Dialogen hat Platon in der Verteidigung der Eigenart und jedenfalls partiellen Eigenständigkeit des Geistigen gegenüber dem Physischen sogar die wichtigste Aufgabe der Philosophie gesehen, denn er erkannte, dass davon unser Selbstverständnis als freie Vernunftwesen abhängt. Im *Sophistes* (246a4) bezeichnet Platon den Streit um die richtige Konzeption als »Gigantomachie«. Die Auseinandersetzung mit dem Materialismus ist auch heute eine der vordringlichen Aufgaben der Philosophie. In meinen Arbeiten zum Leib-Seele-Problem habe ich mehrere Argumente angegeben, die den Materialismus widerlegen.[1] Die Materialisten scheinen jedoch resistent gegenüber Argumenten zu sein. Ich will ihnen nicht unterstellen, dass sie ihre Position als nicht rational diskutierbar ansehen, muss dann aber davon ausgehen, dass sie die Einwände gegen den Materialismus nicht verstanden haben. Daher versuche ich es hier noch einmal mit einem ganz einfachen Argument. Es verwendet weder Supervenienzbegriffe noch Begriffe oder Einsichten der Mengenlehre, seien sie auch noch so elementar.

1. Inhalt und Bedeutung des Materialismus

Der Materialismus behauptet, alles, was es gibt, sei physischer Natur. Mit den Worten von David Lewis: »The world is as physics says it is, and there's no more to say.«[2] Dieser Grundgedanke bedarf natürlich der Präzisierung und wie so oft steckt auch hier der Teufel im Detail: Es gibt zahllose Versionen des Materialismus, die – sofern sie dem ma-

---

[1] Vgl. dazu Kutschera (2009) und die Angaben dort.
[2] Lewis (1983), 34.

terialistischen Grundgedanken überhaupt noch gerecht werden – sämtlich auf gravierende Schwierigkeiten stoßen. Da ich Einfachheit versprochen habe, gehe ich hier nicht auf die Varianten des Materialismus ein, sondern verstehe ihn so, dass er behauptet:

1) *Alle mentalen Phänomene lassen sich physikalisch erklären.*

Als *mental* bezeichne ich alle wesentlich mit Bewusstsein verbundenen Zustände oder Akte von Personen, also z. B. Empfindungen, Überzeugungen und Folgerungen, nicht aber Handlungen, die man auch unbewusst ausführen kann. Diese These kann als Grundkonsens unter Materialisten angesehen werden. Heute hat sich die Ansicht weitgehend durchgesetzt, biologische Phänomene seien in letzter Analyse nichts anderes als physikalische Erscheinungen. Der Materialismus steht und fällt daher mit der physikalischen Erklärbarkeit seelisch-geistiger Zustände und Vorgänge. Der Materialismus könnte zwar auch richtig sein, wenn die These (1) nicht gilt, aber nur dann, wenn physikalische Erklärungen mancher psychischer Phänomene daran scheitern, dass wir nicht über die notwendigen physikalischen Gesetze verfügen. Davon will ich hier aber absehen und die Erklärungsmöglichkeit, von der in (1) die Rede ist, so verstehen, dass eine Erklärbarkeit bei vollständiger Kenntnis der einschlägigen physikalischen Gesetze gemeint ist.

Warum hat Platon die Auseinandersetzung mit dem Materialismus als »Gigantomachie« bezeichnet? Griechische Mythen erzählen vom siegreichen Kampf der olympischen Götter gegen die Giganten – langhaarige, bärtige, Schlangenschwänze tragende Ungeheuer –, die ihre Herrschaft bedrohten. Die Gigantomachie war dieser weltgeschichtlich entscheidende Kampf, der Aufstand von Barbarei, Gewalt und Chaos gegen Kultur, Recht und Ordnung. Bei Platon steht dieses mythische Bild für den Aufstand der Materialisten, der »Erdgeborenen«, der Leute, die nur an das glauben, was sie anfassen können, gegen die »Ideenfreunde«, welche die Wirkungsmacht und Eigenart des Geistigen anerkennen. Der Materialismus ist keine Konzeption von bloß akademischem Interesse, er hat vielmehr gravierende praktische Konsequenzen. Er entzieht dem menschlichen Selbstverständnis, auf dem die europäische Kultur aufbaute, die Grundlage. Für ihn geschieht alles durch Zufall oder Notwendigkeit – »Notwendigkeit« steht für deterministische Naturgesetze. Auch der Mensch ist ein zufälliges Produkt kosmischer Entwicklungen wie der Evolution. Es gibt keine Freiheit, denn freie Handlungen sind weder zufällig noch determiniert.

Handlungsgründe, speziell Vernunftgründe, bleiben daher ohne Wirkung auf unser Verhalten, so dass die Vorstellung vom Menschen als Vernunftwesen obsolet wird. Es gibt keine besondere Menschenwürde, denn die gründet sich nach Kant auf unsere Freiheit und unseren moralischen Sinn. Diesen Sinn gibt es für den Materialismus schon deswegen nicht, weil es die objektive Realität nicht gibt, auf die er sich beziehen soll: Es gibt keine objektiven Werte und Normen, denn die kommen in der Physik nicht vor; es gibt nur subjektive Präferenzen und Konventionen. Heute ist der Materialismus so etwas wie die offizielle Doktrin. Wegen seiner Konsequenzen für unser Selbstverständnis ist die Auseinandersetzung mit ihm auch gegenwärtig eine der wichtigsten Aufgaben der Philosophie.

2. Der unsichtbare Geist in der Maschine

Im § 17 seiner *Monadologie* schreibt Leibniz:

»Denkt man sich eine Maschine, die so beschaffen wäre, dass sie denken, empfinden und wahrnehmen könnte, so kann man sie sich derart proportional vergrößert denken, dass man in sie wie in eine Mühle eintreten könnte. Bei der Besichtigung ihres Inneren wird man dann aber nichts weiter finden als einzelne Teile, die einander stoßen, niemals aber etwas, woraus eine Wahrnehmung zu erklären wäre.«

In diesem Sinn könnte man auch sagen: »Denken wir uns das Gehirn eines Menschen proportional so vergrößert, dass wir darin spazieren gehen könnten, so würden wir Nervenzellen und ihre Verbindungen finden, wir könnten physiologische Veränderungen feststellen, Erregungsmuster und ihre Entstehung und Verbreitung beobachten. Wir würden aber kein Bewusstsein finden, keine Empfindungen, keine Wahrnehmungen oder Denkvorgänge. Auch bei einem Spaziergang im Gehirn eines Menschen ließe sich das mentale Leben dieser Person nicht beobachten.«

Fassen wir im Blick auf die prinzipielle Reduzierbarkeit von Chemie, Physiologie und Biologie auf Physik[3] den Ausdruck »physika-

---

[3] Wer das für die Biologie nicht anerkennt, möge das als Voraussetzung ansehen, die ich hier nicht weiter erörtern muss, weil sie dem Materialismus, den ich kritisiere, ja entgegenkommt.

lisch« so weit, dass auch chemische, physiologische und biologische Phänomene als physikalische Phänomene gelten, können wir diese Behauptung – mehr ist es zunächst nicht – so formulieren:

2) Aus physikalischen Aussagen folgen logisch keine Aussagen über Mentales.

Diese Aussage will ich hier als *Leibniz-Gesetz* bezeichnen. In der Logik gibt es auch ein *Leibniz-Prinzip*, das Gesetz von der Identität des Ununterscheidbaren; mit ihm hat das Leibniz-Gesetz aber nichts zu tun.

3. Das Humesche Gesetz

Die Bezeichnung als *Leibniz-Gesetz* orientiert sich am *Humeschen Gesetz*, das in der Ethik eine wichtige Rolle spielt. Im dritten Buch seines *Treatise of Human Nature* (1, § 2) schreibt David Hume:

»In jedem ethischen System, das ich bisher gesehen habe, habe ich immer beobachtet, dass der Autor eine Zeit lang in der normalen Weise argumentiert und die Existenz Gottes beweist oder Feststellungen über die menschliche Natur macht, dann aber zu meiner Überraschung statt der üblichen Kopula von Urteilen ›ist‹ und ›ist nicht‹ plötzlich nur mehr Aussagen macht, in denen Subjekt und Prädikat durch ›soll‹ und ›soll nicht‹ verbunden sind. So unauffällig er sich auch vollzieht, ist dieser Wechsel doch von größter Bedeutung. Da dies ›soll‹ und ›soll nicht‹ eine neue Relation oder Behauptungsart ausdrückt, müsste der Übergang hervorgehoben und erklärt werden. Zugleich müsste ein Grund dafür angegeben werden, dass diese neue Relation aus anderen folgt, die davon völlig verschieden sind, was ja zunächst völlig unbegreiflich scheint.«

Da Hume die Ableitbarkeit von Normen aus Fakten als unbegreiflich erklärt, hat man seine Aussage zu der These zugespitzt:

3) Aus nichtnormativen Aussagen folgen keine normativen Sätze.

Hume hat nur eine Vermutung formuliert, sie aber nicht begründet. Ein Beweis ist jedoch nicht schwierig.[4] Dabei muss man sich auf eine präzise Sprache beziehen, in der sich der Unterschied zwischen normativen und nichtnormativen Sätzen eindeutig bestimmen lässt.

---

[4] Vgl. dazu Kutschera (1977) und für reichere Sprachen Gerhard Schurz (1997) und Rainer Stuhlmann-Laeisz (1983). Zur Bedeutung des Humeschen Gesetzes in der Ethik vgl. Kutschera (2007).

Zu den normativen Sätzen zählen solche über Gebote, Verbote und Erlaubnisse, nicht aber Aussagen wie »Es ist verboten zu stehlen oder Kant wurde 1724 geboren.« Dieser Satz folgt ja aus dem nichtnormativen Satz »Kant wurde 1724 geboren.« Im Grunde buchstabiert der Beweis nur, was von vornherein klar ist: Ein Schluss, in dessen Konklusion Terme wesentlich vorkommen, die in den Prämissen nicht vorkommen, ist nur dann gültig, wenn es analytische Beziehungen, also Bedeutungsbeziehungen, zwischen diesen Termen und jenen in den Prämissen gibt.

Auf ganz dieselbe Weise wie das Humesche Gesetz lässt sich auch das Leibniz-Gesetz beweisen. Beruht der Beweis dort darauf, dass es keine analytischen Beziehungen zwischen Sein und Sollen gibt, so hier darauf, dass es keine analytischen Beziehungen zwischen physikalischen und mentalen Termen gibt.

4. Der inhaltliche Grund für die Geltung des Leibniz-Gesetzes

Das Humesche Gesetz ist keine logische Spitzfindigkeit, sondern ergibt sich aus substantiellen inhaltlichen Gründen. Ein Verstoß gegen dieses Gesetz liegt z. B. in subjektivistischen Ethiken vor, die soziale Konventionen als Grund für die Geltung von Pflichten ansehen. Aus der bloßen Tatsache, dass ich Mitglied einer Gemeinschaft bin, in der die Konvention gilt, in gewissen Situationen eine bestimmte Handlung zu vollziehen, in der sich also fast jedermann fast immer so verhält, ergibt sich für mich jedoch keine Verpflichtung, dieser Regel zu folgen. Die Konvention kann ja unvernünftig oder moralisch verwerflich sein. Moralische Gebote sind verbindlich, aus Fakten allein ergibt sich aber keine Verbindlichkeit. Aus dem Faktum, dass ein Kind zu ertrinken droht, ergibt sich zwar, dass ich versuchen soll, es zu retten, diese Norm folgt aber aus dem Faktum nur in Verbindung mit einem generellen Gebot der Hilfeleistung. Normative Aussagen folgen also nicht allein aus nichtnormativen, sondern nur mit Hilfe anderer normativer Aussagen, mit sogenannten *Brückenprinzipien*, die Fakten mit Normen verbinden wie z. B. »Wenn sich jemand in Lebensgefahr befindet, ist jeder zur Hilfe verpflichtet, der sie leisten kann, ohne sich selbst ernsthaft zu gefährden.«

Ergibt sich das Humesche Gesetz so aus dem Sinnunterschied zwischen normativen und nichtnormativen Aussagen, so ergibt sich das

Leibniz-Gesetz aus dem Sinnunterschied zwischen Aussagen physikalischen und solchen psychologischen Inhalts. Um das zu verdeutlichen, muss ich kurz auf den *perspektivischen Charakter* mentaler Zustände und Akte sowie ihren *privaten Charakter* eingehen.

In mentalen Vorgängen erlebt deren Subjekt, was ihm widerfährt oder was es tut. Die Rede vom perspektivischen Charakter des Mentalen soll diesen Erlebnischarakter unterstreichen, die Tatsache, dass Mentales durch die Art und Weise charakterisiert ist, wie es ist, dies zu leiden oder jenes zu tun. Das Subjekt ist sich seiner bewussten Zustände und Akte inne, sie sind ihm in bestimmter Weise präsent, und diese Weise ihres Gegebenseins macht ihren perspektivischen Charakter aus. Das Wort vom »Erleben« verstehe ich dabei in einem weiten Sinn. Normalerweise redet man davon, dass man einen Unfall erlebt, einen Sonnenuntergang oder ein Konzert. Die Erkenntnis, dass 7 eine Primzahl ist, den Zweifel an einer Zeugenaussage oder den Wunsch, im Lotto zu gewinnen, würde man dagegen nicht als Erlebnisse bezeichnen. Dem Subjekt, das erkennt, zweifelt oder wünscht, sind diese Einstellungen jedoch als eigene Einstellungen einer bestimmten Art gegeben. Es ist sich seines Erkennens wie Zweifelns inne, sonst wüsste es ja nicht, was es gerade tut. Auch Erkennen, Zweifeln, Wünschen haben eine spezifische Qualität für das Subjekt und es gibt eine Weise, wie es ist, zu erkennen, zu zweifeln oder zu wünschen. Entsprechendes gilt für Haltungen wie Lieben oder Fürchten. Mentale Zustände und Akte haben also einen perspektivischen Charakter und der ist die Art und Weise, wie sie dem betreffenden Subjekt gegeben sind.

Perspektivität ist vor allem in der Diskussion um den *phänomenalen Charakter* mancher mentaler Zustände thematisiert worden. Sage ich z. B. von jemandem, er habe Kopfweh, so charakterisiere ich damit auch, wie es für ihn ist, Kopfweh zu haben, wie er sich dabei fühlt. Man kann auch nicht von jemandem sagen, er sei traurig, und es zugleich offen lassen, wie er denn diesen Zustand empfindet. Wenn man von ihm dagegen sagt, er sei blond, so wird ihm damit kein bestimmtes Erleben dieses Zustands zugeschrieben – diese Eigenschaft hat also keinen phänomenalen Charakter. Man redet jedoch selten vom phänomenalen Charakter von Tätigkeiten wie z. B. Schwimmen oder Laufen, obwohl man auch sie in bestimmter Weise erlebt. Propositionalen Einstellungen wie Glauben und Wollen wird ein phänomenaler Charakter sogar generell abgesprochen. Mir kommt es dagegen darauf an, dass phänomenale Eigenschaften nur einen Spezialfall

der Perspektivität bilden, die alle bewussten Zustände und Akte auszeichnet. Dieser perspektivische Charakter unterscheidet mentale Zustände
und Vorgänge von physischen. In der Sprache der Physik kommen keine Subjekte vor, denen etwas so und so gegeben ist. Thomas Nagel hat
darauf hingewiesen, dass noch so vollständige physiologische Kennt-
nisse über Fledermäuse uns keine Auskunft darüber geben können, wie
es ist, eine Fledermaus zu sein.[5] Frank Jackson hat argumentiert, jemand, der in einer Schwarz-Weiß-Welt aufgewachsen ist, könne nicht
wissen, wie es ist, Farben zu sehen, selbst wenn er alles über die Art
und Weise weiß, wie optische Reize im Gehirn verarbeitet werden.[6]
    Man kann Mentales von Physischem auch dadurch unterscheiden,
dass es *privat* ist, Physisches hingegen öffentlich. Ob jemand z.B.
Schmerzen hat, ist ihm allein unmittelbar bewusst und nur er selbst
kann das ohne Gefahr eines Irrtums feststellen. Ob jemand dagegen
seinen Arm hebt, kann ein anderer ebenso zuverlässig beurteilen wie
er selbst. Die *Privatheit* des Bewusstseins besteht also darin, dass allein
das Subjekt einen unmittelbaren Zugang zu seinen psychischen Zuständen und mentalen Akten hat, während andere Personen sie nur
aus seinem Verhalten erschließen können – wozu ich hier auch seine
sprachlichen Äußerungen rechne – oder aus physiologischen Prozessen, die in seinem Gehirn ablaufen. Dem Subjekt selbst sind freilich
auch nur seine gegenwärtigen bewussten Zustände und Akte unmittelbar gegeben – an vergangene kann er sich nur erinnern. Der private
Charakter des Psychischen hängt mit seinem perspektivischen Charakter offensichtlich eng zusammen.
    Für die Psychologie, die sich als Wissenschaft nur auf Feststellun-
gen stützen will, die alle gleichermaßen kontrollieren können, ist der
private Charakter des Psychischen ein ständiger Stein des Anstoßes. Im
Behaviorismus hat man ihn zu umgehen versucht, in dem man Verhal-
tensphänomene zu den wissenschaftlich allein respektablen Daten der
Psychologie erklärte und versuchte, bewusstseinspsychologische Begriffe durch Verhaltensbegriffe zu definieren. Danach wäre der Satz
»Jemand hat Schmerzen« zu verstehen im Sinn von: »Er zeigt ein
Schmerzverhalten«. Ein Blick auf die Definitionsvorschläge in der Literatur zeigt jedoch, dass sie entweder hoffnungslos inadäquat sind

---

[5] Vgl. Nagel (1974).
[6] Vgl. Jackson (1982); (1986).

oder sich nicht nur auf rein äußeres Verhalten beziehen, sondern z. B. auch auf sprachliches Verhalten.[7] Aussagen einer Person geben aber nur dann Aufschluss über ihre psychischen Zustände, wenn sie nicht lügt und meint, was sie sagt. Lügen heißt jedoch, absichtlich die Unwahrheit sagen, und »absichtlich« ist kein behavioristisch zulässiger Verhaltensterm – ebenso wenig wie »meinen«. Man müsste daher auch für diese Terme Verhaltenskriterien angeben, und das dürften nicht wiederum Kriterien sprachlichen Verhaltens sein, weil man sonst in einen unendlichen Regress geriete.

Heute ist der Behaviorismus tot und man versucht, die Psychologie dadurch in den Rang einer strengen Wissenschaft zu erheben, dass man die neurologischen Korrelate psychischer Vorgänge erforscht. Egal wie eng die Zusammenhänge zwischen mentalen und neuronalen Vorgängen sein mögen, eine Definierbarkeit mentaler durch neuronale Terme scheitert wie im Fall des Behaviorismus an ihrem Sinnunterschied. Der perspektivische wie der private Charakter mentaler Phänomene lässt sich in der Sprache der Neurologie nicht erfassen.

5. Die Bedeutung des Leibniz-Gesetzes

Die Bedeutung des Humeschen Gesetzes besteht darin, dass es eine naturalistische Begründung moralischer Aussagen ausschließt. Die Bedeutung des Leibniz-Gesetzes besteht entsprechend darin, dass es eine physikalische Erklärbarkeit von mentalen Phänomenen ausschließt und damit die materialistische These (1) widerlegt.

Überlegen wir uns das genauer. Für den Materialismus scheint das Evolutionsargument zu sprechen: Am Beginn des Universums, beim Urknall, und noch etwa 13 Milliarden Jahre danach gab es, soweit wir wissen, kein Bewusstsein. Alles, was in der Welt entstanden ist, ist aber aus dem entstanden, was schon da war. Also muss alles, was es in unserer Welt gibt, physischer Natur sein. Auch der Geist fiel nicht vom Himmel. Geistige Leistungen sind Leistungen des Gehirns, und das Gehirn ist ein Produkt der biologischen Evolution, ein physisches System, dessen Leistungen sich auch physikalisch verstehen lassen müssen. Mentale Phänomene müssen sich also physikalisch erklären lassen.

Eine physikalische Erklärung ist eine Erklärung mit physika-

---

[7] Vgl. dazu z. B. Carnap (1932) und die Definitionsvorschläge in Ryle (1949).

lischen Prämissen, zu denen auch physikalische Gesetze gehören. Eine Erklärung ist nur dann korrekt, wenn die Konklusion aus den Prämissen logisch folgt. Nun folgen aber nach dem Leibniz-Gesetz aus physikalischen Prämissen keine Aussagen über Mentales. Es gibt also keine physikalische Erklärung von Mentalem und der Materialismus ist falsch. Es kann lediglich *psychophysische* Erklärungen von Mentalem mit Physischem geben, d. h. Erklärungen von mentalen Erscheinungen mit physikalischen Prämissen und psychophysischen Gesetzen, wie etwa dem Weber-Fechnerschen Gesetz über den Zusammenhang zwischen Empfindungsstärke und der Intensität physischer Reize. Ein Materialist kann solche psychophysischen Gesetze nun nicht als Grundgesetze ansehen, sondern muss sie aus physikalischen Gesetzen ableiten. Nach dem Leibniz-Gesetz ist das aber unmöglich. Wer hingegen anerkennt, dass es physikalisch nicht ableitbare psychophysische Grundgesetze gibt, erkennt auch an, dass die Welt von vornherein eine psychophysische, keine rein physische Welt ist, selbst wenn mentales Leben in der kosmischen Evolution erst spät auftritt. Er ist daher ein Dualist, kein Materialist.

6. Abhängigkeit, Identität und Supervenienz

Mit dem angekündigten einfachen Argument gegen den Materialismus bin ich damit fertig. Zum Schluss will ich nur noch zwei Bemerkungen zu anderen Formulierungen des Materialismus machen. Dabei bin ich nun von meinem Versprechen entbunden, nicht von Supervenienz zu reden.

Ich habe gezeigt, dass aus physikalischen Sätzen keine Sätze über Mentales analytisch folgen, dass sie also auch mit Hilfe von Bedeutungswahrheiten nicht logisch daraus folgen. Das war die These (2) aus dem zweiten Abschnitt. Wenn wir von der sprachlichen Ebene auf die ontische Ebene wechseln, entspricht (2) der Aussage, dass mentale Sachverhalte mit beliebigen physikalischen Sachverhalten verträglich sind, genauer:

(2a) Jede konsistente Menge mentaler Sachverhalte ist mit jeder konsistenten Menge physikalischer Sachverhalte analytisch verträglich.

Damit sind auch Formulierungen des Materialismus widerlegt, die eine Identität mentaler mit physikalischen Sachverhalten behaupten.

Aus der Identität von Sachverhalten folgt ja, dass sie nicht unabhängig voneinander bestehen können.

Auf ihren Rückzugsgefechten haben Materialisten behauptet, die Identität mentaler Sachverhalte oder Zustände mit physikalischen stelle keine analytische Identität dar, sondern eine »kontingente Identität«. Es gibt aber keine kontingenten Identitäten, weder von Sachverhalten noch von Dingen oder Eigenschaften, sondern nur kontingente Identitätsaussagen. So ist z. B. der Satz »Der gegenwärtige Präsident der USA ist Obama« kontingent, gilt also nicht notwendigerweise. Die Identität von Obama mit dem gegenwärtigen Präsidenten der USA gilt hingegen in allen möglichen Welten, denn es handelt sich um ein und dieselbe Person. Es ist ein Grundgesetz der Modallogik, dass Identisches in allen Welten, also mit analytischer Notwendigkeit identisch ist.[8]

Materialisten formulieren ihre Überzeugung heute oft mit Supervenienzthesen. Bezogen auf mentale und physikalische Sachverhalte lautet eine solche Supervenienzthese so:

1a) Zwei Welten, die sich bzgl. der mentalen Sachverhalte unterscheiden, die in ihnen bestehen, unterscheiden sich auch immer bzgl. der physikalischen Sachverhalte, die in ihnen bestehen.

Aus (2a) folgt, dass auch diese Behauptung falsch ist, denn nach (2a) sind ja unterschiedliche Mengen mentaler Sachverhalte, in zwei verschiedenen Welten bestehen, immer damit verträglich, dass in beiden Welten dieselben physikalischen Sachverhalte gelten. Manche Materialisten haben daher die Behauptung (1a) abgeschwächt zur These, (1a) gelte nicht für alle möglichen Welten, sondern nur für Welten, in denen dieselben Naturgesetze bestehen wie in unserer Welt – das sei nun die These (1b). Damit haben sie aber den Grundgedanken des Materialismus preisgegeben, mentale Erscheinungen seien nichts anderes als spezielle physikalische Erscheinungen. Da man Sachverhalte durch die Mengen jener Welten darstellen kann, in denen sie bestehen, folgt aus (1a), dass jeder mentale Sachverhalt mit einem physikalischen identisch ist. Aus (1b) folgt hingegen nur, dass es zu jedem mentalen Sachverhalt einen physikalischen Sachverhalt gibt, der im Geltungsbereich der Naturgesetze genau dann besteht, wenn der mentale Sachverhalt besteht. Dann gibt es zwar starke synthetische Zusammenhänge zwischen mentalen und physikalischen Erscheinungen, die aber auch ein Dualist annehmen kann.

---

[8] Vgl. dazu die Hinweise in Kutschera (2009), 4.3, 7.

Literatur

Carnap, R. (1932): Psychologie in physikalischer Sprache, in: *Erkenntnis* 3, 107–142.

Jackson, F. (1982): Epiphenomenal Qualia, in: *Philosophical Quarterly* 32, 127–136.

Jackson, F. (1986): What Mary didn't know, in: *The Journal of Philosophy* 83, 291–295.

Kutschera, F. v. (1977): Das Humesche Gesetz, in: *Grazer Philosophische Studien* 4, 1–14.

Kutschera, F. v. (2007): Humesches Gesetz und Moralischer Realismus, in: *Logik, Begriffe, Prinzipien des Handelns*, hrsg. von T. Müller / A. Newen. Paderborn, 217–231.

Kutschera, F. v. (2009): *Philosophie des Geistes*. Paderborn.

Lewis, D. (1983): New work for a theory of universals, abgedr. in: Lewis, D.: *Papers in Metaphysics and Epistemology*. Cambridge 1999, 8–55.

Nagel, T. (1974): What is it like to be a bat?, in: *The Philosophical Review* 83, 435–450.

Ryle, G. (1949): *The Concept of Mind*. London.

Schurz, G. (1997): *The Is-Ought Problem*. Dordrecht.

Stuhlmann-Laeisz, R. (1983): *Das Sein-Sollen-Problem*. Stuttgart.

Über die intrinsischen Eigenschaften physikalischer Systeme und die Grenzen des Neuralismus

Gustav Bernroider

Die hier gezeigte Interpretation der Physik führt zur Konjektur, dass das auf Erfahrung aufbauende Wissen die eigentliche Domäne der Physik ist und die Erfahrung selbst die einzige Wirklichkeit. Im Gehirn finden wir nur die physikalischen Zeugen dieser Wirklichkeit. Realität in der Quantenphysik ist nur durch ihren Verbund mit der Phänomenologie einer Erfahrung zu finden und das phänomenale Demonstrativ, nicht die Erfahrung selbst, findet sich in den quantenphysikalischen Eigenschaften des Gehirns.

1. Einleitung

Inwieweit beschreibt Physikalismus eine ›Wirklichkeit‹ und welche Rolle spielt dabei das Gehirn? In der aktuellen Diskussion zu dieser Frage führt zum Beispiel Chalmers eine Reihe von Argumenten dafür an, dass für eine vollständige Beschreibung von Wirklichkeit die Konzepte der Physik alleine nicht genügen, sondern auch ein wesentlicher Teil unserer Natur mit eingeführt werden muss, nämlich das Phänomen der bewussten Erfahrung.[1] In der ›Strawson Ausgabe‹ des *Journal of Consciousness Studies* wird vorgeschlagen, dass dieses Phänomen der Erfahrung eigentlich schon Teil der Physik ist, sodass alle physikalischen Realisierungen schon mit Erfahrung verbunden sind.[2]

Wie immer auch die ontologischen Positionen verteilt sind, bei zumindest zwei Feststellungen gibt es Zustimmung i) wir haben als Teil der Natur eine ›bewusste Erfahrung‹ der Natur und ii) dieses Erfahren ist ein Phänomen das nicht Gegenstand der Physik ist. Im Punkt

---

[1] Vgl. Chalmers (2003).
[2] Vgl. Strawson (2006). – Siehe auch Peter Simons (2006) kritische Diskussion der Strawson Argumente.

(i) müssen letztlich auch die härtesten Nachfolger des Descartesischen Materialismus wie etwa D. C. Dennett zustimmen (obwohl dies gelegentlich in Frage gestellt wird).[3] Im Punkt (ii) werden die Physiker zustimmen, wenn es darum geht eine etablierte Konzeption, ein Modell, eine formale Relation der Physik zu zeigen, in der die subjektive Erfahrung, die ›Qualia‹ eines Erfahrungsaktes des beobachtenden Agenden, eine explizite Rolle spielen soll. Eine solche Konzeption in der Physik gibt es nicht.

Einfach gesagt, Phänomene gibt es und sie sind nicht Gegenstand der Physik. Dieses außer Streit stellen der Grenzen des Physikalismus (Materialismus) in der gegenwärtigen Form mag schon auf Widerspruch treffen, zumal diese Feststellung schon in der Einleitung gemacht wird. Zu bedenken ist aber, dass die unter Punkt (i) gemachte Aussage nicht argumentativer sondern zunächst rein intuitiver Natur ist und Punkt (ii) ein ›Wissensargument‹ ist, das prüfbare Übereinstimmung findet: Kein physikalisches Gesetz, Gleichung, Definition oder Berechnung beinhaltet die Qualia einer subjektiven Erfahrung. Auch nicht die Quantenmechanik (QM), selbst in den Interpretationen von David Bohm, Eugene Wigner oder John von Neumann.[4] Allerdings ist es gerade die *von Neumann Version der QM* die einen Übergang zu den Überlegungen schaffen kann, die in der vorliegenden Arbeit eine zentrale Rolle spielen.

Auf diese beiden, zunächst wenig streitbaren Aspekte soll der vorliegende Aufsatz eingehen und die Frage untersuchen, was der Physik eigentlich ›fehlt‹, ob für eine vollständige Beschreibung der Natur diese Physik entweder zu erweitern oder gar zu ersetzen wäre. Dabei wird vor allem auf zwei Fragen eingegangen, die das Problemfeld entscheidend markieren: ›Mentation und Bewusstsein‹ als Gegenstand und Ziel der Untersuchung in der kognitiven Gehirnforschung einerseits und das Problem der ›Realität‹ in der Physik andererseits. Die Gehirnforschung als ›kognitive Wissenschaft‹ mit der Aufgabe ›Mentation‹ zu erklären und die Physik als Beschreibung der Natur mit der Aufgabe ›Realität‹ zu erklären, muss in der gegenwärtigen Form (Neuralismus und Physikalismus) scheitern, weil beide auf Grund ihrer eigenen Doktrinen nicht zuständig sind, das selbst vorgegebene Ziel zu untersuchen. Der Gehirnforschung fehlt die Größe der ›Empfindung‹ (wie

---

[3] Vgl. Dennett (1991).
[4] Vgl. Bohm (1993); Wigner (1963) und Neumann (1955).

es sich anfühlt eine bewusste Wahrnehmung zu haben) und der Physik die Größe der ›Realität‹ (prä-existierende Objekteigenschaften die unabhängig von der Messung sind). Hier bedeutet ›fehlen‹ eigentlich ›nichts damit anfangen können‹. Wenn man aber mit den ›Bezugsgrößen‹ wie ›Empfindung und Wahrnehmung‹ einerseits und ›Realität‹ andererseits ›nichts anfangen‹ kann, dann ist das Herstellen einer kausalen Relation, eines ›Isomorphismus‹ zwischen diesen Größen kaum möglich. So gesehen ist ein strenger ontologischer Objektivismus basierend auf Kognition und Realität immer in sich widersprüchlich. Eine sehr gute Zusammenfassung dieses Problems ist bei John Stewart zu finden.[5]

In der vorliegenden Arbeit werde ich zunächst eine gemeinsame Ursache des Fehlens der Grundgrößen ›Realismus‹ in der Physik und ›bewusste Erfahrung‹ in den Kognitionswissenschaften erarbeiten. Im nächsten Teil wird ein nicht-reduktiver Ansatz zur Ergänzung von physikalischen und neuralistischen Konzepten vorgestellt, der einer Interpretation der Physik von Bertrand Russel, in der Klassifikation von David Chalmers einem ›Typ-F Monismus‹ oder dem ›realistischen Monismus‹ von Galen Strawson nahe kommt.[6] Ein wesentlicher Bestandteil dieser Betrachtung ist die Aufnahme eines ›phänomenologischen Kontextes‹, der Wirklichkeit einer Erfahrung im Sinne von A. N. Whitehead oder der ›Enaktion‹ von Francisco Varela und Humberto Maturana in die Konzepte der Physik.[7]

2. Wirklichkeit und Physik

Die bewusste Erfahrung, wie es sich anfühlt etwas zu erleben (what -it's- likeness), Bewusstsein (consciousness), Sensation, Gefühl oder Phänomen, hier kurz ›Erfahrung‹ genannt, stellt für uns die Wirklichkeit dar. Es ist nichts sicherer als die Existenz der eigenen Erfahrung. Diese Erfahrung, ›mein Zustand von etwas‹ wie es gerade erfahren wird, ist die fundamentale Entität der Natur. Dabei ist es weniger das ›Erfahrene‹ als das Eintreten dieser Erfahrung von dem wir sagen müssen, dass es wirklich ist. Während das Erfahrene bereits Wissen über

---

[5] Vgl. Stewart (2001).
[6] Vgl. Russell (1927); Chalmers (2003) und Strawson (2006).
[7] Vgl. Whitehead (1929); Varela (1993) und Maturana (1980).

das Phänomen der Erfahrung beinhaltet und sich eine Trennung zwischen dem Objekt einer Erfahrung und der Erfahrung selbst machen lässt, ist der ›Akt‹ des Erfahrens eine reine, nicht-dispositionelle phänomenale Realität der Natur.[8] Leider hat diese einzig wirklich sichere Realität keinen Platz in dem, was wir naiver Weise als ›real‹ betrachten, nämlich die Welt der Physik. Physik beschreibt Strukturen und Funktionen durch Relationen, eingebettet in die grundlegende Referenz der Raumzeit- und wir glauben daran mit großer Konfidenz. Die Physik gibt uns Halt und Sicherheit, obwohl der natürliche Inhalt, das Phänomen des Erfahrens, wie es sich anfühlt etwas zu erfahren, in keiner Hinsicht Teil oder gar Ziel einer physikalischen Konzeption ist.[9] Obwohl Erfahrung also ›wirklich‹ ist, die reale Physik sich mit der Wirklichkeit beschäftigt, und diese zudem als ›geschlossen‹ gilt (›für jede physikalische Wirkung gibt es eine physikalische Ursache‹), ist diese Erfahrung kein Teil der (gegenwärtigen) Physik. Physik kann daher entweder i) nicht alleine für die ›Wirklichkeit‹ zuständig sein, oder ii) Physik ist nicht vollständig und es fehlt was. Ohne weiter auf die Möglichkeit (i) mit ihren vielfältigen und zum großen Teil historischen dualistischen Schattierungen einzugehen, möchte ich hier die Möglichkeit (ii), eine notwendige und überfällige Rekonzeption der

---

[8] Vgl. z. B. Strawson (2006).

[9] Nicht zu verwechseln ist diese Feststellung mit den schon historischen Elementen der *Psychophysik,* wie die etwa von Gustav Fechner und Ernst Weber gefundenen Zusammenhänge zwischen den physikalischen Werten einer Stimulusgröße und der wahrgenommenen Intensität des Stimulus (Weber 1846; Fechner 1860), oder der ›Lehre von den Tonempfindungen‹ von H. v. Helmholtz (1863). Der Unterschied zu der im Text gemachten Feststellung ist allerdings wichtig für das Verständnis des Problems. Die ›psychophysikalische Funktion‹ z.B. $f(I)$ des Stimulus I, $f(I) = k.I^c$ basiert auf einem Bericht des Probanden (Agenden) $f(I)$ zum ›Erfahrenen‹ I, die Trennung des Objektes der Erfahrung und des Erfahrenen ist bereits gemacht, die ›Sensation‹ ist geschehen. Auch in der sogenannten ›inneren Version‹ der Gesetze, in denen versucht wird den Empfindungsbericht des Agenden mit neuralen Aktivitäten zu korrelieren, ist nicht das erfüllt was im Fehlen des Phänomens des Erfahrens gemeint ist. In jeder Version der Psychophysik wird lediglich eine berichtbare Eigenschaft einer *Metarepresentation* des Erfahrenen korreliert mit einer physikalischen Größe. Metarepresentationen des Erfahrenen sind verschieden von der Erfahrung selber: so können wir offensichtlich nicht durch eine Erinnerung die Erfahrung einer Farbe wiederbringen. Psychophysikalische Gesetze erstellen mehr oder weniger richtige Proportionalitäten zwischen den Berichten zu einer Metarepresentation einer Wahrnehmung einerseits und einer physikalischen Stimulusgröße andererseits. Die Erfahrung selbst ist etwas anderes und fehlt der Sicht von Helmholtz, Weber und Fechner.

physikalischen Ontologie in das Zentrum stellen. Dabei erscheinen mir drei Aspekte wichtig: i) die Projektion der Erfahrung ›nach außen‹, ii) die Relation dieser Projektion zu einer ›Wirklichkeit‹ und iii) die mit dieser Projektion verbundenen ›Idealisierungen‹.

Projektion, Inversion und Emanzipation von subjektiver Erfahrung

Die klassische oder traditionelle Physik (›Physik 1.0‹) ist gerade aus der (subjektiven) Erfahrung des Menschen heraus entstanden, aus den Eindrücken und Beschreibungen der Natur (›die Erde ist flach, das Licht ist weiß und wir sind im Mittelpunkt der Welt‹). ›Wissen‹ über die Erfahrung entsteht durch einen sich ständig ändernden ›Konsens‹, der sich aus einer sozialen Konstruktion zu dieser Erfahrung entwickelt. Die Erfahrung wird dabei durchdacht, dargestellt und kommuniziert und zunächst als ›Kopie‹ des Erfahrenen zur Beschreibung der Natur betrachtet.[10] In dem Maße wie diese zunächst hypothetische Betrachtung der Erfahrung durch Konsens sich festigt, ›emanzipiert‹ sich diese Betrachtung von der eigentlichen Erfahrung und erreicht allmählich eine kanonische und faktuelle Form (Physik).

Obwohl das eigentlich ›Wirkliche‹ stets die Erfahrung selbst ist, wird die ›Kopie‹ des Erfahrenen, die Projektion dieser Kopie in die Natur zur Realität (›Inversion‹). Eine Abweichung des Erfahrens von der Kopie der Erfahrung wird zur ›Illusion‹ (Abbildung 1).

Die Erfahrung eines Objektes (innerhalb der Umgrenzung) ist verschieden von einem nach außen projezierten Wissen über das Objekt. Während die Wahrnehmung zur Kopie des Objektes wird, wird durch Konsens und ›Inversion‹ das ›nach außen‹ projezierte Objekt zum eigentlichen ›wirklichen Objekt‹ und physikalisch definiert (hier die verallgemeinerten Orts (q), Impuls (q) und Zeitkoordinaten (t)). Das einzig Wirkliche ist aber die bestimmte Wahrnehmung des Objektes. Diese kann auch nicht in den Konsens übernommen werden (etwa das perspektivische Erleben mit dem Objekt – die Ansicht des Würfels).

Natürlich kann das entstandene Wissen über die Erfahrung wieder selbst zur Erfahrung werden (›die Erde ist eine Kugel, das Licht setzt sich aus einem Gemisch von Wellenlängen zusammen und wir sind nicht der Mittelpunkt des Weltalls‹). Inversion und Emanzipation

---

[10] Vgl. Latour / Wolgar (1979).

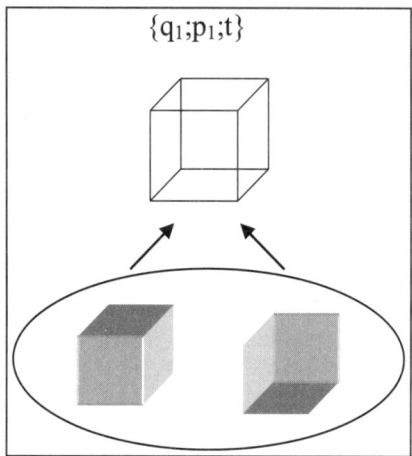

Abbildung 1: Die Erfahrung eines Objektes (innerhalb der Umgrenzung) ist verschieden von einem nach außen projezierten Wissen über das Objekt. Während die Wahrnehmung zur Kopie des Objektes wird, wird durch Konsens und ›Inversion‹ das ›nach außen‹ projezierte Objekt zum eigentlichen ›wirklichen Objekt‹ und physikalisch definiert (hier die verallgemeinerten Orts (q), Impuls (q) und Zeitkoordinaten (t)). Das einzig Wirkliche ist aber die bestimmte Wahrnehmung des Objektes. Diese kann auch nicht in den Konsens übernommen werden (etwa das perspektivische Erleben mit dem Objekt – die Ansicht des Würfels).

von Erfahrung scheinen so einen geeigneten Weg vorzugeben um einen objektivistischen ontologischen Status der Physik zu begründen und die ›Befreiung‹ von subjektiven Größen das legitime Mittel, um der ›Wirklichkeit‹ nahe zu kommen. Die Erde ist ja rund. Vergessen wird dabei, dass die so entstandene Konzeption der Physik dabei die referentielle Impression, die Kopie ist und nicht die Wirklichkeit der Erfahrung aus der diese Kopie entwickelt wurde.

Wirklichkeit und Wissen

Die Beschreibung der ›physikalischen Wirklichkeit‹ baut auf Relationen zwischen Größen die durch Projektion, Inversion und Emanzipation aus der Erfahrung stammen. Die so entstandene Konzeption der Physik beschäftigt sich nicht mit der Erfahrung selber, etwa was Masse

›ist‹ oder was Energie ›ist‹, sondern begnügt sich mit Erstellung von Relationen zwischen den Größen (zum Beispiel, die Newton-Gesetze zwischen Masse und Geschwindigkeit, die Galilei-Relation zwischen Energie und Impuls, die Coulomb'sche Relation zwischen Ladung und Abstand, die Boltzmann-Relation zwischen Energie und Temperatur, die relativistische Mechanik zwischen Energie, Masse und Geschwindigkeit). Die oben erwähnte Konsensus-Struktur der Physik zeigt sich dabei im Übereinkommen über die Festlegung von Einheiten und Konstanten, wie etwa $(1/4\pi\varepsilon_0)$ für die Coulomb'sche Kraft, ›c‹ für die relativistische Mechanik, oder $(h/2\pi)$ für die Planck-Einstein Relation von Energie und Frequenz. Damit wird klar, dass die Physik sich nicht mit den wirklichen Qualitäten der Natur selbst beschäftigt, sondern mit Wissen über Zustände, mit Information, die in den grundlegenden Relationen der Physik enthalten ist. Bereits in der ›klassischen Version‹ der Physik spielt also ›Information‹ eine zentrale Rolle, in der Quantenphysik wird diese Rolle zum einzig tragenden Element und der Anspruch auf ›Realität‹ auch von der Physik selbst aufgelassen.[11]

Die Idealisierungen der Physik

Die Relationen zwischen den Grundgrößen der Physik basieren auf Abstraktion und Idealisierung von Beobachtungen – es sind die formalen Konstruktionen der Beziehung von Eigenschaften (die Domäne des ›Knowable‹ und nicht die Domäne des ›Realen‹ wie naiverweise im

---

[11] Initiiert durch das ›Gedankenexperiment‹ von Einstein, Podolsky und Rosen (1935) beschäftigt sich eine Fülle von Arbeiten mit der Frage, ob es in der Quantenmechanik (QM) ›Realität‹ gibt, also mehr als eine reine epistemische Interpretation der QM möglich ist. Dabei stehen zwei Größen zur Prüfung. ›Realismus‹ soll bedeuten, dass die Ergebnisse von Messungen von prä-existierenden Objekteigenschaften abhängen und ›Lokalität‹ schließt gleichzeitige Einflüsse zwischen räumlich getrennten Ereignissen aus. Bekannt sind das Theorem von Bell (1964) und die Ungleichung von Leggett (2003) mit denen eine Abweichung von QM Messungen von den erwähnten Kriterien des Realismus und der Lokalität festgestellt werden kann. Unter anderen konnte die Gruppe von A. Zeilinger zeigen, dass sowohl (logische) Aspekte der Lokalität (Leggett) als auch nomo-logische Aspekte des Realismus (Bell) aufgegeben werden müssen, um Konsistenz, mit den Ergebnissen der QM zu erreichen (Gröblacher et al. 2007). Während also die klassische Physik ihren Anspruch auf eine objektivistische Beschreibung von Wirklichkeit im Sinne der im Text geführten Argumentation aufgeben *muss*, zeigt die QM selbst, dass kein solcher Anspruch bestehen kann.

orthodoxen Physikalismus vermutet[12]). Diese Konstruktionen sind losgelöst von dem eigentlich Wirklichen, nämlich der Erfahrung dieser Eigenschaften. Dies trifft sowohl für die klassische als auch für die Quantenphysik zu. Beiden Formen der Physik ist die Idealisierung durch den ›Systembegriff‹ gemeinsam, ›Systeme‹ als idealisierte Partitionen der Referenz, der Raum-Zeit. Die eigentlichen physikalische Eigenschaften gehen sodann aus der Interaktion zwischen Systemen hervor (›das Universum als Kollektion offener und interagierender Quantensysteme‹). Die Systeme sind wiederum cartesianische Partitionen mit Grenzen und lokalen Eigenschaften der Raum-Zeit. Die Idealisierung der Physik zeigt sich sodann in der Definition einer physikalischen Aktion, das was ›wirklich‹ sein kann. Die ›Aktion‹ geht aus den Symmetrie-Eigenschaften, aus der Invarianz gegenüber der Referenz ›Raum-Zeit‹ hervor: Energie Invarianz bezüglich einer Zeitverschiebung ([E] . [T] : = Aktion) oder Impuls (p) Invarianz gegenüber einer Raumverschiebung (L) ([p] . [L]: = Aktion). Nur wenn man also die Systempartitionen ›idealisiert‹, die Relationen der Bezugsgrößen invariant gegenüber einer Translation oder Rotation in der Raum-Zeit gemacht werden, bekommt man ›physikalische Aktion‹. So wird etwa $\delta E.t = 0$ zum ersten Gesetz der Thermodynamik (Energie-Erhaltung).

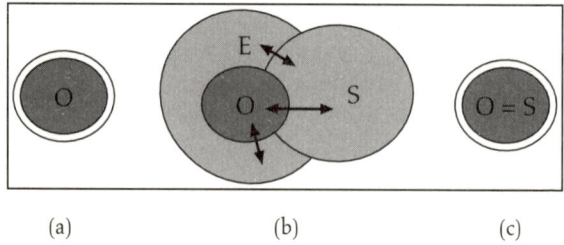

(a)   (b)   (c)

Abbildung 2: System-Partitionen in der Physik und deren Wechselwirkung.

---

12 Hao Wang (1996) diskutiert seine Gespräche mit Kurt Gödel und den Unterschied zwischen Mathematik und Physik bezüglich der Zuordnung zu dem, was wir als ›wirklich‹ bezeichnen oder zu dem, was wir ›wissen können‹ (›the knowable‹). Physik zu dieser Zeit war im Gegensatz zur Mathematik im Bereich des ›Realen‹, im Bereich der faktuellen Wahrheiten, der Dinge, der Differenzen. Die Domäne der Mathematik war die ›konzeptuelle Wahrheit‹. Aber es war bereits klar, dass in dem Maße wie die physikalischen Größen sich aus der unmittelbaren Wahrnehmung entziehen, diese Größen mehr zu mathematischen Objekten werden und das ›Wirkliche‹ mit dem ›knowable‹ zusammenfallen wird.

O = Objekt der Untersuchung, E = Umgebung, S = Subjekt (Beobachter), die Pfeile und ihre Stärke symbolisieren die Art und Stärke der Wechselwirkung. In (a) ist ein vollständig isoliertes (adiapatisches) System, gleichbedeutend mit keiner Systempartition, gezeigt. In (b) ein zusammengesetztes System mit allen möglichen Wechselwirkungen (Interaktions-Hamilton Operatoren, ›H‹) zwischen Objekt, Subjekt und Umgebung, in (c) fallen Beobachter und Objekt zusammen, eine ›Insider Ansicht‹ auf der Ebene der (klassischen) Physik; der Beobachter kennt den Anfangszustand eines Systems (in der quantenphysikalischen Interpretation wäre in der Situation (c) der initiale Zustand des Objektes in einem Eigenzustand der Observablen noch bevor eine Messung vorgenommen wird). Die ›Abgrenzungen‹ der Systeme sind unterschiedlich stark, wenn etwa wie in (b) $H_{OS} >> H_{OE}$ ist, ist OS in einer ›von Neumann Isolation‹.

Das ›idealisierte‹ geschlossene System ist charakterisiert durch eine mögliche Zunahme an Entropie (Unordnung), $dS/dt > 0$ (II. Gesetz). ›Wirklichkeit‹ kann nur mit dieser Version einer irreversiblen Prozess-Struktur verbunden werden. In einem ›reversiblen System‹, $dS/dt = 0$, müsste der Zustand in seinen Ursprung rückführbar sein, ohne jede Art von Begleiteffekt, ohne Wärmeaustausch mit der Umgebung, ohne jede Interaktion mit der Umgebung, sicher nicht im Sinne einer ›Wirklichkeit‹. Eine ›physikalische Realität‹ ist also nur durch ein geschlossenes System zu erreichen, das aber an sich eine Abstraktion von der Wirklichkeit, eine Idealisierung ist. Auch ist es aber genau dieses, nicht-zusammengesetzte, geschlossene System das keine ›Typikalität‹ im Sinne der Quanten-Thermodynamik zeigt.[13] Diese Widersprüche

---

[13] Konzepte der ›Typicality‹ gehen auf Arbeiten von Lebowitz et al. (1993) zurück. Man möchte zeigen, dass es etwas ›Typisches‹ in einem System gibt (z. B. die Entropie eines Systems nimmt ›typischerweise‹ zu). Während es doch Argumente gegen eine zu große Vereinfachung dieser Sicht gibt (Frigg 2008), erscheint mir das Konzept, zusammen mit dem Begriff ›Kontext‹, hilfreich und notwendig um einen Bezug der Physik zur ›Realität‹ zu analysieren. In der Theorie offener Quantensysteme (Breuer / Petruccione 2006) und der Quanten Thermodynamik (Gemmer et al. 2009) zeigt sich, dass ›Typicality‹ idealisierte, nicht zusammengesetzte Systeme von mehr ›realistischen‹, zusammengesetzten Systemen unterscheiden kann. Man findet, dass nur zusammengesetzte Systeme (System und Umgebung) mit großen Umgebungen die ›typischen‹ Eigenschaften (Boltzmann Gleichgewichte in Mikro-Umgebungen und Gibbs Gleichgewichte in Makro-Umgebungen) zeigen können. Diese Einsicht mag zwar nicht überraschend sein, bietet aber technisch einen Weg gerade das Verhalten der Relation von makroskopischen

sind auch ›formal‹ nicht lösbar, sondern ein Zeichen, dass Physik keine vollständige Erklärung der Natur sein kann. Die irreversiblen Prozesse müssen also selbst eine Quelle für ›Ordnung‹ sein. ›Sein‹ und ›Werden‹ müssen in einem einheitlichen Konzept vereinigt sein. Diese Vereinheitlichung gelingt nicht ohne etwas Wesentliches hinzuzufügen: die kompositionellen Prinzipien der Phänomenologie – intrinsische, mit der Physik verbundene Eigenschaften und deren Ordnung.

3. Gehirn und Erfahrung

Einfach gesagt findet Erfahrung (wie es sich anfühlt eine unmittelbare Erfahrung zu haben, die Qualität einer Wahrnehmung) keinen ›Platz‹ im Gehirn. Man findet vieles, aber das Entscheidende, das bewusste Erleben einer Erfahrung, findet kein, bisher bekanntes, neurales Korrelat (engl.»neural correlate of consciousness«, NCC[14]). Das einzig sicher ›Wirkliche‹ findet weder in der physikalischen Beschreibung der Natur, noch in der physikalischen Beschreibung des Gehirns einen Platz. Sicher eine nicht besonders befriedigende Situation. Die Problemlandschaft des Neuralismus ist groß. Es sollen hier nur zwei Aspekte betrachtet werden; zunächst das Problem des neuralen Korrelates zu der (im Neuralismus nicht verankerten) phänomenologischen Größe einer bewussten Erfahrung und sodann die oft fehlende Abgrenzung der Phänomenologie zu kognitiven Begriffen der Gehirnforschung.

Systemen (Moleküle, Zellen, Gewebe) zu mikroskopischen, d.h. atomaren Systemen aus der Sicht der (Quanten-) Thermodynamik besser beurteilen zu können.

[14] Ein neurales Korrelat von Bewusstsein (NCC) ist mit Chalmers (2001) ein minimales neurales System das hinreichend ist, um die Zustände des Systems auf die Zustände des Bewusstseins abzubilden. Es geht also bei der NCC um eine Definition der Relation zwischen Zuständen (engl. states). Neurale Zustände sind ›Repräsentationen‹ des Systems. Die Erfahrung selbst (nicht das Wissen um die Erfahrung) ist aber verschieden von einer ›Repräsentation‹, siehe [8]. Es ist also eine offene Frage ob es ein so (physikalisch) definiertes NCC geben kann.

Das Problem physikalischer Korrelate zu phänomenologischen Größen

Das neurale Korrelat zu mentalen Phänomen (NCC) ist zunächst die Zielgröße eines psycho-neuralen Parallelismus und damit wiederum eine ›typische‹ Untersuchungsgröße des Physikalismus.

Die Suche nach einer eins zu eins Korrespondenz zwischen den physikalischen Strukturen und Prozessen des Gehirns einerseits und dem Phänomen der Erfahrung andererseits impliziert immerhin die Absicht einen gewissen Interaktionismus zwischen den beiden parallelen Domänen zu erlauben und eine vollständige parallele Kausalität dieser Domänen zu überbrücken. Wie auch immer, die Frage ist, wie gut und kausal ausreichend ein NCC sein kann. Würde ein weit und korrekt entwickeltes und fein ausgeführtes NCC bewusste Erfahrung ›erklären‹ können?

Die Geschichte der Wissenschaft des 20. Jahrhunderts hat viele sehr bekannte ›Parallelitäten‹ hervorgebracht und bei den meisten dieser Parallelitäten ist im Laufe der Entwicklung die ursprüngliche, oft rein metaphorische Gegenüberstellung verloren worden und es sind begriffliche Identitäten entstanden. Bekannt sind die ›Gehirn-Computer Analogie‹ (Gehirn = Computer Hardware, Mind = Computer Software), ›Gene und Instruktionen‹, oder ›Körper und Maschine‹. Heute sind Gene meist schon identifiziert mit Instruktionen und Aktionspotentiale des Gehirns mit binären Informationen. Die Schulmedizin betrachtet den Körper als Maschine. Diese Verschmelzung ehemals deutlich getrennter Analogien signalisiert keinen Fortschritt in der Verfeinerung der Korrelation selbst, sondern kann eher als gutes Beispiel für die oben beschriebene Projektion und Inversion von Erfahrung gesehen werden. Ich halte das ›Verfeinerungs-Argument‹ zusammen mit dem ›Überbrückungs-Argument‹ für den Wert einer psycho-neuralen Korrelation mehr für einen Ausdruck einer nur schwer begründbaren Hoffnung durch ›Gebrauch‹ Begriffe solange zu verbinden bis sie in ihrem Verständnis zusammenfallen.[15] Selbst eine

---

[15] Farber (2005) führt zwei Kriterien an, um ein NCC als Erklärung für bewusste Erfahrung geltend machen zu können: ›intertheoretic bridge potential‹ und ›detailed mapping‹. Diese Argumentation mag für Theorien innerhalb des Physikalismus einsichtig sein (eine Brücke zwischen Elektromagnetismus und Mechanik zum Beispiel – oder für die noch nicht errichtete Verbindung von Quantentheorie und Gravitation), für eine Überbrückung ontologischer Differenzen braucht es aber mehr, vor allem ›Einsicht‹.

Einengung des Rubicons[16] (Verfeinerung des Korrelates) befreit nicht davor eine Brücke zu bauen, aber aus dem traditionellen Physikalismus heraus lässt sich keine Brücke schlagen, da das andere Ufer fehlt.

Wissen und Erfahrung

Das Phänomen der Erfahrung, wie es sich anfühlt eine Erfahrung zu machen, bedeutet eine phänomenale Qualität zu haben. Wie Jesse Prinz in einer Reihe von sehr umsichtigen und guten Überlegungen ausführt, vertrete auch ich die Sicht, dass die bewusste Erfahrung (consciousness) ausschließlich ein Phänomen der Wahrnehmung (perception) ist.[17] Das Gehirn ›speichert‹ keine Phänomene und das, was gespeichert wird, das Wissen über eine Wahrnehmung (phenomenal knowledge), ist verschieden von der Wahrnehmung selbst. Aus einer Erinnerung kann man das, was man als phänomenale Qualität bezeichnet, nicht hervorbringen. Mit anderen Worten, das Erleben der phänomenalen Qualität ist immer Gegenwart. Vergangenheit spielt dabei nur die Rolle, die sie als Teil der Gegenwart hat.

Dieses Wissen über die Erfahrung von der eigentlichen Erfahrung zu trennen, ist ein entscheidender Aspekt um rein neuralistische Theorien der Kognition von der hier vorgestellten Konzeption zu unterscheiden. In den ›higher-order thought theories‹ (HOT) der Kognitionsforschung steht eine ›höhere‹ perzeptuelle Repräsentation eines Konzeptes im Zentrum. ›Repräsentiert‹ wird etwa: ›das ist ein [...]‹, wobei [...] auf einen phänomenologischen Inhalt deutet. Die Erfahrung selbst ist aber nur der Inhalt [...]. Eine Repräsentation des Inhaltes ist also eine Kombination aus dem eigentlichen Inhalt mit einer epistemischen Relation zu diesem Inhalt und dies ergibt das Wissen über den Inhalt. Das Wort ›consciousness‹ von ›con (= cum) scire‹ impliziert bereits das Wissen über eine bestimmte Erfahrung. So gesehen ist ›consciousness‹ kein rein phänomenologischer Begriff, sondern ein zusammengesetzter Begriff aus dem Phänomen der Erfahrung (scio)

---

16 Siehe ›Rubicon – the Fifth Dimension in Biology‹. Campbell (1994) zeigt gerade in der Blütezeit der reduktiven materialistischen Biologie die Grenzen dieses Ansatzes und beginnt in einer humorvollen und lebendigen Art Fragen nach dem ›Warum‹ in der Biologie zu stellen.

17 Vgl. Prinz (2007) sowie Bernroider (2007).

einerseits und dem Wissen über die Erfahrung (con = com = cum) andererseits. Wie ich bereits vorher argumentiert habe, beinhaltet also der Begriff Bewusstsein selbst einen Eigenschafts-Dualismus, der auch in der Beschäftigung mit dem Phänomen nicht vergessen werden darf.[18]

Eine physikalische Seite (cum) wird häufig als der ›intentionale Aspekt‹ von Consciousness verwendet, die ›Qualia‹ (wie es ist die Erfahrung zu machen) als der phänomenologische Teil. Es ist ein weiterer bemerkenswerter semantischer Aspekt hinter dem Wort ›Consciousness‹ zu finden. Das denotative Sema liegt in ›ein Mitwisser‹ (cum = adept) von ›scius‹ zu sein. Dies deutet bereits auf das oben beschriebene Schicksal der Erfahrung hin. Der physikalisch beschreibbare Zustand des Erfahrenden ist ein ›Mitwisser‹ über die Wirklichkeit der Erfahrung. *Der physikalische Zustand des Gehirns, der einer bewussten Erfahrung entspricht, das neurale Korrelat von Bewusstsein (NCC), ist bestenfalls ›Zeuge‹ der Wirklichkeit einer Erfahrung.*

Durch ein rein ›repräsentationelles System‹, wie der Neuralismus die höheren Gehirnfunktionen gerne interpretiert, kann nach meiner Sicht weder eine notwendige noch hinreichende Bedingung für das Phänomen der Erfahrung gefunden werden.[19] Keine bewusste Erfahrung zu machen bedeutet nicht kein Wissen über die Erfahrung zu haben. Wissen zur Farbe Rot bedeutet nicht ›Rot‹ erfahren zu müssen, also gibt es Wissen ohne Erfahrung. Eine ›naive Erfahrung‹ zu machen, ohne ›re-identifizieren‹ des Erfahrenen (zum Beispiel einen neuen Geschmack zu empfinden) kann andererseits jederzeit eine ›bewusste Erfahrung‹ sein.[20] Also gibt es auch Erfahrung ohne Wissen.

---

[18] Vgl. Bernroider 2007.

[19] Die ›mentale Repräsentation‹ wird häufig als notwendige aber nicht hinreichende Bedingung für bewusste Wahrnehmung gesehen (z. B. bei Hubbard 2007). Da die Repräsentation immer nur einen Teilaspekt darstellt und damit eine Vielschichtigkeit gegenüber dem zu Repräsentierenden vorhanden ist, kann sie nicht hinreichend für eine bewusste Erfahrung sein. Dass die Repräsentation auch nicht notwendig ist, liegt im Argument des Wissens über die Erfahrung. Da das Wissen über die Erfahrung für eine bewusste Erfahrung nicht notwendig ist, aber Wissen sehr wahrscheinlich eine Repräsentation ist, ist die Repräsentation nicht notwendig für eine Erfahrung (vgl. z. B. Prinz 2007).

[20] In der Diskussion über eine biologische Bedeutung von Bewusstsein wird sehr plausibel der Vorteil ›Neuigkeiten‹ entdecken (›erfahren‹) zu können angeführt (›coping with novelty‹). Gerade das ist Evidenz dafür, dass es keines ›Re-identifizierungs‹ Prozes-

4. Intrinsische Eigenschaften und Bewusstsein

Die bisherigen Argumente über Erfahrung, Wirklichkeit und Physik
lassen sich so zusammenfassen:

a) *Erfahrung ist ›wirklich‹.*

b) *Physik ist eine Abstraktion, ein Wissen über die Wirklichkeit.*

c) *Die bewusste Erfahrung ist ein Erleben eines Zustandes und verschieden vom Wissen über diesen Zustand.*

d) *Das Wissen über eine bewusste Erfahrung ist weder notwendig noch hinreichend für die bewusste Erfahrung.*

e) *Das Wissen über eine bewusste Erfahrung findet ein physikalisch beschreibbares Korrelat (NCC).*

f) *Das NCC ist kein eindeutiges Korrelat für die bewusste Erfahrung selbst.*

g) *Das NCC kann ein ›Zeuge‹ für die bewusste Erfahrung sein.*

h) *Wenn man ein NCC findet, hat man Wissen (Physik) über einen Zeugen einer bewussten Erfahrung.*

Die Aussage (h) ist aus den Aussagen a–g ableitbar und eine zentrale
Feststellung der hier vorliegenden Sicht. Tatsächlich möchte ich die
letzte Aussage noch verallgemeinern, um nicht nur die Grenzen des
Neuralismus, sondern auch die Grenzen der gesamten Physik zu zeigen. Die Physik in meiner Sicht ist Wissen über Zeugen (witnesses)
einer Wirklichkeit. Die Entwicklung in der theoretischen Quantenphysik der letzten Jahre scheint diese Aussage zu reflektieren und ist viel
weniger in Konflikt mit der hier geführten Interpretation als man im
Zeitalter des Physikalismus vermuten könnte. Zunächst wurde schon
mehrmals gezeigt, dass in der Quantenphysik Wirklichkeit und Physik
sich im Widerspruch befinden und der Anspruch der QM auf Wirklichkeit aufgelassen wird (… ›wirklich ist nur das Klicken im Detektor‹).[21]
Weiters wurden physikalische Freiheitsgrade von Systemen als klassische ›Zeugen‹ von quantenphysikalischen Eigenschaften eingeführt.
Den Unterschied zu den hier geführten ›Zeugen‹ möchte ich folgend
kurz darstellen.

---

ses, keines ›Konzeptes‹ bedarf, um bewusste Wahrnehmung zu haben. Bewusste Wahrnehmung könnte gerade dadurch einen adaptiven Charakter erreichen, indem durch
seine Unabhängigkeit von vorhergehender Erfahrung ein deutliches ›Signal‹ bei Neuigkeiten auftritt.

[21] Vgl. Zeilinger et al. (2005).

Die Physik des Gehirns ist ein Zeuge der Wirklichkeit

In der Diskussion über eine Wirklichkeit in der Physik wurde das Konzept von ›Zeugen‹ entwickelt um einen Übergang der QM in die klassische Physik erfassen zu können. W. Zurek hat zusammen mit Wheeler schon vor einigen Jahrzehnten das Konzept von Zeugenzuständen (witness states)[22] bezüglich der empfindlichen Kohärenzzuständen in der QM entwickelt.[23] Die klassische Physik wird zum ›Zeugen‹ der ganz speziellen, quantenphysikalischen Eigenschaften, wie der Kohärenz zwischen verschiedenen (nicht-separierten) Teilen eines Systems (›Entanglement‹, Verschränkung). In Zureks Interpretation ist dieser Zeugenzustand zwar, ganz aus der Sicht des Physikalismus, innerhalb der Physik vergeben. So wird im Übergang eines quanten- zu einem klassischen System die Umgebung des Objektes (siehe Abb. 2b) zu einem ›Zeugenzustand‹ über das Objekt selbst. Eine Dominanz der H_{OE} Wechselwirkung (Abb. 2b) liefert Eindrücke (imprints) über das Objekt O in der Umgebung E. Eigentlich beobachten wir quantenphysikalisch in einer Menge von Subsystemen immer die Umgebung und nicht das Objekt selber, sodass bei einer (quanten-) physikalischen Messung die Wechselwirkung H_{SE} die ›informative‹ Rolle spielt. Beide Wechselwirkungen H_{OE} und H_{OS} ändern auch den ›Charakter‹ des Wissens über das Objekt. Nur in absoluter Isolation (Abb. 2a) sind die (unitär) entwickelten Zustände des Systems grundsätzlich ›prädiktierbar‹. Die beiden angeführten Wechselwirkungen führen zu einem Verlust der Prädiktierbarkeit der Zustände des zusammengesetzten Systems und Verlust von Kohärenz.

Die Prädiktierbarkeit kann gemessen werden. Etwa durch die sogenannte ›Aktions-Distanz‹, ein Maß für eine physikalische Aktion die notwendig ist, um Zustände der Umgebung zu unterscheiden, die sich auf verschiedene Zustände des Systems beziehen. In der Physik ist dieses Maß eine Metrik im Hilbert Raum.[24] In vorhergehenden Arbeiten habe ich dieses Maß auf die physikalische Organisation des Gehirns

---

[22] Witness states = Verschränkungszeugen, sind Observable (messbare Freiheitsgrade) von Teil- Systemen, deren Erwartungswert größer ist, als eine gewisse Beschränkung für Erwartungswerte derselben Observablen berechnet für separierbare Teil-Systeme (vgl. Vedral 2008). Der Verschränkungszeuge gibt also Auskunft über das Vorliegen von nicht-separierbaren, rein quantenphysikalischen Eigenschaften eines Systems.

[23] Vgl. Wheeler / Zurek (1983) sowie Zurek (2002).

[24] Vgl. Zurek (2001).

angewendet. [25] Es zeigt sich dabei ein interessanter Zusammenhang zwischen den im Gehirn vorhandenen physikalischen Aktions-Ordnungen der Systeme (von Atomen, Molekülen bis Zellen und dem gesamten Gehirn) einerseits und der Distanz zur ›Umgebung‹, den physikalischen Zeugen dieser Systeme, andererseits (siehe Abbildung 3). Die Zeugenzustände einzelner Moleküle (Proteine, Ionenkanäle) werden angezeigt durch die gesamte physikalische Aktion einer einzelnen Zelle. Die Zeugenzustände der Signale einer Zelle (z. B. das sogenannte Aktionspotential der Membran einer Zelle) umfassen das gesamte Gehirn und die Zeugenzustände eines Gehirns sind letztlich auf viele Gehirne oder Individuen verteilt.

Das besonders bemerkenswerte dieser Analysen ist, dass die neurobiologischen ›Bausteine‹ des Gehirns (Atome als Ladungsträger, Moleküle als Ionenkanäle, Zellen als Signalgeber und das Gehirn als Segregator dieser Signale) jeweils als physikalische Zeugen von Zuständen agieren, die ihrerseits mehrere Größenordnungen (etwa 10 Größenordnungen in Primatengehirnen) darunter physikalisch konzipiert sind. Die Konsequenzen dieser hierarchischen Organisation für das Zustandekommen neuraler Signale wurden in vorhergehenden Arbeiten besprochen. [26] Insbesondere erscheinen die Membranproteine von Nervenzellen (Ionenkanäle) als ›Zeugen‹ der kleinsten physikalischen Aktionsordnung, den Transitionen von Atomen in den Molekülen. Die Aktionsdistanz innerhalb eines Ionenkanal-Proteins erscheint als ›Anzeiger‹ oder Zeuge eines quantenphysikalischen Zustands von Atomen im betreffenden Molekül. Die Skalierung der physikalischen Größenordnung ist an dieser Stelle erschöpft (10^{-34} Lagrange, die Größenordnung der Planck'schen Konstante ›$\hbar$‹). [27] Die nächstkleinere Größenordnung der Aktionsdistanz, angezeigt durch ein einzelnes Atom, findet in dieser Analyse keine physikalische Realisierung mehr.

---

[25] Vgl. Bernroider / Roy (2004).

[26] Vgl. Bernroider / Roy (2005) sowie Summhammer / Bernroider (2007).

[27] Aktions-Distanz: Wenn ein System S nur zwei Zustände (z. B. ↑, ↓) annehmen kann und die Umgebung E dieses Systems aus N Subsystemen besteht, die auch alle nur zwei Zustände einnehmen können (z. B. ε_0, ε_1), dann ist eine Aktionsdistanz durch Δ ($|\varepsilon\rangle$, $\varepsilon\rangle$) = N ($\pi/2 \cdot \hbar$) definierbar. Eine geeignete Organisation von N ›Zeugenzuständen‹ ist dabei die entscheidende Größe. Die Organisation des Nervensystems zeigt eine bemerkenswerte und höchst regelmäßige Skalierung dieser Zeugenzustände (siehe Bernroider / Roy 2004).

Entsprechend der Hierarchie dieser so verstandenen, physikalischen Größenordnung könnte man vermuten, dass die quantenphysikalischen Aktionen, verbunden mit einzelnen Atomen, wiederum physikalische Zeugenzustände einer darunter liegenden, nicht mehr in der traditionellen Physik liegenden, phänomenologischen Wirklichkeit sind.

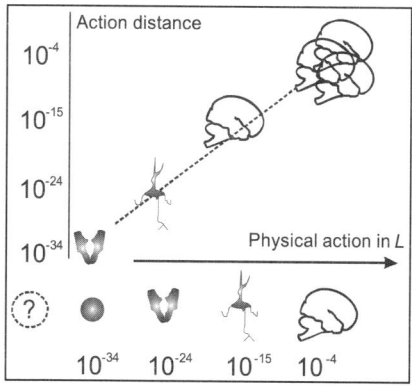

Abbildung 3: Skalierung der physikalischen Korrelationen im Gehirn.
Die Abszisse zeigt die Aktionsordnung des Systems, die Ordinate die Aktions-Distanz (in Lagrange, $1L = 1$ kg.m^2 s^{-1}). Die Symbole zeigen Atome (10^{-34}), Moleküle (10^{-24}), Zellen (10^{-15}) und ein Gehirn (10^{-4}).
Die entsprechende Aktionsdistanz (Ordinate) ist jeweils um ca 10 Größenordnungen über der physikalischen Aktion organisiert.
Das Fragezeichen zu Beginn der Skala soll die fehlende, nicht mehr innerhalb der Physik etablierte Aktion für die atomare Aktionsdistanz symbolisieren.

Da es gerade die physikalischen Zustände des Gehirns sind, die mit dieser Phänomenologie in Verbund stehen, erscheint die Physik des Gehirns als ›Anzeiger‹ der Wirklichkeit einer bewussten Erfahrung. Die unmittelbare Verbindung zur Phänomenologie, zu den intrinsischen Eigenschaften der Physik, wäre dann durch die quantenphysikalischen Eigenschaften des Gehirns gegeben.[28]

---

[28] Vgl. Bernroider (1996); (1999).

Korrespondenz und Kontinuität

Aufbau und Korrespondenz-Prinzipien versuchen eine gemeinsame ›Ordnung‹ in der Beziehung von unterschiedlichen Domänen oder Größenordnungen zu finden, d. h. eine Verbindung dort zu sehen, wo eigentlich ein Erklärungsspalt vorliegt. Aus traditioneller Sicht kann dieser Spalt ›grundsätzlicher‹ Art sein, wie etwa zwischen Phänomenologie und Physik, oder kann sich innerhalb einer ontologischen Konzeption, wie des Physikalismus ergeben.

In der zweiten Variante, den ›leichteren‹ Korrespondenz-Problemen, ist der Erklärungs-Spalt meist durch sehr unterschiedliche Größenordnungen der ›Realisierung‹ verursacht. Ein Beispiel ist das Korrespondenz-Problem zwischen Quantenphysik und klassischer Physik. Die Schwierigkeit mit Korrespondenz-Relationen besteht darin, dass Größenordnungen ein Raum-Zeit Gefüge immer in diskontinuierliche Übergänge trennen. Die damit verbundenen Emergenz-Probleme können oft nur sehr unzureichend oder gar nicht erklärt werden.[29] Im Übergang von klassischen zu quantenphysikalischen Größenordnungen (Aktion $\hbar$ 10^{-34} kg m^2 s^{-1}) geht etwa die Prädiktierbarkeit der Beobachtung verloren. In der traditionellen Sicht auch die ›Realität‹.[30] Dieser Übergang ist nicht ›gleichmäßig‹ über etwa 30 Größenordnungen, von mikro- zu meso- und makroskopischen Dimensionen verteilt, sondern ›geschieht‹ bereits bei jeder Objekt-Umgebungs Interaktion innerhalb der quanten-physikalischen Dimensionen (siehe Verlust der Prädiktierbarkeit oben). Alle physikalischen ›Nachwirkungen‹ sind klassisch. Es ergibt sich die Frage welche Stellung phänomenologische Eigenschaften bei den Korrespondenz – und Aufbauprinzipien der Physik haben. Sind die intrinsischen, ›wirklichen‹ Eigenschaften der Erfahrung physikalisch zu ordnen, sind sie integrierbar in die Größenordnungen der Physik? Gibt es kompositionelle Prinzipien der Phänomenologie die physikalischen Prinzipien zugeordnet werden können?

---

[29] In der Biologie gibt es mehrere Kontinuitätsprobleme. Evolution und Ontogenese zeigen keine wirkliche Kontinuität. So sind etwa diskontinuierliche Transformationen der RNA ein charakteristisches Merkmal für adaptive Prozesse (Fontana / Schuster 1998). Diskontinuitäten in der Neurogenese wurden vom Autor in einer früheren Arbeit gezeigt (Bernroider 1986).

[30] Der Realitätsverlust im physikalischen Korrespondenzproblem kann hier nicht geteilt werden, da, wie oben argumentiert, Physik an sich keinen Anspruch auf Realität erheben kann.

Aufbau-Prinzipien und Bewusstsein

Reduktive Erklärungen von Funktion und Organisation führen schnell zur Konzeption von Aufbau-Mechanismen, in deren Folge aus Einzelteilen eine (neue) Eigenschaft entstehen soll. Die oben erwähnten Diskontinuitäten sind aber häufig unvermeidbar und stellen meist eine schwer lösbare Schwierigkeit im Sinne einer strengen Eigenschafts-Deduktion dar.

Verschiedene Forderungen nach Emergenz, von schwacher bis starker und im Neuralismus sogar ›zauberhafter‹ Emergenz sind die Folge. So soll etwa in der Sicht der neuralen Doktrinen[31] aus der Zusammensetzung von Membran-gebundenen elektrischen Signalen (Aktions-Potentialen) im Gehirn, nach Erreichen einer gewissen ›Komplexität‹ und Kooperation (Oszillationen), aus Strömen von Ionen die ›Empfindung‹ einer bewussten Wahrnehmung entstehen: wahrlich eine ›zauberhafte‹ Emergenz, aus Strom wird plötzlich Gefühl. Es ist nur schwer vorstellbar, dass nach einer geeigneten Zusammenfügung von toten Bausteinen plötzlich Leben entsteht, ebenso nach Zusammenfügung von vielen nicht-empfindenden Teilen plötzlich eine Empfindung entsteht. Neben der Plausibilität spricht auch die empirische Erfahrung der gesamten Naturwissenschaft gegen eine solche Forderung.

Im Laufe des letzten Jahrzehnts hat sich eine erhebliche naturwissenschaftliche Beteiligung an der Erforschung des Bewusstseins ergeben. Die einst nur der Philosophie zugestandene Frage ist heute Teil des ›Mainstreams‹ in der Neurobiologie des Verhaltens und der Psychobiologie im Allgemeinen. Da in der Korrelation von Verhalten und Gehirnaktivität beim Menschen nach der Präsentation eines Stimulus bis zum Bericht einer bewussten Wahrnehmung durch den Probanden in etwa ein viertel bis zu einer halben Sekunde vergeht[32] und diese Zeitphase mit charakteristischen Gehirnaktivitäten verbunden ist, ist ein ›Aufbauprinzip‹ für bewusste Erfahrung zu einem zentralen Thema geworden. Beispiele sind etwa die ›Reentrant Hypothese‹ von Tononi, Edelman oder Dehaene.[33] Mindestens zwei Aspekte sprechen meiner Ansicht nach gegen rein ›neuralistische‹ Aufbauprinzipien beim Stu-

---

[31] Vgl. Barlow (1972).
[32] Vgl. Libet (1989).
[33] Vgl. Tononi / Edelman (1998); Edelman (2003) sowie Dehaene (2003).

dium von Bewusstsein. Der schon vorher erwähnte Unterschied zwischen der Erfahrung selbst und dem Wissen über die Erfahrung einerseits und die doch unsinnige Annahme einer ›zauberhaften‹ Emergenz andererseits.

Allerdings können Aufbauprinzipien eine viel tiefere und durchaus plausible Bedeutung erlangen, wenn man intrinsische phänomenologische Eigenschaften, im Sinne der hier geführten Argumentation, hinter den physikalischen Vorgängen zulässt. Etwa die Argumente von Strawson für einen ›Pan-Psychismus‹ (besser: Micro-Psychismus) sind geeignet, zusammen mit einem Aufbaumechanismus (›Mikrogenese‹), den physikalischen Prozessen in biologischen Organisationen auch die notwendige ›Wirklichkeit‹ einer Erfahrung zu geben. Zauberhafte Emergenz wird überflüssig. Dieses Konzept einer mit Phänomenen begleiteten Mikrogenese findet sich in Whiteheads Theorie der Wahrnehmung. Eine detailierte und tiefgehende Diskussion von Whiteheads Konzepten der Prozess-Metaphysik in Bezug zu den heute geltenden psychobiologischen Erkenntnissen findet man bei Riffert, eine Analyse der Strawson Argumente bei Simons.[34] Eine wichtige Konklusion aus der Prozessphilosophie von Whitehead für die hier geführte Argumentation ist die zentrale Rolle der Selbst-Erfahrung. Wir erleben die Wirklichkeit (wie es ist in einem Zustand zu sein) nur durch diese Selbsterfahrung. Dies ist eine Grundlage jedes lebenden Organismus und auch für einfachste Organisationsformen zutreffend. Umwelterfahrung und Selbstkonstitution sind die entscheidenden Prozesseigenschaften des Lebendigen.[35] *Nervensysteme in vielzelligen tierischen Organismen verbinden diesen Akt der Selbsterfahrung mit ›Wissen‹ (Physik).*

Das Besondere im Gehirn

Aus der Neurophysiologie der Wahrnehmung lässt sich insbesonders eine ›mittlere Ebene‹, von Whitehead ›presentational immediacy‹ bezeichnet, erkennen, die zusammen mit einer phänomenologischen Entität (›causal efficacy‹) eine entscheidende Ebene für bewusste Wahr-

---

34 Vgl. Riffert (2003) sowie Simons (2006).
35 Vgl. z. B. Plätzer et al. (2005); Falkner et al. (2006).

nehmung darstellen kann.[36] Prinz führt eine Reihe von Eigenschaften an, die gerade diese Ebene im ›Aufbau‹ neuraler Signale als die Ebene der phänomenalen Zustände ausweist (AIR: attended intermediate level representations).[37]

Das Gehirn ist das entscheidende Organ für die bewusste Wahrnehmung wie *wir* sie haben, aber *im* Gehirn selbst haben wir keine bewusste Wahrnehmung: im Gehirn finden wir nur die physikalischen Zeugen einer bewussten Wahrnehmung. Diese Zeugenzustände sind durch Prozesseigenschaften (z. B. Segregation der sensorischen Signale) differenziert. Eine ›mittlere Ebene‹ dieses Prozessaufbaus (Whiteheads ›presentational immediacy‹ oder Prinz' AIR) hat einen bevorzugten Zeugenzustand, da die sensorische Information in dieser Ebene gerade den kompositionellen Eigenschaften der Phänomenologie unserer Erfahrung entspricht (weder zu detailiert, noch zu abstrakt). Diese ›mittlere Ebene‹ umfasst im Wesentlichen die gesamte senso-motorische Segregation des Neocortex in Säugetieren und Mensch, und bildet den mit Abstand größten Anteil am Gehirn. Das ›Besondere‹ des Gehirns ist nun darin zu finden, dass die mit einer Empfindung verbundene Selbsterfahrung im oben erwähnten Sinne nicht direkt mit Gehirnzellen verbunden ist, sondern erst eine bestimmte, über viele Stationen laufende Prozesscharakteristik des Gehirns mit einer bewussten Erfahrung verbunden wird. Prozesse in deren Verlauf Wissen (ein Arbeitsgedächtnis) über eine Erfahrung entsteht, können, aber müssen nicht, mit einem Erleben dieser Erfahrung verbunden werden. Es ist mehr die ›mentalistische‹ Struktur des entstehenden Wissens, die mit einem Erleben von Wirklichkeit verbunden wird – das Projektive, d. h. das bezüglich des Nervensystems nach ›außen‹ Gerichtete, erleben wir, nicht den (substantiellen) Zustand der eigenen Gehirnzellen.

Der transitive Charakter des entstehenden Wissens ist auch weitgehend von vorhergehendem Wissen abhängig. Erfahrung ist ›wie etwas‹, aber diese Erfahrung wird verbunden mit dem transitiven Charakter eines entstehenden Wissens. Aufmerksamkeit verteilt dieses phänomenale Demonstrativ auf das ›Ziel‹. So können wir etwa zwischen zwei verschiedenen Erfahrungen bei taktilen Stimuli unterscheiden – ein auf den Körperteil gerichtetes Gefühl und eine Projektion in

---

[36] Vgl. Riffert (2003).
[37] Vgl. Prinz (2007).

den externen Raum[38] und durch unterschiedliche Aufmerksamkeit die Wirklichkeit dieser Erfahrung nach außen oder nach innen projizieren.

Das eigentliche phänomenale Demonstrativ wird im Gehirn auf die Erfahrung gerichtet – die Erfahrung selbst muss gegenwärtig sein und ist nicht Teil des Gehirns. Nachdem die Physik des Gehirns bezüglich dieser Verbindung mit phänomenaler Wirklichkeit organisiert erscheint (z. B. intermediate level processing), erhebt sich natürlich die Frage genau welche physikalischen Eigenschaften diese Verbindung hat.

Die mir am meisten plausibel erscheinende Antwort zu dieser Frage liegt in den intrinsischen Eigenschaften nicht separierbarer Quantensysteme, eine im Physikalismus (noch) nicht konzipierte Verbindung (Verschränkung) mit dem Phänomen, wie es ist eine Erfahrung zu machen.

Literatur

Barlow, H. (1972): Single units and sensation: a neuron doctrine for perceptual psychology, in: *Perception* 1, 371–394.

Bell, J. S. (1964): On the Einstein Podolsky Rosen paradox, in: *Physics* 1, 195–200.

Bernroider, G. (2007): Consciousness, *Polymetrica*, (http://www.polimetrica.eu/site/?p=58)

Bernroider, G. / Roy, S. (2004): Quantum-classical correspondence in the brain: scaling, action distances and predictability behind neural signals, in: *Forma* 19, 55–68.

Bernroider, G. / Roy, S. (2005): Quantum entanglement of K ions, multiple channel states and the role of noise in the brain. *SPIE* 5841, 205–214.

Bernroider, G. (1999): On form, mind and matter, *FORMA* 14, 185–198.

Bernroider, G. / Ritt, F. / Bernroider, E. W. N. (1996): Neural phase-time coding from the view of an electrodynamic perturbation problem, *FORMA* 11, 141–159.

---

[38] So ist etwa die somatosensorische ›Erfahrung‹ eines einzelnen, etwa Erbsen großen Gegenstands durch Erfassen mit den Fingern von der Fingerseite abhängig. Werden etwa Zeige- und Mittelfinger beim Erfassen ausgekreuzt, sodass die jeweils gegenüber liegende Fingerseite in Berührung des Objektes kommt, erleben wir das, was wir ›üblicherweise‹ mit diesem taktilen Stimulus erleben würden, nämlich zwei Objekte. Ken Mogi unterscheidet daher zwei Prozesse bei dieser Wahrnehmung, ein Prozess der anzeigt, welcher Körperteil mit der Berührung verbunden ist, der zweite Prozess der dieses Erleben nach ›außen‹ projiziert (Sekine / Mogi 2009).

Bernroider, G. (1986): Patterns are Universal Restrictions in Space-time, A Theory Exemplified by Sexual Neurogenesis, in: *Science on Form: Proceedings of the First International Symposium for Science on Form*, hrsg. von Ishizaka, S. / Kato, Y. / Takaki, R. / Toriwaki, J. Tokyo, 319–328.

Bohm, D. / Hiley, B. J. (1993): *The Undivided Universe – an ontolological interpretation of quantum theory*. London, New York.

Breuer, H. P. / Petruccione, F. (2006): *The Theory of Open Quantum Systems*. New York.

Campbell, A. K. (1994): *Rubicon. The Fifth Dimension of Biology*. London.

Chalmers, D. J. (2003): Consciousness and it's place in nature, in: *Blackwell Guide to Philosophy of Mind*, hrsg. von S. Stich / F. Warfield. Blackwell.

Dehaene, S. (2001): Cerebral mechanisms of word masking and unconscious repetition priming, in: *Nature Neuroscience* 4, 752–758.

Dennett, D. C. (1991): *Consciousness Explained*. Boston.

Einstein A. / Podolsky B. / Rosen, N. (1935): Can quantum mechanical description of physical reality be considered complete?, in: *Physical Review* 47, 777–780.

Edelman, G. M. (2003): Naturalizing consciousness: A theoretical framework, in: *PNAS* 100, 5520–5524.

Falkner, R. / Priewasser, M. / Falkner, G. (2006): Information processing by Cyanobacteria during adaptation to environmental phosphate fluctuations, in: *Plant Signalling and Behaviour* 1, 212–220.

Farber, I. (2005): How a neural correlate can function as an explanation of consciousness, in: *Journal of Consciousness Studies* 12, 77–95.

Fechner, G. T. (1860): *Elemente der Psychophysik*, Zweiter Teil. Leipzig.

Fontana, W. / Schuster, P. (1998): Continuity in Evolution: On the Nature of Transitions, in: *Science* 280, 1451–1455.

Frigg, R. (2008): Typicality and the Approach to Equilibrium in Boltzmannian Statistical Mechanics, in: *PhilSci Archive*, ID 3915.

Gemmer, J. / Michel, M. / Mahler, G. (2009): *Quantum Thermodynamics* (Lecture Notes in Physics). Berlin.

Helmholtz, H. von (1863): *Die Lehre den Tonempfindungen als physiologische Grundlage für die Theorie der Musik*. Braunschweig.

Latour, B. / Woolgar, S. (1979): *Laboratory Life: the social construction of scientific facts*. Beverly Hills, USA.

Lebowitz, J. L. (1993): *Phys. Today* 46 (9), 32.

Leggett, A. (2003): Nonlocal hidden variable theories and quantum mechanics: an incompatibility theorem, in: *Foundations of Physics* 33, 1469–1493.

Libet, B. (1989): Conscious subjective experience vs unconscious mental functions: a theory of the cerebral processes involved, in: *Models of Brain Function*, hrsg. von R. J. Cotterill. Cambridge.

Maturana, H. / Varela, F. J. (1980): *Autopoiesis and cognition: the realization of the living*. Boston.

Neumann, J. von (1955): *Mathematische Grundlagen der Quantenmechanik*. Berlin.

Plätzer, K. / Thomas, S. R. / Falkner, R. / Falkner, G. (2005): The microbial experience of environmental phosphate fluctuations. An essay on the possibility of putting intentions into cell biochemistry, in: *Journal of Theoretical Biology* 235, 540–554.

Prinz, J. (2007): Mental Pointing, Phenomenal Knowledge Without Concepts, in: *Journal of Consciousness Studies* 14, 184–211.

Riffert, F. (2003): On Scientific Confirmation of Causal Efficacy, in: *Searching for New Contrasts. Whiteheadian Contributions to Contemporary Challenges in Neurophysiology, Psychology, Psychotherapy and Philosophy of Mind*, hrsg. von F. Riffert / M. Weber. New York, 153–180.

Russell, B. (1927): *The Analysis of Matter*. London.

Sekine, T. / Mogi, K. (2009): Distinct neural processes of bodily awareness in crossed fingers illusion, in: *NeuroReport* 20, 467–472.

Simons, P. (2006): The Seeds of Experience, in: *Journal of Consciousness Studies* 13, 146–150.

Stewart, J. (2001): Radical Constructivism in Biology and Cognitive Science, in: *Foundations of Science* 6, 99–124 [*Special Issue on ›The Imapct of Radical Constructivism on Science‹*, hrsg. von A. Riegler].

Strawson, G. (2006): Realistic Monism: why physicalism entails panpsychism, in: *Journal of Consciousness Studies* 13, 3–31.

Summhammer, J. / Bernroider, G. (2007): Quantum entanglement in the voltage dependent sodium channel can reproduce the salient features of neuronal action potential initiation, in: *arXiv:0712.1474v1 [physics.bio-ph]*.

Tononi, G. / Edelman, G. M. (1998): Consciousness and Complexity, in: *Science* 282, 1846–1851.

Varela, F. J. / Thompson, E. / Rosch, E. (1993): *The Embodied Mind*. Cambridge.

Vedral, V. (2008): Quantifying entanglement in macroscopic systems, in: *Nature* 453, 1004–1007.

Weber, E. H. (1846): Die Lehre vom Tastsinn und Gemeingefühl, in: *Handwörterbuch der Physiologie mit Rücksicht auf physiologische Pathologie*, Bd. 3, Teil 2, hrsg. von R. Wagner. Braunschweig, 481–588.

Wheeler, J. A. / Zurek, W. H. (1983): *Quantum Theory and Measurement*. Princeton.

Wigner, E. (1963): The Problem of Measurement, in: *American journal of Physics* 31, 615.

Whitehead, A. N. (1926): *Science and the Modern World*. Cambridge.

Zeilinger, A. / Weihs, G. / Jennewein, T. / Aspelmeyer, M. (2005): Happy centenary, photon, in: *Nature* 433, 230–238

Zurek, W. H. (2001): Decoherence, Einselection and the Quantum Origins of the Classical, in: *arxiv: quant-ph/0105127 v1*.

Zurek, W. H. (2002): Decoherence and the Transition from Quantum to Classical – Revisited, in: *Los Alamos Science* 7, 2–25.

III. Physikalismus, Natur und Ethik

Weshalb teleologische Prinzipien eine Notwendigkeit der Vernunft sind.

Natürliche Theologie nach Darwin

Vittorio Hösle[1]

In dankbarer Erinnerung an den bedeutenden Wissenschaftshistoriker
Matthias Schramm (1928–2005)

Einer der liebenswertesten Charakterzüge von Charles Darwin ist
zweifelsohne seine Bescheidenheit. In seiner Autobiographie, die 1876
begonnen und bis 1882 fortgeführt wurde, behauptet er aufrichtig, dass
seine Arbeiten »over and over again greatly overpraised« (1993a, 126)
worden sind und dass er in metaphysischen Angelegenheiten nie besonders talentiert gewesen sei: »My power to follow a long and purely
abstract train of thought is very limited; I should, moreover, never have
succeeded with metaphysics or mathematics.« (140). Natürlich war er
sich darüber im Klaren, dass seine Revolution in der Biologie den Begriff der Arten gewandelt und die Lücke zwischen Menschen und anderen Tieren verringert hat; denn er zeigte detailliert, wie das Prinzip
der natürlichen Auslese unzählige Fakten im biologischen Bereich erklären konnte, die zuvor als nicht-reduzierbar angesehen worden waren – darunter die Existenz der Arten und das menschliche Verhalten
in all seinen Facetten. Recht erstaunlich sind jedoch die enormen Auswirkungen, die *On the Origin of Species* (1859) unmittelbar außerhalb
der Scientific Community der Biologen in der breiten Öffentlichkeit
hatte, aber auch sein rasches Übergreifen auf religiöse und philosophische Fragen.[2]

Nur ein Satz am Endes des Buches spielt auf den Ursprung der
Menschheit an (1968, 458), der in seinen späteren Arbeiten von 1871
und 1872 behandelt wird; und es gibt keine explizit antireligiösen
Schlussfolgerungen in diesem oder überhaupt irgendeinem von Dar-

---

[1] Übersetzt aus dem Englischen von Patrick Spät.
[2] Einen guten Überblick zu klassischen Texten der Debatte bieten Young / Largent
(2007).

wins veröffentlichten Büchern. Nur am Ende von *Variation of Animals and Plants under Domestication* wirft Darwin – sich darüber im Klaren, dass er die Grenzen seiner eigenen Disziplin überschreitet – einige kritische Fragen auf, die sich auf die Vereinbarkeit des Mechanismus der natürlichen Selektion mit dem traditionellen Theismus beziehen.

Darwins intellektuelle Zurückhaltung, die ihn deutlich von einigen der gegenwärtigen Neodarwinisten wie Richard Dawkins[3] unterscheidet, war nicht nur als Vorsichtsmaßnahme gedacht, die der Sorge um seine Frau oder der Furcht vor sozialer Ausgrenzung geschuldet war: In den Jahren nach seiner Reise um die Welt dachte er ernsthaft über religiöse Fragen nach und kam zu dem Schluss, dass seine Theorie keinen Atheismus impliziert. Es ist daher angemessen, die folgenden Überlegungen mit einer Untersuchung seiner recht scharfsinnigen religiösen Ideen beginnen zu lassen, die den Ideen der meisten gegenwärtigen Naturwissenschaftler zu religiösen Fragen sicherlich in nichts nachstehen (I). Anschließend werde ich sie in den Kontext einer allgemeineren Entwicklung des Gottes- und Naturbegriffs stellen und den wichtigsten Versuch im 19. Jahrhundert diskutieren, den Darwinismus mit dem Theismus in Einklang zu bringen – den Versuch von Asa Gray. Der Schwerpunkt auf Gray ist dem einfachen Umstand geschuldet, dass der Fortschritt in der Philosophie – wenn er überhaupt stattfindet – ganz anderer Art ist als in den Naturwissenschaften; daher können wir von den philosophischen Überlegungen der vergangenen Jahrhunderte weit mehr lernen als von naturwissenschaftlichen Theorien aus jener Zeit (II). Abschließend werde ich darlegen, inwiefern selbst nach der darwinschen Revolution eine teleologische Deutung der Natur nicht nur eine Möglichkeit, sondern eine Notwendigkeit darstellt (III).

I.

Im Kapitel »Religious belief« seiner *Autobiography* – der Text wurde in vollständiger Form erst 1958 veröffentlicht, da die erste Ausgabe von 1887 von der Familie zensiert worden war – legt Darwin die Gründe dar, die für den Verlust des anglikanischen Glaubens verantwortlich waren, in dem er aufgewachsen war. Immerhin hatte er für einige Zeit

---

[3] Vgl. insbesondere Dawkins (2006).

mit dem Gedanken gespielt, anglikanischer Pfarrer zu werden. Er be-hauptet – und in soweit wir seine Entwicklung kennen, wahrheits-gemäß –, dass er niemals stark ausgeprägte religiöse Gefühle hatte (91); sicherlich war er niemals ein Evangelikaler gewesen.

Dennoch hatte er die traditionelle anglikanische Theologie auf-gesogen, und zu Beginn seiner Reise mit der »Beagle« – während der sein Lieblingsbuch *Paradise Lost* von Milton war – wurde er gelegent-lich von orthodoxen Offizieren verhöhnt, »for quoting the Bible as an unanswerable authority on some point of morality« (85). Wie kam es zu dieser langsamen Auflösung seiner Glaubensüberzeugungen, gegen die er sich erfolglos zur Wehr setzte? Die Gründe und Ursachen, die Darwin erwähnt, haben recht wenig mit seiner großen wissenschaft-lichen Entdeckung zu tun. Mit was dann? Wir können das betreffende Kapitel in drei Abschnitte unterteilen. Im ersten (A) untersucht Dar-win diejenigen Argumente gegen den Glauben, die Bibel beruhe auf göttlicher Offenbarung; im zweiten (B) verschiebt er den Fokus von der Offenbarungs- zur natürlichen Theologie. Hier diskutiert er so-wohl die Argumente für (B 1) als auch diejenigen gegen (B 2) die Exis-tenz Gottes, unter die auch das Theodizee-Problem fällt. Und er er-wähnt auch die in logischer Hinsicht unabhängige Frage nach der Unsterblichkeit der Seele (B 3). Drittens (C) denkt er über seine eigene Entwicklung nach – man könnte sagen, über die Evolution seiner eige-nen religiösen Glaubensüberzeugungen und ihren erkenntnistheoreti-schen Status. Solche Überlegungen finden sich am Ende des Kapitels, aber auch in (B) sind sie eingestreut; ich werde sie im Zusammenhang mit (C) erörtern.

(A) In Bezug auf den ersten Punkt setzt er sich jeweils mit dem Alten und dem Neuen Testament auseinander. Beim Alten Testament erwähnt er einerseits die historisch falschen Erzählungen, andererseits die primitiven Gefühle, die Gott zugeschrieben werden (etwa diejeni-gen eines »revengeful tyrant«). Hinsichtlich des Neuen Testaments stört er sich an der Verbindung des Neuen zum diskreditierten Alten Testament. Zudem führten die intrinsische Unglaubwürdigkeit von Wundergeschichten, die Leichtgläubigkeit der damals lebenden Men-schen, die Tatsache, dass man unmöglich ausschließen könne, dass die Evangelien später geschrieben wurden als die dort dargestellten Ereig-nisse, wie auch die Widersprüche unter den Evangelisten ihn dazu, »to disbelieve in Christianity as a divine revelation« (86). Er erkennt wei-terhin die moralische Schönheit des Neuen Testaments an, doch er bemerkt, dass sie teilweise auf späteren Interpretationen beruht, die nicht den ursprünglichen Sinn erfassen. Dieser ursprüngliche Sinn umfasst beispielsweise die Lehre von der ewigen Verdammnis der Ungläubigen, und er erklärt diese Lehre »damnable« (87). Es ist offensichtlich, dass nichts in diesen Argumenten auf den Naturwissenschaften beruht: Sie stützen sich auf ethische Ideen und historische Forschungen; und selbst der generelle Zweifel an den Wundern rührt nicht so sehr von der naturwissenschaftlichen Entwicklung, als er vielmehr deren Voraussetzung ist. Die meisten der genannten Argumente – wie auch andere, die sich gegen die *formale* Idee einer Offenbarung richten – sind schon im 18., manche im 17. Jahrhundert zum Tragen gekommen (man denke nur an Spinoza und Lessing), auch wenn sie mehr Einfluss im kontinentaleuropäischen Raum als in England entfalten konnten. Aber David Friedrich Strauss' *Das Leben Jesu, kritisch bearbeitet* von 1835/36 erschien schon 1846 als *The Life of Jesus Critically Examined* in der Übersetzung von Marian Evans – später besser bekannt unter ihrem Künstlernamen George Eliot –, und ohne Zweifel hat dieses Buch unser Verhältnis zum Neuen Testament wie kein zweites vor oder nach ihm verändert.[4]

Darwin selbst bemerkt, dass die dargelegten Argumente nicht »the least novelty or value« aufweisen. Mit ›value‹ kann er nur ›Wert als origineller Beitrag‹ meinen, kaum ›Gültigkeit‹, denn er betont ausdrücklich, dass er »never since doubted even for a single second that my conclusion was correct« (87) – eine jener Stellen, deren Veröffentlichung von Emma Darwin unterbunden wurde. Der Zusammenbruch des naiven Glaubens an die Offenbarung schließt, nebenbei bemerkt, nicht aus, dass der Kern der christlichen Botschaft, sofern er durch die Vernunft gerechtfertigt werden kann, als eine Erscheinungsform des Göttlichen und die ganze Bibel als eine fortschreitende Offenbarung gedeutet werden kann. Und er hat sicherlich nicht die Entfaltung der natürlichen Theologie in der Frühmoderne verhindert, sondern sie im Gegenteil gefördert. Es war lediglich deren Krise, die den Niedergang des Theismus beschleunigt hat. Schauen wir, was Darwin zu dieser Krise beigetragen hat.

(B 1) Den zweiten Abschnitt beginnt er mit einem kurzgefassten Vermerk über die Beiträge seiner Theorie zur natürlichen Theologie. »The old argument of design in nature, as given by Paley, which for-

---

[4] Über die philosophischen Bemühungen, in der Bibel Sinn zu finden, vgl. Hösle (1999).

merly seemed to me so conclusive, fails, now that the law of natural selection has been discovered.« Der Satz behauptet weder, dass die Theorie der natürlichen Auslese[5] mit dem Theismus *inkompatibel* ist, noch, dass sie *alle Beweise für Gott zerstört* hat. In der naheliegendsten, wenn auch zugegebenermaßen nicht der grammatikalisch einzig möglichen Interpretation sagt der Satz noch nicht einmal aus, dass das ›argument of design‹ durch die neue Theorie erledigt worden ist, sondern beschränkt diese Behauptung auf das ›argument of design‹, *wie es von Paley dargelegt worden ist.* Darwin hat Paley in Cambridge gründlich studiert; er erwähnt, dass er sowohl sein Werk *A View of the Evidences of Christianity* als auch *The Principles of Moral and Political Philosophy* lesen musste, um seine Bachelor-Prüfung zu absolvieren. Doch offensichtlich hat er hier sein letztes Werk, *Natural Theology* (1802) mit dem berühmten Uhrenmacher-Vergleich[6], im Sinn – ein Buch, dessen Logik »gave me as much delight as did Euclid. The careful study of these works, without attempting to learn any part by rote, was the only part of the Academical Course which, as I then felt and as I still believe, was of the least use to me in the education of my mind.« (59) Dennoch könnte man Darwins zuvor zitierten Satz so verstehen, als impliziere er, dass Paleys Spezialkreationismus die einzig schlüssige Form des ›argument from design‹ darstelle.

Doch dass dem nicht so ist, wird durch den Kontext belegt. Denn Darwin fährt fort: »Everything in nature is the result of fixed laws« und anschließend: »But passing over the endless beautiful adaptations which we everywhere meet with, it may be asked how can the generally beneficent arrangement of the world be accounted for?« (87 f.). An dieser Stelle scheint Darwin festzustellen – was sich eigentlich von selbst versteht und von einem Freund wie Asa Gray mit Nachdruck betont wird –, dass das Ganze der Naturgesetze, innerhalb deren die natürliche Auslese allein agieren kann, nicht selbst das Ergebnis der natürlichen Auslese ist. Der Mechanismus der natürlichen Auslese kann die Anpassung einzelner Organismen und Arten nur unter der Voraussetzung verständlich machen, dass es ein System von Gesetzen gibt, das eine solche Evolution ermöglicht. Wenn kein Planet Wasser

---

[5] Die intentionalistische Bedeutung von »Auslese« muss zurückgewiesen werden, wenn von der natürlichen Auslese die Rede ist. »In the literal sense of the word, no doubt, Natural Selection is a false term« (Darwin 1988a, 66).

[6] In der mir einzig zur Verfügung stehenden, zwölften Ausgabe vgl. (1809), 1 ff., 416 ff.

hätte, dann gäbe es – kraft der Naturgesetze unserer Welt – beispielsweise kein Leben; und es ist einfach, sich andere Welten vorzustellen,
in denen die natürliche Auslese nicht zu Formen des Lebens führen
kann, die komplexer sind als die der Prokaryoten. Daher muss die kor-
rekte Deutung von Darwins Behauptung dahingehend lauten, dass sie
sich lediglich gegen eine Spielart des physikotheologischen Arguments
wendet, die den Spezialkreationismus zugrunde legt.
Die Ursachen für die Entwicklung der verschiedenen Arten sind
immanent. Aber solange wir Zwecke *in der Welt als Ganzer* sehen –
nicht in den einzelnen Arten –, solange muss es uns gestattet sein zu
fragen, weshalb die Welt so beschaffen ist, dass es in ihr so ehrfucht-
gebietende Entitäten wie Organismen gibt. In dieser Form – so könnten
wir sagen, auch wenn Darwin selbst keine solche Ausdrucksweise gebraucht – verbinden sich der kosmologische und der physikotheologische Beweis: Wir suchen weder nur nach der Ursache einer Welt, wie
im kosmologischen Beweis, noch nach einer Ursache für die Anpassung
der einzelnen Arten, wie in der traditionellen Physiko-Theologie, sondern nach der Ursache für eine Welt, die die Evolution der Organismen
gestattet, wie wir sie kennen. Dieses Argument verwirft Darwin gewiss
nicht:

»This follows from the extreme difficulty or rather impossibility of conceiv-
ing this immense and wonderful universe, including man with his capacity of
looking far backwards and far into futurity, as the result of blind chance and
necessity. When thus reflecting I feel compelled to look to a First Cause hav-
ing an intelligent mind in some degree analogous to that of man; and I de-
serve to be called a Theist.« (93)

Wir werden auf diese Passage zurückkommen, denn in einer späteren
Ergänzung schwächte Darwin seine Aussage ab.
    (B 2) Im Anschluss widmet sich Darwin der klassischen Frage nach
der Theodizee, d. h. der Existenz des Bösen als einem Argument *gegen*
die Existenz Gottes. Von den verschiedenen Spielarten des Bösen nennt
er nur das Leid. Zu Beginn seiner Überlegungen scheint er nicht davon
auszugehen, dass die Welt die bestmögliche sein muss oder wenigstens
derart, dass sie nicht besser sein kann, um die Wege Gottes zu rechtfertigen. Er scheint sich (aber der Schein trügt) mit einer Bilanz zugunsten des Glückes zufriedenzugeben.[7] Und diese bekräftigt der le-

---

[7] Leibniz macht gelegentlich vom Bilanz-Argument Gebrauch, auch wenn es nicht dem

bensbejahende Darwin deutlich, auch wenn er sich darüber im Klaren ist, dass die Gewichtung der Freude und des Leides eine schwierige Angelegenheit ist.[8] Aber er sieht in der natürlichen Auslese, die eine Überproduktion voraussetzt, ein Argument für seine Überzeugung:

»According to my judgment happiness decidedly prevails, though this would be very difficult to prove. If the truth of this conclusion be granted, it harmonises well with the effects which we might expect from natural selection. If all the individuals of any species were habitually to suffer to an extreme degree they would neglect to propagate their kind; but we have no reason to believe that this has ever or at least often occurred. Some other considerations, moreover, lead to the belief that all sentient beings have been formed so as to enjoy, as a general rule, happiness.« (88)

Darwin fügt anschließend hinzu, dass ein langanhaltendes Leiden den Handlungsspielraum einengt, während angenehme Empfindungen diesen negativen Effekt nicht aufweisen; »on the contrary they stimulate the whole system to increased action.« Daher ist es naheliegend, dass die natürliche Auslese eher die Freude als den Schmerz als Antriebsfeder für Tätigkeiten nutzt, selbst wenn letzterer »is well adapted to make a creature guard itself against any great or sudden evil« (89). Darwin erwähnt verschiedene Arten der Freude, etwa jene, die von geistigen und körperlichen Anstrengungen und von der Geselligkeit rühren, und er fasst zusammen:

»The sum of such pleasures as these, which are habitual or frequently recurrent, give, as I can hardly doubt, to most sentient beings an excess of happiness over misery, although many occasionally suffer much. Such suffering is quite compatible with the belief in Natural Selection, which is not perfect in its action.« (89 f.)

Beweis dienen kann, dass die tatsächliche Welt die beste aller möglichen ist, vgl. *Essais de théodicée* § 258 (1978, VI 269).

[8] Eine moderne Variante dieser Überzeugung wird nachdrücklich von J. Balcome (2006) formuliert. Die gegenteilige Position wurde auf äußerst eindringliche Weise vom pessimistischen Philosophen Arthur Schopenhauer vorgebracht, der uns sarkastisch auffordert, die Freude eines Tiers, das gerade ein anderes Tier verschlingt, mit dem Schmerz ebendieses Tiers zu vergleichen (*Parerga and Paralipomena* § 149; 1977, 9.317). Doch der Vergleich ist nicht gerechtfertigt, denn man sollte sein Augenmerk auf die Freuden richten, die das nun verschlungene Tier in seinem gesamten früheren Leben empfand, und nicht auf die gegenwärtige Freude des Räubers. Schopenhauer glaubt darüber hinaus, dass das menschliche Leben – obwohl ein gewaltsames Ende unter Menschen nicht so üblich ist wie unter anderen Tieren – noch elender ist, weil der Schmerz nicht einfach flüchtig ist, sondern sowohl vorausgeahnt als auch erinnert wird (§ 153; 1977, 9.318 ff.).

Am Ende des dritten Kapitels von *The Origin* wird er sich selbst mit der Überlegung trösten, »that the war of nature is not incessant, that no fear is felt, that death is generally prompt, and that the vigorous, the healthy, and the happy survive and multiply.« (1968, 129) Dennoch bleibt das Vorhandensein jeglichen Umfangs an Leiden ein störendes Problem, und das noch mehr unter den Tieren als unter den Menschen, da letztere – und nur sie – vom Leiden profitieren und sich moralisch bessern können.[9] »This very old argument from the existence of suffering against the existence of an intelligent first cause seems to me a strong one.« (90)

Dieser Satz belegt, dass Darwin das Leiden als eine ernsthafte Herausforderung für den Theismus ansah. Er glaubte jedoch nicht, dass seine eigene Theorie die Schwierigkeit dieses Problems verstärkt hatte. Ganz im Gegenteil dachte er, dass sie die Idee untermauert hatte, dass die Bilanz zugunsten der Freude ausfällt – eine Idee, die sicherlich keine hinreichende, aber doch eine notwendige Bedingung einer jeden Lösung für dieses Problem darstellt.

Es gibt allerdings ein Merkmal der darwinschen Theorie, das seiner Ansicht nach nicht einfach einen Gottes*beweis* aus der Welt schafft, sondern das möglicherweise unmittelbar *inkonsistent* mit Gottes Existenz ist. In unserem Kapitel der *Autobiography* deutet er das Thema nur an und verweist auf die letzten Seiten von *Variation of Animals and Plants under Domestication*, indem er behauptet, dass »the argument there given has never [...] been answered«. Worin besteht sein Argument? An dieser Stelle vergleicht Darwin die nützlichen Auswirkungen der natürlichen Auslese, die auf Variation beruht, mit der Benutzung von Steinscherben, deren Form das Ergebnis diverser Zufälle ist, durch einen Architekten. Wie allgemein in seinem Werk vertritt Darwin hier einen Determinismus, das heißt, er beharrt auf der Existenz von hinreichenden Ursachen für die Form der Steine, selbst wenn diese Ursachen nicht bekannter sind, als die Ursachen der Variationen es zu seiner Zeit waren. »And here we are led to face a grave difficulty, in alluding to which I am aware that I am travelling beyond my proper province. An omniscient Creator must have foreseen every consequence which results from the laws imposed by Him.« (1988b, 371)

---

[9] In dieser Frage stimmt Darwin mit Schopenhauer überein (*Parerga and Paralipomena* §173; 1977, 9.351).

Doch ist es plausibel anzunehmen, dass Gott all diese Variationen wirklich beabsichtigt hat, selbst jene, die zu einem besonders abstoßenden Verhalten von Tieren geführt haben? Und wenn wir das in einem Fall bestreiten, wie können wir es dann in einem anderen behaupten? »However much we may wish it, we can hardly follow Professor Gray in his belief ›that variation has been led along certain beneficial lines‹, like a stream ›along definite and useful lines of irrigation‹.« Zwei Dinge stören Darwin besonders: Die Plastizität der Organisation, die auch zu nachteiligen Abweichungen führt, und die redundante Kraft der Reproduktion, die – gemäß der Malthusschen Grundlage seiner Theorie – den Kampf ums Überleben impliziert. Diese »must appear to us superfluous laws of nature. On the other hand, an omnipotent and omniscient Creator ordains everything and foresees everything. Thus we are brought face to face with a difficulty as insoluble as is that of free will and predestination« (372). Wir werden sowohl auf Grays Theorie als auch auf Darwins Argument zurückkommen, das den Theismus am deutlichsten herauszufordern scheint, da es behauptet, dass der Mechanismus der natürlichen Auslese – dessen Existenz nicht bezweifelt werden kann – irgendwie »überflüssig« für einen allmächtigen und allwissenden Schöpfer ist.

(B 3) In der Autobiography widmet sich Darwin nur kurz dem Problem der Unsterblichkeit. Er denkt, dass der Glaube an sie »strong and almost instinctive« ist, da der Gedanke unerträglich erscheint, dass das Leben verlöschen wird, wenn die Sonne zu kalt für das Leben sein wird. »To those who fully admit the immortality of the human soul, the destruction of our world will not appear so dreadful.« (92). Gleichwohl hat der Leser nicht den Eindruck, dass Darwin diesen Glauben teilt.

(C) Die gerade zitierte Stelle zeigt, dass nach Darwins Ansicht der Tatbestand, dass eine Überzeugung nahezu instinktiver Natur ist, nicht beweist, dass sie auch wahr ist. In der Tat ist eines der verblüffendsten Merkmale dieses Kapitels die Fähigkeit, die eigenen Überzeugungen gewissermaßen von außen zu betrachten. Darwin bietet uns sozusagen eine »natürliche Geschichte« seiner religiösen Sichtweisen, wie er es schon zuvor mit denen der Menschheit im zweiten Kapitel von *The Descent of Man, and Selection in Relation to Sex* (1981, I 65 ff.) getan hatte. Diese Haltung rührt teilweise von seiner Arbeit als Biologe, die – besonders in *The Expression of the Emotions in Man and Animals* – eine unvoreingenommene Beobachtung nicht nur seiner Kinder, sondern auch von sich selbst umfasst.

Teilweise setzt sie eine Ablehnung einer intuitionistischen Erkenntnistheorie voraus, d. h. der Position, dass es bei religiösen Fragen nicht beweisbare, aber nichtsdestoweniger legitime Grundüberzeugungen gibt. Zumindest von Friedrich Heinrich Jacobi bis Alvin Plantinga haben Religionsphilosophen von einer solchen Erkenntnistheorie Gebrauch gemacht, die in der Tat verlockend ist; denn es ist nicht einfach zu sehen, wie ohne Grundüberzeugungen die ganze Idee einer Rechtfertigung irgendeinen Sinn ergeben kann. Und haben wir das einmal zugestanden, dann erweist es sich als schwierig, unseren religiösen Grundüberzeugungen denjenigen Status abzuerkennen, den wir unseren nicht-religiösen Grundüberzeugungen zusprechen.

Darwin jedoch witzelt über diese Position, indem er die Bemerkung einer älteren Dame zitiert, die sie an Darwins notorisch skeptischen Vater richtete: »I know that sugar is sweet in my mouth, and I know that my Redeemer liveth.« (96). Sein Haupteinwand gegen die erkenntnistheoretische Position, dass solche »inward convictions and feelings are of any weight as evidence of what really exists« besteht darin, dass sich verschiedene Menschen oft in ihren Grundüberzeugungen unterscheiden und dass sich diese verschiedenen Überzeugungen teilweise logisch ausschließen. Unter den Religionen etwa gibt es keinen Konsens:

»But it cannot be doubted that Hindoos, Mahomadans and others might argue in the same manner and with equal force in favour of the existence of one God, or of many Gods, or as with the Buddists of no God.« (90 f.; analog in Bezug auf moralische Überzeugungen: 1981, I 99).

Was noch schwerer wiegt, ist, dass sich unsere eigenen Ansichten im Laufe der Zeit ändern. Darwin schildert die fast schon religiöse Ehrfurcht, die er als junger Naturfoscher im brasilianischen Urwald empfand, »but now the grandest scenes would not cause any such convictions and feelings to rise in my mind. It may be truly said that I am like a man who has become colour-blind.« Darwin denkt sogar, dass seine früheren quasi-religiösen Empfindungen in Wirklichkeit nicht religiöser Natur, sondern vielmehr dem Sinn für Erhabenes verwandt waren (92). Er scheint zu unterstellen, dass die religiöse Dimension eine *Deutung* reiner Qualia darstellte, die an und für sich nicht im Geringsten mit der Idee von Gott in Verbindung standen.

Allgemein berichtet er von einem zunehmenden Skeptizismus in der Entwicklung seines Geistes: »Nothing is more remarkable than the spread of skepticism or rationalism during the latter half of my life.« (95). Diese Selbstdistanzierung erstreckt sich jedoch nicht auf moralische Gefühle. »The highest satisfaction is derived from following certain impulses, namely the social instincts.« (94). Manchmal ist es uns erlaubt, ja geradezu unsere Pflicht, gegen die Erwartungen anderer Personen zu verstoßen; dann wird eine Person »still have the solid satisfaction of knowing that he has followed his innermost guide or conscience« (95). Aber es ist nicht ersichtlich, weshalb wir uns mehr an unser Gewissen als an unsere religiösen Gefühle gebunden fühlen sollten; schließlich unterscheiden sich bei verschiedenen Personen auch die Gebote des Gewissens.

Diese Selbst-Distanzierung spielt in der bereits erwähnten, späteren Ergänzung zur Passage eine zentrale Rolle, in der Darwin sich selbst zum Theisten erklärt. Er bemerkt, dass sein Glaube an eine Erste Ursache auf einem Prozess der logischen Folgerung beruht: »But then arises the doubt – can the mind of man, which has, as I fully believe, been developed from a mind as low as that possessed by the lowest animal, be trusted« when it draws such grand conclusions?« (93). Der Glaube an Gott werde schließlich Kindern eingeschärft, und es könnte auch sein, dass die Verbindung zwischen Ursache und Wirkung nicht notwendiger Natur sei, »but probably depends merely on inherited experience« (93). Folglich sieht sich Darwin nicht länger als Theisten, sondern als Agnostiker an.[10]

II.

Darwins religiöse Ideen sind nicht revolutionär, vielmehr beruhen sie auf der Entwicklung der Naturwissenschaften und der Philosophie in der Frühmoderne. Unter Wissenschaftshistorikern besteht heutzutage kaum ein Zweifel daran, dass das Wunder der modernen Naturwissenschaft seine tiefen Wurzeln in einer religiösen Sicht der Welt hat.[11]

---

[10] Schon am 17. Februar 1861 schrieb er an Asa Gray: »With respect to Design & [...] I have no real objection, nor any real foundation, nor any clear view. – As I before said I flounder hopelessly in the mud« (1994, 30). Darwin bezieht sich auf verschiedene frühere Briefe, etwa jenen vom 26. November 1860 (1993b, 496). Der Briefverkehr mit Gray umfasst in einer faszinierenden Vielfalt botanische, theologische und politische Fragen.
[11] Vgl. Yolton (1990).

Diese Sicht bot sowohl eine moralische Rechtfertigung für das neue Vorhaben, das menschliche Leben mittels der Entwicklung der Wissenschaft und Technik zu vereinfachen, als auch eine metaphysische Grundlage für den entscheidenden Begriff universeller Naturgesetze, die keine Ausnahme erlauben – eine Auffassung, die der antiken Welt, der deren theologische Voraussetzungen fehlten, noch fremd war.[12] Es stimmt, dass einige der Gründerväter der modernen Naturwissenschaften keine orthodoxen Christen waren, d. h. sie wiesen die Glaubenslehren der Trinität und/oder der Göttlichkeit von Christus zurück, wie es Newton tat; aber die meisten von ihnen waren dem Theismus oder Deismus verbunden. Die Unterscheidung zwischen diesen beiden letzteren Auffassungen ist, nebenbei bemerkt, verschwommen und oft auch irreführend. Dies ist teilweise dem Umstand geschuldet, dass die verschiedenen Elemente, die der Definition von »Deismus« dienen, weder logisch äquivalent noch stets gleichzeitig empirisch verwirklicht sind. Hegel z. B. akzeptiert, wie auch Tindal oder Toland, keine Offenbarung, die die Vernunft transzendiert, doch er nimmt die Trinitätslehre ernster als jeder andere Philosoph der Moderne; Dickens glaubt nicht an die Göttlichkeit von Christus, aber er sieht die Moral des Evangeliums als unübertroffen und unübertreffbar an. Für Theologiehistoriker ist ein mehrdimensionales Kontinuum zwischen dem traditionellen Theismus und der natürlichen oder rationalen Theologie nützlicher als eine scharfe Entgegensetzung beider Auffassungen.[13]

Ein anderer Grund, weshalb die Unterscheidung zwischen Deismus und Theismus mehr Probleme denn Lösungen schafft, liegt darin, dass eines der Hauptkriterien für die Unterscheidung – ob Gott die Welt nur geschaffen hat oder ob er immer noch in ihr Geschehen eingreift – für eine Zwischenlösung offen steht: Gott agiert gemäß den

---

[12] Es mag ausreichen, auf das Ende des zweiten Buches von Aristoteles' *Physik* zu verweisen, wo der Autor die primitive vordarwinsche Theorie von Empedokles verwirft, die noch nicht von variierenden Vermehrungsraten Gebrauch macht (198b10 ff.). Das ganze Argument funktioniert nur deshalb, weil Aristoteles den Begriff des Naturgesetzes ignoriert, wie Hans Wagner richtig bemerkt (1979, 479).

[13] Der Fall des Deismus im 19. Jahrhundert hat mehrere Ursachen – eine liegt zweifelsohne darin, dass er das orthodoxe Christentum durchdrungen und verändert hatte. Er wurde überflüssig. – Ich gebrauche »natürliche Theologie« und »rationale Theologie« äquivalent, auch wenn man einwenden kann, dass die natürliche Theologie jene Unterart der rationalen Theologie darstellt, die einzig a-posteriori-Argumente für Gottes Existenz anführt. Die rationale Theologie ist umfassender, da sie ebenso a-priori-Argumente anerkennt, wie etwa den ontologischen und den moralischen.

geschaffenen Gesetzen, doch in der nach seinen Gesetzen ablaufenden Entwicklung der Welt ist er gegenwärtig – bei bestimmten axiologisch ausgezeichneten Ereignissen mehr als bei anderen. Unmittelbar nach der Veröffentlichung von *The Origin* rief ein berühmter, sich äußerst gut verkaufender Sammelband von liberalen Theologen, *Essays and Reviews*, Disziplinarmaßnahmen der Kirche von England hervor. (Dies verhinderte jedoch nicht, dass einer ihrer Autoren, Frederick Temple, später Erzbischof von Canterbury wurde.) In diesem Buch behauptete der Pastor Baden Powell, der aufgrund theologischer Überlegungen den Spezialkreationismus noch vor Darwins Buch verworfen hatte, dass der Glaube an eine Weltordnung ohne Störungen, d. h. ohne Wunder, Gott mehr Respekt zollt als die Annahme, dass er seine Schöpfung periodisch durch spezielle Eingriffe in Ordnung bringen müsse (1860, 114).

Woher rührt diese Auffassung? Die Idee, dass göttliches Handeln notwendigerweise gemäß der Naturgesetze verläuft, wurde eindringlich von Spinoza vorgebracht. Aber die Gesetze sind nicht hinreichend; jedes Ereignis muss auch eine Zweitursache haben, keines kann lediglich durch die ewigen Eigenschaften Gottes, d. h. durch seine Naturgesetze erklärt werden.[14] Die Anziehungskraft dieser Idee beschränkt sich nicht auf den pantheistischen Kontext, in dem Spinoza sie entwickelt; noch impliziert die Idee als solche eine substantielle Identität von Körper und Geist oder eine Zurückweisung jeglicher Physiko-Theologie, auch wenn Spinoza nur Verachtung für sie wie für jede realistische Werttheorie hegt.[15] Bekanntlich war die Suche nach göttlichen Zwecken in der Schöpfung verschiedener natürlicher Objekte ein wichtiger Teilaspekt der frühen Naturwissenschaft – man denke an die ›Boyle Lectures‹, die 1692 begannen. In England dauerte diese Tradition weit länger an als im kontinentaleuropäischen Raum, genauer gesagt bis zu den Bridgewater-Traktaten (1833–1840). Doch schon im 18. Jahrhundert witzelte man über die diversen ›Theologien der Insekte‹ und ähnliches, so z. B. Voltaire. In seinem meisterlichen Werk *Natur ohne Sinn?* hat Matthias Schramm gezeigt, wie die Forschungen von Leibniz, Euler und Maupertuis – die schließlich zu den Extremal-Prinzipien führten, insbesondere dem Prinzip der kleinsten Wirkung – schon eine

---

[14] Vgl. *Ethica*, I 28. Curley (1969) hebt hervor, dass Spinoza dadurch das Hempel-Oppenheim Modell der wissenschaftlichen Erklärung vorwegnimmt.

[15] *Ethica* I Appendix.

Reaktion gegen die theologischen Absurditäten darstellten, die Gott in den begrenztesten Zweck-Mittel-Relationen zu finden glaubten, entweder zwischen Organen und ihren Organismen oder, noch schlimmer, zwischen anderen Arten und den Menschen. Eine formale Teleologie wurde als vielversprechender angesehen als die traditionelle, die sich an konkreten Inhalten orientiert (1985, 71).[16]

Leibniz ist der bekannteste unter jenen Denkern, die eine Vermittlerposition einnehmen zwischen Spinozas Postulat, dass Gott notwendigerweise durch die Naturgesetze wirkt, und einer finalistischen Interpretation der Welt, die kein Theist aufgeben kann. Leibniz akzeptiert das Prinzip des hinreichenden Grundes und somit ein alles durchdringendes System der Wirkursachen, doch zugleich legt er dar, dass sie die Zweckursachen nicht logisch ausschließen. Die Welt des Bewusstseins kann ohne Finalität nicht erfasst werden, und selbst das System der Naturgesetze, insbesondere die Bewegungsgesetze sind nicht einfach eine Schlussfolgerung aus der Logik, sondern setzen ein axiologisches Prinzip voraus.[17] Gott wählt unter allen möglichen Welten diejenige mit dem maximalen Wert aus: Seine Weisheit manifestiert sich in der Wahl des Ganzen und nicht etwa in der Wahl von einzelnen Zwecken.

Darwins Ablehnung des Spezialkreationismus war nichts anderes als die Anwendung von Spinozas Idee, dass Gott lediglich durch Antezedens-Bedingungen und allgemeine Gesetze wirkt, auf die Arten: Die Arten stellen keine ewigen Merkmale der Welt dar, und daher muss auch ihre Existenz aus Antezedens-Bedingungen (früheren Arten) und allgemeinen Gesetzen (unter denen der Mechanismus der natürlichen Auslese eine überragende Rolle einnimmt) erklärt werden. Darwin hatte in der Tat eine tiefgehende Ehrfurcht vor universellen Gesetzen, und diese Ehrfurcht war eine der Triebfedern für seine Entdeckungen. Sein Sohn William schrieb kurz nach dem Tod Darwins über ihn:»As regards his respect for the laws of nature it might be

---

[16] Vgl. z. B. Kant, *Der einzig mögliche Beweisgrund zu einer Demonstration des Daseins Gottes,* A 63 f. Kant spricht von der Sparsamkeit der Natur (A 63, 141).

[17] Vgl. *Principes de la Nature et de la Grace, fondés en raison* (1978, VI 598–606; 603). Eine der zentralen Einsichten von Kants oben erwähntem Werk besteht darin, dass selbst die logisch notwendigen Naturgesetze als eine Manifestation der göttlichen Vernunft gedeutet werden können (A 56, 101, 118); somit kombiniert er Spinoza und Leibniz. Interessant sind beispielsweise seine Überlegungen zu den geometrischen Eigenschaften des Hexagons und seiner Bedeutung in der Natur (A 95, 141, 152). Man vergleiche damit Darwin (1968), 247 ff. zu den Bienenwaben.

called reverence if not a religious feeling. No man could feel more intensely the vastness or the inviolability of the laws of nature.«[18] Der rationalistische Geist der Philosophie des 17. und 18. Jahrhunderts wurde dem jungen Darwin nicht durch Spinoza oder Leibniz nahegebracht, sondern durch William Whewell[19] und John Frederick William Herschel, die er beide persönlich kennenlernte und die beide nicht gewillt waren, seine Theorie zu akzeptieren.[20] Den größten Einfluss unter den bedeutenden Philosophen übte David Hume auf ihn aus, was vielleicht den zunehmenden Skeptizismus des alternden Darwin in Bezug auf religiöse Fragen erklärt. Ich habe bereits auf Humes Einfluss angespielt, als ich über Darwins »natürliche Geschichte« seiner eigenen religiösen Sichtweisen berichtet habe; und die frühen Notizbücher weisen in der Tat einen weitreichenden Einfluss des schottischen Denkers auf.[21] Die zitierten Werke sind *A Treatise of Human Nature, An Enquiry Concerning Human Understanding, A Dissertation on the Passions, The Natural History of Religion* und die *Dialogues Concerning Natural Religion*. Das letztgenannte Buch muss für Darwin einen ganz besonderen Reiz ausgeübt haben, da es eine kraftvolle Kritik des ›argument from design‹ entfaltet – lange vor Darwins eigener Theorie, die interessanterweise in Teil VIII des Buches andeutend vorweggenommen wird (1947, 185). Humes Einfluss zeigt sich auch in Darwins Ablehnung eines freien Willens;[22] und in der späten *Autobiography* spiegelt das Hauptargument gegen die Schlüssigkeit des kosmologischen Beweises Humes Kritik am Begriff der Ursache. Auch Humes Idee, die Evolution der Religion anhand universeller

---

[18] Dieser unveröffentlichte Brief an Francis Darwin vom 4. Januar 1883 wird hier nach Sloan (2005), 143 zitiert.

[19] Whewells dritter Bridgewater-Traktat *Astronomy and General Physics Considered with Reference to Natural Theology* wird schon in den Notizbüchern zitiert (C 72; 1987, 262 and C 91; 1987, 266) und stellt das erste der beiden Zitate am Anfang von *The Origin* bereit. Die Stelle findet sich zu Beginn des achten Kapitels des dritten Buches (1833, 267).

[20] Eine Übergangsstufe zwischen der allgemeinen Theorie und ihrer Anwendung auf die Biologie stellt der Aktualismus von Hutton und Lyell dar. Vgl. Gray (1884, 109) und Huxley, der »the ›Origin of Species‹ the logical sequence of the ›Principles of Geology‹« nannte (1896, 232).

[21] Vgl. C 270 (1987, 321), C 267 (1987, 326), M 104 (1987, 545), M 155 (1987, 559), N 101 (1987, 591), N 184 (1987, 596).

[22] Vgl. M 27 (1987, 527), M 30 f. (1987, 526 f.), N 49 (1987, 576 f.).

Gesetze zu erklären, findet sich in Darwins Kritik eines Philosophen wieder,

»who says the innate knowledge of creator [is] implanted in us [...] by a separate act of God, & not as a necessary integrant part of his most magnificent laws of which we profane in thinking not capable to [do] produce every effect, of every kind which surrounds us« (M 136; 1987, 553).

Diese Stelle ist deshalb von Bedeutung, weil sie belegt, dass die ablehnende Haltung des jungen Darwin gegenüber besonderen Akten der Schöpfung oder der Offenbarung Hand in Hand mit einem Theismus oder Deismus geht. Gewiss ist der Darwinismus als solcher mit einer spinozistischen oder leibnizschen Interpretation vereinbar, und es obliegt nicht der Naturwissenschaft, sondern der Philosophie zu entscheiden, welche der beiden Interpretationen die plausiblere ist.

Unter Darwins Zeitgenossen ist es sein Freund und Bewunderer, der große Botaniker Asa Gray – eine der wenigen Personen, denen Darwin seine Theorie mitgeteilt hatte, bevor sie veröffentlicht wurde –, der diesen Punkt voll und ganz nachvollziehen konnte und den bedeutendsten Versuch unternahm, die Idee der natürlichen Auslese in eine theistische Weltsicht zu integrieren.[23] (Es war ein Brief von Darwin an Gray aus dem Jahre 1857, der am 1. Juli 1858 in der Linnean Society verlesen wurde, um zu beweisen, dass Darwin seine Theorie entwickelt hatte, bevor er von Wallaces analoger Theorie Kenntnis hatte.) Gray, der ein orthodoxer Protestant und von bemerkenswerter philosophischer Gewandtheit war, verteidigt die zentralen Thesen des Darwinismus mit Scharfsinn gegen ihre Kritiker (z. B. Louis Agassiz), doch er behauptet, dass es nichts anderes als eine Hypothese sei – gleichwohl die beste Hypothese, die zur Verfügung stehe und die Theologen gut beraten seien zu respektieren (1880, 458 ff.; 1884, 260 f.).

Seine Überlegungen zu den philosophischen Konsequenzen des Darwinismus beeindrucken den Leser, weil sie ein vollständiges Verständnis der Theorie an den Tag legen,[24] ein Bewusstsein der einschlägigen methodologischen und erkenntnistheoretischen Fragen, einen eleganten Stil, eine vernünftige Religiosität, eine Unbefangenheit und

---

[23] Ein anderer bedeutender christlicher Darwinist war St. George Mivart, dessen Beziehungen zu Darwin sich allerdings nach der Veröffentlichung von *On the Genesis of Species* von 1871 schnell verschlechterten.

[24] »I declare that you know my Book as well as I do myself,« schrieb ihm Darwin am 22. Juli 1860 (1993b, 298).

sogar Respekt gegenüber anderen Meinungen und, zu guter Letzt, einen feinsinnigen Humor.[25] Es verwundert daher nicht, dass seine zahlreichen Aufsätze über den Darwinismus und die Religion schon bald, nämlich im Jahre 1876, in einem Sammelband veröffentlicht wurden (mit einer Neuauflage 1884) und dass er im Jahre 1880 die Einladung erhielt, zwei Vorträge über *Natural Science and Religion* an der Theological School des Yale College zu halten.[26] Sein erster Text, der bereits im März 1860 im *American Journal of Science and Arts* veröffentlicht wurde, ist eine Besprechung von *The Origin*, die zum Ende hin die philosophischen und theologischen Folgen von Darwins intellektuellem Durchbruch zum Thema hat. Er stellt zu Recht fest, dass der Autor sich darüber ausschweigt, wie er »harmonizes his scientific theory with his philosophy and theology« (1884, 56), und er versucht, die implizite Philosophie zu rekonstruieren. Er fragt witzig, indem er auf Paleys Uhrmacher-Analogie anspielt:

»What is to hinder Mr. Darwin from giving Paley's argument a further *a-fortiori* extension to the supposed case of a watch which sometimes produces better watches, and contrivances adapted to successive conditions [...]?« (57)

---

[25] Es sei mir gestattet zu erwähnen, dass die von mir benutzte Ausgabe von *Natural Science and Religion* (aus der Bibliothek der University of Notre Dame) mit einer handschriftlichen Widmung des Autors in lateinischer Sprache verziert ist – und zwar dem »amicissimo« B. Peirce, womit ohne Zweifel sein Kollege Benjamin Peirce in Harvard gemeint ist, der bekannte Mathematiker, fromme Christ und Vater des größten amerikanischen Philosophen, Charles Sanders Peirce, dessen Spätphilosophie der evolutionären Liebe einige Gemeinsamkeiten mit der Theorie von Gray aufweist.

[26] Schon am 26. September 1860 reagierte Darwin mit den folgenden Worten auf die 1860 veröffentlichten Artikel von Gray: »I do not pretend to be a good judge, as I have never attended to Logic, Philosophy but it is my opinion that you are best reasoner, of any man, let him who he may, that I ever read. [...] The two last essays are *far* the best Theistic essays I ever read.« (1993b, 388). Am 24. Oktober 1860 schrieb Darwin an Gray, dass Lyell bekräftigt hatte: »It would be well worth while if a little Book could be got up by Asa Gray for the theological part is so admirable.« (1993b, 443). Die zwei Bücher von Gray verdienen es, dass man sie heute neu auflegt. Dieser große amerikanische Intellektuelle mag sogar über sein Ableben hinaus dazu beitragen, dass der destruktive Kulturkrieg über die Evolution in den USA beigelegt wird. Denn er war, wie Darwin ihn nannte, »a hybrid, a complex cross of Lawyer, Poet, Naturalist, & Theologian! – Was there ever such a monster seen before?« (1993b, 350). In Briefen auf andere Personen war Darwin jedoch nicht so wohlwollend. In Anspielung auf die Theorie der drei Stadien von Comte kritisiert Darwin in einem auf den 1. August 1861 datierten Brief an Charles Lyell, dass sich Herschel und Gray noch immer im theologischen Stadium der Wissenschaften befänden (1994, 226 f.).

Gray betont, dass man sich Gott als zeitlos vorstellen müsse; und er sagt, dass jeder philosophische Theist die Idee annehmen müsse, dass die Eingriffe des Schöpfers entweder ein für allemal erfolgt sind oder dass sie über alle Zeiten hinweg andauern.[27] Er sieht in beiden Sichtweisen Gefahren, denn die erste führe zu einem Atheismus und die zweite zu einem Pantheismus – und er bevorzugt eindeutig die zweite Variante. »Natural law, upon this view, is the human conception of continued and orderly Divine action.« (58). Um jedweden Unterschied zwischen einer ursprünglichen Schöpfung und späteren Eingriffen zu untergraben, beruft sich Gray, in meinen Augen recht ironisch, auf »profounder minds to establish, if they can, a rational distinction in kind between his [God's; V. H.] working in Nature carrying on operations, and in initiating those operations.« (59). Gray beharrt auf einer »continued directing intelligence«, was aber mit einem generellen Plan kompatibel ist. Während er am Ende einräumt, dass es einen unabhängigen Ursprung einiger Typen gegeben haben könne und somit »as much intervention as may be required« akzeptiert, besteht er darauf, »that Natural Selection, in explaining the facts, explains also many classes of facts which thousand-fold repeated independent acts of creation do not explain, but leave more mysterious than ever« (61). Nur wenige Monate später veröffentlichte er in derselben Zeitschrift einen Dialog mit dem Titel »Design versus Necessity«, der von verschiedenen Weisen handelt, wie man den Wert von Darwins Buch für die natürliche Theologie abwägen könne.[28] Interessant ist die am Ende hinzugefügte Anmerkung, dass der Gegner der theistischen Deutung den Begriff der Kontingenz statt den der Notwendigkeit hätte benutzen können (86).

Der dritte Aufsatz wurde ebenfalls im Jahre 1860 veröffentlicht und trägt den programmatischen Titel »Natural Selection not Inconsistent with Natural Theology«. Gray erwähnt, dass sich Darwins gradua-

---

[27] In einem anderen Aufsatz wird als dritte Möglichkeit die Theorie von gelegentlichen Eingriffen erwähnt. Aber obgleich sie als die beliebteste Theorie bezeichnet wird, behauptet Gray, dass sie auf umsichtige Menschen den geringsten Reiz ausübt (1884, 159). Er nennt die Idee, dass jedes einzelne Organ von Gott geschaffen worden sei, »an idea which has been set up as the orthodox doctrine, but which to St. Augustine and other learned Christian fathers would have savored of heterodoxy« (357). (1880), 83 werden zudem Thomas von Aquin, Leibniz und Malebranche erwähnt.

[28] Ich konnte nicht herausfinden, auf wen sich »D. T.« bezieht, der Name für den Gesprächspartner von »A. G.«, also Asa Gray.

listische Evolutionstheorie gut mit einem alten Prinzip der Naturphilosophie verträgt – sie »answers in a general way to the Law of Continuity in the inorganic world, or rather is so analogous to it that both may fairly be expressed by the Leibnitzian axiom, *Natura non agit saltatim*«. Gray betont, dass dieses Prinzip nicht a priori vorausgesetzt werden kann, doch »naturalists of enlarged views will not fail to infer the principle from the phenomena they investigate – to perceive that the rule holds, under due qualifications and altered forms, throughout the realm of Nature.« (123). (Es bedarf kaum einer Erwähnung, dass die spätere Theorie des Punktualismus ebenfalls eine Spielart des Gradualismus darstellt.) Gray ist sich darüber im Klaren, dass »the principle of gradation throughout organic Nature may [...] be interpreted upon other assumptions than those of Darwin's hypothesis« (126), aber die Darwinsche Theorie bietet sicherlich eine Erklärung für die Phänomene, die wir beobachten. Gray veranschaulicht seine Theorie am Beispiel der Individualität, die mit einem Verlust der vegetativen Reproduktion einhergeht und die im Verlauf der Evolution nur langsam zur Entfaltung kam, obgleich sie der »very ground of *being* as distinguished from *thing*« ist. Gray nennt ausschließlich einzellige Pflanzen wirkliche Einheiten, nicht aber die komplexeren.

»In the ascending gradation of the vegetable kingdom individuality is, so to say, striven after, but never attained; in the lower animals it is striven after with greater though incomplete success; it is realized only in animals of so high a rank that vegetative multiplication of offshoots are out of the question, where all parts are strictly members and nothing else, and all subordinated to a common nervous centre – is fully realized only in a conscious person.« (125)

Im letzten Abschnitt des Aufsatzes über »Darwin and his Reviewers« verweist Gray auf die äußerst stark schwankende Qualität der Besprechungen von *The Origin;* und über jene, die Darwins Buch unterstellen, dass es atheistisch sei, ist er ganz besonders irritiert. Gray merkt an, dass sich Darwin absichtlich über theologische Themen ausgeschwiegen hat, und in einer witzigen Übertragung der betreffenden Frage auf Darwins eigenen Umgang mit dem Problem kommentiert er: »This reticence, under the circumstances, argues design, and raises inquiry as to the final cause and reason why. Here, as in higher instances, confident as we are that there is a final cause, we must not be overconfident that we can infer the particular or true one.« (144)
Eine mögliche Erklärung dafür wäre, dass er nicht mit philosophi-

schen Untersuchungen vertraut ist und sich daher nur auf Zweitursachen beschränkt; eine andere könnte darin bestehen, dass er es genießt, von unbedachten Menschen als Atheist abgestempelt zu werden. Im Allgemeinen, so Gray, ist ein Theist nur der Idee verpflichtet, dass es Zwecke in der Welt gibt, aber ganz und gar nicht der besonderen Behauptung, dass ein bestimmtes Ding oder Ereignis von Gott beabsichtigt ist. »Most people believe that some were designed and others were not, although they fall into a hopeless maze whenever they undertake to define their position.« (138) Jede intelligente Person akzeptiert eine allgemeine neben einer besonderen Vorsehung, d. h., dass viele Ereignisse nur insofern von Gott gewollt sind, als sie eine Konsequenz der allgemeinen Gesetze sind, und kein bedachter Theist schreibt nur übernatürlichen Ereignissen eine Absicht zu (149). In einem Punkt betritt Gray jedoch ein heikles Terrain, und zwar in seiner Behauptung – die von Darwin nachdrücklich abgelehnt wurde –, dass »variation has been led along certain beneficial lines« (148).

Es stimmt zwar, dass die Ursachen der Variation zu seiner Zeit unbekannt waren (und selbst heutzutage kennen wir nicht alle von ihnen), und es trifft auch zu, wie er sagt, dass Darwins Theorie nicht notwendigerweise impliziert, dass es mehr nachteilige Abweichungen gibt, als ohnehin schon bekannt waren. »Good-for-nothing monstrosities, failures of purpose rather than purposeless, indeed, sometimes occur; but these are just as anomalous and unlikely upon Darwin's theory as upon any other.« (147). Doch an dieser Stelle neigt Gray dazu, die negativen Variationen herunterzuspielen, und irgendwie unterstellt er die unmittelbare Anwesenheit Gottes, wenn die Zweitursachen noch nicht bekannt sind. Auf jeden Fall behauptet Gray nicht, dass der Darwinismus zu einer natürlichen Theologie führt; denn er erkennt an, dass das ›argument from design‹ vielleicht nicht jeden überzeugen werde. »But we may insist, upon grounds already intimated, that, whatever they were good for before Darwin's book appeared, they are good for now.« (152) Auch wenn sich Gray einer solchen Sprache nicht bedient, so verweist er doch auf den Umstand, dass die *Genese* eines Organismus rein gar nichts zu der Frage beiträgt, ob seine erstaunlich angepasste Struktur einer Absicht geschuldet ist (151 f.; vgl. 259).[29]

---

[29] Ein analoges Argument findet sich in Kants *Allgemeiner Naturgeschichte und Theorie des Himmels:* Die mechanische Erklärung der Entstehung des Sonnensystems schließt dessen teleologische Deutung nicht aus (A XX ff., 71).

Ohne Zweifel kann der Darwinismus auf atheistische Weise interpretiert werden (159); aber diese Interpretation folgt nicht aus der Theorie. »If you import atheism into your conception of variation and natural selection, you can readily exhibit it in the result.« (154) Gray erkennt das Zufallsmoment (das er richtigerweise nicht in die Auslese, sondern in die Variation versetzt) als das Hauptproblem. Eine große Zahl dieser Variationen »are not improvements, but perhaps the contrary, and therefore useless or purposeless, and born to perish.« (156) Aber Gray kontert, indem er darauf verweist, dass die Natur mit einer Fülle von analogen Fällen aufwartet, nicht nur innerhalb der anorganischen Welt, sondern sogar unter den Menschen. »Some of our race are useless, or worse, as regards the improvement of mankind; yet the race may be designed to improve, and may be actually improving.« (157)

Von besonderem Interesse ist Grays Behauptung, dass Darwin die Teleologie wieder in die Naturwissenschaft zurückgebracht habe, »so that, instead of Morphology *versus* Teleology, we shall have Morphology wedded to Teleology« (288). Teleologie (der Ausdruck wurde von Christian Wolff ins Leben gerufen) meint hier, dass eine Art von Nutzen für eine andere ist. Der Grund für dieses Wiederaufleben besteht darin, dass wir der Idee der Veränderlichkeit der Arten die eigentliche Ökologie verdanken.[30] Wenn die Arten nicht ewig sind, sondern nur aufgrund eines kontinuierlichen Kampfes ums Überlebens fortbestehen, dann ist

»the structure of every organic being […] related, in the most essential yet often hidden manner, to that of all other organic beings, with which it comes into competition for food or residence, or from which it has to escape, or on which it preys« (Darwin 1968, 127).

Es ist dieser holistische Zugang zur Natur, der Analysen der kausalen Wechselwirkungen zwischen verschiedenen Arten rechtfertigt, die zu einer »restoration of teleology« geführt haben (357), wie Gray im letzten Aufsatz seines Sammelbandes, in »Evolutionary Teleology«, schreibt. Doch das ist nicht nur für die Naturwissenschaft der Biologie von Bedeutung; es macht das ›argument from design‹ für seine Gegner plausibler, die stets auf die dysteleologischen Strukturen in der Natur verwiesen haben.

---

[30] Der Ausdruck »Ökologie« wurde 1866 vom Darwinisten Ernst Haeckel geprägt; vgl. Leps (2004), 601.

»In the comprehensive and far-reaching teleology which may take the place of the former narrow conceptions, organs and even faculties, useless to the individual, find their explanation and reason of being. Either they have done service in the past, or they may do service in the future.« (375) Die Mängel haben die Funktion, den Prozess der Evolution am Laufen zu halten und bessere Formen der Anpassung hervorzubringen. »In this system the forms and species, in all their variety, are not mere ends in themselves, but the whole a series of means and ends, in the contemplation of which we may obtain higher and more comprehensive, and perhaps worthier, as well as more consistent, views of design in Nature than heretofore.« (378) Auch hier bestreitet Gray nicht, dass das ›argument from design‹ verworfen werden könne: Er ist sowohl mit Humes als auch mit John Stuart Mills bekannten Einwänden vertraut (nicht allerdings mit Kants Einwänden). Aber er wiederholt seine These, dass es – während die Frage nach Absichten in der Welt so lange von Philosophen diskutiert werden wird, wie die Welt dauert – im Darwinismus nichts dieser Annahme Abträgliches gibt. Er lehrt uns lediglich, die Natur als Ganzheit zu betrachten und in ihr als Ganzer eine Absicht zu entdecken oder zu verwerfen (379). Doch zeigt uns die natürliche Auslese nicht die komplette Überflüssigkeit von Finalursachen an? Gray verweist auf den Umstand, dass die Auslese nur dann vonstatten gehen kann, wenn die Variation neue Formen hervorbringt; folglich kann sie nicht das erklären, was sie in Wirklichkeit voraussetzt (385 f.).

In seinen Yale-Vorlesungen präzisiert Gray diesen Punkt. Für ihn ist nicht die gesamte Theorie der artübergreifenden Evolution, wohl aber die natürliche Auslese selbst nicht einfach eine simple Hypothese, sondern vielmehr eine Wahrheit (1880, 46), während dem Gedanken, dass die Variation in alle Richtungen und rein zufällig erfolgt, nicht derselbe Status zukomme. Was auch immer die genauen – zu seiner Zeit immer noch unbekannten – Ursachen der Variation sind, die natürliche Auslese kann keine von ihnen sein, und daher kann sie nicht *von sich aus* die langsame Evolution zu immer komplexeren Formen erklären (49). Zusammen mit der Variation ist jedoch »the principle of natural selection, taken in its fullest sense, […] the only one known to me which can be termed a real cause in the scientific sense of the term« (70 f.). Eine Ursache ist es allerdings nur zusammen mit den Gesetzen der Welt des Lebendigen, die nach Darwin genauso verblüffend sind, wie sie es vor ihm waren.

»Does it [natural selection; V. H.] scientifically account for the formation of any organ, show that under given conditions sensitive eye-spot, initial hand or brain, or even a different hue or texture, must then and there be developed as the consequence of assignable conditions? Does it explain how and why so much, or any, sensitiveness, faculty of response by movement, perception, consciousness, intellect, is correlated with such and such an organism? I answer, Not at all! The hypothesis does none of these things. For my own part I can hardly conceive that any one should think that natural selection scientifically accounts for these phenomena.« (73)

Und deshalb kann auch vom ›argument from design‹ Gebrauch gemacht werden, *wenn* man ohnehin schon ein Theist ist (84 f.). Der Konflikt entflammt »not between Darwinism and direct Creationism, but between design and fortuity, between any intention or intellectual cause and no intention nor predicable first cause« (89). Zum Ende hin erwähnt Gray, dass eindeutige Argumente für den Theismus nicht vom Studium der Natur rühren – es ist lediglich so, dass es diese Argumente nie ausschließt. Sein eigener Beweggrund dafür, an ein göttliches Prinzip der Welt zu glauben, liegt darin, dass dieser Glaube »gives us a workable conception of how ›the world of forms and means‹ is related to ›the world of worths and ends.‹ The negative hypothesis gives no mental or ethical satisfaction whatever.« (91). Gray nähert sich auch einem erkenntnistheoretischen Argument an, indem er einen James Clerk Maxwell zugeschriebenen Satz zitiert, »that he had scrutinized all the agnostic hypotheses he knew of, and found that they one and all needed a God to make them workable« (91). Auf jeden Fall interpretiert Gray die Evolution als die langsame Instantiierung der von Gott gewollten Werte. »As the forms and kinds rise gradually out of that which was well-nigh formless into a consummate form, so do biological ends rise and assert themselves in increasing distinctness, variety, and dignity. Vegetables and animals have paved the earth with intentions.« (93). Anschließend steuert er einige (unbefriedigende) Überlegungen zum »insoluble« Problem des freien Willens bei (97) und schließt mit einigen Argumenten für die Unsterblichkeit der menschlichen Seele.

Wir haben gesehen, dass Darwin am Ende der *Variation* weiterhin skeptisch in Bezug auf Grays Versuch bleibt, die natürliche Theologie mit dem Darwinismus zu versöhnen. Das hat teilweise damit zu tun, dass Gray den Darwinismus von einer theistischen Warte her betrachtet, die für Darwin nicht gleichermaßen einleuchtend war.[31] Aber Darwin sah auch die wesentlich schwächere These als nicht zwingend an, dass seine Theorie *kompatibel* mit dem Theismus sei. Soweit ich urteilen kann, gibt es zwei Haupteinwände gegen diese Kompatibilitäts-Behauptung. Einer wird von Darwin selbst nicht angeführt, spielt aber eine wichtige Rolle bei den üblichen Darstellungen des Niedergangs der Physiko-Theologie. Ihm zufolge hat der gesamte Begriff der Evolution das ›argument from design‹ zerstört.[32] Wenn ein absoluter Geist in der Lage ist, unmittelbar zu seinen Zwecken zu gelangen – weshalb sollte es dann einen langwierigen Weg zu ihnen geben? Allerdings hat schon Leibniz diese Frage diskutiert und dabei akzeptiert, dass eine Weiterentwicklung der Vollkommenheit endlicher Wesen durchaus kompatibel sein mag mit der besten aller möglichen Welten, denn ein Wandel hin zum Besseren könnte selbst eine Vollkommenheit darstellen.[33] Gewiss könnte eine derartige Welt, so könnte man vorbringen, interessanter und auch herausfordernder sein als eine, die absolut unveränderlich ist.

Das zweite Argument ist damit verwandt, ist aber spezifischer: Darwin verweist auf die redundante Kraft der Reproduktion und die nachteiligen Abweichungen, die aus der Plastizität und der extremen Veränderlichkeit der Organismen resultieren. Auch wenn er es nicht sagt, so scheint es mir doch, dass die Malthussche Überproduktion für ihn irgendwie das Gegenteil des Prinzips der kleinsten Wirkung darstellt, das bei den natürlichen Theologen im Verlauf der 18. Jahrhunderts eine so große Beachtung fand. Die negativen Variationen und die Überproduktion mit der sich anschließenden Auslese scheinen nicht gerade die schnellstmögliche Route zu jenen Ergebnissen zu sein, die Gott vielleicht beabsichtigt hat – und daher sind sie unvereinbar mit der Vorsehung.[34] Was kann man diesen Zweifeln entgegnen? In Hinsicht auf die nachteiligen Variationen kann man mit Gray einwenden, dass das Auftreten solcher Abweichungen bereits vor Darwin bekannt war; folglich steuert seine Theorie nichts Negatives zu den alten Argu-

[31] Vgl. Miles (2001).
[32] Vgl. Schramm (1985, 54 und 164f.), der hier Hans Freudenthal folgt.
[33] Vgl. seinen Text *An mundus perfectione crescat* (1965, 368ff.).
[34] In einem auf den 5. Juni 1861 datierten Brief an Gray weist Darwin die Idee einer ›designten‹ Variation von sich und schreibt:»What an enormous field of undesigned variability there is ready for natural selection to appropriate for any purpose useful to each creature« (1994, 162; vgl. auch 1993b, 275, 389).

menten der Theodizee bei. Ganz im Gegenteil *verhindert* die natürliche Auslese, dass sich die nachteiligen Abweichungen weiter ausbreiten können; somit beschränkt sie die negativen Folgen des Zufalls und kann darüber hinaus beanspruchen, dass sie in Bezug auf die Anpassung von Nutzen (»purposive«) ist.[35] Darwin selbst war der Meinung, dass einer der Einwände gegen den Spezialkreationismus strikt theologischer Natur sei: Der letztere schreibt recht hässliche Resultate unmittelbar dem Willen Gottes zu (1968, 263). So teilt er am 2. Mai 1860 Gray mit:

»I cannot persuade myself that a beneficent & omnipotent God would have designedly created the Ichneumonidae with the express intention of their feeding within the living bodies of caterpillars, or that a cat should play with mice.« (1993b, 224)

Das begriffliche Werkzeug, mit dem man solch üblen Phänomenen beikommen kann (die vom menschlichen Leiden und von der menschlichen Grausamkeit um ein leichtes übertroffen werden), ist alt. Wer die göttliche Allmacht – meiner Ansicht nach aus guten Gründen – so interpretiert, dass Gott die Ursache von allem ist, ist gut beraten, die normativen Unterschiede zwischen verschiedenen Tatbeständen nicht preiszugeben. Das Leiden ist von Gott nicht in gleichem Maße gewollt wie die Freude, auch wenn es unmöglich ist zu bestreiten, dass beide von ihm gewollt sind, sofern sie auftreten und Gott als allmächtig angesehen wird. Das intellektuelle Werkzeug, von dem ein Theist wie Leibniz Gebrauch macht, besteht in der Behauptung, dass Gott gewisse negative Zustände hinnimmt, weil sie notwendigerweise mit den positiven Zuständen verknüpft sind, auf die er mit seinem vorausgehenden Willen abzielt, d. h. in einem starken Sinn des Wortes »Willen«, noch unabhängig von den einhergehenden Konsequenzen.[36]

Aber warum hat Gott eine Welt akzeptiert, in der überhaupt Leiden auftreten kann, das ein Mechanismus wie derjenige der natürlichen Auslese sicherlich mit sich bringt? Eine klassische Erwiderung lautet, dass ein ausschlaggebendes Kriterium bei der Wahl der Welt, die Gott geschaffen hat, die Einfachheit der Naturgesetze ist, und diese habe immer wieder Leiden zur Folge, einschließlich desjenigen unschuldiger Menschen. Selbst dann, wenn man den Variationen jegliche

[35] Vgl. McMullin (2008) und bereits Darwin (1994, 226).
[36] Vgl. *Essais de théodicée* § 114 (1978; VI 166). Leibniz folgt Thomas von Auqin.

295

»Richtung« abspricht, kann man dennoch innerhalb einer theistischen Weltanschauung dafür argumentieren, dass der Mechanismus der natürlichen Auslese aus vier Gründen von Gott gewählt worden ist: Erstens ist die natürliche Auslese ein äußerst einfacher Mechanismus mit einer enormen Wirkkraft – Wallace hat sie 1859 mit dem »centrifugal governor of the steam engine« verglichen (1991, 300). Zweitens impliziert die Überproduktion – zusammen mit der Knappheit der Ressourcen, der Variation und der Vererblichkeit der Eigenschaften – die natürliche Auslese als eine logische Konsequenz, und die Überproduktion ist ein Ausdruck des Prinzips der Fülle: Alle möglichen Lebensformen werden durchgespielt, auch wenn nur die kompossiblen Formen Bestand haben werden. Der Wert des Lebens ist der Grund dafür, dass es sich so weit wie möglich ausbreiten will, auch wenn der Preis hierfür in einem Kampf ums Überleben besteht, der zur Entwicklung komplexerer Lebensformen führt. Drittens ist die Überproduktion paradoxerweise die Ursache für das Auftreten von Knappheit, die die Organismen dazu zwingt, sich ökonomisch zu verhalten und die Ressourcen zu optimieren zu suchen: Daher wird den Organismen aufgrund der redundanten Reproduktion etwas aufgezwungen, das analog dem Prinzip der kleinsten Wirkung ist. Und viertens musste die Evolution – zusammen mit anderen Naturgesetzen und gegebenen Antezendens-Bedingungen – innerhalb eines deterministischen Universums zu eben jenen Ergebnissen führen, die Gott gewollt hat, wie etwa die Existenz von moralisch verantwortlichen Wesen.

III.

Die Überlegungen von Asa Gray haben – zusammen mit den letzten Erwägungen – hoffentlich zeigen können, dass sich der Darwinismus und der Theismus nicht logisch ausschließen. Aber das zeigt noch nicht, wie Gray schreibt, dass der Theismus wahr ist. Der Theismus, also die Annahme, dass die Welt von einem absoluten Geist geschaffen wurde, impliziert sicherlich eine teleologische Deutung der Welt als Ganzer, denn ein geistbegabtes Wesen handelt nach Zwecken. Der Umkehrschluss scheint jedoch keinen Bestand zu haben; denn sowohl Aristoteles als auch Schopenhauer verteidigen eine teleologische Deutung der Natur auch ohne jeglichen Glauben an einen Schöpfergott: Die Zwecke wohnen der Natur auf immanente Weise inne. Welches sind die Argumente für den Theismus? Das ›argument from design‹ ist gewiss alles andere als zwingend. *Wenn* es ein göttliches Prinzip der Welt gibt, dann müssen wir die Welt mithilfe von Zwecken interpretieren, aber die Welt als solche nötigt uns keine teleologische Interpretation ab. Es gibt in ihr zuviel anscheinend Dysteleologisches. Wir mögen es als notwendig für wünschenswerte Zwecke wegerklären, aber nur dann, wenn wir bereits unabhängige Argumente für ein transzendentes Prinzip haben.

Zudem haben Hume in seinen posthumen *Dialogues Concerning Natural Religion* von 1779 und Kant in *Der einzig mögliche Beweisgrund zu einer Demonstration des Daseins Gottes* von 1763 wie auch in der *Kritik der reinen Vernunft* von 1781 (B 648–658/A 620–630) die zentralen Schwachpunkte des Arguments folgerichtig herausgestellt.[37] Ihre immer noch gültige Erkenntnis lautet, dass das Argument nicht auf einer empirischen Basis aufgestellt werden kann. Hume, um mit ihm zu beginnen, schreibt, dass wir Ursachen aus Wirkungen erschließen können, wenn wir die beiden zusammen in anderen Fällen beobachtet haben; »but how this argument can have place, where the objects […] are single, individual, without parallel, or specific resemblance, may be difficult to explain« (1947, 149). Darüber hinaus ist nicht ersichtlich, weshalb die Ursache der Welt nicht selbst einer Ursache bedarf (161). Denn dem Empirismus gemäß gründet sich all unser Wissen auf Erfahrungen von der Welt, so dass wir lediglich sagen können, dass die Ursache *der* Welt analog sein muss zu einer der Ursachen der Ordnung, die wir *innerhalb* der Welt auffinden, und alle geistbegabten Wesen, die wir kennen, sind von begrenzter Natur. »This world […] is very faulty and imperfect, compared to a superior standard; and was only the first rude essay of some infant Deity, who afterwards abandoned it, ashamed of his lame performance« (169); sie könnte auch das Gemeinschaftswerk von verschiedenen Gottheiten sein (167). Neben der Vernunft als Ursache von Kunstwerken, sind auch der Instinkt und die vegetative und sexuelle Reproduktion Ursachen beachtlicher

---

[37] Es ist wirklich eine erstaunliche Tatsache der vergleichenden Philosophie, dass der Denker, der Humes Kritik am nächsten kam, der Inder Ramanuja aus dem 11./12. Jahrhundert in seinem *Sri Bhashya* ist – ein Autor, der Hume natürlich unbekannt war. Vgl. Yandell (1999), 205 ff. Diese Tatsache bezeugt eine seltsame Konvergenz in der Entwicklung des menschlichen Geistes, man ist versucht zu sagen: eine gewisse Teleologie in der Geschichte der Philosophie.

Objekte. Warum sollten wir dann annehmen, dass eine dieser Ursachen eher den Ursprung der Welt darstellt als eine andere?

»Any one of these four principles above mentioned (and a hundred others which lie open to our conjecture) may afford us a theory, by which to judge of the origin of the world; and it is a palpable and egregious partiality, to confine our view entirely to that principle, by which our own minds operate.« (178)

Man könnte den letzten Satz verwerfen, indem man von einer cartesischen Theorie ausgeht, derzufolge die Erste-Person-Perspektive eine erkenntnistheoretische Priorität genießt; wenn man diesen Schritt aber nicht vollzieht, dann ist Humes Vermutung, »that the world arose by vegetation from a seed shed by another world«, nicht weniger rational als der Glaube an eine Schöpfung der Welt durch ein geistbegabtes Wesen. Hume ist sich über die Tatsache im Klaren, dass es auch ein apriorisches Argument für den Theismus gibt, nämlich eine Kombination des kosmologischen und ontologischen Beweises, wie sie von Demea vorgeschlagen wird, aber seine Gesprächspartner Cleanthes und Philo verwerfen es einstimmig (188 ff.).[38]

Schon in der *Allgemeinen Naturgeschichte und Theorie des Himmels* von 1755 (A XIVf), zumal aber in *Der einzig mögliche Beweisgrund zu einer Demonstration des Daseins Gottes* von 1763 hat Kant vorgebracht, dass das ›argument from design‹ lediglich einen Architekten beweisen könnte, nicht aber einen Schöpfer der Welt (A 116), und dass es nicht zeigen kann, dass die Ursache der Welt vollkommen oder gar eine einzige ist (A 199 ff.). Der erste Einwand wird in der *Ersten Kritik* wiederholt (B 655/A 627), wo die allgemeine Einsicht formuliert wird, dass die gefolgerte Ursache nur proportional zur Wirkung sein kann. Daher kann der empirische Weg niemals zu einer absoluten Totalität führen (B 656/A 628).[39] Nur dank des durch die Hintertür eingeschleusten Gebrauchs des kosmologischen Arguments, das ein notwen-

---

[38] Die Gegenargumente von Cleanthes sind teilweise zirkulär, teilweise gehen sie von falschen Voraussetzungen aus (so verwechselt er Ursachen mit Gründen, 190), und da Philo auf das ganz andersartige Problem verweist, dass die Notwendigkeit Gottes vielleicht die Notwendigkeit der Welt impliziert (191) – folglich eine spinozistische Konzeption –, müssen wir hier offen lassen, ob Hume alle Argumente von Cleanthes teilt, der in den anderen Teilen des Dialogs beschämend schlecht argumentiert.

[39] Der Fairness halber sei angemerkt, dass beispielsweise Paley sich darüber im Klaren ist, dass die der Ursache der Welt zuschreibbaren Attribute nur »beyond all comparison« liegen (1809, 443 f.).

diges Wesen beweisen möchte und das wiederum selbst das ontologische Argument voraussetzt, kann das physikotheologische Argument zu einem absoluten Wesen führen.

Folgt man allerdings dem späteren Kant, so sind auch der kosmologische und der ontologische Beweis hoffnungslos zum Scheitern verurteilt, während der jüngere Kant noch eine neue Variante des ontologischen Beweises verteidigt hat, die er später verwarf. Gleichwohl beschränkt sich Kants Beitrag zur natürlichen Theologie, wie allgemein bekannt ist, nicht auf seine destruktive Arbeit, die er in *Der einzig mögliche Beweisgrund* und in der *Ersten Kritik* verrichtet. Die *Kritik der praktischen Vernunft* führt Gott als ein Postulat der praktischen Vernunft ein (A 223 ff.), und auch wenn der erkenntnistheoretische Status dieses Postulats nicht eindeutig und kontrovers ist, kann Kant doch beanspruchen, dem moralischen Argument für die Existenz Gottes eine neue Grundlage gegeben zu haben. Dies geht mit Kants radikalem Bruch mit der eudaimonistischen Ethik einher: Die Frage nach unserer Pflicht kann nicht auf das Problem reduziert werden, was uns glücklich macht. Wenn aber die moralische Tatsache nicht auf natürliche Begierden wie die nach dem Glück reduziert werden kann, dann ist das moralische Sollen kein Teil dieser Welt. Doch wie kann es dann in dieser Welt seine Wirkung entfalten? Wie können wir eine Pflicht haben, dem moralischen Gesetz gemäß zu handeln, wenn die natürliche Welt nicht prinzipiell durch die Gebote des Sollens formbar ist?

Diese Fragen werden in der *Kritik der Urteilskraft* von 1790 behandelt, deren zweiter Teil, die »Kritik der teleologischen Urteilskraft«, die eindrucksvollste Verteidigung eines teleologischen Denkens in der Moderne seit dem Zusammenbruch der traditionellen Physiko-Theologie darstellt. Kants Verteidigung beharrt allerdings darauf, dass die Teleologie ein regulatives, nicht aber ein konstitutives Prinzip ist (B 270): Sie ist ein subjektives Prinzip zur Beurteilung der Phänomene. Kant wiederholt seine Meinung, dass die Physiko-Theologie nicht das hält, was sie verspricht. Sie hat keinerlei Möglichkeit, die Frage nach dem letzten Zweck der Natur anzugehen (B 401); und sie kann keine Ursache mit absoluten Eigenschaften folgern: Wenn sie es dennoch tut, so ergänzt die praktische Vernunft durch die Hintertür das, was die theoretische Vernunft von sich aus nicht zu leisten vermag (B 404).[40]

---

[40] Vgl. auch Kants Aufsatz von 1788: *Über den Gebrauch teleologischer Prinzipien in der Philosophie*, A 36 f.

Geht man von rein physikotheologischen Argumenten aus, so könnte die Ursache der Welt genausogut mit dem Instinkt wie mit der Vernunft agieren (B 409). Einzig die Ethiko-Theologie kann uns zu einem wahren Begriff von Gott führen, die Physiko-Theologie für sich genommen kann ebenso zu einer Dämonenlehre führen (B 414). Den letzten Zweck, den wir – uns immer über den subjektiven Charakter dieser Zuschreibung im Klaren seiend – Gott innerhalb der Ethiko-Theologie zusprechen müssen, sind menschliche Wesen unter moralischen Gesetzen (B 415 f.). Auf dieser Grundlage ist eine teleologische Deutung der Natur, mit der wir als Menschen unausweichlich verbunden bleiben, allerdings legitim (B 419).

Es steht außer Frage, dass es sich kein gegenwärtiger Versuch, der die Teleologie in der Natur verstehen will, leisten kann, Kant außen vor zu lassen.[41] Die Hauptgründe dafür, weshalb die zeitgenössischen Vorschläge einer naturalistischen Weltanschauung seitens von Neodarwinisten wie Dawkins so unattraktiv sind, liegen in den zwei Sphären der Normativität und der geistigen Welt. Der Naturalismus wird der Tatsache nicht gerecht, dass wir als Personen unweigerlich letzte intellektuelle und moralische Zwecke haben, die sich nicht auf das Ausführen von biologischen Programmen zurückführen lassen. Man mag kausalwissenschaftlich, etwa mittels der Soziobiologie, die Entwicklung unserer moralischen Begriffe zu erklären versuchen, aber auch wenn diese Erklärungsversuche die *Genese* einiger unserer Ideen erhellt haben, z. B. im Bereich der Sexualmoral, so sind sie doch prinzipiell nicht in der Lage zu erklären, woher die *Geltung* unserer moralischen Überzeugungen stammt. Dies ist das allgemeine Problem, dem sich jede *bloß* evolutionäre Darstellung gegenübergestellt sieht: Die Welt der Gründe ist, sowohl im theoretischen als auch im praktischen Bereich, nicht auf die Sphäre der Ursachen reduzierbar. Wir benötigen eine Theorie der Finalität, um uns als denkende und handelnde Wesen begreifen zu können, denn auch Denken und Argumentieren sind Handlungen, und Handlungen orientieren sich unweigerlich an Zwecken. Das ist, wie Kant richtig verstand, der Ausgangspunkt einer jeden Teleologie. Doch

---

[41] Damit ist nicht gemeint, dass alle seine Ideen im Bereich der Religionsphilosophie Bestand haben. So kann Kants Kritik den ontologischen Beweis in der Version, die Plantinga vorschlägt, nicht umwerfen (1982, 197 ff.). Dessen Schlüssigkeit würde die subjektiven Einschränkungen aus der Welt schaffen, denen Kant die teleologischen Argumente unterwirft.

weshalb ist es nicht ausreichend, einerseits die Natur als bloße Sphäre der Ursachen und andererseits die Vernunft als eine hiervon unabhängige Sphäre anzunehmen? Die Antwort lautet, dass die Einheit der Natur, die von der Evolutionsbiologie so eindrucksvoll aufgezeigt worden ist, einer jeden dualistischen Theorie des Seins zuwiderläuft. Die einzigen vernünftigen und moralischen Akteure, die wir kennen, sind schließlich komplexe Tiere, und wenn es nicht plausibel ist anzunehmen, dass die kategorischen moralischen Gebote uns Menschen lediglich als das Ergebnis einer zufälligen Evolution auferlegt worden sind, dann ist es eine verlockende Idee, dass die Entwicklung von moralischen Wesen ein Zweck der Natur ist. Doch sind Akteure mit moralischen Zwecken der einzige Zweck der Natur? Es scheint ein kruder Anthropozentrismus, die vormenschliche Natur als etwas abzustempeln, das bloß von instrumentellem Wert für die Menschen ist.

Es ist wesentlich plausibler, in der langsamen Evolution der Geistigkeit und der Fähigkeit, Zwecke zu haben, einen anderen Zweck der Natur zu erkennen. Selbst wenn es kausale Mechanismen für die Entwicklung der Arten gibt, und wahrscheinlich auch für den Ursprung des Lebens, kann man kaum bestreiten, dass das Leben mit seiner wunderbaren Anpassung der Organe untereinander und an den gesamten Organismus durch eine Form der Teleonomie gekennzeichnet ist, die sich sowohl vom anorganischen Bereich als auch von der vernünftigen Finalität der Menschen abhebt. Und es gibt nichts, was mit der modernen Naturwissenschaft unvereinbar wäre, wenn man die Entwicklung von anorganischen Objekten hin zu Organismen und selbstbewussten Geistwesen als Entfaltung immer komplexerer Zwecke deutet: Das Hervorbringen von Entitäten, die zunehmend komplexere Zwecke haben, ist sozusagen ein Zweck der Natur oder ihres Schöpfers; und der höchste Zweck ist die Erzeugung eines Wesens, das die Frage aufwerfen kann, was ein letzter Zweck ist.[42]

Aber es gibt nicht nur praktische Zwecke für vernünftige Akteure, etwa die Gerechtigkeit; ein theoretischer Zweck muss das Erkennen der Wahrheit sein, ohne die weder die Naturwissenschaft noch die Philoso-

---

[42] Zu einer konkreten Ausarbeitung der Art und Weise, wie transzendentale Werte in der Evolution realisiert werden, vgl. Hösle (2005); zu einer möglichen teleologischen Interpretation der Evolution hin zu den Menschen vgl. Wandschneider (2005); zur Überwindung des Dualismus zwischen der Natur und dem Sollen vgl. Illies (2006).

phie einen Sinn ergibt. Nun setzt dieser Zweck zweierlei voraus: Erstens muss es vernünftige Akteure geben, die in der Lage sind, Schlussfolgerungen zu verstehen, und zweitens muss die Natur eine verständliche Form aufweisen. Das hat Folgen für die Art und Weise, wie die Natur beschaffen sein muss. Wenn man den Interaktionismus verwirft, d. h. die Vorstellung, dass mentale Zustände einen Einfluss auf physische Zustände nehmen können, wird das Argument der natürlichen Auslese daran scheitern, die Entwicklung mentaler Zustände zu *erklären*, da sie dann ohne jeglichen Nutzen sind. Zweifelsohne irren diejenigen, die beteuern, dass der Epiphänomenalismus sich nicht mit dem Darwinismus in Einklang bringen lässt. Denn man kann annehmen, dass es Gesetze der Supervenienz gibt, die garantieren, dass gewisse mentale Zustände mit bestimmten physischen Zuständen einhergehen. Gleichwohl wird die Existenz solcher Gesetze, wie wir bereits wissen, durch den Darwinismus vorausgesetzt und nicht erklärt. Es gibt allerdings ein weiteres Problem. Wenn wir unsere eigenen Gedanken ernst nehmen wollen, dann müssen wir davon ausgehen, dass einige physische Zustände des Gehirns miteinander kausal so verbunden sind, dass die korrespondierenden mentalen Zustände, z. B. in einer logischen Deduktion, auch logisch verbunden sind. Solch eine Voraussetzung ist kein bloßes Wunschdenken; es ist die transzendentale Voraussetzung einer jeden vernünftigen Untersuchung.[43] Eine analoge teleologische Erklärung mag es für diejenigen Naturkonstanten geben, ohne die sich das Leben oder intelligentes Leben nicht hätten entwickeln können. (Es ist freilich nicht möglich, *alle* Naturgesetze mit derartigen Überlegungen zu rechtfertigen.) Man kann den Einwand erheben, dass es ein simples Faktum ist, dass solch eine Feinabstimmung vorliegt, doch wer bei simplen Fakten Halt macht, hilft in der Regel weder der Naturwissenschaft noch der Philosophie. Unsere philosophische Neugier wird eher befriedigt, wenn wir Gesetze auf ein Prinzip der Welt zurückführen können, das selbst ein geistbegabtes Wesen ist und das von innerweltlichen, endlichen Geistwesen erkannt werden will. Solch eine Zurückführung ist mit der Befriedigung der wissenschaftlichen Neugier geistesverwandt – vergleichbar mit dem Fall, als der Darwinismus die verschiedenen Arten nicht länger als reine Tatsachen hinnehmen musste, sondern ihre Existenz erklären konnte.

Natürlich sind im Falle metaphysischer Erklärungen *Gründe* und

---

[43] Vgl. Hösle (2006).

nicht *Ursachen*, wie in naturwissenschaftlichen Erklärungen, am Werk. Alternative, nicht-teleologische Erklärungen für diese Naturkonstanten haben kaum Überzeugungskraft. Es ist außerordentlich unplausibel, dass sie und alle Naturgesetze durch die Logik determiniert sind, wie es allem Anschein nach Spinoza geglaubt hat. Das Modell des Multiversums, also die Idee, dass unsere Welt nur eine unter vielen anderen ist, die keine solchen teleologischen Eigenschaften aufweisen, ist anderseits per definitionem empirisch nicht verifizierbar; und in metaphysischer Hinsicht gibt es an der Multiplizierung von aktualen Welten nichts, was reizvoll wäre.[44] Zudem lässt sich das Argument leicht spiegeln, um die Bürden der Theodizee zu schmälern: Wenn wir die Idee akzeptieren, dass es viele aktuale Welten gibt, dann könnte es sein, dass Gott alle möglichen Welten geschaffen hat, in denen das Gute das Böse überwiegt; wir befinden uns in einer solchen Welt, aber nicht in einer mit einem maximalen Wert.

Nach dieser Auffassung muss die Natur nicht nur so beschaffen sein, dass sie Geistwesen hervorbringt, sie muss auch verständlich sein. Und das bedeutet, dass wir Gründe dafür haben, nach Theorien Ausschau zu halten, die zugleich einfach und fruchtbar sind. Es bedarf kaum der Erwähnung, dass jede gute wissenschaftliche Theorie mit den empirischen Tatsachen übereinstimmen muss; doch diese Übereinstimmung ist eine notwendige, nicht aber eine hinreichende Bedingung für die Qualität einer wissenschaftlichen Theorie. Schon in der *Kritik der reinen Vernunft* beharrte Kant auf solchen regulativen Prinzipien als der kontinuierlichen *scala naturae* der Geschöpfe (B 670 ff./ A 642 ff., insb. B 696/A 668); in der *Kritik der Urteilskraft* (B XXVIII ff.) werden sie als ein Ausdruck der formalen Zweckmäßigkeit der Natur interpretiert.

Darwins Theorie ist sicherlich eine der stärksten wissenschaftlichen Theorien. Sie fördert die Einheit der verschiedenen biologischen Disziplinen, aber auch die der Biologie und der Wissenschaften vom

---

[44] Wir müssen die strikt modale Konzeption eines Multiversums von Lee Smolins Idee einer »cosmological natural selection« unterscheiden. Denn ihr zufolge können durch den Kollaps Schwarzer Löcher neue »Universen« entstehen; sie alle formen eine einzige Welt, selbst dann, wenn sich einige Naturkonstanten in den verschiedenen »Universen« unterscheiden mögen. Diese Theorie ist naturwissenschaftlich, nicht metaphysisch, und sie fügt nichts Wesentliches zu der bekannten Tatsache hinzu, dass nur kleine Ausschnitte der Welt Orte für das Leben und Geistestätigkeiten bieten. Zudem hat die Theorie recht wenig mit der natürlichen Auslese zu tun.

Menschen. Auf der Grundlage eines einfachen Arguments erlaubt sie es uns, Ursachen für Entitäten wie die Arten zu finden, die sich zuvor jeglicher Erklärung entzogen hatten. Sie bestreitet keineswegs die Schönheit und Komplexität der Welt des Lebendigen, sondern sie lehrt uns, sie als ein komplexes und zerbrechliches Netz anzusehen: Es kann leicht zerstört werden, und für seine Erhaltung tragen wir Menschen eine moralische Verantwortung. Sie vergrößert unseren Glauben an die Verständlichkeit und somit an die formale Zweckmäßigkeit der Natur zu dem sehr bescheidenen Preis, dass wir nicht länger unmittelbar zu der Ersten Ursache aufsteigen können, wann immer wir die relevanten Zweitursachen noch nicht verstanden haben.

Literatur

Balcombe, J. (2006): *Pleasurable Kingdom. Animals and the Nature of Feeling Good*. New York.

Curley, E. (1969): *Spinoza's Metaphysics. An Essay in Interpretation*. Cambridge.

Dawkins, R. (2006): *The God Delusion*. New York.

Darwin, C. (1968): *The Origin of Species by Means of Natural Selection*, hsrg. von J. W. Burrow. Harmondsworth.

Darwin, C. (1981): *The Descent of Man, and Selection in Relation to Sex*. Princeton.

Darwin, C. (1987): *Notebooks, 1836–1844*, übers. und hrsg. von P. H. Barrett u. a. Ithaca, New York.

Darwin, C. (1988a): *The Origin of Species 1876. (= The Works of Charles Darwin*, hrsg. von P. H. Barrett / R. B. Freeman, Bd. 16). London.

Darwin, C. (1988b): *Variation of animals and plants under domestication. Vol. II (= The Works of Charles Darwin*, hrsg. von P. H. Barrett / R. B. Freeman, Bd. 20). London.

Darwin, C. (1993a): *The Autobiography of Charles Darwin 1809–1882*, hrsg. von N. Barlow, New York, London.

Darwin, C. (1993b): *The Correspondence of Charles Darwin. Vol. 8. 1860*. Cambridge.

Darwin, C. (1994). *The Correspondence of Charles Darwin. Vol. 9. 1861*. Cambridge.

Gray, A. (1880): *Natural Science and Religion. Two Lectures delivered to the Theological School of Yale College*. New York.

Gray, A. (1884): *Darwiniana: Essays and Reviews pertaining to Darwinism*. New York.

Hösle, V. (1999): Philosophy and the Interpretation of the Bible, in: *Internationale Zeitschrift für Philosophie* 2, 181–210.

Hösle, V. (2005): Objective Idealism and Darwinism, in: *Darwinism and Philosophy*, hrsg. von V. Hösle / C. Illies. Notre Dame, 216–242.

Hösle, V. (2006): Encephalius, in: *Das Leib-Seele-Problem*, hrsg. von F. Hermanni / T. Buchheim. München, 107–136.

Hume, D. (1947): *Dialogues Concerning Natural Religion*. Indianapolis: Bobbs-Merrill.

Huxley, T. H. (1896): *Darwiniana. Essays*. New York.

Illies, C. (2006): *Philosophische Anthropologie im biologischen Zeitalter*. Frankfurt a. M.

Leibniz, G. W. (1965): *Kleine Schriften zur Metaphysik*. Darmstadt.

Leibniz, G. W. (1976): *Die philosophischen Schriften*, hrsg. von C. J. Gerhardt. 7 Bd. Hildesheim, New York.

Leps, G. (2004): Ökologie und Ökosystemforschung, in: *Geschichte der Biologie*, hrsg. von I. Jahn. Hamburg, 601–619.

McMullin, E. (2008): Could Natural Selection be Purposive?, in: *Divine Action and Natural Selection*, hrsg. von J. Seckbach, / R. Gordon. Singapore, 115–125.

Miles, S. J. (2001): Charles Darwin and Asa Gray Discuss Teleology and Design, in: *Perspectives on Science and Christian Faith* 53, 196–201.

Paley, W. (1809): *Natural Theology; or, Evidences of the Existence and Attributes of the Deity, collected from the appearances of nature*. London.

Plantinga, A. (1982): *The Nature of Necessity*. Oxford.

Powell, B. (1860): On the Study of the Evidences of Christianity, in: *Essays and Reviews*, hrsg. von F. Temple et al. London, 94–144.

Schopenhauer, A. (1977): *Zürcher Ausgabe. Werke in zehn Bänden*. 10 Bd. Zürich.

Schramm, M. (1985): *Natur ohne Sinn? Das Ende des teleologischen Weltbildes*. Graz, Wien, Köln.

Sloan, P. R. (2005): It Might Be Called Reverence, in: *Darwinism and Philosophy*, hrsg. von V. Hösle / C. Illies. Notre Dame, 143–165.

Wagner, H. (1979): *Aristoteles. Physikvorlesung*, übers. von Hans Wagner. Darmstadt.

Wallace, A. R. (1991): *An Anthology of His Shorter Writings*. Oxford.

Wandschneider, D. (2005): On the Problem of Direction and Goal in Biological Evolution, in: *Darwinism and Philosophy*, hrsg. von V. Hösle / C. Illies. Notre Dame, 196–215.

Whewell, W. (1833): *Astronomy and General Physics Considered with Reference to Natural Theology*. Philadelphia.

Yandell, K. (1999): *Philosophy of Religion. A Contemporary Introduction*. London.

Yolton, J. W. (Hrsg.) (1990): *Philosophy, Religion and Science in the Seventeenth and Eighteenth Centuries*. Rochester.

Young, C. C. / Largent, M. A. (2007): *Evolution and Creationism. A Documentary and Reference Guide*. Westport.

Die innere Seite des Organismus – zur Idee des Panprotopsychismus

Spyridon A. Koutroufinis

Mit Freude habe ich die Einladung angenommen, über eine neue und zugleich in vielerlei Hinsicht uralte Form der Naturphilosophie zu schreiben, die als »Panprotopsychismus« bezeichnet werden kann. Gegenwärtig ist es schwer, eine Handvoll Artikel zu finden, die diesen Begriff in ihrem Titel enthalten. Aus diesem Grund werde ich im Folgenden versuchen, eine Skizze zentraler Ideen dieses Ansatzes zu leisten, wobei das Hauptaugenmerk seiner Relevanz für die Entfaltung einer modernen Philosophie des Lebendigen (oder Biophilosophie), gelten soll, die mit der gegenwärtig sich rapide entwickelnden Philosophie der Biologie den Gegenstand aber nicht die wichtigsten metaphysischen Verpflichtungen teilen kann. Es sei mir erlaubt, die Vermutung vorauszuschicken, dass Darwin selbst und einige führende Biologen des 20. Jahrhunderts dem Panprotopsychismus wesentlich offener gegenüber stehen würden, als es die meisten Biologen und Philosophen der Biologie gegenwärtig tun. Die Begründetheit dieser Vermutung zu zeigen, ist eines der Hauptziele der folgenden Überlegungen.

1. Zum Panprotopsychismus

Der »Panprotopsychismus« ist eine Sonderform des *Panpsychismus,* d. h. der Lehre, dass mentale Aktivitäten fundamentale kausale Relevanz im gesamten Universum haben, weil sie *allen* physischen Entitäten in unterschiedlichem Grade innewohnen. Nicht nur Menschen und Tiere haben, dem Panpsychismus zufolge, eine *innere Seite* der Existenz bzw. eigene Erfahrungen, sondern auch Pflanzen und alle biologischen Organismen überhaupt, sowie auch besondere leblose Objekte, die eine gewisse physische Individualität zeigen, wie die Elementarteilchen der Mikrophysik, die Atome und die Moleküle. Es ist nicht überraschend, dass diese sehr alte Idee auf viele, teilweise sehr verschiedene, Arten und Weisen interpretiert worden ist. So gibt es z. B. sehr unterschiedliche Vorstellungen von der Komplexität der mentalen Akte. Es ist aber auf jeden Fall falsch, davon auszugehen, dass der Panpsychismus anorganischen Objekten, einzelligen Organismen, Pflanzen und niederen Tieren Bewusstsein zuschreibt. Mentale Aktivitäten beziehen sich zwar *auf etwas* – sie sind z. B. Wahrnehmungen von Wärme, Licht oder Schall – sie werden aber nur in sehr wenigen Fällen von Bewusstsein begleitet. Nur hochentwickelte Organismen agieren auf der Basis bestimmter Wahrnehmungen oder Empfindungen *und wissen zugleich*, was sie tun – und nur wenige von ihnen haben ein Selbstbild und wissen, dass *sie* es sind, die etwas tun. Die mentalen Aktivitäten, deren kausale Relevanz Panpsychisten annehmen, können äußerst primitiv sein und dürfen nur in extrem wenigen Fällen mit menschlicher Intentionalität und Bewusstheit verglichen werden.

Philosophische Panpsychisten haben schon sehr früh die abendländische Naturphilosophie stark geprägt, z. B. die Vorsokratiker Thales und Empedokles. Panpsychistische Ideen durchziehen in verschiedenem Maße die Werke von Platon und Aristoteles sowie auch stoischer Philosophen. Platon vertritt mit der Idee der Weltseele[1] – einen idealistischen Panpsychismus und die Stoa einen materialistischen, während Aristoteles nur Lebewesen als beseelt versteht. In der Neuzeit wurde der Panpsychismus unter anderen von Marcelo Ficino, Gerolamo Cardano, Giordano Bruno und Tommaso Campanella und später von Baruch Spinoza und Gottfried Wilhelm Leibniz vertreten. Als wichtige Panpsychisten des 19. Jh. gelten die Philosophen Friedrich Joseph Schelling, Gustav Theodor Fechner und Hermann Lotze, sowie auch der große Biologe Ernst Haeckel, der bekannteste Verfechter des Darwinismus in Deutschland. Auch Friedrich Nietzsche sprach sich für ein Kontinuum der psychischen Komplexität aus, an dessen unterem Ende anorganische Prozesse stehen.[2] Im 20. Jh. wurden von Philosophen und Naturwissenschaftlern verschiedene Positionen vertreten, die oft dem Panpsychismus zugeordnet werden. Conrad Waddington,

---

[1] Wobei Platon unter »Seele«, »die Bewegung, die sich selbst bewegen kann« versteht (*Gesetze* X, 896 a und *Phaidros* 245 c–e). Besonders beachtenswert im Zusammenhang mit der Weltseele ist die Vorstellung der »Veränderung der sich selbst bewegenden Bewegung« (*Gesetze* X, 895 a).

[2] »Meine Vorstellung ist, daß jeder spezifische Körper danach strebt, über den ganzen Raum Herr zu werden und seine Kraft auszudehnen (– sein Wille zur Macht:) und Alles das zurückzustoßen, was seiner Ausdehnung widerstrebt« (1972, 165).

der annahm, dass die Kontinuität des Psychischen bis in die anorganische Materie hineinreicht, und vor allem Sewall Wright sind bekannte Biologen mit auffälliger Nähe zu panpsychistischen Ideen,[3] was auch für Teilhard de Chardin und William James' Spätwerk zutrifft. Als der bedeutendste Verfechter aber auch Umgestalter panpsychistischen Denkens im 20. Jh. wird zumeist der Prozessphilosoph Alfred North Whitehead gesehen. Sein bekanntester Schüler, Charles Hartshorne, wird ebenfalls häufig dieser Richtung zugeordnet. Bekannte Autoren der letzten Jahrzehnte, die häufig dem Panpsychismus zugewiesen werden, sind, Gregg Rosenberg, David Skrbina und Timothy Sprigge. Die Richtigkeit dieser Zuordnungen erweist sich jedoch oft als undifferenziert – so distanziert sich z. B. Whitehead von der Idee der Seele[4], weshalb seine Metaphysik lieber als »Pansubjektivismus« oder »Panexperientialismus« bezeichnet werden sollte.

Gegenwärtig erlebt der Panpsychismus eine Renaissance bei manchen Autoren der Philosophy of Mind – allem voran im Werk von David Chalmers. Die Kernfrage ist für Chalmers, wie Bewusstsein auf physikalistischer Basis, ausschließlich durch materielle Interaktionen, erklärt werden kann: Kann es aus materiellen Konfigurationen emergieren oder ist es vielmehr selbst eine fundamentale Basis der anorganischen Realität? Diese Art des Panpsychismus richtet sich gegen eine Version des Emergentismus, die als scientistisch-physikalistische beschrieben werden kann, weil sie nur Wirkursachen Existenzberechtigung zuspricht. Ich werde mich im Folgenden nicht auf diese Form des Panpsychismus beziehen, sondern auf eine andere Variante, die für die moderne Biophilosophie relevant ist.

Ähnlich wie der Begriff des Panpsychismus kann auch der Begriff »Panprotopsychismus« verschiedene Interpretationen erfahren, je nachdem wie die Teilausdrücke »pan«, »proto« und »Psychismus« interpretiert werden.

In der von mir vorgeschlagenen Perspektive bezieht sich der Terminus »Psychismus« auf die Existenz und kausale Relevanz mentaler Akte und nicht auf die alt-metaphysische Bedeutung von »Seele«, die substanzontologisch begründet ist. Mentale Akte können, als solche,

---

[3] Waddington vertritt diese Position in seinem Aufsatz »Biologie und Mensch« (1966, 103; engl. 121) und Wright sehr entschieden in seinem Artikel »Gene and Organism« (1953, 12 f.).
[4] Vgl. Whitehead (1979), 104.

nicht erschöpfend auf physikochemische Größen und die zwischen ihnen herrschende Kausalität, die Gegenstand der Naturwissenschaft sind, reduziert werden. Der Ausdruck »Psychismus« führt also eine grundsätzlich andere Kausalität in die Biophilosophie ein, die als »teleologische-« bzw. »finale Kausalität« bezeichnet werden kann. Im Rahmen dieser Kausalität können physische bzw. raumzeitlich manifeste Ereignisse als Wirkungen oder als Korrelate – je nach der zugrundeliegenden Ontologie – von bestimmten *Strebungen* verstanden werden, die natürlich nur bei bewussten Lebewesen gedanklicher Natur sind. Zwischen Materialität und Mentalität herrscht m. E. lediglich eine Korrelation, die nicht als Inklusion mentaler Eigenschaften in der Materie missverstanden werden darf, wie es häufig geschieht.[5] Aus prozessphilosophischer Sicht ist dieser Missinterpretation entgegenzuhalten, dass mentale Eigenschaften nicht zur Materie gehören, sondern – so die metaphysische Hypothese – sich durch raumzeitliche Lokalisierungen manifestieren bzw. materialisieren. Einige dieser Lokalisierungen sind einfach genug, um von der Physik adäquat studiert zu werden, andere erreichen biologische Komplexität. Der Panprotopsychismus ist genauso wenig gezwungen wie der Panexperientialismus Whiteheads, der Materie protomentale Eigenschaften zuzusprechen. Die Materie wird als die raumzeitlich manifeste Seite, als die Erscheinung von Prozessen gesehen, die auch mentale Eigenschaften haben; letztere sind aber nicht in der Materie eingesperrt.

Der Begriff »Psychismus« besagt mehr als die Existenz von Erfahrungsakten. Er verweist auch darauf, dass die einzelnen mentalen Akte im Leben eines Organismus nicht einfach nacheinander angeordnet sind, sondern kohärent aus früheren Akten hervorgehen. Es gibt also eine starke *kausale Kontinuität* der einzelnen Erfahrungen. Dieser entsprechen eine phänomenologische bzw. innerlich erfahrene Kontinui-

---

[5] Der viel gelesene Philosoph Collin McGinn bietet ein gutes Beispiel für die typische Form dieses weit verbreiteten Missverständnisses: »Wenn ein Atom aus einer Kartoffel nach dem Verdauungsprozess seinen Weg in Ihr Gehirn findet, dann wird es dort zum Bewusstsein beitragen auf Grund von Eigenschaften, die es bereits besaß, bevor es Teil Ihres Hirngewebes wurde. [...] Materie aus der unbelebten Welt findet ihren Weg in das Gehirn eines Organismus und produziert dort Bewusstsein auf Grund von protomentalen Eigenschaften, die sie hatte, bevor sie dort gelandet ist, wobei *protomentale Eigenschaften definiert sind als jede Eigenschaft von Materie*, die Bewusstsein ermöglicht« (2001, 117; Herv. S. K.). Die hervorgehobene Stelle macht explizit, was ich ablehne: dass protomentale Aktivität Eigenschaft *von* Materie ist.

tät der Akte, da das Subjekt sie als ineinander übergehend erfährt, und eine äußere bzw. raumzeitliche Kontinuität des materiellen Korrelats des Subjekts – eine Kontinuität, die mikrophysikalischen Entitäten nicht zukommt, da sie nicht ununterbrochen in der Raum-Zeit präsent sind. Aus diesen Gründen ist der Panprotopsychismus nicht identisch mit dem Panexperientialismus bzw. Panprotomentalismus Whiteheads, sondern eine Untermenge von diesem – zumindest dann, wenn man ersteren auf prozessontologischer Basis entwickelt, was natürlich nicht notwendig ist. Sehr hoch entwickelte Organismen erfahren die innerliche Kontinuität ihrer psychischen Aktivität in der Form des Bewusstseinsstromes und des bewussten Gedächtnisses.

Der erste Terminus im »Panprotopsychismus« – »Pan« – bezieht sich in meiner Interpretation nicht auf alle natürlichen Entitäten, sondern *nur* auf alle Lebewesen der Vergangenheit, Gegenwart und Zukunft des Kosmos. Auf der Erde sind die einfachsten von ihnen die Bakterien und die am meisten entwickelten die höheren Säugetiere. Die Frage der Grenze zwischen lebloser und lebendiger Natur, gehört genauso wenig zur Thematik meines Beitrags, wie die Frage, ob es irgendwann synthetisches Leben geben wird. Diese Themen sind sehr komplex und setzen eine Klärung des Begriffs »Leben« voraus, was hier nicht geleistet werden kann. Aus diesem Grund werde ich auch die ebenfalls sehr interessanten Fragen der Existenz von Superorganismen, ob z. B. ein Insektenstaat ein Organismus ist, oder ob ganze Ökosysteme – ja sogar die gesamte Erde – als einzelne Organismen betrachtet werden können, außer Acht lassen. Vielmehr appelliere ich an die lebensweltlich erworbene Intuition, dass die kleinsten bekannten Organismen die Bakterien sind und die größten die Mammutbäume.

Eine minimalistische naturwissenschaftliche Beschreibung des Organismus-Begriffs hat der bekannte Pionier der biosystemischen Forschung Stuart Kauffman durch den Begriff »autonomer Agent« geliefert:

»I will call a system that can act on its own behalf in an environment an *autonomous agent*. All free living cells and organisms are autonomous agents. [...] So my question becomes [...] What must a physical system be to be an autonomous agent? [...] I believe an autonomous agent must be a physical system capable of self-reproduction and also capable of performing at least one thermodynamic work cycle.«[6]

---

[6] Kauffman (2002), 128.

Die zentrale Idee dieser Definition enthält die Vorstellung eines sich selbst kanalisierenden natürlichen Gesamtvorgangs – einer Leistung, die, wie es später zu zeigen sein wird, keiner der Formalismen der Theoretiker der Selbstorganisation bzw. Komplexität oder der Systembiologen heute überzeugend zu vollbringen vermag.[7] Kauffman spricht also erst solchen Agenten Autonomie zu, die mindestens Selbsterhaltung ihrer materiellen Struktur, also *Metabolismus*, aufweisen. Die Reservierung des Begriffes »Psyche« für Seiende, die mindestens metabolisch aktiv sind, verweist auf Aristoteles; sie reiht sich also einer alten Tradition an, der die Unterschiede zwischen Physik und Biologie sehr wichtig sind. In diesem Sinne wäre es vielleicht angemessener von *Bio*protopsychismus zu reden. Aber auch dieser »Ismus« wird nicht vielen Missverständnissen vorbeugen können.

Der zweite Terminus im fraglichen Begriff – »proto« – kann in einem *logischen* und in einem *zeitlichen* Sinne interpretiert werden. Die logische Verwendung von »proto« verweist auf die Einfachheit der psychischen Akte und ermöglicht zwei Versionen des Panprotopsychismus: Erstens, die *starke Version* – die ich vertrete – referiert auf *alle* Organismen. Sie umfasst also auch Pflanzen, Pilze, einfache Vielzeller und *Einzeller*, von denen die einfachsten die Bakterien sind. Aber »Panprotopsychismus« kann auch so verstanden werden, dass auch die einzelnen Zellen eines vielzelligen Organismus eigene Erfahrungen haben. In diesem Fall würde es sich um Erfahrungen handeln, die mit physischen Vorgängen *im* Vielzeller zu tun haben und miteinander koordiniert sind. Zweitens, die *schwache Version* des Panprotopsychismus beschränkt sich auf Lebewesen, die Nervensysteme haben. Als *proto*psychisch – verglichen mit der Komplexität des menschlichen Bewusstseins – würden dann mentale Akte von Reptilien, Fischen, Insekten und einfacheren Vielzellern mit Nervenaktivität, wie der Hydra, betrachtet werden. Pflanzen, Pilze, Einzeller usw. würden keine Erfahrungen, geschweige Strebungen, und somit keinen Psychismus aufweisen. Die Interpretation von »proto« im zeitlichen Sinne erlaubt ebenfalls zwei Versionen des besagten Ansatzes. Die starke Version geht von der Existenz mentaler Akte schon bei dem aller ersten Organismus der Ur-Erde aus: dem ersten Bakterium. *Das würde bedeuten, dass Er-*

---

[7] Die Grenzen dieser Ansätze sind ausführlich im zweiten Kapitel meiner Habilitationsschrift *Organismus als Prozess* thematisiert worden.

fahrungsakte seit dem absoluten Urbeginn des Lebens von entscheidender kausaler Relevanz für die Evolution sind.

Nach diesen Erläuterungen ist einiges zum tieferen Verständnis der protopsychischen, finalen oder teleologischen Kausalität, die m. E. den einfacheren Organismen zukommt, zu sagen: Sie wird ausschließlich von unbewussten Fühlungen getragen. Unter »Fühlung« meine ich hier eine besondere Form des Unterscheidens. Sie ist kontrastreiches Wahrnehmen: Erfassung der Wirklichkeit auf eine Weise, *die einige ihrer Aspekte hervorhebt und andere ausblendet.* Mein Vorschlag ist, dass sowohl die Hervorhebung als auch die Ausblendung durch Erfahrungsakte stattfinden und nicht etwa durch formalisierbare Operationen. Um die Besonderheit dieser Akte zu erläutern, übernehme ich den Ausdruck »Erleben«, dem der neugriechische Ausdruck »Bioma« (βίωμα) entspricht.[8] In den Begriffen »Bioma« und »Erleben« stecken die Worte »Bios« und »Leben«. Sie bedeuten also eine Art des Erfahrens, die auf Lebendigkeit und nicht auf Kognition verweist. Dies muss präsent sein, wenn im Folgenden von »biomatischen-« oder »Erlebensakten« die Rede sein wird. Das Verb »erleben« wurde von Johann Gottlieb Fichte 1801 eingeführt[9] und ist von großer Bedeutung für die deutsche Natur- und Lebensphilosophie.

»Erleben« bedeutet in seiner substantivierten Fassung die ungebrochene Einheit von Realität und Leben, bei der das Subjekt von seiner unmittelbaren Erfahrung der Realität *gefüllt* ist, weil es sich »in den Gegenstand hineinwirft, sich in ihm vergräbt und vergisst«.[10]

Unmittelbarkeit der Erfahrung bedeutet hier in erster Linie, dass letztere »keiner fremden Beglaubigung bedarf und aller vermittelnden Deutung vorhergeht«[11], was damit korrespondiert, dass der Inhalt der Erfahrung elementar ist, d. h. nicht durch Verweis auf einfachere Allgemeinbegriffe erschöpfend analysiert werden kann: Ich schlage vor, einen Erlebensakt als eine mentale Tätigkeit aufzufassen, die wesentlich – wenn auch nicht nur – im Zusammenwachsen von *Qualia* in ein neues komplexeres Quale besteht, ohne dass diese Synthese allein auf die Natur ihrer ursprünglichen Qualia-Komponenten reduzierbar ist.

---

[8] Die altgriechische Sprache hatte keinen Begriff für »Erleben«.

[9] »[D]as wirklich Reelle, das, was die wahre Tatsache deines gegenwärtigen Erfahrens und Lebens ist – was du wirklich *lebst* und *erlebst*« (Fichte 1965, 335).

[10] Ebenda, 338.

[11] Cramer (1972), 703.

Denn, wie der Erfinder des Quale-Begriffs Charles Sanders Peirce betont, »[e]s gibt ein unterschiedliches Quale für jede Zusammensetzung von Sinneswahrnehmungen, *sofern sie wirklich eine Synthese bilden*«[12]. Qualia, auch als »Erlebensqualitäten« oder »phänomenale Qualitäten« bekannt, versteht man, nur wenn man sie erfahren hat. Sie sind Erfahrungen von Farben, Gerüchen, Geschmäcken, Sympathie, Antipathie usw. und können nicht mit den Mitteln der Naturwissenschaften adäquat verstanden werden, was für die gegenwärtige »Philosophy of Mind« essentiell geworden ist.

In der deutschen Philosophie des 19. und frühen 20. Jh. wird der Begriff »Erleben« auf menschliche mentale Akte angewandt. Ich wende diesen Ausdruck und den griechischen Begriff »Bioma« auf protopsychische Erfahrungen aus zwei Gründen an: Erstens, weil »Erleben« und »Bioma« eine Nicht-Separation zwischen Subjekt und Objekt besagen, die für sehr einfache mentale Akte typisch ist. Zweitens, weil »Erleben« und »Bioma« Organismen als Subjekte kennzeichnen und nicht nur als Objekte der »natürlichen Selektion« oder der biowissenschaftlichen Forschung. Diese Begriffe gestatten der modernen Naturphilosophie des Lebens, jedem Organismus *Innerlichkeit* der Existenz zuzuweisen.

Nicht alle Formen von Unterscheidungen gehen mit Erlebens- bzw. biomatischen Akten einher. Auch Roboter treffen Unterscheidungen aber im Gegensatz zu Organismen ohne Biomata. Die kausale Irrelevanz, wenn nicht Abwesenheit, von jeglicher Form von echter Subjektivität bei der Determination biologischer Funktionen und des Verhaltens gehört zum Selbstverständnis der modernen Biowissenschaftler und der meisten Philosophen der Biologie.

Das menschliche Erleben physisch präsenter Tatsachen kann in das Erleben der Umwelt und das Erleben der eigenen Leiblichkeit unterteilt werden. Dies kann auch auf andere Organismen übertragen werden: Aus dem Psychismus des Organismus entspringt dann erstens sein Instinkt, der sein *Verhalten* in der Umwelt gestaltet, und zweitens der *innere Instinkt*, wie ich ihn nennen möchte, der den Metabolismus und die physische Entwicklung des Organismus – z. B. seine Embryogenese – steuert.

---

[12] Peirce (1995), 260, Herv. S. K. – Peirce führte 1866 den Quale-Begriff ein.

2. Gründe, dem Panprotopsychismus eine Chance zu geben

Der Panprotopsychismus kann nicht bewiesen werden, weil wir die Erfahrungen von Lebewesen nicht direkt erfahren können. Es gibt aber mindestens zwei Gründe, diese Hypothese ernst zu nehmen: Wir zweifeln nicht an den Gefühlen unserer Mitmenschen, obwohl wir sie nicht direkt fühlen können, weil ihre Erscheinungsweise uns an die eigenen Erlebensakte unserer Umwelt und unserer eigenen Körperlichkeit erinnert. Der Terminus »Psychismus« weist immer auf diesen uns zutiefst vertrauten Aspekt hin. Deswegen ist selbst bei biologischen Phänomenen nicht von »Panbiotismus« oder »Panzoismus«, sondern eben von »Panpsychismus« die Rede. Wie Friedrich Nietzsche, Conrad Waddington und Sewall Wright sollten wir uns zumindest die Frage stellen, ob es vernünftig ist, ein Kontinuum der psychischen Komplexität anzunehmen, das zumindest alle Organismen, die ein Nervensystem besitzen, umfasst, wenn nicht Pflanzen, Einzeller und anorganische Materie. Das wäre eine der schwachen Versionen des Panprotopsychismus. Ähnliche Vorstöße werden in der Biologie der Gegenwart aus weltanschaulich-dogmatischen Gründen entschieden abgelehnt. Der berühmte Evolutionsbiologe Richard Lewontin, der sich wohlgemerkt der neodarwinistischen Orthodoxie nicht »angepasst« hat, erlaubt sich ein gleichermaßen ehrliches wie auch aufhellendes Geständnis:

»Our willingness to accept scientific claims that are against common sense is the key to an understanding of the real struggle between science and the *supernatural*. We take the side of science [...] because we have a prior commitment, a *commitment to materialism*. It is not that the methods and institutions of science somehow compel us to accept a material explanation of the phenomenal world, but, on the contrary, we are forced by *our a priori adherence to material causes* to create an apparatus of investigation and a set of concepts that produce material explanations, no matter how counterintuitive, no matter how mystifying to the uninitiated. Moreover, that materialism is absolute, for we cannot allow a Divine Foot in the door.«[13]

Der bekannte Prozesstheologe John Cobb bringt die weltanschauliche Grundlage, die Lewontin mit dem mainstream der Universitätsbiologie teilt, sehr treffend auf den Punkt:

»Für Lewontin, sowie auch für viele andere Biologen, bedeutet dies, dass *keine Art von Subjektivität* in die Erklärungsmuster der Theorie aufgenommen

---

[13] Lewontin (1997), erste Herv. S. K.

werden darf. Da die Natur, aus seiner Sicht, bloße Materie ist, *kann subjektive Erfahrung nur etwas ›Übernatürliches‹ sein.* Daher ist Lewontin überzeugt, dass er der Aktivität der Organismen Bedeutung zuweisen kann und trotzdem der tierischen Erfahrung jegliche Relevanz abstreiten darf.«[14]

Ein zweiter wichtiger Grund für viele Philosophen, panpsychistisch zu denken, war und ist, dass mentale Eigenschaften nicht aus physischen Eigenschaften erklärt werden können. Etwas analoges treibt mich an, panprotopsychistisch zu denken: Ohne Vitalist zu sein, behaupte ich, entgegen dem Hauptstrom der modernen Biologie und Philosophie der Biologie, dass essentielle Aktivitäten von Lebewesen, wie der Metabolismus, die embryonale Entwicklung und das Verhalten, nicht überzeugend als Resultate deterministischer physikochemischer Vorgänge erklärt werden können – auch dann nicht, wenn nichtlineare Mathematik zum Einsatz kommt. *Bis jetzt konnte nicht gezeigt werden, dass Lebewesen als Systeme reiner Wirkursachen beschreibbar sind.*

Der Begriff »Wirkursache« – Aristotelisch gesprochen: causa efficiens – ist interpretationsbedürftig. Hier besagt er lediglich, dass der Übergang von einem Zustand eines Systems zum nächsten ausschließlich von Gesetzen geregelt wird, die mit den Mitteln der gegenwärtigen Naturwissenschaften, allem voran der Physik, formulierbar sind, was zweckgerichtete Finalursachen ausschließt und folglich auch jede echte Teleologie.

Die momentanen Simulationen biologischer Vorgänge sind sehr einfach. Sie können einzelne begrenzte Vorgänge mehr oder weniger gut simulieren. Sie sind aber nicht in der Lage, viele dieser Vorgänge in ein kausal geschlossenes, bzw. sich selbst regulierendes, größeres Wirkursachen-System zu integrieren – d. h. in eins, *das die Bedingungen, die von den besagten Vorgängen benötigt werden, selbst reguliert.* Momentan werden zwar weltweit in einigen großen Instituten für Systembiologie Simulationen ganzer Zellen getestet, aber sie sind sehr abstrakt und weit davon entfernt, Modelle echter Zellen zu sein. Ihre größte Schwäche besteht darin, dass sie eine große Menge von Parametern enthalten, die unabdingbare Bedingungen der simulierten Dynamik sind aber von ihr nicht einmal ansatzweise kontrolliert, sondern von den Theoretikern selbst festgelegt werden. Es handelt sich also dabei um keine Simulationen echter Selbstorganisation.[15]

[14] Cobb (2007), 157 f., Herv. S. K.
[15] Vgl. Koutroufinis (2009), 191–211; (2007), 119–128.

Dieser Kritik wird manchmal vorgeworfen, dass sie das Konzept der »downward-« oder »top-bottom-causation« nicht genug berücksichtige; dass also die makroskopische Dynamik des Systems als Ordner auf die systemischen Elemente zurückwirkt. Die »downward causation« funktioniert aber *nur* unter *Vorgabe* der eben erwähnten Parameter, die in den Simulationen von den Theoretikern gesetzt werden müssen. *Die »downward causation« bzw. die Dynamik des Systems ist nicht in der Lage, die Parameter selbst zu kontrollieren.* Ihre Kontrolle beschränkt sich nur auf einige dynamische Größen bzw. Variablen der Systeme – deswegen können die restlichen als »statische Größen« bezeichnet werden. Die Trennung aber zwischen statischen bzw. extern vorgegebenen und dynamischen bzw. intern variierten Größen macht für echte Organismen keinen Sinn, wenn die Anzahl der statischen nicht nur vergleichbar mit der der dynamischen ist, sondern sogar viel größer, wie schon ein flüchtiger Blick auf die Modelle der Simulationen zeigt.[16] Bevor also die Biowissenschaften die Idee der protopsychischen Kausalität verwerfen, müssen sie beweisen, dass Lebewesen nichts mehr als dynamische physikochemische Systeme sind, indem sie ihre Selbstregulation überzeugend simulieren.

In diesem Zusammenhang ist ein gleichermaßen ehrliches wie auch selbstkritisches Zitat von Stuart Kauffman erhellend, das die Nicht-Berechenbarkeit autonomer Agenten, d. h. die Nicht-Simulierbarkeit selbst der einfachsten Organismen, mit den Mitteln der gegenwärtigen Naturwissenschaft konstatiert:

»Consider a cylinder with a piston inside and a compressed working gas between the piston and the cylinder head. The gas can expand, doing work on the piston, pushing it down the cylinder. What are the *constraints?* Evidently the cylinder, the piston, and the location of the piston inside the cylinder, with the gas trapped between the two. But where did those constraints come from? Well, it took work to make the cylinder, work to make the piston, and work to put the gas into the cylinder and the piston in afterward. [...] It appears to take work to make constraints and constraints to make work! [...] *the released energy that does work can be used to construct more constraints on the release of energy, which constitutes more work, which in turn constructs more constraints. Note that these notions are not in the physics or chemistry we have been thought.* One begins to have the sneaking hunch that all this constraint construction on the release of energy – which, as work, can construct more constraints on the release of energy – has something profound to

---

[16] Vgl. Koutroufinis (2009), 159–191; (2007), 121–124.

do with an adequate theory of the organization of processes. *We have as yet not even the outlines of such a theory* [...] Nor is the point I am making merely rhetorical. A dividing cell does precisely what I just said. [...] This organization of process is carried out by any dividing cell, yet it is stunning that *we have no language – at least, no mathematical language of which I am aware – able to describe the closure of process* that propagates as a cell makes two, makes four, makes a colony and, ultimately, a biosphere. This self-propagating organization of process is contained in the concept of an autonomous agent [...] the way Newton, Einstein, Bohr, and Boltzmann taught us to do science is limited. The biosphere may persistently alter its ›phase space‹. *I know of no mathematical framework that can describe this process.*«[17]

Was Kauffman hier beklagt, ist nichts anderes als das Unvermögen der herkömmlichen Physikochemie, einen sich selbst kanalisierenden Vorgang – einen durch seine eigene Dynamik die benötigten constraints, d. h. die Bedingungen seines Funktionierens (Parameter u. a.), berechnenden – darzustellen. Eine dermaßen geschlossene Kausalität *überfordert* jede bekannte mathematische Sprache, was nicht zu leugnende Folgen auch für die Formalisierbarkeit gesamtorganismischer Vorgänge, wie der Embryonalentwicklung hat. Auch die Morphogenese des Embryos sprengt, wie die im letzen Zitat erwähnte Entwicklung der Biosphäre, permanent ihren»Phasenraum« (»phase space«), was kein physikalisches System tun kann, da Wirkursachen-Komplexe über keinerlei Fähigkeit zur Selbsttranszendenz verfügen.

Bis jetzt hat die Philosophie der Biologie nicht ausdrücklich thematisiert, dass Lebewesen *keineswegs* im selben Sinne selbstorganisiert sind, wie komplexe dynamische Systeme chemischer Reaktionen. Die übermäßige Konzentration auf die intellektualistische analytische Philosophie des Bewusstseins und die »heiligen Kriege« um die Evolutionsproblematik haben dazu beigetragen, dass die besondere Selbstorganisation, die schon das einfachste Bakterium darstellt, von Natur- und Wissenschaftsphilosophen nicht erkannt wurde, obwohl einige Biologen sich längst dessen bewusst sind, dass Organismen mitnichten nur komplexe dynamische Systeme – sprich: Produkte von Wirkursachen-Kausalität – sind.[18] Diese Biologen haben deutlich widerlegt, dass es sich bei Lebewesen nur um eine viel komplexere Form sogenannter »schwacher Emergenz« handelt, wie sie bei selbstorganisierten physi-

---

17 Kauffman (2002), 132–136, Herv. S. K.
18 Vgl. Deacon (2006; 2003), Falkner / Falkner (2010), Hoffmeyer (2008), Markos (2002), Markos et al. (2009).

kochemischen Systemen auftritt. Wir brauchen eine Theorie des Organismus, die auf gleicher Höhe den allseits präsenten Diskussionen über Bewusstsein und Evolution entgegentritt und ihr Monopol bricht. Nicht nur Gehirne und Affen sind des Blicks des Philosophen würdig, sondern auch Amöben und Bakterien. Zusammenfassend: Es sind die Grenzen des modernen Biosystemismus, die mich veranlassen, die *starke* Version des Panprotopsychismus zu vertreten.

3. Zum evolutionären Panprotopsychismus – die enorme Kraft der *Schönheit* und der *kleinen Absichten*

Wie alles in der Biologie muss auch die Idee protopsychischer Aktivität mit der Tatsache der Evolution in Verbindung gebracht werden. Dies wäre nicht nur für die biologische Version dieses Konzeptes wichtig, sondern auch für die kognitivistische, die David Chalmers vertritt.[19]

Der Neodarwinismus lehnt aber entschieden die Vorstellung der Subjektivität und Teleologie der Lebewesen ab, wenn sie nicht methodologisch, sondern ontologisch gedacht wird; wenn sie also nach dem Vorbild Aristoteles' als Referenz auf psychische Aktivitäten, wenn auch noch so primitive, verstanden wird, die physischem Werden Endgerichtetheit verleihen. Bekanntlich hat Darwin in seinem ersten Hauptwerk *Über die Entstehung der Arten (The Origin of Species)* als Modell für die »natürliche Selektion« die Züchtung verwendet. Bei der Züchtung, die eine sehr zentrale Rolle im Werk Darwins spielt, trifft ein einziges Subjekt, der Züchter, alle Entscheidungen über die Paarung von Lebewesen nach seinen Bedürfnissen.[20] Der Züchter wählt auch die Umwelt, der sich seine Pflanzen oder Tiere anpassen müssen. Natürlich verstand Darwin das mono-subjektive Konzept des Züchters nur als Metapher und nicht als Abbildung der Natur.[21] In seinem großartigen Werk *Die Abstammung des Menschen (The Descent of Man)* von 1871 lässt er jedoch Poly-Subjektivität und Poly-Teleologie als evolutive Faktoren zu – und zwar nicht nur für Menschen und höhere

---

[19] Zurecht kritisiert Clayton, dass der Panpsychismus Chalmers' ein nicht evolutionärer ist (2006, 123).

[20] Vgl. Darwin (2002), 58/engl. 46.

[21] Ebenda, 81/engl. 67. Sonst wäre Darwin auf eine materialistisch-atheistische Weise in die Mono-Subjektivität und Mono-Teleologie der Physikotheologen seiner Zeit, für die nur Gott ein relevantes Subjekt war, zurückgefallen.

Tiere, sondern auch für einfachere. In *Die Abstammung des Menschen* wird die Idee der sexuellen Selektion als eigenständiger Faktor der Evolution neben der natürlichen Selektion entfaltet. Typisch für die sexuelle Selektion ist, dass sie »von dem Willen, den Begierden und der Wahl der beiden Geschlechter abhängt«[22]. Sie ist im Tierreich sehr verbreitet. Darwin behandelt ausführlich die gewaltige Rolle der Befriedigung des ästhetischen Erlebens in der Evolution des Menschen durch die Auswahl der Partner beiderlei Geschlechts nach dem Kriterium der *Schönheit*.[23] Seit dem Beginn der menschlichen Evolution, denkt Darwin, haben die urzeitlichen Frauen nicht in erster Linie die schnellsten und stärksten Männer ausgewählt, sondern diejenigen, die ihnen am meisten gefielen, worin er einen zentralen evolutiven Faktor sieht.[24] Aber auch bei den »niederen Tieren«, schreibt er, findet die Auswahl nach ästhetischen Kriterien statt, denn es werden diejenigen Männchen bevorzugt, welche die Weibchen »am meisten anregen oder entzücken«[25].

Besonders wichtig für den evolutionären Panprotopsychismus ist, dass Darwin nicht nur bei den Säugetieren sexuelle Selektion sieht. So betitelt er z. B. einen Paragraphen dieses Buches »Geistige Eigenschaften der Vögel und ihr Geschmack für das Schöne«[26]. Über den Vogelgesang schlussfolgert er, dass er nicht nur als Lockruf für die Weibchen dient, sondern auch als Mittel, um sie zu bezaubern. Auch der Federschmuck der Vögel ist ein Produkt der sexuellen Selektion, denn er dient nur dazu »die Weibchen aufzuregen (excite), oder anzuziehen (attract) oder zu bezaubern (fascinate)«[27], da »diese die Schönheit ihrer Liebhaber würdigen (appreciate)«[28]. Die Bedeutung der Schönheit männlicher Vögel kann so groß sein, dass sie wegen ihres Schmucks schlechter fliegen können, womit sie sogar beträchtliche Nachteile in der natürlichen Selektion in Kauf nehmen.[29] Sexuelle Selektion – und

---

[22] Darwin (1986), 296/engl. 269.

[23] Vgl. ebenda, Kap. 19 u. 20.

[24] Vgl. ebenda 677 f./engl. 622 f.

[25] Ebenda 676. Im Original: »[T]he femals are the selecters, and accept only those males which *excite* or *charm* them most« (1989, 622; Hervorhebungen von S. K.).

[26] Darwin (1986), 461. Im Original: »Mental qualities of birds, and their taste for the beautiful« (1989, 425).

[27] Darwin (1986), 443/engl. 408.

[28] Ebenda, 464/engl. 428.

[29] Vgl. ebenda, 452/engl. 417.

mit ihr Schönheit und vor allem *Sinn für Schönheit* – ist also ein eigenständiger Faktor in der Evolution. Darwin begründet dies durch eine Unmenge von Beispielen aus dem Leben von Amphibien, Reptilien, Fischen, Insekten und Krustazeen (z. B. Langusten, Hummer, Krebse). Letztere sind die einfachste Tierart, der Darwin »geistige Fähigkeiten« (mental powers) zuschreibt, die sinnliche Vorlieben und sogar den Partnern »gegenseitige Anhänglichkeit« erlauben.[30] In *Die Abstammung des Menschen* erfahren wir außerdem, dass Schmetterlinge »hinreichende geistige Fähigkeiten (sufficient mental capacity) haben, helle Färbungen zu bewundern (admire)«[31], dass die Hörner vieler Käfer »zur Zierde erlangt worden sind«[32], und nicht zum Kampf, und dass in manchen Arten von Bienen »die schöneren Männchen von den Weibchen erwählt worden zu sein« scheinen »und in anderen die schöneren Weibchen von den Männchen«[33].

Auf diese Weise kann es bei höheren und niederen Tieren zu einer Verstärkung der positiven Selektion ästhetisch hochwertiger Merkmale kommen, denn die sexuelle Selektion bringt Nachfahren hervor, die beides aufweisen: mehr Schönheit *und* zugleich höhere Wertschätzung der Schönheit. Denn beide Eigenschaften sind vererbbar. Darwin kann folglich mit der schwachen Version des Panprotopsychismus problemlos in Verbindung gebracht werden.

Aber auch für die Pflanzen erlaubt seine Theorie anzunehmen, dass Kriterien der Schönheit sehr wichtig bei ihrer Evolution seit vielen hunderten Millionen von Jahren sind: Die Farbenpracht und der Geruchs- und Geschmacksreichtum vieler Pflanzen dienen dem Anlocken von Insekten und Vögeln, die für diesen ästhetischen Reichtum empfänglich sind,[34] was auch die Evolution dieser Tiere rückwirkend beeinflusst hat.

Solche Effekte evolutiver Selbstverstärkung sind nicht auf das Tier- und Pflanzenreich beschränkt. Der Mensch hat in seiner phylogenetischen Entwicklung die Richtung seiner Evolution durch die Verwendung von sprachlichen Zeichen extrem beeinflusst. Dabei hat die

---

[30] Vgl. ebenda, 307 f./engl. 279.
[31] Ebenda, 358/engl. 329.
[32] Ebenda 336/engl.309; vgl. auch: 340/engl. 312.
[33] Ebenda, 332. Im Original: »[T]he more beautiful males appear to have been selected by the females; and in other the more beautiful females by the males« (1989, 304).
[34] Vgl. Darwin (1986), 358/engl. 329.

biomatische Erfahrung ihn angetrieben, den ästhetischen und nicht nur funktionalen Wert seiner Zeichen-Systeme zu erhöhen.

Natürlich würden die meisten Genetiker und Verhaltensbiologen sofort erwidern, dass die ästhetischen Vorlieben der Tiere und des Menschen genetisch bedingt sind. Damit erklären sie aber nicht den Sinn – in ihrer Fachsprache: die Funktion – des Erlebens: *Warum muss also die Wirkung des Genoms durch etwas nicht Materielles ergänzt werden und wie ist das überhaupt möglich?* Reduktionisten bleibt zwar der Weg offen, dass erst jenseits der Schwelle einer hohen zerebralen Komplexität, die nur wenige Tierarten erreichen, das Erleben auf einmal »emergieren« würde, womit es für den absolut größten Bereich der Evolution irrelevant wäre. Diese Vorstellung, die als »starke Emergenz« bekannt ist, ist aber *unintelligibel*. Denn sie konfrontiert uns mit einem Mysterium: Inmitten von materiellen Vorgängen taucht plötzlich eine Qualität auf, die etwas völlig Neues ist, da sie auf materielle Daten nicht reduziert werden kann. Indem man also eine Demarkationslinie quer durch das Reich des Lebendigen zieht, um das Erleben aus dem größten Bereich der Biologie auszutreiben, heimst man das größte Problem der Bewusstseinsforschung ein. Aber dieser willkürliche Schritt würde auch einen zweiten – dieses Mal aus biologischer Sicht unintelligiblen Schritt – mit sich ziehen: Wegen des »commitment to materialism« (s. oben) müsste das menschliche und tierische Erleben zu einem Epiphänomen degradiert werden, denn was nicht auf materielle Daten reduzierbar ist, könne nicht, dieser »Verpflichtung« zufolge, in der physischen Welt kausale Relevanz haben. *Epiphänomene sind aber, wie alles kausal Irrelevante, im »Kampf ums Überleben« nutzlos und folglich ist ihre Entstehung, geschweige denn ihr Aufstieg zu großem Reichtum bei höheren Tierarten, aus evolutionstheoretischer Sicht absolut unbegreiflich.*

Mehr als hundert Jahre nach Darwins Tod haben die berühmte Evolutionstheoretikerin Lynn Margulis und der bekannte Wissenschaftsjournalist Dorion Sagan in ihrem Buch *Leben* die Position vertreten, dass selbst mikrobiologische Organismen empfinden – oder in meiner Sprache: biomatische Akte vollziehen:

»Mikroben nehmen Hitze wahr und meiden sie, bewegen sich auf Licht zu oder von ihm fort. [...] Dafür, daß Bakterien bloß Maschinen ohne Empfinden (sensation) oder Bewußtsein (consciousness) sind, spricht genausowenig wie für Descartes' Behauptung, daß Hunde keinen Schmerz spüren. [...] Vermutlich fühlen (feel) lebende Zellen etwas. [...] Leben scheint selbst auf der primitivsten Stufe mit Empfindung, Auswahl und Geist (sensation, choosing and mind) verbunden zu sein.«[35]

Natürlich kann es sich dabei nur um einen sehr einfachen »mind« handeln – einen protopsychischen. Mit dieser Vorstellung von der sehr einfachen Subjektivität der Mikrobien korrespondiert die Idee der »kleinen Zwecke«, die Margulis und Sagan aus Schriften des britischen Schriftstellers und Künstlers Samuel Butler aus dem späten 19. Jh. übernommen haben:

»Nicht, daß ein Photobakterium eines Tages beschlossen hätte, ein Weidenbaum zu werden. Es ist nicht so, daß *Amoeba proteus* heute darangeht, sich in eine Maus zu verwandeln; sie weiß nur, daß die schwimmende *Tetrahymena*, die sie unermüdlich verfolgt, wohlschmeckend ist. Das Amöbenwissen auf dieser Stufe der Wahrnehmung und Bewegung generiert Millionen solcher kleiner Willensakte (willful acts). Sie genügen, damit die Evolution ihre Wunder wirken kann. Nur in der Gesamtschau und im Rückblick haben die Absichten (purposes) des Lebens etwas Grandioses. Aus der Nähe und im engen zeitlichen Rahmen betrachtet, haben sie etwas Gewöhnliches. Gleichwohl sind Lebewesen keine Billiardkugeln, auf die äußere Kräfte einwirken. Sie alle empfinden (are sentient), besitzen die innere Teleologie (internal teleology) des autopoietischen Imperativs. Jedes ist in unterschiedlichem Ausmaß fähig, selbständig zu agieren.«[36]

»Diese Ansicht versuchte Samuel Butler wiederzubeleben: daß das Leben selbst göttlich sei. Es gab keinen umfassenden Schöpfungsplan, sondern Millionen von kleinen Absichten (little purposes), jeweils an eine Zelle oder einen Organismus in seinem Habitat geknüpft.«[37]

Es ist hervorzuheben, dass es bei allen oben genannten Beispielen Darwins um nichts anderes als um »kleine Absichten« handelt. Margulis und Sagan gehen jedoch in ihrem Buch weiter und vertreten offensichtlich *die starke Version des Panprotopsychismus*. Darwin geht aber in einer sehr wichtigen Hinsicht weiter als sie. Indem er das Stillen des Hungers für Schönheit und nicht nur für Nahrung zum evolutionären Faktor erhebt, greift er, der Platons Vorstellung der ewigen ideellen Formen aus dem Evolutionsdenken verbannen will, unbewusst einen Platonischen Gedanken auf: Streben nach Schönheit hat nicht mit Erhaltung und Anpassung zu tun, sondern – so kann man Platon in *Sym-*

---

[35] Margulis / Sagan (1999), 180/engl. 180.
[36] Ebenda, 183 f./engl. 184.
[37] Ebenda, 188/engl. 188.

posion verstehen – mit Selbsttranszendenz. Nicht nur das Streben nach Überleben ist ein evolutionärer Hauptfaktor, sondern auch das Streben nach einem besseren, d. h. in diesem Fall: ästhetisch höherwertigen, Leben. Die starke Version des Panprotopsychismus scheint auch dem Denken von Ernst Haeckel nahe zu liegen. In seinem Vortrag *Zellseelen und Seelenzellen* von 1878 spricht er dem Protoplasma Empfindungsvermögen bzw. Lust und Unlust zu.[38]

Dass es sich dabei nicht um begriffliche Überbleibsel einer vorwissenschaftlichen Metaphysik handelt, zeigen einige aktuelle Entwicklungen. Die starke Version des Panprotopsychismus wird von der experimentellen und theoretischen Arbeit der österreichischen Biologen Gernot und Renate Falkner unterstützt. In den letzten Jahren gelang es ihnen, Ansichten vom Lebendigen, wie sie von Haeckel, Butler, Margulis und Sagan vertreten wurden, eine experimentelle Grundlage und eine theoretische Interpretation zu geben. In einer Reihe von Veröffentlichungen konnten sie demonstrieren, dass Cyanobakterien physiologische Anpassungen gelingen, die Gedächtnis und Antizipation der Zukunft mittels Interpretation der Vergangenheit voraussetzen. Dabei sprechen sie den Bakterien Erlebensakte und elementare Intentionalität – d. h. echte, keinesfalls metaphorisch gemeinte, Teleologie zu.[39] *Bakterien streben ihr Überleben in der Zukunft an.* Dafür spricht sich auch der dänische Biochemiker und bekannte Biosemiotiker Jesper Hoffmeyer aus.[40]

---

[38] Vgl. Haeckel (1923), 50 f.

[39] »[T]he irreversible flow of oriented adjustments along an axis of time has an inherent teleological character that is hard to understand within the framework of mechanistic interpretations, in which a cause always has to precede the effect« (Falkner / Falkner 2010). Vgl. auch: Plaetzer / Thomas / Falkner / Falkner (2005).

[40] »[N]atural selection presupposes the operation in organisms of a ›strive‹ for survival. But a strive already implies a *telos*, something of the kind philosophers call ›aboutness‹ or intentionality, (although *intentionality* in this case does not imply thoughts and consciousness). From the very beginning, even the simplest prokaryotic (bacteria-like) life form take an interest in their surroundings with regard to finding solutions to survival problems such as how to feed, how to escape predation, and how to reproduce. None of these strivings are explainable through schemes of simple efficient causation, for they all presuppose some kind of ›orientation‹ from the system towards the environment and towards the *future*. Thus, the inherent teleological nature of living systems cannot be ›explained‹ by natural selection because natural selection wouldn't work without it« (Hoffmeyer 2008, 155 f.).

Spyridon A. Koutroufinis

4. Ausblick – Zur Synthese von Emergentismus und Panprotopsychismus

Die Evolution komplexerer psychischer Aktivität aus den protopsychischen Einzellern der Urzeit ist ohne den Zusammenschluss und die Differenzierung dieser zu multizellulären Organismen undenkbar. Diese Tatsache konfrontiert uns mit der Problematik der *Emergenz*. Der Panpsychismus und die Emergenztheorie werden häufig als antagonistische Ansätze gesehen. Die Synthese des Panprotopsychismus mit einer Form des Emergentismus ist möglich, wenn vorausgesetzt wird, dass die Zellen eines Organismus nicht nur physikochemisch interagieren, sondern dass zwischen und in ihnen neben wirkursächlichkausalen auch mentale Vorgänge stattfinden. Die fragliche Version des Emergentismus würde also eine physikalische Seite haben, ohne physikalistisch zu sein.

Von »Emergenz« ist die Rede, wenn eine Struktur Eigenschaften aufweist, die weder eins ihrer Elemente hat, noch Summationen der Eigenschaften der Elemente sind: z. B. die Fähigkeit bewusster Selbstreflexion, die einzelne Neuronen nicht haben.

Die fragliche Synthese von Panprotopsychismus und Emergentismus ist insofern emergentistisch, dass sie aus der Gesamtheit der wirkursächlich-kausalen Interaktionen zwischen den Zellen und in diesen *eine* neue Dynamik hervorgehen lässt, die nicht eine Summation der einzelnen Zell-Dynamiken ist, sondern ein neues Ganzes darstellt. Die Dynamik dieses Ganzen wird so beschaffen sein, dass sie weniger *Möglichkeiten* enthalten wird als die Summe der Möglichkeiten aller Zell-Dynamiken (da jene keine Summation dieser ist); »Emergenz« besagt übrigens *immer* auch eine derartige Reduktion von Möglichkeiten.[41]

Die Möglichkeiten, die einem Organismus zur Verfügung stehen würden, wenn er nur ein dynamisches System physikochemischer Wirkursachen wäre, können – nach dem Vorbild der sogenannten »Zu-

[41] So entstehen z. B. in einer menschlichen Gesellschaft aus den Strebungen einzelner Personen soziale Gesetze, die die Anzahl der Möglichkeiten der gesamtsozialen Entwicklung kanalisieren (das »magische« Wort dafür ist »constraint«), so dass sie geringer ist als die Summe der Möglichkeiten, die rein theoretisch jede dieser Personen ohne Bindungen an Anderen hätte. Im Falle gesellschaftlicher Prozesse ist dies natürlich sehr abstrakt gedacht, denn erst durch Bindungen an Anderen werden wir psychosoziale Subjekte und erlangen überhaupt die Möglichkeiten des menschlichen Erlebens, Denkens und Handelns.

standsräume« der Physik – in einem abstrakten Raum mit N Dimensionen prinzipiell[42] abgebildet werden. Diese symbolisieren alle physikochemischen Größen des Organismus, die in der Realität – und nicht in den Simulationen der Systembiologen – von ihm variiert werden. Seine Entwicklung *ist* die Entwicklung dieser dynamischen Größen. Unter den realistischen Bedingungen einer echten biologischen Selbstorganisation müsste es eine gewaltige Zahl möglicher physikochemischer Entwicklungen geben. Sie wäre viel größer, als sie auf der Basis der systembiologischen Arbeitsweise geschätzt werden müsste, denn unter realistischen Bedingungen wäre die externe Vorgabe von statischen Größen (s. oben) – die die Möglichkeiten der Dynamik des Systems kanalisiert und folglich seine Entwicklungswege einschränkt – weggefallen. Dabei wäre zu bedenken, dass *nur sehr wenige physikochemisch mögliche Zustände biologisch sinnvoll sind:* Die Erfahrung lehrt nämlich, dass schon einige geringe Veränderungen des materiellen Gesamtzustands des Organismus, *die im Zustandsraum mit dem Übergang auf einen nicht entfernten Punkt abzubilden sind,* seinen Tod bedeuten können. Es stellt sich also folgendes Problem, das ich woanders als »die Organismus-Problematik« bezeichnet und ausführlich erläutert habe:[43]

Die Tatsache, dass es viel mehr mögliche Zustände der materiellen Auflösung als der lebendigen Körperlichkeit gibt, stellt uns vor folgende Frage: Wie gelingt es einem Organismus, seine Entwicklung auf die sehr enge Bahn des Lebens einzuschränken, wenn er ein System blinder Wirkursachen ist, das permanent vor *gleichwahrscheinlichen*[44]

---

[42] »Prinzipiell« bedeutet in diesem Zusammenhang, dass hier ein Gedankenexperiment durchgeführt wird: Es wird eine perfekte Kenntnis der Physikochemie des hypothetischen Organismus und eine enorme Computerleistung angenommen.

[43] Vgl. Koutroufinis (2009), 211–215.

[44] Ein sehr verbreitetes Phänomen in der Theorie nichtlinearer dynamischer Systeme ist die sogenannte »Instabilität«; d. h. dass zwei sehr nah aneinander liegende Entwicklungslinien eines Systems beginnen, stark voneinander zu divergieren. Ein System, dessen Zustand genau dazwischen steht, befindet sich vor zwei gleichwahrscheinlichen Möglichkeiten seiner weiteren Entwicklung. Unter realistischen physikalischen Bedingungen, die thermodynamische und quantenphysikalische Fluktuationen beinhalten, ist es unmöglich, die weitere Entwicklung eines Systems zu bestimmen, auch wenn es nicht genau in der Mitte zwischen den beiden voneinander abweichenden Entwicklungslinien sich befindet, sondern lediglich in der Nähe der Divergenz. Denn Fluktuationen (d. h. Störungen) können plötzlich, und völlig unvorhersehbar, den Zustand des Systems auf benachbarte Linien versetzen, so dass es, wegen der Instabilität, einen völlig anderen

möglichen Entwicklungen steht, von denen die meisten den Beginn der Entgleisung in die Leblosigkeit darstellen?

Aufgrund dieser Problematik wird in der fraglichen Synthese ein Organismus nicht nur als ein dynamisches System gedacht, sondern *darüberhinaus* wird ihm auch *ein* übergeordnetes Subjekt zugesprochen, das der innere Aspekt des Organismus ist.

Die Einheit des Organismus besteht *nicht* lediglich in der Dynamik eines physikochemischen Systems, d. h. einer gesetzmäßig-kohärenten materiellen Vielheit, die ihrer eigenen physischen Entwicklung eine Unmenge von Möglichkeiten zur Verfügung stellt, sondern zusätzlich dazu in *einem* übergeordneten Subjekt, d. h. in einer Erlebenseinheit, die permanent zwischen diesen Möglichkeiten *Entscheidungen* trifft.

Dieses Subjekt verdankt seinem Eins-Sein das Vermögen, zwischen den Möglichkeiten, die der system- bzw. emergenztheoretisch erfassbare Aspekt des Organismus bereitstellt, *einige positiv zu selektieren und zu verwirklichen.* Je größer die Auswahl ist – d. h. je ausgesuchter das ist, was explizit bejaht wird bzw. je mehr Möglichkeiten implizit negiert werden – desto intensiver ist der biomatische- oder Erlebensakt, der die Entscheidung trifft.

Diese Dualität zwischen wirkursächlich-systemischer und teleologisch-protopsychischer Seite habe ich woanders ausführlich beschrieben.[45] Man kann sie sehr kurz wie folgt auf den Punkt bringen: Die Möglichkeiten der physikochemischen Entwicklung des Organismus sind prinzipiell berechenbar. Die *Entscheidungsakte* des protopsychischen Subjekts sind es nicht. Obwohl die Entscheidungsakte, wegen ihrer Nicht-Berechenbarkeit, für den externen wissenschaftlichen Beobachter unerklärlich sind, erscheinen sie ihm nicht als zufällige Ereignisse, denn sie offenbaren eine Gerichtetheit: Unter einer Unmenge

---

Weg einschlägt. Dies trifft insbesondere für chaotische Systeme zu, da fast alle ihrer Zustände instabil sind und somit ihre Entwicklung prinzipiell unvorhersehbar. Bedenkt man jedoch, dass selbst chaotische dynamische Systeme unter externer Vorgabe bestimmter Randbedingungen und Kontrollparameter funktionieren, so sieht man, dass es plausibel ist, für reine Wirkursachen-Systeme, deren Dynamik diese Größen variiert, anzunehmen, dass sie *permanent* vor gleichwahrscheinlichen Alternativen stehen. Denn die Variation solcher Parameter verändert sogar die Dynamik der Systeme, d. h. den »Mechanismus« der ihre möglichen Entwicklungen berechnet. Durch gezielte Variation von Parametern berechnen die Theoretiker völlig verschiedene Verhaltensweisen für ein und dasselbe dynamische System.

45 Vgl. Koutroufinis (2009), 216–219, 482–485, 489 f., 526–530.

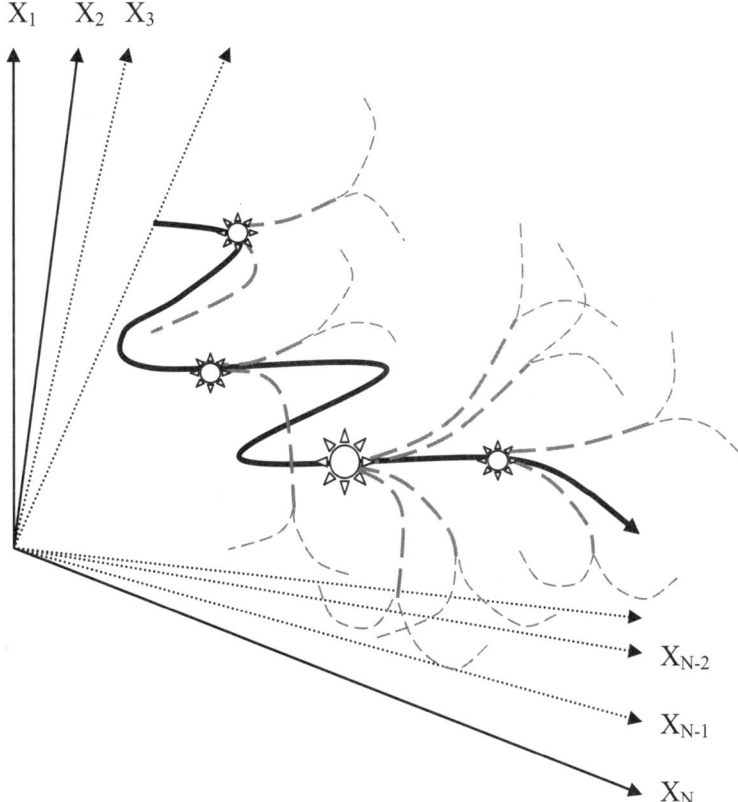

$X_1 \quad X_2 \quad X_3$

X_{N-2}

X_{N-1}

X_N

Abb. 1: Die durchgezogene Linie symbolisiert mit Hilfe eines abstrakten Raumes von N Dimensionen die Entwicklung eines Organismus während einer Phase seines Lebens. X_1 bis X_N repräsentieren alle dynamischen Größen (wie Konzentrationen von Proteinen, Signalstoffen usw.) deren geregelte Veränderung die Entwicklung des Organismus ausmacht. Die gestrichelten Linien stehen für mögliche Entwicklungen, die verworfen wurden. Die »Sonnen« symbolisieren protopsychische Entscheidungen. Die größere »Sonne« symbolisiert einen biomatischen Akt höherer Intensität. Er ist deswegen intensiver, weil er zwischen mehr Möglichkeiten als die anderen eine Auswahl treffen muss. (Alle Linien symbolisieren nicht einzelne Trajektorien, sondern Bündel solcher.)

gleichwahrscheinlicher Entwicklungen verwirklichen sie immer wieder solche, die biologisch sinnvoll sind. Wie beim wiederholten Werfen von Sechsen beim Würfelspiel würde man auch in diesem Fall nicht sichtbare Faktoren vermuten. Ganz anders jedoch als bei den falschen Würfeln würde man keine verborgenen Wirkursachen finden. Der zureichende Grund für jeden Entscheidungsakt eröffnet sich nur der Innenperspektive des organismischen Subjekts. Der Beitrag des Emergentismus beschränkt sich bei dieser Synthese auf diejenigen Aspekte des Organismus, die der Vorstellung der physikochemischen Wirkursachen-Kausalität zugänglich sind.

Abschließend ist es einem oft auftretenden Missverständnis vorzubeugen: Die eben präsentierte Abbildung besagt nicht, dass jeder protopsychische Akt über eine »Karte« der Möglichkeiten verfügt. Nur *wir* können prinzipiell eine »Karte« erstellen, die alle möglichen Entwicklungen, biologisch sinnvollen oder nicht, repräsentiert. Protopsychischen Akten steht sie natürlich nicht zur Verfügung, denn sie sind keine Wissenschaftler; in den allermeisten Fällen sind sie nicht einmal mit Bewusstsein ausgestattet. Sie entsprechen den oben erwähnten »kleinen Absichten« (»little purposes«) von Margulis und Sagan. Wer glaubt, dass Entscheidungen erst die bewusste Verfolgung eines langfristigen Planes voraussetzen, verkennt die eigentliche Bedeutung dieses Begriffes, der – auch in seinen Übersetzungen in verschiedenen Sprachen – das Verwerfen von Optionen besagt: derjenigen, die ausscheiden. Natürlich können auch Pläne, die ganze baumartige Geflechte von aufeinander folgenden Entscheidungen sind, verworfen werden. Das verlangt aber nach einem hochentwickelten Bewusstsein, das komplexe Operationen mit abstrakten Entitäten beherrscht, so dass es einen großen Zeithorizont hat. Je einfacher die Organismen sind, desto kurzsichtiger sind ihre Pläne und kurzlebiger die Folgen ihrer Entscheidungen.

5. Zusammenfassung

Der Panprotopsychismus ist eine besondere Form des Panpsychismus und kann in Abhängigkeit von der Interpretation der Termini »Psychismus«, »pan« und »proto« sehr unterschiedliche Bedeutungen haben. Es gibt mindestens zwei Versionen des biologischen Panprotopsychismus: Die schwache und die starke. Letztere weist psychische Aktivität und Teleologie allen Organismen zu. Die Ausdrücke »biomatischer-« bzw. »Erlebensakt« sind geeignet, um die spezifische Natur der protopsychischen Erfahrung zu kennzeichnen: Sie verweisen auf die ungebrochene Einheit von Realität und Leben und die innere Seite der Erfahrung. Ich plädiere für die starke Version des Panprotopsychismus wegen des prinzipiellen Unvermögens naturwissenschaftlicher Systemtheorien, überzeugende Modelle selbst von den einfachsten Organismen zu liefern.

In seinem Werk *Die Abstammung des Menschen* liefert Darwin sehr viele Belege für die Richtigkeit des Panprotopsychismus, wenn auch seiner schwachen Version, die Erleben auf Tiere begrenzt. Lynn Margulis, die in der mikrobiologischen Forschung sehr erfahren ist, spricht sich für die starke Version aus.

Emergentismus und Panprotopsychismus können in der Philosophie des Lebendigen – und hoffentlich auch in der Biologie der nahen Zukunft – eine fruchtbare Synthese eingehen. Ersterer kann sich auf den modalen und letzterer auf den aktualen Aspekt des Organismus beziehen. Das protopsychische Subjekt, das die innere Seite des Organismus ausmacht, trifft permanent Entscheidungen zwischen physikochemisch gleichwertigen Möglichkeiten und verwirklicht einige von ihnen, die biologisch sinnvoll sind.

Literatur

Clayton, P. (2006): *Mind & Emergence.* New York.

Cobb, J. B. Jr. (2007): Eine vierte Variable in der Evolutionstheorie, in: *Prozesse des Lebendigen,* hrsg. von S. Koutroufinis. Freiburg, München, 149–160.

Cramer, K. (1972): Erleben, Erlebnis, in: *Historisches Wörterbuch der Philosophie,* Bd. 2, hrsg. von J. Ritter. Darmstadt, 702–711.

Darwin, C. (1986): *Die Abstammung des Menschen.* Wiesbaden. Original: *The Descent of Man, and Selection in Relation to Sex,* in: *The Works of Charles Darwin,* Vol. 21, hrsg. von P. H. Barrett / R. B. Freeman. London 1989.

Darwin, C. (2002): *Über die Entstehung der Arten.* Köln. Original: *The Origin of Species,* London 1971 (zuerst 1859 veröffentlicht).

Deacon, T. (2006): Emergence: The Hole at the Wheel's Hub, in: *The Re-Emergence of Emergence,* hrsg. von P. Clayton / P. Davies. New York, 111–150.

Deacon, Terrence (2003): The Hierarchic Logic of Emergence, in: *Evolution and Learning. The Baldwin Effect Reconsidered,* hrsg. von B. Weber / D. Depew. Cambridge, London, 274–308.

Falkner, G. / Falkner, R. (2010): The experience of environmental phosphate fluctuations by cyanobacteria: an essay on the teleological feature of physiological adaptation, in: *Life and Process – Towards a Whiteheadian Biophilosophy,* hrsg. von S. Koutroufinis.

Fichte, J. G. (1965): Sonnenklarer Bericht an das grössere Publikum über das eigentliche Wesen der neuesten Philosophie, in: *Sämtliche Werke*, erste Abteilung, zweiter Band, hrsg. von J. H. Fichte. Berlin, 323–420 (unveränderter Nachdruck der Ausgabe von 1845).

Haeckel, E. (1923): *Zellseelen und Seelenzellen*. Leipzig.

Hoffmeyer, J. (2008): Semiotic Scaffolding of living systems, in: *Introduction to Biosemiotics*, hrsg. von M. Barbieri. Dordrecht, 149–166.

Kauffman, S. (2002): What is Life?, in: *The Next Fifty Years*, hrsg. von J. Brockman. New York, 126–141.

Koutroufinis, S. (2007): Jenseits von Vitalismus und Teleonomie – Whiteheads prozessuale Teleologie des Lebendigen, in: *Prozesse des Lebendigen*, hrsg. von S. Koutroufinis. Freiburg, München, 112–148.

Koutroufinis, S. (2009): *Organismus als Prozeß. Ontogenetisches Werden im Lichte der Naturphilosophien von A. N. Whitehead und H. Bergson.* Habilitationsschrift eingereicht an der Fakultät I-Geisteswissenschaften der TU Berlin. (Das Manuskript kann von der UB der TU Berlin entliehen werden.)

Lewontin, R. (1997): Billions and Billions of Demons, in: *New York Review of Books*, 9. Januar, 28–32.

Margulis, L. / Sagan, D. (1999): *Leben*. Heidelberg, Berlin. Original: *What is Life?* London 1995.

Markoš, A. (2002): *Readers of the Book of Life*. New York.

Markoš, A. / Grygar, F. / Hajnal, H. / Kleisner, K. / Kratochvil, Z. / Neubauer, Z. (2009): *Life as Its Own Designer*. Heidelberg.

McGinn, C. (2001): *Wie kommt der Geist in die Materie?* München. Original: *The Mysterious Flame. Conscious Minds in a Material World.* New York 1999.

Nietzsche, F. (1972): Nachgelassene Fragmente, in: *Nietzsche Werke*. Kritische Gesamtausgabe (KGW), Abteilung VIII, Bd. 3, hrsg. von G. Colli / M. Montinari. Berlin, New York.

Peirce, C. S. (1995): Ereignislogik, in: C. S. Peirce: *Religionsphilosophische Schriften*. Hamburg, 249–265.

Plaetzer K. / Thomas S. R. / Falkner R. / Falkner G. (2005): The microbial experience of environmental phosphate fluctuations. An essay on the possibility of putting intentions into cell biochemistry, in: *Journal of Theoretical Biology* 235, 540–554.

Platon: *Gesetze* (Buch X), in: Ders.: *Werke in acht Bänden*, Bd. 8, Teil 2, Darmstadt 1990.

Platon: *Phaidros*, in: Ders.: *Werke in acht Bänden*, Bd. 5, Darmstadt.

Waddington, C. (1966): Biologie und Mensch, in: Ders.: *Die biologischen Grundlagen des Lebens*. Braunschweig, 82–106. Original: Biology and Man, in: *The Nature of Life*. London 1961, 99–125.

Whitehead, A. N. (1979): *Process and Reality*. New York.

Wright, S. (1953): Gene and Organism, in: *The American Naturalist* 87 (832), 5–18.

Physikalismus und evolutionäre Erklärungen

Godehard Brüntrup

1. Physikalismus und Naturalismus

Der Begriff »Physikalismus« wird in mehreren Bedeutungen gebraucht. Manchmal wird er mit dem Begriff »Naturalismus« synonym
verwendet. Letzterer wird allerdings wiederum in mehreren Bedeutungen gebraucht. Die Kernintuition des Naturalismus wird umgangs-
sprachlich oft mit dem Gedanken umschrieben, dass es in der Welt
»mit rechten Dingen« zugehen muss. Die Frage ist nun, was die »rechten Dinge« sind? Wenn damit nur gemeint ist, dass wissenschaftliche
Erklärungen ohne den Rekurs auf übernatürliche Einflüsse auskom-
men müssen, dann ist das eine in mehrfacher Hinsicht unproblematische Forderung, die so konsensfähig ist, dass von der Idee des Physikalismus nichts für den Diskurs Interessantes mehr übrig bleibt.

Ein Versuch, der mehr Erfolg verspricht, versteht unter Physikalismus die These, dass alle konkreten Entitäten nur aus rein physischen
Teilen bestehen. Es gibt also keine kartesischen Seelen und erst Recht
keine reinen Geister in der Welt. Diese These hat schon erheblich mehr
Trennschärfe. Die Frage, die sich aber unmittelbar aufdrängt, ist die
nach der Natur des Physischen. Gemäß einem engen Begriff des Physischen zählt man nur das darunter, was heute die gegenwärtige Physik
beschreiben kann. Da die Physik aber einem beständigen Wandel unterliegt, ist das ein wenig nachhaltiger Schachzug. Gibt es eine Struktur, die allen physikalischen Theorien, auch allen zukünftigen, gemeinsam ist? Zum Beispiel könnte es sein, dass physikalische Theorien
immer nur funktionale Zusammenhänge beschreiben können, intrinsische Naturen wie Qualia des Erlebens ihnen aber für immer entgehen. Dieses »für immer« ist natürlich wiederum sehr gewagt. Es
könnte auch sein, dass es einfach zwei Begriffe des Physischen gibt.
Der engere, der nur mit funktional-relationalen Beschreibungen operiert, und der weitere Begriff des Physischen, der intrinsische Naturen

wie zum Beispiel phänomenales Erleben als Eigenschaften des Physischen zulässt. Gegen einen solchen »liberalen« Naturalismus hätten viele Autoren nichts einzuwenden, die heute gemeinhin als Gegner des Physikalismus eingestuft werden. Der Begriff Naturalismus kann daher mit guten Gründen weiter gefasst werden als der des Physikalismus. Die im Folgenden vorgetragene Kritik eines bestimmten, relativ engen Begriffs des Physikalismus impliziert daher nicht eine Ablehnung des Naturalismus in seinem liberalen Verständnis. Im Gegenteil: Ein liberaler Naturalismus ist die implizite Hintergrundannahme der folgenden Argumentation, die man als »post-physikalistisch« bezeichnen kann.

Der engere Begriff des Physikalismus wird hier nicht bloß herangezogen, um überhaupt eine randscharfe Position zu untersuchen, von der man sich klar absetzen kann. Er ist vor allem deshalb interessant, weil er implizit oder explizit von vielen Naturwissenschaftlern vorausgesetzt wird. Dies gilt oft mehr für die speziellen Naturwissenschaften wie die Biologie als für die Physik selbst. Physiker vermeiden gern ontologische oder metaphysische Festlegungen; die Frage, welche ontologische Interpretation der Quantenmechanik wahr sei, wird meist als vorläufig unbeantwortbar angesehen. Ein einfaches und abgeschlossenes materialistisches Weltbild, wie es aus dem 19. Jahrhundert bekannt ist, ist mit der aktuellen Physik selbst nicht mehr verträglich, da es Phänomene wie Überlagerung, Verschränkung und nicht-lokale Wechselwirkung in der Quantenmechanik nicht explizieren kann. Schon die Äquivalenz von Masse und Energie, wie sie sich aus der relativistischen Physik ergibt, setzt einem Materialismus Grenzen, der von einem korpuskularen Atomismus ausgeht. Auf der »untersten« Ebene beschreibt die Physik heute formal repräsentierte Symmetrien ohne sich noch darauf festzulegen, was die intrinsische Natur des so zueinander ins Verhältnis Gesetzten sein soll.

2. Die Frage nach der intrinsischen Natur des Physischen

Physik ist die Theorie der strukturellen Form, der nomischen Korrelation, nicht die Theorie des intrinsischen Gehaltes, der dieses System von Relationen trägt und realisiert. Begreift man die Naturwissenschaften nach dem Modell des Funktionalismus, so gibt es für jede formal spezifizierte Ebene eine tiefere Ebene, welche der höheren Ebene als Realisation dient. Kann diese Kette aber endlos nach unten gehen? Die unterste Ebene der Physik, z. B. die Quantenmechanik, greift die von ihr postulierten Entitäten über ihre kausale Rolle heraus. Sie liefert damit eine rein funktionale Beschreibung. Was aber ist der Träger der untersten Ebene? Was realisiert die funktionalen Rollen? Eine weitere funktional beschreibbare Schicht? Damit wäre das Problem nur verschoben. Für den praktisch arbeitenden Physiker stellt sich dieses philosophische Problem nicht. Es wurde aber schon in der Philosophie der frühen Moderne bedacht, die sich der Herausforderung stellen musste, den kartesischen Materiebegriff zu denken.

Der moderne Materiebegriff seit Descartes führt dazu, Einzeldinge als zeitlich stabile Konfigurationen von Raumpunkten anzusehen. Materie ist ja nichts anderes als reine *res extensa*, denn für Descartes besteht eine materielle Substanz nur aus Modi der Ausdehnung (Form, Größe, Bewegung im Raum). Die philosophisch interessante Frage ist, ob diese Bestimmungen ausreichen, um konkrete physische Objekte vollständig verstehen zu können, oder ob sie zu abstrakt und unvollständig bleiben. Eine bis in die Gegenwart vorgetragene Kritik am kartesischen Materiebegriff argumentiert, dass es für eine vollständige metaphysische Bestimmung einer konkreten Entität intrinsischer Eigenschaften bedarf, die nicht bloß räumliche Relationen sind. Diese Kritik am kartesischen Bild der Materie war in der Philosophie der Moderne durchaus bekannt.[1] Im vierten Teil des *Treatise* von David Hume findet man einen Teil, der den Titel »Über die moderne Philosophie« trägt. Dieses Kabinettstück skeptischer Argumentation ist eine scharfe Kritik am kartesischen Materiebegriff. Hume argumentiert, dass, wenn man die erfahrungsbezogenen Eigenschaften wie Klang, Farbe, Geschmack und Geruch (die so genannten sekundären Qualitäten) von der geistunabhängigen Außenwelt abzieht, die gesamte Außenwelt unintelligibel wird. Hume zeigt auf, dass die zentrale Intuition von Materialität, nämlich Solidität und Undurchdringlichkeit, ohne die Annahme qualitativ-intrinsischer Eigenschaften nicht explizierbar ist. Wenn wir die erfahrungsbezogenen Eigenschaften *(sensible qualities)* von der geistunabhängigen Außenwelt abziehen, dann, so Hume, bleibt nichts mehr übrig, dem man eine konkrete geistunabhängige Existenz zuschreiben kann. Es sei denn man postuliert ein unerkennbares Ding an sich.

---

[1] Vgl. dazu Adams (2007).

Auch Leibniz hatte die Haltlosigkeit des kartesischen Materiebegriffes erkannt. Reine Ausdehnung ist nichts als eine Wiederholung
dessen, was ausgebreitet wird: eine Pluralität, Kontinuität und Koexistenz von Teilen. Das reicht aber nicht aus, um die Natur derjenigen
Substanz zu erklären, die ausgebreitet und wiederholt wird. Deren Begriff liegt vor dem ihrer repetitiven Ausbreitung.[2] Ausdehnung ist ein
relativer Begriff, der nicht aus sich allein heraus explizierbar ist. Auch
der frühe Kant kritisiert am modernen Materiebegriff, dass er rein relational sei und keine intrinsischen Naturen kenne. Es bleibt dann unklar, was die Substanzen seien, die in diesen Relationen stehen. Sie
können nicht bloß räumlich sein.[3] In der kritischen Philosophie argumentiert Kant, dass ein rein relationaler Begriff der Materie als
undurchdringliche Ausdehnung in einem klassisch metaphysischen
Verständnis nicht intelligibel sei. Allein wenn man von bloßen Erscheinungen spricht, kann man ihm einen Sinn abgewinnen. Metaphysisch
gesehen müssen die intrinsischen Bestimmungen einer Substanz auch
intrinisch und nicht bloß räumlich-relational sein. Folgende Passage
aus der *Kritik der reinen Vernunft* (B321) ist besonders aufschlussreich:

»An einem Gegenstande des reinen Verstandes ist nur dasjenige innerlich,
welches gar keine Beziehung (dem Dasein nach) auf irgend etwas von ihm
Verschiedenes hat. Dagegen sind die inneren Bestimmungen einer *substantia
phaenomenon* im Raume nichts als Verhältnisse, und sie selbst ganz und gar
ein Inbegriff von lauter Relationen. Die Substanz im Raume können wir nur
durch Kräfte, die in demselben wirksam sind, entweder andere dahin zu treiben (Anziehung), oder vom Eindringen in ihn abzuhalten (Zurückstoßung
und Undurchdringlichkeit); andere Eigenschaften kennen wir nicht, die den
Begriff von der Substanz, die im Raum erscheint, und die wir Materie nennen, ausmachen. Als Objekt des reinen Verstandes muß jede Substanz dagegen innere Bestimmungen und Kräfte haben, die auf die innere Realität
gehen.«

In der neueren Debatte hatte vor allem Russell das Argument eingebracht, dass die Physik nur die formalen, mathematisch darstellbaren
Strukturen der Wirklichkeit erfasst, über deren intrinsische Natur aber
schweigt.[4] Von hierher lässt sich eine direkte Linie zu einigen aktuellen
Kritiken des Physikalismus im Kontext des Leib-Seele-Problems zie-

---

[2] Vgl. Leibniz G IV, 467.
[3] Vgl. Kant (1756), 480.
[4] Vgl. Russell (1927), 270, 402.

hen. Es ist heute weitgehend anerkannt, dass sich das qualitative Erleben, das phänomenale Bewusstsein nicht vollständig auf funktional-relational bestimmte Strukturen zurückführen lässt. Es gibt einen Mangel an konzeptueller Analysierbarkeit des Phänomenalen in der Begrifflichkeit des Funktionalen. Es wurde daher vermutet, dass das von der Physik entworfene Bild der Natur genau von jenem Aspekt der Wirklichkeit abstrahiert, die die Grundlage des phänomenalen Erlebens ist.[5] Der Physikalismus wäre dementsprechend als metaphysische These falsch, weil die Eigenschaften des phänomenalen Erlebens nicht logisch supervenient sind gegenüber den rein funktional beschriebenen Eigenschaften der physikalischen Ebene. Die funktional bestimmte physikalische Ebene erzwingt nicht mit Notwendigkeit, durch alle möglichen Welten hindurch, das Auftreten des Bewusstseins.

3. Modell und Wirklichkeit

Gregg Rosenberg hat dieses Argument auf etwas andere Weise mit einem sehr anschaulichen Bild dargestellt.[6] Es beruht auf der Idee der zellulären Automaten: Ein zellulärer Automat besteht aus Punkten oder »Zellen« in einem abstrakten Raum, die formal bestimmte Eigenschaften haben. Ganz grob kann man sich ein Schachbrettmuster vorstellen. Jedes Feld auf dem Schachbrett ist eine Zelle. Entscheidend ist nun, dass sich der zelluläre Automat schrittweise in der Zeit entwickelt. Die Eigenschaften der Zellen verändern sich dabei nach bestimmten Regeln. Diese Regeln bestimmen, allein aus den externen Relationen zu den Nachbarzellen, welche Eigenschaften eine Zelle im nächsten Rechenschritt hat. Man könnte beispielsweise die Regel definieren, dass jede Zelle, die mindestens zwei Nachbarn mit der Eigenschaft F hat, im nächsten Rechenschritt die Eigenschaft G hat. Diese Matrix, eine formal bestimmte »Welt«, besteht also aus einer großen Zahl von elementaren Bausteinen und Gesetzen, welche die Interaktion dieser Elementarteilchen festlegen. Gerade in den Biowissen-

---

5 Für eine genaue Darlegung des Zusammenhangs zwischen den Argumenten in der Philosophie des Geistes und den Problemen des rein relationalen Materiebegriffes vgl. Brüntrup (2009).
6 Vgl. Rosenberg (2004), 13–76.

schaften geht man heute davon aus, dass der zelluläre Automat ein einfaches Modell einer (klassischen) physikalischen Theorie, und damit auch auf die Biologie anwendbar ist. In der gegenwärtigen Physik haben wir mehr als nur eine Art von grundlegenden Elementarteilchen (Bosonen und Fermionen) und diese haben mehr als nur zwei Eigenschaften (Spin, Ladung, Masse etc.). Aber die Grundstruktur ist dennoch sehr ähnlich zu dem simpleren Fall. Prinzipiell müsste man also einen sehr komplizierten zellulären Automaten auf einem Computer realisieren können, der in seiner Komplexität unserer physischen Welt schon recht nahe kommt. Es wurde bereits bewiesen, dass hinreichend komplex bestimmte zelluläre Automaten eine enorme Vielfalt von Mustern hervorbringen können. In den zellulären Automaten entstehen stabile Muster, die sich über mehrere Zellen erstrecken, die sich durch Selbstreplikation über viele Rechenschritte durchhalten. Es hat sich in der Forschung gezeigt, dass sich so sogar die bekannten selbstreplikativen Muster der DNA im Prinzip durch solch eine formale Maschine simulieren lassen. Deshalb nennt man diese zellulären Automaten auch »Life Worlds«, und damit ist eine Verbindung zur Evolutionstheorie bereits gegeben. Um das Entstehen komplexer Muster in den zellulären Automaten zu erklären, brauchen wir keine Erweiterung seiner basalen Ontologie. Alle höherstufigen Eigenschaften sind nichts anderes als komplexe Muster, die sich aus dem regelgeleiteten Zusammenspiel der elementaren Teile vollständig ableiten lassen. Das Ganze ist immer nur die Summe seiner Teile. Im zellulären Automaten gibt es keine rätselhafte, starke Emergenz von absolut Neuartigem.

Rosenberg entwickelte anhand dieser zellulären Automaten ein Argument gegen den Physikalismus. Es hat folgende Struktur: Die fundamentalen Eigenschaften des zellulären Automaten werden allein durch ihre dynamischen Relationen definiert. Fakten des phänomenalen Bewusstseins sind intrinsisch qualitative Fakten, die nicht rein durch ihre dynamischen Relationen bestimmt werden. Fakten über dynamische Relationen enthalten nicht (weder a priori noch a posteriori) intrinsisch qualitative Fakten. Also sind die Fakten über phänomenales Bewusstsein nicht in den Fakten des zellulären Automaten enthalten.

Die Parallele zur Physik ist deutlich. Wenn man fragt, was ein Elektron ist, dann kann man antworten: Es ist ein Teilchen mit einer Masse von $9,10938188 \times 10^{-31}$ Kilogramm, einer elektrischen Ladung von $-1e$ und einem Spin von ½. Jede dieser Eigenschaften kann nur rein relational definiert werden, denn die Masseneigenschaft beispielsweise ist nichts anderes, als dass das Teilchen der Relation von Kraft und Beschleunigung m = F/a folgt. Es bleibt aber mysteriös, wie aus der komplexen Anordnung solcher Teilchen, die vollständig durch ihre kausale Rolle im ganzen System definiert sind, das Auftauchen von Bewusstsein erklärt werden soll. Darin besteht eines der zentralen Probleme des Physikalismus. Man kann etwas, das keine intrinsischen mentalen Eigenschaften enthält, nicht durch Konfiguration zu etwas Mentalem werden lassen. Das Mentale ist mehr als nur eine Konfiguration, es ist auch intrinsischer Erlebnisgehalt. Diese Problematik der Philosophie des Geistes ist als das so genannte »harte Problem des Bewusstseins« weitgehend anerkannt, wenn auch die Lösungsansätze sich radikal unterscheiden. Dass hier der klassische Physikalismus an Grenzen stößt, wird aber ebenfalls von vielen anerkannt. Es ist daher zu fragen, ob das Bild der formalen Struktur der zellulären Automaten überhaupt geeignet ist, das heutige Verständnis des Physischen adäquat zu erfassen. Es ist ein Bild der klassischen Physik. Es gibt einfach verortbare Partikel, die miteinander in nomische bestimmte Wechselwirkungen treten und so ihr Eigenschaften ändern. Die bereits erwähnten quantenmechanischen Phänomene wie Verschränkung oder Nicht-Lokalität lassen sich in diesem Modell nicht verlustfrei abbilden.

Könnte ein erweiterter Begriff des Physischen helfen, das harte Problem des Bewusstseins einer Lösung näher zu bringen? Quantenmechanik allein wird hier nicht genügen. Es scheint nur dann möglich zu sein, wenn man den Begriff des Physischen so erweitert, dass er zumindest Vorstufen des Mentalen in sich aufnimmt. Man kann daher argumentieren, dass ein folgerichtig durchdachter Physikalismus einen Panpsychismus impliziert, wie das in jüngster Zeit beispielsweise Galen Strawson getan hat.[7] Auf diese Debatte soll hier aber nicht eingegangen werden, sie wird vielmehr in ihren Grundzügen als bekannt vorausgesetzt. Es gilt jedoch festzuhalten, dass ein rein funktionalistisches Bild der Natur, das alle Entitäten über ihre kausale Rolle identifiziert, in der Erklärung des Mentalen an Grenzen stößt.

---

[7] Vgl. Strawson (2006), 11.

4. Mechanismen des Neodarwinismus

Im Folgenden soll davon ausgegangen werden, dass die oben dargestellte Konzeption des mechanistischen Physikalismus auch diejenige ist, die von der Biologie insbesondere dem Neodarwinismus oft zumindest implizit vorausgesetzt wird. Auch hier herrscht ein funktionalistisches Verständnis der Wirklichkeit vor. Es ist das Zusammenspiel von Mutationen und Selektion, also ein kausaler Mechanismus, der die Mikro- und Makrodynamik des ganzen evolutiven Prozesses erklärt. Die Größe der Theorie liegt in ihrer einfachen Grundidee, die trotz aller Veränderungen, die sie im Neodarwinismus erfahren hat, dennoch in ihrer darwinschen Substanz unangetastet blieb. Für den Neodarwinismus sind zumindest folgende vier Annahmen zentral:

(1) Es gibt Mikroevolution; die Spezies sind nicht unveränderlich.
(2) Es gibt Makroevolution; die aktuellen Spezies stammen von einer langen Serie von Vorgängern ab.
(3) Makroevolution lässt sich auf Mikroevolution reduzieren; die gesamte Makrodynamik ist mikrodeterminiert, d. h. sie resultiert vollständig aus der Mikrodynamik.
(4) Die Prozesse verlaufen graduell; es gibt keine übergangslosen Sprünge.

Es ist unmittelbar offensichtlich, dass die Evolution des Bewusstseins, des phänomenalen Erlebens aus den bereits dargestellten Gründen nicht verständlich gemacht werden kann. Ebenso wie die synchrone Emergenz des Bewusstseins nicht aus den funktionalen Konfigurationen einer völlig bewusstseinslosen Materie intelligibel gemacht werden kann, so kann auch die diachrone Emergenz des Bewusstseins nicht aus einem völlig bewusstseinslosen Anfangszustand des evolutiven Mechanismus erklärt werden. Wenn die Evolution wirklich graduell abläuft, dann muss das Bewusstsein in irgendeiner Form von Anfang an dagewesen sein. Darauf hat schon William James hingewiesen.[8] Alles andere wäre eine unintelligible Inter-Attribut-Emergenz. Genauso könnte aus der komplexen Anordnung konkreter raum-zeitlicher Gegenstände plötzlich eine kartesische Geistseele oder ein abstrakter Gegenstand außerhalb von Raum und Zeit emergieren. Man könnte hier von »Humescher Emergenz« sprechen, denn ebenso wie in Humescher

---

8 Vgl. James (1890), 149.

Kausalität gilt, dass »anything may cause anything«[9], so gilt in einer solchen Evolutionstheorie »anything may emerge from anything«. Das ist die Bankrotterklärung eines intelligiblen Erklärungsanspruches. Die Probleme sind aber noch vielschichtiger. Nehmen wir für den Moment einmal an, dass die Natur in der Tat eine Art zellulärer Automat wäre, dass also die formalen Strukturen, die den »Life Worlds« zugrunde liegen, auf eine ganz allgemeine und abstrakte Art sinnvolle Modelle der Welt seien. Viele Biologen gehen, zumindest implizit, von dieser Annahme aus. Das metaphysische Bild der Welt, das sich dann ergibt, ist grob gesprochen das Folgende: Alle Entitäten sind aus kleinen Bausteinen (Teilchen) zusammengesetzt. Die Natur eines jeden Bausteins ergibt sich aus seiner Einbettung in das Gesamt der Relationen aller Bausteine. Die grundlegenden Partikel haben also keine intrinsischen Eigenschaften, die sie auch unabhängig von ihrer Bezogenheit auf andere Partikel ganz allein für sich hätten. Es gibt darüber hinaus keine weiteren Entitäten. Es gibt aber höherstufige Entitäten, die ganz und gar aus fundamentalen Bausteinen zusammengesetzt sind. Diese Makro-Entitäten werden mikrodeterminiert durch die Eigenschaften der basalen Partikel, aus denen sie zusammengesetzt sind. Das Ganze ist also nicht mehr als die Summe seiner Teile. Die Welt ist in einem Stufenbau geschichtet. Das Verhalten eines komplexeren Musters elementarer Bausteine ist nichts anderes als die Summe der Verhaltensweisen aller partikulären Elemente, die in es eingehen. In einem zellulären Automaten erhalten sich solche komplexen Muster oft über sehr viele Rechenschritte. Sie üben jedoch keine kausale Kraft von oben nach unten aus. Das Muster »versklavt« nicht seine Bausteine im Sinn einer aristotelischen Form, welche die Materie konfiguriert. Das stabile Muster, also die höherstufige Entität, ist ein bloßes Resultat der Dynamik auf der tieferen, letztlich der tiefsten Ebene.

Dies ist das Weltbild des Physikalismus, jedenfalls in einer weit verbreiteten Form. Der so genannte »nicht-reduktive« Physikalismus anerkennt dieses Bild auf der Ebene der Metaphysik, nimmt aber auf der epistemischen Ebene andere nicht-reduzierbare Erklärungsebenen an. Die Irreduzibilität ist nicht der Natur selbst geschuldet, sondern den Grenzen und Eigenarten unserer Begriffssysteme. Gesteht man den höherstufigen Entitäten jedoch eigene kausale Kräfte zu, so hat man den Rahmen des Physikalismus nach heutigem Verständnis be-

---

[9] Hume, *Treatise*, III, xv.

reits verlassen, weil man dann unausweichlich die kausale Geschlossenheit der untersten physischen Ebene negieren muss. Es sind allerdings wiederum gerade die Physiker, die heute diese Idee einer kausal geschlossenen physischen Welt in Frage stellen.[10] Auch einige Biologen.[11] Aber diese sind im hier vertretenen Sinne bereits einem postphysikalistischen Paradigma zuzurechnen. Im Mainstream wirkt immer noch eine Metaphysik bestimmend, die sicher stark vereinfacht, aber doch in heuristisch zu rechtfertigenden Grundzügen korrekt durch das Bild des zellulären Automaten wiedergegeben wird. Von einer »Metaphysik« zu sprechen ist durchaus angemessen, denn es handelt sich um ein abstraktes und allgemeines Weltmodell, das sich nicht unmittelbar aus den empirischen Daten ableiten lässt.

5. Die kausale Rolle biologischer Individuen

Interessanterweise wird dieser metaphysische Rahmen zumindest in der populären Verbreitung der Evolutionstheorie nicht mehr aufrecht erhalten. Die Rede von einem »egoistischen Gen« (Dawkins) impliziert nicht bloß eine anthropomorphe Anspielung auf eine intentionale mentale Ebene, nämliche die des Egoismus. Das könnte man noch als reine Metaphorik hinnehmen. Viel wichtiger ist die Tatsache, dass den Genen in der Theorie anscheinend eigene kausale Kräfte zugeschrieben werden. Da es sich aber bei Genen bereits um komplexe Makro-Konfigurationen handelt, ist es mit der vorausgesetzten Metaphysik logisch unverträglich, ihnen irgendwelche eigenen kausalen Kräfte zuzuschreiben. Die gesamte kausale Dynamik findet auf der Ebene der fundamentalen Physik statt; auf der Ebene der Biologie, selbst der Molekularbiologie, läuft alles nur einen von unten her völlig determinierten Gang. Die kausalen Mechanismen von Mutation und Selektion sind also im metaphysischen Modell des Physikalismus vollständig reduzierbar auf rein quantenmechanische (oder andere fundamentale) Mechanismen der Physik. Die »Autonomie« der biologischen Ebene ist keine ontologische, sondern eine rein epistemische. Vielleicht ist das ein Vorteil: Gerade wenn die evolutionäre Beschreibung nur eine praktische Abstraktion ist, selbst aber keinen wirklichen kausalen Me-

[10] Nur ein aktuelles Beispiel: Stapp (2007).
[11] Vgl. McFadden (2001).

chanismus herausgreift, kann sie so leicht auf die verschiedensten Wirklichkeitsbereiche angewendet werden. Die evolutionäre Erklärung ist nur eine vielfältig nützliche Beschreibungsweise, »a way of talking«. Das entspricht aber, so scheint es, nicht dem Selbstverständnis der meisten Evolutionstheoretiker, die in der Tat davon ausgehen, einen grundlegenden kausalen Mechanismus der Welt zu beschreiben. Ein rein instrumentalistisches Verständnis der Evolutionstheorie ist viel weniger verbreitet als eine robuste realistische Interpretation, gemäß derer die evolutiven Mechanismen kausale wirksame Strukturen in der geistunabhängigen Wirklichkeit sind, welche von der Theorie als wahr oder zumindest doch annähernd wahr beschrieben werden. Der unter Physikern weit verbreitete Instrumentalismus, gelegentlich sogar ein ausgeprägter Anti-Realismus, ist in der Biologie viel seltener anzutreffen.

Die Evolutionstheorie enthält weitere Ideen, die mit dem physikalistischen Weltbild nur schwer verträglich sind. Dazu gehört zum Beispiel die systematische Interpretation der viel diskutierten teleonomen Erklärungen, die von Biologen unweigerlich mit herangezogen werden. Der systematische Teleonomismus wird, um nicht in eine als überholt betrachtete Teleologie zurückzufallen, den Organismus heute meist als ein komplexes dynamisches System verstehen, das sich rein formal in einem n-dimensionalen Zustandsraum darstellen lässt. Wir haben es hier in den konkreten Modellen heutiger Biologie meist mit nicht-linearen mathematischen Systemen zu tun. Im Gegensatz zu den oben erwähnten, heuristisch aufschlussreichen »Life Worlds« sind in der Mathematik nicht-linearer Systeme reichere Ausdrucksmöglichkeiten gegeben, die sich auch in der Modellierung komplexer lebender Systeme bewährt haben. Der in diesem Kontext entscheidende Punkt ist dieser: Nur ein ganz geringer Teil der physikalisch möglichen Trajektorien eines solchen Systems ist biologisch sinnvoll. Würde man das System sich selbst überlassen, würde es sich mit hoher Wahrscheinlichkeit relativ schnell in biologisch sinnlosen Bahnen bewegen. Daher werden in allen heute üblichen mathematischen Modellen komplexer dynamischer Systeme Randbedingungen und Kontrollparameter eingegeben, welche die Dynamik des Systems »kanalisieren«. Es tut sich also eine Kluft auf zwischen den möglichen Zuständen des Systems, die es rein physikalisch einnehmen könnte, und dem Möglichkeitsraum, der die Dynamik des Systems auf der biologischen Ebene bestimmt. Könnte man aber annehmen, dass ein biologisches System auf irgendeine Weise die für es optimalen Trajektorien »auswählt«? Dann ergäbe sich wiederum eine Verursachung von oben nach unten. Diese Idee ist aber aus den genannten Gründen mit dem physikalistischen Modell unverträglich.[12] Die Natur scheint komplexer zu sein, als es die reduktiv physikalistische Metaphysik zulässt.

6. Physikalismus und Evolutionsbegriff

Der ontologische Primat der fundamentalen Ebene hat eine andere missliche Konsequenz für den Evolutionsgedanken, auf die bereits Whitehead deutlich hingewiesen hat. In *Science and the Modern World* schreibt er:

»A thoroughgoing evolutionary philosophy is inconsistent with materialism. The aboriginal stuff, or material, from which a materialistic philosophy starts is incapable of evolution. This material is in itself the ultimate substance. Evolution, on the materialistic theory, is reduced to the role of being another word for the description of the changes of the external relations between portions of matter. There is nothing to evolve because one set of external relations is as good as any other set of external relations.«[13]

Man kann den Gedanken wiederum am intuitiv leicht fassbaren Bild des zellulären Automaten verdeutlichen. Die einzelnen Zellen, also die grundlegenden Partikel dieser Welt, haben keine weiter bestimmte intrinsische Natur, außer eben »a portion of matter« zu sein. Die Welt ist also atomistisch in ihrer Grundstruktur. Diese atomaren Grundbausteine, man würde sie heute oft »Simples« nennen, sind Substrata, denen Eigenschaften anhängen. Ihre Eigenschaften werden allein bestimmt durch die Dynamik ihrer externen Relationen in der Zeit. Man könnte von einem »Black-Box-Modell« der grundlegenden Bausteine der Natur sprechen. Ihre intrinsische Natur liegt im Dunkeln, wir können nur ihr Zusammenspiel mit anderen Bausteinen beobachten: Ein durch und durch funktionalistisches Verständnis der Wirklichkeit, wobei die Frage nach dem letzten Träger all dieser Relationen wiederum unbeantwortet bleibt.

In der klassischen und auch aktuellen analytischen Metaphysik würde man sagen, dass in der so konzipierten Welt jene letzten Par-

---

12 Vgl. hierzu Koutroufinis / Holste (2007), 124 ff.
13 Whitehead (1925), 107.

tikularien die kleinsten in der Zeit andauernden Bausteine oder »ultimate Substances« sind. Sie bleiben in der Zeit mit sich identisch, während sich ihre Anordnung, ihre Konfiguration ständig ändert. Diese relationale Einbettung bleibt ihnen äußerlich. In einer solchen Welt gibt es keine echten höherstufigen Individuen. Es gibt lediglich konfigurative Anordnungen von fundamentalen Bausteinen, die in der Zeit annähernd stabil bleiben. Eine solche Konfiguration hat aber außer der zeitlichen Stabilität kein anderes Charakteristikum einer klassischen Substanz. Sie hat weder eigene kausale Kräfte (Aristoteles), noch hat sie eine intentionale, repräsentierende Perspektive auf die Welt (Leibniz), denn genuin Mentales wie Intentionalität oder phänomenales Bewusstsein kommt in diesem Modell gar nicht vor. Es gibt daher keine Höherentwicklung in dem Sinne, dass höherstufige Individuen mit eigenen kausalen Kräften oder einer eigenen mentalen Repräsentation der Welt entstehen könnten. Anscheinend höherstufige Individuen sind zeitlich stabile Konglomerate der fundamentalen Individuen des zellulären Automaten. Die Einzeldinge der Welt unterliegen also keiner Evolution. Sie bleiben durch alle Rekombinationen hindurch weitgehend unverändert erhalten. Für sie ist »one set of external relations is as good as any other set of external relations«. Würde man das landläufige Konzept von Evolution ausbuchstabieren, dann träte zutage, dass es mehr enthält als die Idee einer beliebigen Rekombination einer Menge von Partikeln. Es enthält vielmehr die Idee des Auftretens höherstufiger Individuuen. Innerhalb der einfachen physikalistischen Ontolgie ist das aber nicht zu erklären. Nicht umsonst führt ein Physikalist wie Peter van Inwagen die Lebewesen (a »Life«) als eigenständige Enduranten neben den »Simples« letztlich postulatorisch ein. Er bleibt eine überzeugende Erklärung dafür schuldig, wie diese höherstufigen Individuen aus der fundamentalen Ebene hervorgehen.[14] Man ist geneigt zu glauben, die Emergenz der höherstufigen Individuen müsse man mit »natural piety« hinnehmen, denn sie »admits of no explanation«, wie der britische Emergentist Samuel Alexander bemerkte.[15]

Zur anschaulichen Verdeutlichung: In dem zellulären Automaten, der hier als Bild eines mechanistischen Physikalismus dient, ist jede Anordnung der Zellen oder Fundamentalpartikel so gut wie eine be-

---

[14] Vgl. van Inwagen (1995).
[15] Alexander (1927), 46.

liebige andere. Das Inventar des Universums bleibt immer gleich, die letzten Substanzen sind diese einzelnen Bausteine, die immer neu angeordnet werden. Die Bezogenheit auf andere Entitäten bleibt ihnen äußerlich, es sind externe Relationen. Höherentwicklung existiert allenfalls im Auge des Betrachters. Nimmt man nämlich an, dass bestimmte Muster als Ganze auf ihre Umwelt reagieren, so hat man die Logik dieses Systems nicht verstanden. Es sind immer nur die einzelnen Zellen, die in Bezug auf ihre unmittelbaren Nachbarzellen ihre Eigenschaften ändern.

Verbunden ist damit die mechanistische Idee der »simple location« (Whitehead), der einfachen Verortung. Jede partikuläre Entität ist genau an einem Ort in Raum und Zeit verortet. Holistische Effekte und nicht-lokale Wechselwirkungen sind in diesem metaphysischen Modell nicht direkt abbildbar. Die gesamte Evolution des Universums beruht daher letztlich auf der Feinmechanik der kausalen Wechselwirkungen zwischen den Elementarteilchen. Evolutive Erklärungen, die mit der Idee des auf höherstufige Individuen ausgeübten selektiven Anpassungsdrucks arbeiten, lassen sich nicht auf die Ebene des physikalistischen Mechanismus reduzieren. Man mag die Vorstellungen Darwins als nützliche Abstraktionen betrachten, aber sie greifen nicht die wirklichen kausalen Mechanismen heraus, die viel kleinteiliger ablaufen.

Der Physikalist mag nun einwenden, dass dies kein spezifisches Problem der Evolutionstheorie sei. In der Tat: Damit ist zunächst nur ein bekanntes Problem aller funktionalistischen Erklärungen angesprochen. Die kausalen Rollen, die zur Erklärung herangezogen werden, leisten offensichtlich selbst nicht die kausale Arbeit, sondern ihre konkreten Träger oder Realisierungen. Das Problem des Darwinismus ist aber komplexer als das aller funktionalistisch erklärenden speziellen Wissenschaften, und das hängt mit der Idee der Selektion zusammen, wie weiter unten noch gezeigt werden soll. Das allgemeine, vom Darwinismus unabhängige Problem lässt sich so formulieren:

(1) Funktionale Beschreibungen individuieren Zustände, die eine Vielzahl von Realisationsmöglichkeiten abdecken.
(2) Wenn ein Zustand eine Vielzahl von Realisationsmöglichkeiten abdeckt, dann ist nicht er es, sondern die einzelnen Realisationen, die kausal relevant sind.
(3) Also individuieren funktionale Beschreibungen keine kausal relevanten Zustände.

Man kann diese Einsicht auch anders formulieren: Die funktionale Eigenschaft F ist eine kausale Rolle, die physische Eigenschaft P ist ein Inhaber dieser kausalen Rolle. Wie kann F als die kausale Rolle selbst noch kausal wirksam sein? Das ganze Kausalgeschehen läuft auf der Ebene des Inhabers ab. Man kann auch sagen, dass F gegenüber P eine Eigenschaft zweiter Ordnung ist. Hätte diese höhere Ebene eine eigene kausale Wirksamkeit, so wäre die kausale Geschlossenheit der ersten (= physischen) Ebene durchbrochen und der Physikalismus aufgehoben. Die funktionale Rolle ist also immer nur eine Abstraktion von dem eigentlichen Kausalgeschehen. Auf der Ebene der Individuen und nicht der Eigenschaften bedeutet das:

Nur wenn man den höherstufigen Individuen wirklich eigene kausale Rollen zugesteht, kann man diesem Problem entgehen. Wenn das gesamte Kausalgeschehen aber von der physikalischen Feinmechanik mikrodeterminiert ist, dann liegt es nahe, höherstufige Erklärungen wie die der Evolutionstheorie nur als solche zu betrachten, die *relativ auf die Interessen und die Perspektive eines Beobachters* bestimmte abstrakte Aspekte des Kausalgeschehens als explanatorisch relevant herausgreifen und dann liegt es eventuell sogar nahe, höherstufige Individuen über ihre kausale Rolle zu »hypostasieren«. Wir bewegen uns dann aber auf der epistemischen Ebene der Kausalerklärungen, nicht auf der einer Metaphysik des kausalen »Zements des Universums«. Wir haben allenfalls einen epistemischen non-reduktiven Physikalismus gerettet, nicht aber eine robust realistische physikalistische Metaphysik. Dies gilt jedoch ebenso für alle anderen Wissenschaften, die ihre Entitäten über ihre funktionalen Rollen identifizieren. Die Abstraktion höherstufiger kausaler Rollen ist, um den Physikalismus metaphysisch zu erhalten, eine epistemische Angelegenheit, in die daher auch die Intentionalität des Betrachters in Form seiner explanatorischen Interessen, also die Frage nach der kausalen Rolle *in Hinblick auf etwas,* eingeht. An dieser Stelle ergibt sich direkt der Übergang zur Evolutionstheorie.

7. Intentionalität und evolutionäre Erklärungen

Die Evolutionstheorie importiert mehr als viele andere naturwissenschaftliche Theorien versteckte intentionale Reste. Das hängt mit dem Begriff der Selektion zusammen. Dieser Begriff ist nämlich implizit intentional. Selektiert wird immer *in Hinblick auf etwas*, im Englischen spricht man daher auch von »selection *for*«. Ein Beispiel: Es gibt bestimmten Meeresbakterien, die über ein Magnetosom verfügen, mittels dessen sie in Richtung Norden und damit kälterem und nährstoffreicherem Wasser schwimmen. Wurde für das Magnetosom selektiert, weil es Norden anzeigt, kälteres Wasser oder Nahrung? Für diese Frage gibt es keine rein faktische Antwort. Erst durch Hinzunahme kontrafaktischer Annahmen, die aber intrinsisch abhängig sind von einem intentionalen System, lassen sich hier brauchbare Unterscheidungen anbringen. Man könnte sagen: Wenn die Wasserregion nicht nährstoffreich wäre, dann wäre sie nicht für das Magnetosom selektiert worden. Es gilt aber nicht gleichermaßen: Wenn die Wasserregion nicht kalt gewesen wäre, dann wäre sie nicht für das Magnetosom selektiert worden. Es mag *in anderen möglichen Situationen oder Welten* durchaus warme, nährstoffreiche Wasserregionen geben.

In seiner Kritik des Darwinismus hat Jerry Fodor jüngst diese Kritik an einer simplen realistischen Interpretation des Darwinismus detailliert vorgetragen.[16] Die darwinsche Theorie nimmt den Züchter als Vorbild. Er selektiert auf bestimmte gewünschte Eigenschaften hin. Damit erklärt man, dass die Schafe dichte, lange Wolle haben und die Kühe viel Milch geben. Darwins einfache Idee war nun, den Züchter und seine intentionalen Zustände einfach zu eliminieren und an seine Stelle den Mechanismus von Mutation und Selektion zu setzen. Fodors These ist, dass dieses Unterfangen nicht gelingt, dass ein Rest von Intentionalität bleibt. Um dies zu erklären greift Fodor auf ein bekanntes Beispiel zurück, dass Stephen Gould und Richard Lewontin in die Debatte um den Neodarwinismus eingebracht haben:[17]

Wenn man den Markusdom in Venedig betrachtet, so bleibt das Auge an den so genannten Spandrillen hängen, auf denen wunderbare Mosaiken der vier Evangelisten zu finden sind. Spandrillen sind die Zwischenräume, die leicht gebogenen Flächen, die sich ergeben, wenn man eine Kuppel auf vier Bögen stellt. Wo immer sich zwei Bögen berühren, ergibt sich oberhalb eine nach unten spitz zulaufende Fläche. Man könnte nun meinen, die Bögen seien gebaut worden, um diese ästhetisch nützlichen Spandrillen zu erzeugen, die man so wunderbar bemalen kann. Oder sind die Spandrillen nur ein unbeabsichtigtes Ne-

---

[16] Vgl. Fodor / Piatelli-Palmarini (2010).
[17] Vgl. Gould / Lewontin (1979).

benprodukt, das sich aus der Form eines Bogens und seiner statischen Funktion beim Tragen der Kuppel ergibt? In unserer Welt kann man das eine nicht ohne das andere haben, die Eigenschaften sind in diesem Sinne koextensional. Wo immer es solche Bogenkonstruktionen gibt, gibt es auch Spandrillen. Es ist unproblematisch, warum Kuppelkirchen Bögen haben. Ohne sie würde die Kuppel fallen. Es ist daher vernünftig, hier analog an Adaptionen zu denken. Wie Adaptionen werden die Rundbögen teleologisch oder besser teleonom erklärt durch die Funktion, die sie im Gesamtplan erfüllen. Nun haben Kirchen, die Rundbögen haben, auch Spandrillen. Vielleicht sind also Spandrillen auch für etwas gut, erfüllen eine Funktion? Sie sind ja ein idealer Platz für künstlerische Gestaltung durch Gemälde oder Mosaiken. Gould und Lewontin argumentieren, dass dem nicht so sei. Solche »adaptiven« Erklärungen der Spandrillen sind falsch. Man erhält sie *nolens-volens* als ein Nebenprodukt aus dem Arrangement von Bögen, auf die man eine Kuppel setzt. Jeder Architekt wird antworten, dass es ihm um die statische Funktion der Bögen beim Stützen der Kuppel ging. Für die Spandrillen würde nicht »selektiert«. Es sind also die Intentionen des Architekten, die festlegen, für welche Eigenschaften selektiert wird. Das ist ganz parallel zum Fall des Züchters und seinen intentionalen Zuständen, welche die Auswahl bestimmen. Die Squandrillen sind für die Architekten ein »free rider«, sie fahren huckepack auf den Rundbögen, deren Auswahl allein für die Architekten relevant war. Wir identifizieren in diesem Falle den »free rider« dadurch, dass wir die Architekten nach ihren Intentionen fragen, danach, was sie eigentlich bauen wollten.

Auch in der Natur gibt es solche Freifahrtscheine im Falle koextensionaler Eigenschaften. Eisbären sind weiß. Wurden sie auf die weiße Farbe hin selektiert oder auf den Tarneffekt in der Umgebung? Jetzt gibt es aber keinen Architekten oder Designer, den wir fragen könnten. Wir lösen diesen Fall durch die Einführung eines kontrafaktischen Konditionals. Weiße Eisbären würden weniger Beute fangen, *wenn* ihre Umgebung sich grün färbte. Also wird auf die Umgebung und nicht auf die Farbe hin selektiert. Eine kontrafaktische Annahme, die Betrachtung einer anderen möglichen Welt, setzt aber Intentionalität voraus. Wenn wir von der physikalistischen Annahme ausgehen, dass im evolutiven Prozess keine Intentionalität wirkt, dann stehen beide koextensionale Eigenschaften gleichwertig nebeneinander. Betrachtet man nur unsere aktuelle Welt, sind sie für den Selektionsprozess ganz genau gleichwertig. Selektion ist im physikalistischen Paradigma ein einfach verorteter, strikt lokaler Mechanismus. Daher können bloß kontrafaktisch angenommene Ereignisse keinen selektiven Druck ausüben. Raubtiere in anderen möglichen Welten, bloß mögliche Raubtiere, können keinen selektiven Druck ausüben. Das Problem lässt sich einfach darstellen:[18]

(1) Selektion ist ein kausaler Prozess.

(2) Wirkliche Kausalbeziehungen sind nicht sensitiv in Bezug auf kontrafaktische Tatsachen: Wenn A nicht wirklich der Fall wäre, dann würde die kontrafaktische Annahme, dass *falls A der Fall wäre, B davon verursacht würde*, nicht erklären, dass B wirklich der Fall ist.

(3) Aber die Unterscheidung von Merkmalen, auf die hin selektiert wurde, von »free riders«, kann nur durch Rekurs auf die Wahrheit (oder Falschheit) der relevanten kontrafaktischen Annahmen getroffen werden.

(4) Wenn also Merkmal M und M' koextensiv sind, dann kann Selektion nicht unterscheiden zwischen dem Fall, bei dem M ein »free rider« auf M' ist, und dem Fall, wo M' ein »free rider« auf M ist.

(5) Deshalb kann die Behauptung, dass Selektion der Mechanismus der Evolution ist, nicht wahr sein.

Kurz: Die Behauptung, dass natürliche Selektion nicht zwischen koextensionalen phänotypischen Merkmalen unterscheiden kann, besagt, dass der Selektionsprozess nicht vorhersagen kann, was die relative Fitness eines Phänotyps wäre, der das eine Merkmal hätte, dem das andere Merkmal aber fehlte. Die Evolution kann, um zu unserem Bild zurückzukehren, nicht zwischen Bögen und Spandrillen unterscheiden. Daher kann Selektion nicht der grundlegende Mechanismus der Evolution sein. Die Annahme (4) gilt nur, weil evolutionäre Prozesse geistlos und rein mechanisch sind:

»The salient difference between architects and the processes of evolutionary selection is that architects have minds and evolutionary processes do not. Minds are useful things to have; it's among their virtues that they can represent things that didn't happen; or things that happened a long time ago; or things that happened far, far away; or things that will happen; or things that might happen; or that would happen, if ...«[19]

Aber gerade weil der mentale Gehalt potentiell auf alles bezogen ist, sich mit allem beschäftigen kann, ist er nicht einfach lokalisiert. Er

---

[18] Vgl. Fodor / Piatelli-Palmarini (2010), 113 f.
[19] Fodor / Piatelli-Palmarini (2010), 115.

passt nicht in das reduktive mechanistisch-physikalistische Schema, mit dem die Evolutionstheorie arbeiten will. Kontrafaktische Konditionale können in der aktuellen Welt nur durch die Mediation des Geistes wirken. Das im Evolutionsprozess anzunehmen, wäre eine Mentalisierung der Natur, die Fodor ablehnt. Dann aber gilt: Eine Theorie wie der Darwinismus, welche die Wahrheitswerte der relevanten kontrafaktischen Annahmen nicht bestimmen kann, kann auch nicht die Verteilung von (biologischen) Merkmalen in der aktuellen Welt umfassend erklären.

Ein möglicher Ausweg könnte darin bestehen, irgendwie bereits viel »tiefer« als bei höheren Tieren und Menschen Intentionalität in der Natur anzunehmen. Das »egoistische Gen« wäre, wörtlich genommen, ein solches intentionales System, dass über die relevanten kontrafaktischen Konditionale die notwendigen Unterscheidungen leisten könnte. Aber dieser Gedanke würde vermutlich selbst Dawkins »spanisch« vorkommen. Der Egoismus des Gens ist doch nur eine Metapher: »The genes don't care at all about anything.«[20] Wie wir oben gesehen haben, ist das Gen im reduktiv-physikalistischen Weltbild vollständig mikrodeterminiert durch seine kleinsten materiellen Bausteine, und die verfügen in einem physikalistischen Weltbild nicht über Intentionalität.

Die andere Strategie, diejenige Fodors und Piatelli-Palmarinis, ist es, mit der darwinschen Theorie auch noch den letzten Rest eines Verweises auf intentionale Erklärungen zu überwinden. Darwinismus ist für Fodor inkompatibel mit einem konsequenten mechanistischen Physikalismus. Das ist nicht anderes als die Einsicht, die Whitehead schon fast ein Jahrhundert früher formuliert hatte. Aber Fodor zieht daraus eine ganz andere Konsequenz:

»Darwin pointed the direction to a thoroughly naturalistic – indeed a thoroughly atheistic – theory of phenotype formation; but he didn't see how to get the whole way there. He killed off God, if you like, but Mother Nature and other pseudo-agents got away scot-free. We think it's now time to get rid of them too.«[21]

Mit »Pseudoagenten« meint er egoistische Gene und andere weniger leicht erkennbare »Phantomzüchter« (phantom breeders), die von der

---

[20] Fodor / Piatelli-Palmarini (2010), 121.
[21] Fodor / Piatelli-Palmarini (2010), 163.

darwinschen Theorie implizit aus den genannten Gründen vorausgesetzt werden. Vom Kernstück der darwinschen Theorie, dem Mechanismus von Mutation und Selektion, bleibt dann nicht mehr viel übrig als von anderen Geschichtsphilosophien des 19. Jahrhunderts, allerdings der Geschichte der Natur und nicht der Geschichte der Kultur. Der Darwinismus ist eine abstrakte Darstellung, die nur sehr grobe Schemata, aber nicht wirklich das kausale Geschehen erfasst, die sich aber für das Verständnis der Abläufe als nützlich erweist. Der Darwinismus mit seinen verborgenen intentionalen Erklärungen sitzt schlussendlich im selben Boot wie die Alltagspsychologie mit ihren ganz explizit intentionalen Erklärungen. In einem physikalistischen Weltbild sind beide allenfalls epistemisch nützlich, aber nicht strikt genommen wahr.

Es wäre aber auch zu fragen, ob nicht doch die erste Alternative theoretisches Potential böte. Der Darwinismus könnte in einem realistischen Sinne wahr sein, wenn sein impliziter Rekurs auf Intentionalität eine Grundstruktur der Wirklichkeit träfe. Dies war in der Tat Whiteheads Vorschlag. Er nahm Protomentalität sehr früh in der Geschichte der Natur und sehr tief im Stufenbau der Entitäten an. Diese Weltsicht wäre mit dem mechanistischen Physikalismus unverträglich, aber sie wäre in höherem Maße stimmig mit der Evolutionstheorie. Eine solche Theorie ist im Kontext der heutigen Naturwissenschaften noch immer ein Desiderat, obwohl es interessante erste Skizzen gibt.[22] Dieser Ansatz hätte auch den Vorteil, dass ein wirklich einheitliches Bild der Natur entworfen würde. Intentionalität und bewusstes Erleben würden nicht mehr auf eine völlig rätselhafte Weise aus einer völlig geistlosen Materie emergieren. Galen Strawson hat in den letzten Jahren innerhalb der Philosophie eine Theorie der Protosubjektivität verteidigt, die Vorstufen von Subjektivität und Intentionalität sehr tief im Bereich des Physischen verankern könnte.[23] Es fehlt hier der Raum, auf die philosophischen Argumente im Einzelnen einzugehen.[24]

Eines sei jedoch festgehalten. Fodor müsste nicht befürchten, dass ein solcher Ansatz das Ende des Naturalismus bedeute. Fodors Kritik war ja, dass der Darwinismus zu wenig naturalistisch sei. Der panpsychistische oder panexperientialistische Ansatz teilt hingegen durchaus

---

[22] Es sei hier erwähnt: Ho (1998).
[23] Vgl. Strawson (2009). Daneben ist auch zu nennen: Rosenberg (2004).
[24] Für eine Einführung siehe: Brüntrup (2008), Kapitel 8.

Fodors Ablehnung von nicht-naturalistischen, insbesondere kreationistischen Erklärungsversuchen. Denn er ist in einem weiteren Sinne durch und durch naturalistisch, er konstruiert die Natur nur nicht nach dem Modell des mechanistischen Physikalismus. Wir ziehen es daher vor, ihn »liberalen Naturalismus« zu nennen, weil er sich von den Zwängen eines zu eng konzipierten Physikalismus befreit und in diesem Sinne tatsächlich post-physikalistisch ist.

Literatur

Adams, R. (2007): Idealism Vindicated, in: van Inwagen, Peter / Dean Zimmerman (eds.), Persons. Human and Divine, Oxford, 35–54.

Alexander, S. (1927): Space, Time, and Deity, 2 Bd. London.

Brüntrup, G. (2008): Das Leib-Seele-Problem. Stuttgart ³2008.

Brüntrup, G. (2009): Natural Individuals and Intrinsic Properties, in: Unity and Time as Problem in Metaphysics, hrsg. von L. Honnefelder / E. Runggaldier / B. Schick. Berlin/New York, 237–252.

Fodor, J. / Piatelli-Palmarini, M. (2010): What Darwin Got Wrong. London.

Gould, S. J. / Lewontin, R. C. (1979): The Spandrels of San Marco and the Panglossian Paradigm: A Critique Of The Adaptationist Programme, in: Proceedings of The Royal Society of London, Vol. 205, Nr. 1161 (Series B), 581–598.

Ho, M.-W. (1998): The Rainbow and the Worm. The Physics of Organisms. Singapore.

James, W. (1890): The Principles of Psychology, Bd. 1. New York, Neuauflage: New York 1950.

Kant, I. (1756): Metaphysicae cum geometria iunctae usus in philosophia naturali, cuius specimen I. continet monadologiam physicam, in: Akademie Ausgabe, Bd. 1, 473–488.

Koutroufinis, S. / Holste, D. (2007): Prozessphilosophie und Theorien des organismischen Werdens, in: Prozesse des Lebendigen, hrsg. von S. Koutroufinis. Freiburg, 97–148.

McFadden, J. (2001): Quantum Evolution. New York.

Rosenberg, G. (2004): A Place for Consciousness – Probing the Deep Structure of the Natural World. Oxford.

Russell, B. (1927): The Analysis of Matter. London.

Stapp, H. (2007): Mindful Universe: Quantum Mechanics and the Participating Observer. New York.

Strawson, G. (2006): Realistic Monism. Why Physicalism Entails Panpsychism, in: G. Strawson et al.: Consciousness and its Place in Nature, hrsg. von A. Freeman. Exeter, 3–31.

Strawson, G. (2009): Selves. An Essay in Revisionary Metaphysics. Oxford.

van Inwagen, P. (1995): Material Beings. Ithaca.

Whitehead, A. N. (1925): Science and the Modern World. New York 1997.

Zur Würde des Lebendigen

Patrick Spät[1]

Ein Blick in die Zeitung und auf die Welt offenbart: die menschliche Spezies ist an einen Punkt gelangt, wo sie sich ihre eigene Lebensgrundlage zerstören *kann* und dies in verstärktem Maße auch tatsächlich *tut*. Im vorliegenden Aufsatz versuche ich eine Ethik zu formulieren, die der Ausbeutung der Natur Einhalt gebietet. Die Naturwissenschaften können eine solche Ethik nicht formulieren, da wir hierfür subjektive und qualitative Aspekte der Wirklichkeit berücksichtigen müssen. Ausgehend von Hans Jonas – dessen wichtige Thesen ich referierend skizziere – möchte ich dann die Idee der Würde auf alles Lebendige ausdehnen: Nicht nur der Mensch hat eine Würde, sondern auch Tiere und Ökosysteme.

1. Kurze Vorbemerkung zur physikalistischen Wissenschaftsgläubigkeit

Der Physikalismus ist eine Position, die naturwissenschaftlichen Allmachtsphantasien erliegt: So definiert Michael Pauen den Physikalismus als die These, dass

»alles was es gibt, grundsätzlich in den Kategorien der Naturwissenschaften beschreib- und erklärbar ist. Ausgeschlossen werden damit die Existenz und der Einfluss von immateriellen Seelen, Engeln, Wundern und anderen Entitäten, die sich prinzipiell einer wissenschaftlichen Beschreibung und Erklärung entziehen.«[2]

---

[1] Der vorliegende Aufsatz ist eine leicht geänderte Fassung eines Kapitels meiner Doktorarbeit (Spät 2010). Ich danke meinen Betreuern, Frau Prof. Regine Kather und Herrn Prof. Markus Enders, für hilfreiche Kommentare.

[2] Pauen (2006), 140. – Jaegwon Kim bietet eine weitergehende Definition: »[P]hysicalism is the idea that all things that exist in this world are bits of matter and structures aggregated out of bits of matter, all behaving in accordance with laws of physics, and that

Alle Dinge, Eigenschaften und Ereignisse dieser Welt lassen sich in der Sprache der Naturwissenschaften beschreiben und erklären – so der Physikalist. Wie gehen die Naturwissenschaften dabei vor? Die träge Masse m_t eines Körpers wird beispielsweise so definiert, dass man das Maß für den Widerstand (Trägheit) angibt, den ein Körper einer Änderung seines Bewegungszustandes entgegensetzt. Die Formel $F = m_t \cdot a$ gibt ebendiese benötigte Kraft an. Doch wie alle anderen physikalischen Formeln auch vermag sie nichts über das *Wesen* physikalischer Entitäten auszusagen: Man kann die Trägheit von Masse bestimmen und weiß dennoch nichts von der gefühlten ›Massigkeit‹ eines Eisblocks, wenn man ihn emporheben würde. Gleichsam kann man kann die Wellenlängen des Lichts berechnen und weiß dennoch nichts über die Erlebnisse beim Anblick einer roten Blume.

Der Physikalismus fragt nicht danach, *was* bestimmte Objekte oder Entitäten sind oder *weshalb* sie existieren, vielmehr fragt er einzig danach, *wie* sich solche Objekte verhalten und *wie* sie in Relation zueinander stehen. Die einzig gültige Sprache der Naturwissenschaften ist mathematischer Natur: Naturwissenschaftler beschreiben mathematische Verhältnisse und Relationen, die sie in der Wirklichkeit vorfinden. An dieser Methode ist zunächst nichts auszusetzen, schließlich haben die formulierten Naturgesetze sich bewährt – doch diese Methode hat einen fest umrissenen Gültigkeitsbereich: Die Naturwissenschaften (und mit ihnen der Physikalismus) klammern subjektive und qualitative Aspekte der Wirklichkeit aus. Das Wesen der Dinge wird außen vor gelassen. Die naturwissenschaftliche Methode kann keine Werte und keinen Sinn in der Welt erblicken.

Das hat nicht nur erkenntnistheoretische Konsequenzen; das hat auch praktische Konsequenzen für die Ethik. Warum ›sollen‹ sich Menschen ethisch ›gut‹ verhalten? Was bedeuten diese schwierigen Begriffe überhaupt? Der Physikalismus kann hierauf keine Antwort geben. Ein Beispiel anhand der ›Evolutionären Ethik‹, die das wissenschaftsgläubige Allmachtsdenken der Physikalisten aufgreift:

Laut der Evolutionären Ethik haben Menschen deshalb ethische Werte und Prinzipien entwickelt, weil sie ihnen im Überlebenskampf einen entscheidenden Vorteil verschaffen. Das Funktionieren menschlicher Sozialverbände garantiert einen Selektionsvorteil für die Spezies

---

any phenomenon of the world can be physically explained if it can be explained at all« (2005, 149 f.).

Mensch, da sie ihre Anlagen weiter entfalten kann. So behauptet der Soziobiologe Edward Wilson:

»[T]he hypothalamus and limbic system [...] flood our consciousness with all the emotions – hate, love, guilt, fear, and others – that are consulted by ethical philosophers who wish to intuit the standards of good and evil. What, we are then compelled to ask, made the hypothalamus and limbic system? They evolved by natural selection. That simple biological statement must be pursued to explain ethics.«[3]

Die Evolutionäre Ethik versucht, ethisches Verhalten mit naturwissenschaftlichen Methoden zu erfassen. Doch wie kann ich dann z. B. das altruistische Verhalten des berühmten Priesters Maximilian Kolbe erklären? Der im KZ Auschwitz inhaftierte Kolbe hat sich bereit erklärt, anstelle des Familienvaters Franciszek Gajowniczek hingerichtet zu werden. Gajowniczek überlebte das KZ und den Weltkrieg, Kolbe opferte sein Leben. Es wäre nicht nur pietätslos, Kolbes Verhalten mit evolutionsbiologischen Mechanismen erklären zu wollen – es ist unmöglich.

Ein weiteres Problem: Selbst dann, wenn man eine Beschreibung ethischer Prinzipien (und ihrer Entstehung) vorliegen hat, so hat man damit noch lange keine Rechtfertigung dafür, dass ethische Prinzipien *gelten sollen:* Wir können den Mord an einem Menschen nicht dadurch verurteilen, dass wir ihn als einen Verstoß gegen das Fortschreiten der Evolution werten. Warum *sollen* wir keinen anderen Menschen töten? Die naturwissenschaftliche Methode – und mit ihr der Physikalismus – muss bei dieser Frage schweigen. Denn diese Frage übersteigt das mathematische Handwerkzeug der Naturwissenschaften. Um also diese Frage adäquat beantworten zu können, müssen wir die subjektiven und qualitativen Aspekte der Wirklichkeit berücksichtigen – nur sie können uns anzeigen, was von *Wert* ist:

2. »Alles Leben macht Anspruch auf Leben«

Bei Hans Jonas finden wir eine *Ethik für die technologische Zivilisation* – so der Untertitel seines wichtigen Werkes *Das Prinzip Verantwortung* aus dem Jahre 1979. Weshalb ist eine solche Ethik vonnöten? Die

---

[3] Wilson (1975), 3, Herv. P. S.

Notwendigkeit rührt daher, dass sich das »Wesen menschlichen Handelns geändert hat.«[4] Diese Veränderung des Handelns erklärt sich dadurch, dass die menschliche Spezies an einen Punkt gelangt ist, wo sie sich ihre eigene Lebensgrundlage zerstören *kann* und dies in verstärktem Maße auch tatsächlich *tut*. Mithilfe der modernen Technik kann der Mensch in die Biosphäre eingreifen und sie nach seinem Gutdünken verändern. Aber auch sich selbst kann er manipulieren: Die Möglichkeit, das Erbgut zu selektieren und zu ›optimieren‹ erweitert die *Machtfülle* menschlichen Handelns enorm. Schon jetzt sind die Atomenergie und ihre beträchtlichen Risiken, die drohende Erschöpfung der fossilen Brennstoffe, das Anwachsen des Ozonlochs, die Überfischung und Verschmutzung der Meere, die exzessive Rodung der Regenwälder und schließlich die Erderwärmung Zeugen der Macht, die von der Technik ausgeht.

Eine zukünftige Ethik ist deshalb vonnöten, weil sich die bisherigen Überlegungen auf einen zeitlichen Nahbereich konzentriert haben, der den *möglichen Kollaps* der Welt abblendet. Was heute für den Menschen nützlich ist, kann sich morgen als verheerend entpuppen: Heute kann sich das genmanipulierte Getreide als ertragsreicher und resistenter gegenüber Schädlingen erweisen, morgen kann sich herausstellen, dass dieses Getreide unser Erbgut irreversibel schädigt.[5] Wenden wir auf dieses Beispiel die Universalisierungsformel des Kategorischen Imperativs von Kant an: »Handle nur nach derjenigen Maxime, durch die du zugleich wollen kannst, daß sie ein allgemeines Gesetz

---

[4] Jonas (1979), 15; vgl. zum Folgenden Jonas (1979), 15–25. – Pierre Teilhard de Chardin schreibt schon Ende der 1930er Jahre in erstaunlich hellsichtigen Worten: »Hat uns nicht die Kenntnis der Hormone so weit geführt, daß wir morgen schon auf die Entwicklung unseres Körpers – ja sogar des Hirns Einfluß gewinnen können? Wird uns die Entdeckung der Gene nicht bald die Kontrolle des Mechanismus der organischen Vererbung gestatten [...] eine neue Wöge von Organismen – ein künstlich hervorgebrachtes Neu-Leben? [D]ann würden wir, alle vereint, das Steuerruder der Welt ergreifen, indem wir die Hand auf die eigentliche Triebkraft der Evolution legen.« (1955, 257). Teilhard sieht diese Möglichkeiten nicht unbedingt negativ, was vielleicht dem Denken seiner Zeit geschuldet ist, aber dennoch etwas problematisch bleibt.

[5] Die folgenden Worte von Teilhard könnten auch von Jonas stammen: »Als Platon handelte, hatte er wahrscheinlich das Bewußtsein, durch seine Freiheit nur eine im Raum und in der Dauer eng umschriebene Partikel der Welt aufs Spiel zu setzen. Wenn ein Mensch von heute mit vollem Bewußtsein handelt, weiß er, daß seine Entscheidung auf Myriaden von Jahrhunderten und Lebewesen nachwirkt. *Er fühlt in sich die Verantwortung und die Kraft eines ganzen Universums.*« (1959, 31).

werde.«[6] Nach Kant kann ich durchaus *wollen*, dass das genmanipulierte Getreide angebaut wird, denn zum *gegenwärtigen* Zeitpunkt besteht keinerlei Grund für die Einstellung dieses Verfahrens. Es besteht ein sichtbarer Nutzen, dem lediglich eine *potentielle* Gefahr gegenübersteht. Mit anderen Worten: Es fehlt den bisherigen Ethiken ein moralischer Fixpunkt, an dem man sich *in* der Gegenwart *für* die Zukunft orientieren könnte. »Das Nichtexistente hat keine Lobby und die Ungeborenen sind machtlos.«[7] Warum sollen wir nicht nur für uns eine lebenswerte Welt erhalten, sondern auch für zukünftige Generationen? Warum haben nicht nur der Mensch, sondern auch Tiere und Ökosysteme eine Würde? Und wie lässt sich die Würde des Lebendigen begründen?

Die Möglichkeit eines kollektiven Selbstmordes der Menschheit oder einer Haltung, die gemäß dem Motto ›nach mir die Sintflut‹ handelt, wird durch bisherige Ethiken nicht ausreichend berücksichtigt. Die Erweiterung des zeitlichen Nahbereiches hin zur Zukunft lässt sich dahingehend begründen, dass es eine »*unbedingte Pflicht* der Menschheit zum Dasein« gibt.[8] Eine Zukunftsethik, die auf Reziprozität beruht, greift zu kurz. Es reicht also nicht aus zu sagen, dass ich leben will und dass darum das (zukünftige) Leben anderer zu wahren sei. Die Pflicht zum Leben liegt vielmehr schon im Leben selbst verankert, denn alles »Leben macht Anspruch auf Leben«[9]. Das Leben erhebt konkrete Forderungen: Aus der Urheberschaft für das Dasein eines Kindes entspringt gleichsam dessen Recht zum Dasein und unsere Pflicht, dieses Recht zu würdigen. Diese Pflicht gegenüber unseren Kindern ist allerdings keineswegs reziprok, sondern eine auf die Zukunft gerichtete Pflicht. Nehmen wir (vernünftigerweise) an, dass es zukünftige Menschen geben wird, so haben diese durch »ihr unerbetenes Dasein das Recht, uns Frühere als Urheber ihres Unglücks zu verklagen«[10]. Das mögliche ›Unglück‹ bestünde hierbei nicht nur in einem Mangel an tatsächlichem Glück, sondern auch in der nicht vorhandenen Möglichkeit, sich die genannte Pflicht wiederum selbst aufzuerlegen. Mit anderen Worten: Wenn wir gemäß dem Motto ›nach mir die Sintflut‹

[6] Kant (1785), GMS IV, 421, 6.
[7] Jonas (1979), 55.
[8] Jonas (1979), 80.
[9] Jonas (1979), 84.
[10] Jonas (1979), 87.

handeln, dann kann unser Tun derartige Folgen mit sich bringen, dass der zukünftigen Generation die Hände gebunden sind, wenn sie *ihrerseits* ihre Pflicht ausüben will. Wenn wir ein intaktes Ökosystem radioaktiv verseuchen, dann kann eine nachkommende Generation unmöglich diese Landschaft für sich und ihre Kinder zu einem schützenswerten Gegenstand machen. Somit ist die Notwendigkeit einer zukunftsgerichteten Ethik sichergestellt. Die wichtige These, dass das Leben einen Anspruch auf Leben stellt, lässt sich durch die Einsicht unterstreichen, dass der Natur Zwecke innewohnen:

3. Zwecke in der Natur

> *Denn (mit Bitte um Pardon für die Binsenwahrheit) Augen haben in ihrer physischen Zusammensetzung eine Beziehung zum Sehen, und Ohren zum Hören, und Organe allgemein zu ihrer Leistung – und, noch allgemeiner, Organismen zum Leben. Dies ist nicht just ein zusätzlicher Aspekt an ihnen, oder eine anheimgestellte Wahl der Interpretation: es ist ihre eigene teleologische Natur. [...] Aber immer ist die Zielstrebigkeit des Organismus als solchen da und sein Drang zum Leben.*
> – Hans Jonas[11]

Zwecke sind im cartesischen und physikalistischen Verständnis ein Produkt des Bewusstsein: Wenn man beispielsweise bewusst denkt: ›die Pflanze neigt ihre Blätter zur Sonne, *um* Photosynthese betreiben zu können‹, so beschreibt das zweckhafte ›um‹ eine Interpretation des Beobachters, nicht aber die Wirklichkeit an sich. Das zweckhafte Verhalten liegt demnach nicht in den Dingen selbst begründet, vielmehr interpretiert der Beobachter den Zweck von *außen* in die Dinge hinein. Dadurch wird die Wirklichkeit als ein Mechanismus beschrieben, der vollkommen frei von Erlebensvorgängen und Zwecken ist.

Doch Zwecke sind nicht notwendigerweise an ein Bewusstsein gebunden, das diese Zwecke in die Wirklichkeit ›hineininterpretiert‹. Vielmehr birgt die Wirklichkeit schon *in sich* Zwecke. In jeder Minute führt eine Zelle dutzende Reparaturen an ihrer beschädigten DNA aus, *um* als Zelle bestehen zu können. Und eine sich zum Licht neigende

---

[11] Jonas (1966), 168.

Pflanze weist insofern ein deutlich teleologisches Verhalten auf, als sie zum Licht strebt, *um* ein Ziel zu erreichen – namentlich ihr Überleben.

Einen besonders eindrucksvollen Fall von pflanzlicher Zwecksetzung bieten Akazien-Bäume:[12] Kudus sind in Südafrika lebende Antilopen, die bevorzugt die Blätter von Akazien-Bäumen fressen – und das Fleisch der Kudus wird bevorzugt von Einheimischen verspeist. Um nun den steigenden Fleisch-Preisen zu entgegnen und die Tiere zu züchten, zäunten viele Farmer ab Mitte der 1980er Jahre die Tiere in Gehegen ein. Plötzlich kam es zu einem großen Kudu-Sterben. Da die über 3.000 Tiere nicht an Krankheiten, Wassermangel oder anderen erklärbaren Ursachen starben, beschäftigte sich der Biologe Wouter van Hoven (zunächst erfolglos) mit dem Rätsel. Durch Zufall beobachtete er nicht-eingezäunte Giraffen, die sich ebenfalls von Akazien ernähren, bei ihrem Fressverhalten: Die Giraffen aßen nie länger als zehn Minuten von einem Baum, und wenn sie den Baum wechselten, dann stets gegen die Windrichtung – ein Verhalten, das den eingezäunten Kudus kaum möglich war.

Warum aber starben die Kudus? Die Akazien-Bäume haben sich mit Giftstoffen gegen ihre Fressfeinde gewehrt. Wenn die Tiere zu viele Blätter abbeißen und somit die Existenz einer Akazie bedroht ist, dann erhöht sie massiv die Konzentration des giftigen Bitterstoffs Tannin in ihren Blättern. Zugleich setzt sie das farblose Gas Ethylen frei, das über den Wind zu anderen Akazien-Bäumen gelangt. Der Gas-Alarm veranlasst die umliegenden Bäume sofort, ebenfalls die Produktion ihrer Giftstoffe zu erhöhen. So erklären sich gleichermaßen das Verhalten der Giraffen und das Sterben der Kudus. Das Beispiel zeigt deutlich: Pflanzen wie die Akazie setzen unerwartete Methoden ein, um ihr Überleben zu sichern – unabhängig von einem potentiellen Beobachter.

In diesem Sinne betonen auch Weber und Varela:

»It is actually by experience of our teleology – our wish to exist further on as a subject, not our imputation of purposes on objects – that teleology becomes a real rather than an intellectual principle. […] before being scientists we are first living beings, and as such we have the evidence of intrinsic teleology in us. And, in observing other creatures struggling to continue their existence – starting from simple bacteria that actively swim away from a chemical repel-

---

12 Vgl. für das folgende Beispiel die klassische Referenz: Hughes (1990).

lent – we can, by our own evidence, understand teleology as the governing force of the realm of the living.«[13]

Bakterien denken kein bewusstes *um zu*, sondern sie tragen das *um zu* in sich. Durch das aktive Erfassen ihrer Umwelt manifestieren sich ihre Zwecksetzungen. Das Erfassen dient bei den Bakterien nicht nur dem Zweck, sich von der Umwelt abzugrenzen und somit ein eigenständiger Organismus zu sein, sondern auch dem Zweck der Existenz an sich: Die Bakterien meiden die Chemikalien, *um* sich selbst zu erhalten. Die äußeren Umstände der Umwelt mögen als Wirkursache *(causa efficiens)* in den Organismus eingehen und sein Verhalten beeinflussen. Oder aber sie wirken in einem negativen Sinne, indem sich ein Organismus von seiner Umwelt abgrenzt, *um* seine eigene Wirklichkeit stabil aufrechterhalten zu können.

Doch das Verhalten der Bakterien ist nur durch Zweckursachen *(causa finalis)* verständlich, die auf ein in der Zukunft liegendes Ziel gerichtet sind und dadurch eine Finalität aufweisen. Die Organismen werden nicht nur durch physische Gesetzmäßigkeiten, also durch Wirkursachen, determiniert – die Organismen haben darüber hinaus ein Moment der selbstverursachenden Eigendynamik. Aus einem Samen beispielsweise kann ein ganzer Baum entstehen. Die Pflanze nimmt Licht und Wasser auf und verarbeitet sie in einem komplexen Prozess des Metabolismus zu neuen Formen und Farben. Wäre der Kosmos, wie es der Physikalismus und der cartesische Dualismus voraussetzen, ein nach mechanischen Gesetzen agierendes Uhrwerk, so wäre »ein kreatives Fortschreiten ins Neue« undenkbar[14] Ohne eine Eigendynamik würde die Wirklichkeit auf der Stelle treten, da sie keinerlei Impulse für eine Wandlung bekäme. Hierzu gesellt sich der Umstand, dass der Pflanzensamen nicht nur äußeren Wirkursachen ausgesetzt ist – wie z. B. dem Wasser und dem Sonnenlicht –, sondern auch Zweckursachen *in sich* trägt. Neben der causa efficiens ist demnach auch eine causa finalis für das Heranwachsen eines Baumes aus einem Samen verantwortlich. Denn aus dem äußeren Wirken das Wassers und Sonnenlichts allein lässt sich nicht erklären, woher der Samen die ›Information‹ besitzt, dass aus ihm ein Baum entsteht, dass dieser

---

[13] Weber / Varela (2002), 110.

[14] Whitehead (1929a), 74/28. (Die zweite Seitenzahl bezieht sich – wie bei der Whitehead-Zitation üblich – auf das englische Original.)

Baum eine bestimmte Höhe, Farbe und physische Beschaffenheit hat und dass er Photosynthese betreibt.

Auch am Beispiel des Bakteriums lässt sich zeigen, dass die Zweckursachen nicht von außen ›hineininterpretiert‹ werden, sondern dass sie im Wesen des Bakteriums verankert sind: Das Bakterium weist eine gewisse Form der Eigendynamik und damit Selbst-Verursachung auf, indem es nur solche Dinge erfasst, die in einem bestimmten Moment für seine Existenz von Bedeutung sind. Im physikalistischen Weltbild ist ein zielgerichtetes, eigendynamisches und schöpferisches Verhalten unverständlich, da die Wirklichkeit aus trägen und empfindungslosen Substanzpartikeln besteht, die ›einfach da sind‹.

Hans-Dieter Mutschler macht in diesem Zusammenhang auf einen weiteren Punkt aufmerksam: In der sogenannten ›Bionik‹ versucht man, die energiesparende und höchst effiziente Anpassungsfähigkeit der Natur für die Technik nutzbar zu machen. Während viele Tiere einen beachtlichen energetischen Wirkungsgrad erreichen – etwa der Haifisch durch sein Schuppenkleid oder der Vogel durch seine Körperform und sein Gefieder –, hat z. B. ein Benzinmotor eine Effizienz von 13 %. Daher versuchen die Forscher, häufig sehr erfolgreich, die Prinzipien der Natur zu kopieren. So entstanden bislang verbesserte Flugzeugflügel und Autoreifen; und auch die Erfindungen von Saugnäpfen, Klettverschlüssen und Oberflächen mit schmutzabweisendem Lotuseffekt sind ursprünglich ›Erfindungen‹ der Natur. Die Natur verfolgt durch diese Erfindungen maßgeblich den Zweck, energiesparende und damit überlebensfördernde Eigenschaften hervorzubringen. Der Bioniker bestätigt diese Zwecksetzungen *in* der Natur, denn durch das Kopieren hat er sie »ipso facto teleologisiert. Etwas, was nicht in sich zweckmäßig ist, kann auch kein Vorbild für zweckmäßige technische Gestaltung sein.«[15]

Besonders deutlich wird das Vorhandensein solcher Zweckursachen bei unserem bewussten Erleben. Denn je höher der Grad der Geistigkeit bei einem Organismus ist, desto differenzierter gestalten sich seine Zwecksetzungen. Der Mensch trägt nicht nur die Zweckursache des ›Überlebens‹ in sich, die sich in den Funktionen des Atmens, im Ausschütten von Adrenalin bei Gefahrensituationen und in den physiologischen Vorgängen des Immunsystems manifestiert, sondern auch des ›guten und des besseren Lebens‹: »Die Kunst zu leben besteht da-

---

[15] Mutschler (2009), 82.

rin, daß man *erstens* überhaupt lebt, *zweitens* auf eine befriedigende Weise lebt und *drittens* einen noch höheren Grad von Befriedigung erreichen kann.«[16] Wir treiben Sport, *um* Freude zu erleben, *um* Freunde zu treffen und *um* gesund zu bleiben. Die hierbei involvierten Zwecke offenbaren eine *causa finalis*, d. h. ein Streben hin zu einem selbstgesetzten Ziel.

Manchen Philosophen, zumal den physikalistisch gesinnten, mag angesichts von ›Zwecken in der Natur‹ das Ockhamsche Messer in der Tasche aufgehen. Und auch vielen physikalistisch gesinnten Naturwissenschaftlern mag die Idee von einem ›Wirken des Geistigen‹ widerstreben. In der Tat ist die hier postulierte Teleologie ein Aspekt der Wirklichkeit, der sich nicht naturalisieren lässt. Doch auch diejenigen, die Zwecke bei anderen Lebewesen leugnen, können sich nicht selbst von dieser Leugnung der Zwecke ausnehmen, wie Whitehead ironisch hervorhebt:

»So mancher Wissenschaftler hat mit viel Geduld und Scharfsinn Experimente konstruiert, deren *Zweck* die Bestätigung seiner Überzeugung war, daß tierisches Verhalten nicht durch Zwecke gelenkt wird. [...] Ich finde, Wissenschaftler, deren Lebenszweck in dem Nachweis besteht, daß sie zwecklose Wesen sind, sind ein hochinteressanter Untersuchungsgegenstand.«[17]

Gerade durch das bewusste Erleben zeigt sich, dass dieses Streben ein wesentliches Merkmal der Wirklichkeit ist: Jeder wissenschaftliche Versuch ist schon von einem Wissenschaftler abhängig, der kraft dieses Versuchs einen bestimmten Zweck anstrebt.[18] Und schon jeder Literatur-, Musik- oder Naturgenuss stellt für sich eine causa finalis dar.

---

[16] Whitehead (1929b), 9/5.

[17] Whitehead (1929b), 16/12.

[18] Hierzu bemerkt Jonas über Kybernetiker, die Zweckursachen auf selbstorganisatorische Strukturen reduzieren wollen: »Es ist diese Reflexion, die der Kybernetiker seinem Gegenstande versagt. Er selbst fällt nicht unter die Bedingungen seiner Lehre. Er denkt nach über Verhalten, ausgenommen sein eigenes; über Zweckhaftigkeit, ausgenommen die eigene; über das Denken, ausgenommen das eigene. Er betrachtet von außen und versagt seinen Objekten die Vorrechte seiner eigenen reflektierenden Position. Wenn man ihn fragt, warum er es mit der Kybernetik hält, würde er, für diesen Fall einmal, nicht in kybernetischen Ausdrücken wie Rückspeisungen, Kreisschlingen und automatischer Kontrolle, sondern etwa so antworten: [...] ›weil ich sie für die Erreichung dieser oder jener Ziele für nützlich halte, und mir liegt an diesen Zielen‹« (1966, 216). Auch hier gilt, dass sich der Forschende nicht von seinen eigenen Prämissen ausnehmen kann – versucht er es dennoch, so gelangt er zu einem selbstwidersprüchlichen »Theoretisieren der gespaltenen Persönlichkeit« (ibid.: 217).

Diese offenkundige Zweckhaftigkeit der Wirklichkeit darf und kann durch den naturwissenschaftlichen Blick nicht verloren gehen. Die ethischen Konsequenzen dieser Frage sind von weitreichender Natur … die ökologische Krise ruft nach einer Ethik, die weder opportunistisch noch rein reziprok ist – wir müssen den anthropozentrischen Blickwinkel vieler (auch zeitgenössischer) Ethiken maßgeblich erweitern:

4. Von Zwecken zu Werten

Der physikalistische Blick klammert die Dimension der Zweckhaftigkeit systematisch aus. Bei Ludwig Wittgenstein finden wir eine Formulierung, die deutlich vom naturwissenschaftlich-positivistischen Geist geprägt ist:

»Der Sinn der Welt muß außerhalb ihrer liegen. In der Welt ist alles wie es ist und geschieht alles wie es geschieht; es gibt *in* ihr keinen Wert – und wenn es ihn gäbe, so hätte er keinen Wert.«[19]

Der Sinn, der Wert und die Würde der Natur sind demnach keine Eigenschaften der Natur. Vielmehr handelt es sich hierbei um Projektionen des Menschen: Der Mensch beratschlagt sich mit seinen Mitmenschen über die Natur und über wünschenswerte Handlungen, trifft dann einen Konsens und bildet Normen aus. Diese Normen und Sitten sind Gegenstand beständigen Wandels: Je nachdem, wie sich der Zeitgeist entwickelt, so variieren die sittlichen Vorstellungen der Zeit. Doch die Natur an sich ist ein wertneutraler Ort; sie ist rein physische Substanz, ohne Innerlichkeit, Würde oder Sinn. Anders formuliert: Moralische Werte sind dem Physikalisten zufolge bloße Kreationen des Menschen und keine Entdeckungen, die er *in* oder *an* der Wirklichkeit macht. Mit diesem Denken übt(e) der Physikalismus einen entscheidenden Einfluss auf die philosophische Ethik aus.
»Diese existentialistische Entwertung der Natur spiegelt offenbar ihre spirituelle Entleerung durch die moderne Naturwissenschaft wider.«[20] Die moderne Ethik übernimmt von den Naturwissenschaften die Idee einer Wirklichkeit, der es an Sinn und Zwecken mangelt.

---

[19] Wittgenstein (1921), §6.41.
[20] Jonas (1966), 369.

Durch diesen Gedankenschritt gibt es in der Natur keine verbindlichen Werte oder moralische Pflichten: Der Mensch ist auf sich zurückgeworfen und er allein ist sinnstiftend. Von *außen* betrachtet ist er demnach lediglich als ein Angehöriger der Gattung des Homo sapiens beschreibbar, eine mechanische Substanz mit einer mathematisch zu decodierenden DNA-Sequenz. Diese Sichtweise ist mit dem Begriff der *Person*, der immer auch ein *innen*, d. h. ein bewusstes Erleben, eine Würde und einen Zweck birgt, nicht vereinbar.[21] Der Mensch ist im physikalistischen Verständnis eine Körpermaschine, nicht aber eine mit qualitativen Attributen versehene Person.

Jonas verlangt freilich nicht, dass wir ins Steinzeitalter zurückkehren. Die Methode der Naturwissenschaften ist innerhalb ihres Gültigkeitsbereiches sowohl legitim als auch nützlich: Sie bringt Erkenntnisse über die Welt und fördert etwa die Entwicklung medizinischer Techniken, die zweifelsohne von großem Nutzen sein können. Was allerdings Bedenken hervorrufen sollte, ist der *Übertrag* des naturwissenschaftlichen Denkens auf moralische Fragestellungen. Denn durch diesen Schritt verliert der moderne Physikalismus entscheidende Aspekte aus dem Blick. Jonas geht von metabolischen Mangelzuständen aus, um aufzuzeigen, dass es ein ziel- und zweckgerichtetes Verhalten in der Natur gibt, ebendiese Mangelzustände aufzuheben:

»Die Pein des Hungers, die Leidenschaft der Jagd, die Wut des Kampfes, der Schrecken der Flucht, der Reiz der Liebe – diese und nicht die durch Rezeptoren übermittelten Daten begaben Gegenstände mit dem Charakter von Zielen (positiven oder negativen) und machen das Verhalten zweckgerichtet.«[22]

Wie aber gelangen wir von Zwecken zu Werten? Der erste Schritt besteht in der Einsicht, dass die Zweckgerichtetheit des Lebendigen nicht nur evolutionstechnische Vorteile bietet – etwa das Fühlen eines Schmerzes bei der Berührung einer heißen Herdplatte und die sich anschließende ›Rettung‹ der Hand –, sondern darüber hinaus eine *Qualität* des zu bewahrenden Lebens darstellt: »Die bloße Anwesenheit eines Fühlens, was immer sein Was oder Wie sei, ist seiner totalen Abwesenheit unendlich überlegen. Daher ist die Fähigkeit zu fühlen, wie sie in Organismen anhub, der Ur-Wert aller Werte.«[23] Da der Na-

---

[21] Vgl. Kather (2007), 124 ff., 204 ff.
[22] Jonas (1966), 219.
[23] Jonas (1992), 88 f. – Vgl. auch: »Handeln als solches (tierisches darunter) ist geleitet von Zwecken, auch vor aller Wahl, da elementare Zwecke [...] uns durch die Bedürftig-

tur Zwecke innewohnen, setzt sie auch Werte, denn das Nichterreichen eines (wünschenswerten) Zweckes stellt ein Übel dar. Indem Organismen überhaupt Zwecke haben, bejahen sie das Sein, genauer: ihr Sein. Organismen streben nach Selbsterhaltung, und dieses Streben zeigt ein vitales Interesse am Überleben und am lustvollen Leben. Der Pein des Hungers steht das angenehme Gefühl der Sättigung gegenüber. Und weil dieses Gefühl lustvoll ist, wird es als ein Gut angestrebt. Doch wie lässt sich daraus ein moralisches Sollen ableiten? Exemplarisch wird die künstliche Aufspaltung zwischen einer sinn- und zwecklosen Wirklichkeit einerseits und den allein vom Menschen ›erdachten‹ Moralvorstellungen andererseits in der Formulierung des *Sein-Sollen-Fehlschlusses:* Das Sein ist träge, empfindungslos und in sich wertfrei, so dass ein moralisches ›Sollen‹ nicht aus den Zuständen des Seins abgeleitet werden kann. Aus der deskriptiven Tatsache, dass im Krieg viele Menschen leiden und sterben, lasse sich demnach nicht die normative Wertung ableiten, dass ein Krieg schlecht sei und enden solle. Die strikte Trennung zwischen objektiven Fakten und vermeintlich subjektiven Werten »spiegelt das Erliegen der Philosophie vor dem Erfolg der Naturwissenschaft, die sie nachahmen möchte«[24]. Die bisherigen Überlegungen stellen diese künstliche Trennung in Frage. Sie stellen sie in Frage – denn die Trennung lässt sich nicht mit formallogischen Mitteln aufheben. Vielmehr muss hier unser unmittelbares Erleben der Welt in die Ethik Eingang finden: Am Beispiel eines Neugeborenen, das sich in akuter Gefahr befindet, wird deutlich, dass das Sein uns gebietet, sich seiner anzunehmen. »Sieh hin und du weißt«

---

keit unserer Natur eingepflanzt sind. Und durch die Begleitung der Lust werden sie auch subjektiv ›wertvoll‹.« (Jonas 1979, 398, Fn. 3). Auch Whitehead betont, »daß bestimmte Vorgänge und Verhaltensweisen bei bestimmten tierischen Organismen vom Vorblick auf einen Zweck und von der Absicht, diesen Zweck zu erreichen, bestimmt sind.« (1929b, 16/12). Ausgehend von der selbstverursachenden Zwecksetzung der Organismen fügt er an anderer Stelle hinzu:»Unser Erleben der Wirklichkeit ist eine Wertrealisierung, ins Gute oder ins Schlechte. Es ist eine Werterfahrung. Ihr Hauptanliegen ist: Paß gut darauf auf, hier ist etwas, das wichtig ist.« (1938, 151/116).

[24] Jonas (1992), 249. – Auch Vittorio Hösle stellt treffend fest:»Der größte Irrtum der neuzeitlichen politischen und geistigen Geschichte besteht in dem Wahn, alle wesentlichen Fragen ließen sich in zweckrationale verwandeln [...]. Die Entstehung des modernen historischen Bewußtseins entspricht in vielem der Genese der Cartesischen Naturwissenschaft: Beide ›entsubjektivieren‹ ihren Gegenstand, lassen ihn zum ›objectum‹ verkümmern, um geistig und technisch über ihn verfügen zu können.« (1991, 66).

lautet Jonas' Empfehlung an diejenigen, die dem Sein ein impliziertes Sollen abstreiten.[25] Ein Neugeborenes repräsentiert keine träge physische Substanz, vielmehr trägt es ein Leben in sich, das es bei einer drohenden Gefahr zu bewahren gilt. Wie fast alle anderen Lebewesen auch zeigt das Neugeborene ein zweckgerichtetes Verhalten: Es versucht beispielsweise, Kälte oder Schmerzen zu meiden und Wärme oder ein Sättigungsgefühl anzustreben. Da wir diese Empfindungen (im Normalfall) kennen und ebenso meiden oder anstreben, können wir mit dem Neugeborenen *mitfühlen*. Insbesondere dann, wenn wir dem Neugeborenen oder einem anderen Lebewesen ansehen, dass es Schmerzen hat, zeigt sich zum einen, dass das ›Sein‹ empfindet, und zum anderen, dass sich in uns ein Gefühl der Anteilnahme regt. Wenn das Neugeborene aufgrund eines Hungergefühls oder Schmerzempfindens schreit, so artikuliert es einen Protest gegen diese Qualen.

Das hierbei empfundene ›Sollen‹, dem Neugeborenen zu helfen, ist freilich eine Form des bewussten Erlebens und lässt sich *daher* nicht mit den Methoden der Naturwissenschaften beweisen[26] oder formallogisch untersuchen – wie es viele Vertreter der analytischen Meta-Ethik anstreben. Dennoch fühlen wir, dass das Sollen unmittelbar mit dem Sein verwoben ist, wie auch der Verhaltensforscher Frans de Waal festhält: »Aid to others in need would never be internalized as a duty without the fellow-feeling that drives people to take an interest in one another. Moral sentiments came first; moral principles second.«[27] Die Ethik nimmt ihren Ursprung in dem intuitiven Gefühl, dass in der Welt ein Unrecht oder ein Leiden vorliegt, das nach einer Beseitigung verlangt: ›Das darf nicht sein‹ ist unser unmittelbares Gefühl dann, wenn ein Neugeborenes der Kälte ausgesetzt ist oder gar geschlagen wird.

Diese Überlegungen bestreiten weder die Gültigkeit moralischer Prinzipien noch den Wert theoretischer Reflexionen über diese Prinzipien innerhalb der philosophischen Ethik. Doch sie betonen die Not-

---

[25] Jonas (1979), 235.

[26] Selbst im naturwissenschaftlichen Rahmen zeigen jedoch die sogenannten ›Spiegelneuronen‹, dass viele Lebewesen bis zu einem gewissen Grad in der Lage sind, sich in andere hineinzuversetzen und z. B. Schmerzen ›mitzuerleben‹, denn »when we observe actions performed by other individuals our motor system ›resonates‹ along with that of the observed agent«, so Vittorio Gallese (zit. nach Thompson 2007, 395).

[27] de Waal (1996), 87.

wendigkeit, der *moralischen Intuition* – wie etwa dem Gerechtigkeitsgefühl, der intuitiven Abscheu gegenüber Grausamkeiten und der Rolle der Empathie – einen maßgeblichen Platz innerhalb dieser Reflexionen einzuräumen. Denn der naturwissenschaftliche Blick kann lediglich die mathematischen Formeln, Gleichungen und Relationen beschreiben, die er in der Natur vorfindet – er kann aber kein Sollen vorfinden. Die ästhetische und sinnliche Dimension des Lebendigen zeigt uns jedoch eine unmittelbare Verbundenheit zur Natur an. Die Natur ist eine uns umarmende Ganzheit, aus der sich der Mensch durch eine allzu theoretische Abstraktion zu lösen droht. Andreas Weber ist nur zuzustimmen:

»*Wir nehmen Natur falsch wahr,* weil die Wissenschaft der Natur uns diese über Jahrhunderte falsch gezeigt hat. Sie hat das Schöne, hat Poesie und Expressivität aus der Natur ausgeklammert, weil sie ausschließlich objektivierbare Erkenntnisse bevorzugte und glaubte, nur diese seien wahr. Das ist der tiefere Grund der Umweltkatastrophe: Wir rotten das Leben aus, weil wir uns über seinen Charakter täuschen. Wir gehen so grausam mit ihm um, weil wir es für Maschinerie halten, für Gerümpel.«[28]

Wir erkennen zum einen, dass die Natur allerorten den Zweck verfolgt, das Leben zu erhalten und weiter zu entfalten. Zum anderen erkennen wir, dass wir die Natur nicht in Form einer ›Schaukastenbühne‹ passiv wahrnehmen, sondern dass wir *aktiv* mit der Natur verwoben sind. Hierdurch ändert sich grundlegend unsere Beziehung zum Lebendigen: Wenn ein Neugeborenes in Not ist, ein Tier Schmerzen empfindet oder ein Baum gefällt wird, so partizipieren wir mit diesen Lebewesen. Und schließlich gehen der Schutz und die Achtung vor dem Lebendigen auch mit einer Achtung des Menschen vor sich selbst einher. Ein unmoralisches Verhalten hinterlässt seine Narben nicht nur am Opfer, sondern immer auch am Täter. Es hinterlässt, wie der Volksmund sagt, Schatten auf der Seele. All die hierbei involvierten Bewusstseinszustände des Mitfühlens können eine unmittelbare Grundlage für eine philosophische Ethik bieten:

Die vorangegangen Überlegungen zeigen, dass sich der Wert des

---

[28] Weber (2007), 19 f. – So schreibt auch Teilhard: »Dies ist die Quelle aller unserer gegenwärtigen intellektuellen und moralischen Schwierigkeiten. Wir werden niemals weder den Menschen noch die Natur begreifen, wenn wir nicht entsprechend dem, was die Tatsachen uns in die Ohren schreien, den einen vollständig (jedoch ohne ihn zu zerstören) in das Herz der anderen zurückversetzen.« (1962, 26).

Lebendigen nicht formal beweisen lässt. Er ist ein ontologisches Axiom, das allerdings durch Intuition, Empathie und Mitfühlen unmittelbar erfahrbar wird. Dadurch wird deutlich, dass Werte keine bloße Vorstellung des Menschen sind, denn das »Abhängige in seinem Eigenrecht wird zum Gebietenden, das Mächtige in seiner Ursächlichkeit zum Verpflichteten«[29]. Das Baby in der Not gebietet mir, dass ich ihm helfe. Ich muss also *Verantwortung* übernehmen: »Verantwortung ist die als Pflicht anerkannte *Sorge* um ein anderes Sein, die bei Bedrohung seiner Verletzlichkeit zur ›Besorgnis‹ wird.«[30] Die sich anschließende Frage lautet: Was wird dem Baby geschehen, wenn ich mich nicht seiner annehme?

Die Verantwortung ist demzufolge keineswegs bloß reziprok aufzufassen, vielmehr erwächst sie unserer Zugehörigkeit zum Sein: Nicht Mensch und Natur, sondern Mensch *in* der Natur. Der Mensch ist ein integraler Bestandteil der Natur und kann daher nicht von ihr abgekoppelt werden.[31] Das ›Sollen‹, das viele Physikalisten als Projektion *auf* die Natur verstehen, ist immer schon *Teil* der Natur, weil auch der Mensch Teil der Natur ist. Die ontologische Nabelschnur zwischen Mensch und Natur verbindet demnach auch das Sein mit dem Sollen. Die Trennung von Sein und Sollen korrespondiert mit der künstlichen Trennung von Mensch und Natur, von Geistigem und Physischem. Der Mensch stülpt der von ihm abgetrennten Natur keine erfundenen Werte über. Denn der Mensch ist immer schon Teil der Natur und erfährt daher *von* der Natur, welches Handeln sie ihm gebietet. Das hat weitreichende Folgen:

Zum einen wird dadurch die Auffassung des kollektiven Bewusstseins in Frage gestellt, wonach der Mensch nicht ein Teil der, sondern der alleinige Herrscher über die Natur ist. Die maßlose Ausbeutung des Planeten Erde als ›Bergwerksmine des Menschen‹ ist Zeugnis dieser (cartesisch und physikalistisch geprägten) Weltanschauung, die die modernen Industrienationen bis in ihre Wurzeln hinein prägt. Doch die Natur gehört dem Menschen nicht, denn er gehört *zur* Natur; und jede Kultur hat die Natur zum Ursprung. Zum anderen legt die Ver-

---

[29] Jonas (1979), 175.
[30] Jonas (1979), 391.
[31] Vgl. Whitehead: »›Natur *und* Mensch‹ ist eine falsche Dichotomie. Die Menschheit ist derjenige Faktor innerhalb der Natur, der ihre Plastizität in intensivster Form erkennen läßt.« (1933, 189 f./78).

bundenheit von Mensch und Natur auch eine Revision der Ethik nahe. Die Zweckformel des Kategorischen Imperativs lautet:»Handle so, daß du die Menschheit sowohl in deiner Person, als in der Person eines jeden anderen jederzeit zugleich als Zweck, niemals bloß als Mittel brauchst.«[32] Die Ethik Kants sieht sich einem grundlegenden Problem gegenübergestellt: Nur vernünftige Wesen, die untereinander die Idee der Würde teilen können, können auch einen Anspruch auf diese Würde stellen. Das Neugeborene jedoch ist nicht vernünftig und kann daher die Idee der Würde nicht teilen (was freilich auch für Tiere und Ökosysteme gilt). Bei Jonas hingegen ist Verantwortung ein Korrelat zur Macht. Wenn ich dem Baby helfen *kann*, dann *muss* ich ihm helfen. Das Baby ist nicht deshalb ein Zweck an sich, weil es mit mir übereingekommen ist, dass wir uns gegenseitig niemals bloß als Mittel gebrauchen. Die Sicherung des Eigenwertes bedarf keiner vertraglichen Absprache. Vielmehr liegt sein Zweck schon in seinem Sein verwurzelt.[33] Es hat ein vitales (Über)Lebensinteresse und damit einen bewahrenswerten Zweck. Bei Kant liegen die Prinzipien des Handelns a priori in der *Ethik* begründet. Neigungen, Gefühle und Intuitionen sollen möglichst außen vor bleiben. Bei Jonas liegen diese Prinzipien »in der *Metaphysik* als einer Lehre vom Sein, wovon die Idee des Menschen ein Teil ist.«[34] Naturphilosophie und Ethik gehen Hand in Hand. Damit sieht sich Jonas auch nicht den Schwierigkeiten Kants ausgesetzt: Im dritten Abschnitt seiner *Grundlegung* versucht Kant, seine Ethik strikt *innerhalb* einer Logik der Vernunft a priori zu begründen. Bei Jonas hingegen liegt die Begründung *auch* außerhalb der Ethik, da sie innerhalb der werthaften Natur zu finden ist.

---

[32] Kant (1785), GMS IV, 429, 10–12.

[33] Jonas:»In ihm zeigt sich exemplarisch, daß der Ort der Verantwortung das ins Werden eingetauchte, der Vergänglichkeit anheimgegebene, vom Verderb bedrohte Sein ist.« (1979, 242). Zum Verhältnis von Macht und Verantwortung vgl. ibid.: 230 ff. Auch Whitehead stellt fest:»Im Grund unserer Existenz ist der Sinn von ›Wert‹ verankert. [...] Es ist der Sinn der Existenz um ihrer selbst willen, von Existenz mit ihren eigenen Rechtfertigungen und ihrem eigenen Charakter.« (1938, 145/109). – Teile der nachfolgenden Überlegungen folgen meinem Aufsatz: Spät (2009).

[34] Jonas (1979), 92. – Als ontologische Basis dieser Ethik eignet sich m. E. das panpsychistische Weltbild. Vgl. hierzu Spät (2009) oder den ontologischen Hauptteil meiner Doktorarbeit: Spät (2010).

5. Zur Würde des Lebendigen

»*Heute gilt es als übertrieben, die stete Rücksichtnahme auf alles Lebendige bis zu seinen niedersten Erscheinungen herab als Forderung einer vernunftgemäßen Ethik auszugeben. Es kommt aber die Zeit, wo man staunen wird, daß die Menschheit so lange brauchte, um gedankenlose Schädigung von Leben als mit Ethik unvereinbar einzusehen. Ethik ist ins Grenzenlose erweiterte Verantwortung gegen alles, was lebt.*«
– Albert Schweitzer[35]

Wie lassen sich diese hier nur skizzierten Ideen für die Zukunft fruchtbar machen? Bei Kant kommt nur vernunftbegabten Wesen eine Würde zu. Da das einzige uns bekannte Wesen dieser Art der Mensch ist, hat auch nur der Mensch eine Würde. Sowohl Tiere als auch Pflanzen und Ökosysteme bleiben unberücksichtigt – sie sind bei Kant mehr Gegenstände denn werthafte Lebewesen. Angesichts der vorangegangenen Überlegungen hat jedoch die gesamte Natur einen sittlichen Eigenwert:

»Aber jetzt beansprucht die gesamte Biosphäre des Planeten mit all ihrer Fülle von Arten, in ihrer neu enthüllten Verletzlichkeit gegenüber den exzessiven Eingriffen des Menschen ihren Anteil an der Achtung, die allem gebührt, das seinen Zweck in sich selbst trägt – d. h. allem Lebendigen.«[36]

Alles Lebendige verfolgt Zwecke, so dass alles Lebendige eine Würde hat. Beim Lebendigen kommt dieser Drang am deutlichsten zum Ausdruck, ja, er kann zu einem zweckhaften Verhalten und zu einem bewusst erlebten Fühlen werden. Der Mensch hat die Macht und daher die Pflicht, das Leben zu schützen. Im Jahre 1997 verabschiedete das *InterAction Council* den »Entwurf einer Allgemeinen Erklärung der Menschenpflichten«. Das Dokument wurde unter dem Vorsitz des ehemaligen Bundeskanzlers Helmut Schmidt von Jimmy Carter, Michail Gorbatschow, Valery Giscard d'Estaing und vielen anderen politischen Größen den Vereinten Nationen vorgelegt – bedauerlicherweise wurde es nicht angenommen. In dem Entwurf heißt es unter Artikel 7:

»Jede Person ist unendlich kostbar und muss unbedingt geschützt werden. Schutz verlangen auch die Tiere und die natürliche Umwelt. Alle Menschen

---

35 Schweitzer (1923), 309.
36 Jonas (1987), 85.

Patrick Spät

haben die Pflicht, Luft, Wasser und Boden um der gegenwärtigen Bewohner und der zukünftigen Generationen willen zu schützen.«[37] Zumindest auf nationaler Ebene gibt es erste Schritte hin zu einer verpflichtenden Achtung der Würde des Lebendigen. So ist die ›Würde der Kreatur‹ unter Artikel 120, Absatz 2 der *Schweizer Bundesverfassung* verankert: Ein Organismus hat eine Würde, d. h. er hat keinen Preis, der den Organismus zu einem beliebig austauschbaren Objekt machen würde, sondern ein gegen nichts abzuwägendes Recht, als Subjekt zu existieren. Organismen verfolgen Zwecke und sind damit schon ein Zweck an sich. Das am 16. Dezember 2005 verabschiedete Tierschutzgesetz der Schweizerischen Eidgenossenschaft beispielsweise knüpft an den Begriff der ›Würde der Kreatur‹ wie folgt an: »Niemand darf ungerechtfertigt einem Tier Schmerzen, Leiden oder Schäden zufügen, es in Angst versetzen oder in anderer Weise seine Würde missachten.«[38] Das Tierschutzgesetz gilt für Wirbeltiere. Durch die verankerte Möglichkeit, das Gesetz auch auf wirbellose Tiere auszudehnen, wird auch deutlich, dass das *bewusste Erleben* der tragende Grund für das Tierschutzgesetz ist. Denn es »orientiert sich dabei an den wissenschaftlichen Erkenntnissen über die Empfindungsfähigkeit wirbelloser Tiere.«[39]

Der juristische Schutz der Tiere ist zweifelsohne ein wichtiger Schritt, der die cartesische Sicht von Tieren als mechanische Automaten hinfällig werden lässt. Doch die ›Empfindungsfähigkeit‹ der Tiere allein kann nicht als ethischer Maßstab dienen. Denn durch diesen Schritt gelangt man allzu leicht zu einer utilitaristischen Tierethik, wie sie Peter Singer vertritt. Zwar hat Singer wertvolle Verdienste zum Schutz der Tiere geleistet, doch seine Argumentation basiert allein auf deren Leidensfähigkeit: Wir dürfen Tiere nicht quälen und töten, *weil* sie Schmerzen empfinden können. Daher ist es durchaus zulässig, wie Singer innerhalb *seiner* Logik folgerichtig schlussfolgert,

»daß es unter gewissen Umständen – wenn Tiere ein lustvolles Leben haben, schmerzlos getötet werden, ihr Tod keine Leiden für andere Tiere bedeutet und das Töten des einen Tieres dessen Ersetzung durch ein anderes ermöglicht, das sonst nicht leben würde – kein Unrecht sein mag, nicht-selbstbewußte Tiere zu töten.«[40]

---

[37] AEM (1997), Art. 7. – Vgl. auch Schmidt (1998).
[38] TschG (2005), Art. 4, Abs. 2. – Zur Würde der Kreatur vgl. auch Baranzke (2002).
[39] TschG (2005), Art. 2, Abs. 1.
[40] Singer (1993), 174.

Es ist demnach ethisch unbedenklich, ein Tier zu töten, wenn es dabei keine Schmerzen empfindet. Singer hat allerdings nur das bewusste Leiden und die Gesamtsumme des Glückes im Blick: Wird ein schmerzfrei getötetes Tier und sein Glücksempfinden durch die Geburt eines neuen Tieres und dessen Glücksempfinden *aufgewogen,* so ist der Akt des Tötens kein Unrecht. Doch Singer abstrahiert sowohl von der Individualität als auch von der Zweckhaftigkeit der Tiere: Kein Lebewesen gleicht einem anderen. Kein Hundebesitzer würde es zulassen, dass man seinen Hund tötet und durch einen Artgenossen ersetzt. Ja, schon die nicht-selbstbewusste Hundemutter würde sich einer Ersetzung ihrer Welpen widersetzen. Jeder Organismus hat einen einmaligen Mix seiner Gene und einen individuellen und lebendigen Leib. Wird dieser Leib abgetötet, so ist er unwiderruflich seiner Existenz beraubt; er wird in dieser einmaligen Individualität nie wieder existieren können.

Noch schwerer wiegt jedoch die Zweckhaftigkeit. Übertragen wir Singers Argumentation auf menschliche Personen: Weshalb ist es ethisch unzulässig, einer schlafenden (oder im Koma liegenden) Person ein tödliches Gift zu verabreichen – wenn diese Person doch nichts von dem Eingriff bemerkt und daher weder Todesangst noch Schmerzen verspürt? Weil diese Person ein *Zweck an sich selbst ist:* Die Person *will* leben. Ich schlage vor, bei dieser Zweckhaftigkeit, die Lebewesen an den Tag legen, zwischen zwei Kriterien zu unterscheiden: Der geistigen und der biologischen Zweckhaftigkeit:

Der *geistige* Aspekt liegt darin, dass ein Lebewesen bewusst erlebte Schmerzen vermeiden will. Bei einer menschlichen Person kommt beispielsweise hinzu, dass sie Pläne für ihre Zukunft schmieden kann und diese Zukunft demnach auch erleben will. Würde man die Person, die man im Schlaf töten möchte, aufwecken und ihr von seinem Vorhaben erzählen, so wäre diese Person sicherlich nicht erfreut. Denn ihr liegt etwas an ihrem Leben, d.h. sie *will* leben. Bis hierhin stimmt Singer zu: Sobald eine Person Wünsche für die Zukunft haben kann, ist es Unrecht, diese Person zu töten.[41] Doch wie gestaltet sich das ethische Problem bei Neugeborenen? Was ist mit Menschen, die im irreversiblen Koma liegen oder an Alzheimer erkrankt sind? Nach Singer ist es legitim, diese Menschen schmerzfrei zu töten. Zweifelsohne können diese Menschen keine Interessen für ihre Zukunft formulieren.

---

[41] Vgl. Singer (1993), 123 ff.

Und doch ist es ethisch unzulässig, sie zu töten. Denn die betreffenden Menschen haben eine Würde: Ihre Individualität und Zweckhaftigkeit *ist durch nichts in der Welt zu ersetzen*, d.h. diese Menschen haben keinen Preis. Ihr Wert lässt sich nicht in ökonomischen Maßstäben ermitteln, da sie sonst ein austauschbares Gut wären.

Der *biologische* Aspekt liegt darin, dass alle Lebewesen – fernab von ihren geistigen Erlebnissen und Wünschen – schon rein physiologisch ums Überleben kämpfen. Ein Tier, dem Schmerzen zugefügt werden, versucht zu fliehen. Selbst wenn das betreffende Tier keine Form der geistigen Selbstbewusstheit hat, so weist es doch eine biologische Reaktion auf, die allen Lebewesen gemeinsam ist: Da sie leben, wollen sie auch überleben. Selbst ein Baum, der mit toxischen Chemikalien behandelt wird, will diese aus seinem Organismus ausscheiden. Der Baum will Metabolismus betreiben, er will wachsen, und seine Anlagen entfalten. Er will all dies zwar nichtbewusst, nichtsdestotrotz offenbart er einen Drang nach Leben: der Baum strebt gegen die Negation seiner Existenz – die Akazie setzt hierfür sogar Giftstoffe gegen ihre Fressfeinde ein.

Diese Überlegungen entsprechen Whiteheads bereits zitierter ›Dreiteilung‹ der Zweckhaftigkeit des Lebens:»Die Kunst zu leben besteht darin, daß man *erstens* überhaupt lebt, *zweitens* auf eine befriedigende Weise lebt und *drittens* einen noch höheren Grad von Befriedigung erreichen kann.« Es besteht ein gradueller Unterschied zwischen dem angestrebten Zweck, zu überleben, gut zu leben oder besser zu leben. Diese Dreiteilung lässt sich in umgekehrter Reihenfolge auf die ethische Dimension anwenden:

(i) Der ›höhere Grad‹ der Befriedigung findet sich bei höheren Lebewesen wie dem Menschen: Sie wollen beispielsweise mit den von ihnen geliebten Menschen zusammensein, für ihre Kinder sorgen, ihre Zukunftspläne verwirklichen, ästhetische Erfahrungen in der Kunst suchen oder eine höhere Ebene der Religiosität erreichen. Allein schon wegen dieses Strebens ist es unzulässig, einen Menschen zu töten, da man ihn gegenwärtiger und möglicher zukünftiger Erfahrungen dieser Art beraubt.

(ii) Das Streben nach einem ›befriedigenden‹ Leben lässt sich auf höherentwickelte Tiere beziehen: Diese Tiere haben einen gewissen Grad des bewussten Erlebens und vermeiden Empfindungen des Schmerzes, der Kälte, des Hungers und – bei sozialen Tiergattungen – des Gefühls der Einsamkeit. Bei den uns bekannten Wirbeltieren ist dieses Streben besonders ausgeprägt: Diese Tiere tragen aktiv dafür Sorge, dass sie die ihnen innewohnenden Zwecksetzungen erreichen. (iii) Das Streben nach einem ›Überleben‹ ist bereits einfacheren Lebewesen gemein. Es findet sich beim beschriebenen Beispiel des Baumes, aber auch bei Bakterien, die gewisse Säurekonzentrationen meiden und wegschwimmen, um ihr Überleben sicherzustellen. Wenn eine Pflanze ihre Blätter zur Sonne neigt, um Photosynthese zu betreiben, so verfolgt sie damit den Zweck des Überlebens. Ohne Photosynthese würde die Pflanze innerhalb kürzester Zeit zugrunde gehen.

Der juristische Schutz, den Lebewesen genießen, orientiert sich meist an den ersten beiden Punkten. Der Würdebegriff wird hierbei weniger am Streben nach einer Verwirklichung von Zwecken festgemacht als vielmehr an der Fähigkeit, Schmerzen oder ähnliches zu empfinden. Schon für den juristischen Bereich, der menschliche Personen betrifft, greift dieser Aspekt zu kurz. Denn Menschen, die im Koma liegen – ja, schon Menschen, die schlafen – zeigen keinerlei Anzeichen dafür, dass sie eine gute Qualität ihres *bewussten* Erlebens anstreben. Doch ihre physiologischen Tätigkeiten zeigen an, dass sie leben wollen. Gleiches gilt für intakte Ökosysteme: Das Zünden einer Atombombe im Pazifik oder das Niederbrennen des brasilianischen Regenwaldes ist nicht nur deshalb verachtenswert, weil wir damit unsere *eigene* Lebensgrundlage zerstören: Solch eine Argumentation würde den gegenwärtig drohenden Kollaps zwar abmildern, doch sie basiert auf einer opportunistischen Denkweise: Wir schützen die Bäume und Ökosysteme, *um* letztendlich uns selbst zu schützen. Doch nicht nur der Mensch oder das Tier ist ein sich entfaltender und lebender Organismus, auch ein Baum *will* sich entfalten und leben. Ob dieser Wille ins Bewusstsein dringt, ist hierbei sekundär. Wir haben ein nach Entfaltung strebendes Lebewesen vernichtet, das alles daran setzt, seine Lebendigkeit zu erhalten und neue oder gar höhere Formen der Lebendigkeit auszubilden. So schlägt der Jurist Christopher Stone vor, dass auch Bäume und andere Bestandteile eines funktionierenden Ökosystems einen gesetzlichen Rechtsstatus erhalten sollen, wie ihn – ebenso ›interessenlose‹ – Unternehmen, Körperschaften und juristische Personen genießen.[42] Demzufolge kann die ›Empfindungsfähigkeit‹ von Lebewesen allein nicht

---

[42] Vgl. Stone (1974).

als ethischer Maßstab dienen. Vielmehr sollte sich die Rede von der Würde am geistigen *und* am biologischen Zweckbegriff orientieren. Angesichts der bisherigen Überlegungen haben also alle Lebewesen eine Würde. Nicht nur empfindungsfähige Organismen gebieten uns, sich ihrer anzunehmen, sondern auch all jene, die Zwecke verfolgen. Hans Jonas formulierte seinen erweiterten Kategorischen Imperativ wie folgt: »Handle so, daß die Wirkungen deiner Handlungen verträglich sind mit der Permanenz echten menschlichen Lebens auf Erden.«[43] Angesichts der bisherigen Überlegungen lässt sich diese Forderung erweitern zu einem *Kategorischen Imperativ der Würde des Lebendigen:*

Handle so, dass die Wirkungen deiner Handlungen – so weit wie möglich – verträglich sind mit der Permanenz und der Würde des Lebendigen.

Hierbei ist, erstens, die Würde einer jeden lebendigen Kreatur berücksichtigt – nicht nur die des Menschen. Zweitens erlaubt die Formulierung einen gewissen Spielraum, der der Überstrapazierung des Würde-Begriffs vorbeugt. Denn wir müssen freilich Bäume fällen, um Bücher lesen zu können, wir müssen Zellen töten, um Krankheiten wie Krebs zu behandeln und wir müssen Früchte ernten, um überleben zu können. In diesem Zusammenhang ist die ethische Frage offen geblieben, ob nicht einer menschlichen Person mehr ›Wert‹ beigemessen werden sollte als etwa einem Moskito. Die Abstufung der Zweckgerichtetheit bietet hier einen Ansatzpunkt: Wenn ein Moskito ›nur‹ überleben will, eine Person aber danach strebt, ›gut‹ und ›besser‹ zu leben, dann besteht hier ein qualitativer Unterschied bei den jeweiligen Zwecken. Daraus folgt *nicht*, dass das Leben eines Moskitos nichts wert ist. Denn auch ein biologischer Zweck impliziert den Würde-Begriff. Doch eine Person, die einen Moskito tötet, hat ihrerseits ein Interesse daran, eine Erkrankung an Malaria zu vermeiden, um ihre Lebendigkeit – und ihre sicherlich weiter gefächerten Interessen – entfalten zu können. Ein möglicher Spielraum für eine Abgrenzung (und weitere Diskussionen) ist demnach gegeben.

Festhalten lässt sich also, dass uns eine neue Ethik nicht ›zurück auf die Bäume‹ schicken will. Um das ethische Dilemma von der Würde des Lebendigen zu entschärfen, ist es unvermeidlich, dass wir eine *Interessenabwägung* vornehmen. Diese Abwägung ist allerdings nicht

---

[43] Jonas (1979), 36.

beliebig. Die Formulierung ›so weit wie möglich‹ greift heraus, dass wir verantwortungsbewusst und mit den uns zur Verfügung stehenden Mittel nach bestem Willen versuchen sollen, unnötige Verletzungen der Würde des Lebendigen zu unterlassen.

Hier stellt sich konkret die Frage, inwiefern das Klonen, der Fleischgenuss, aber auch die exzessive Rodung von Wäldern gerechtfertigt werden können, wenn all diese Organismen des Empfindens fähig sind oder zumindest ein nichtbewusstes, aber zweckgerichtetes Interesse am Leben haben. Die praktische Dimension der Würde des Lebendigen zeigt sich also spätestens dann, wenn es im wahrsten Sinne des Wortes ›um Leben oder Tod geht‹: Vor allem bei höherentwickelten Tieren fragt sich, inwieweit das gezielte Züchten und absichtsvolle Töten für den Verzehr eine ›ungerechtfertigte‹ oder ›gerechtfertigte‹ Handlung darstellt. Denn gerade bei Ökosystemen und Tieren zeigt sich im kollektiven Bewusstsein häufig die Tendenz, diese Organismen mehr als gegenständliche Objekte denn als empfindende, lebende Subjekte zu begreifen und auch zu behandeln. Auch in der Philosophie lässt sich diese fragwürdige Tendenz ausmachen.

So behauptet etwa Paul Ricœur, dass es in der Wirklichkeit nur zwei Kategorien gibt: rein physische Objekte in der Raum-Zeit und Personen, die ihrer selbst bewusst sind.[44] Damit ist schon eine adäquate Beschreibung des zweckgerichteten Verhaltens von Pflanzen nicht mehr möglich. Und höherentwickelte Tiere sind zwar keine Personen, doch ebenso deutlich ist, dass sie keine Objekte sind: Sie spüren Leid und Schmerzen, streben angenehmen Gefühlen entgegen und zeigen nicht selten ein komplexes soziales Gruppenverhalten. Nach und nach zeigen wissenschaftliche Studien, dass viele Tiere bewusst agieren, ihre Artgenossen täuschen können und – etwa beim Bau von Werkzeugen – eine erstaunliche Kreativität an den Tag legen. Manchen Tieren, z. B. Elstern, Elefanten und Schimpansen, kommt gar eine rudimentäre Form des Selbstbewusstseins zu. Es handelt sich hierbei um theoretische Fragen mit enormen praktischen Auswirkungen: So wurden bis in die 1970er Jahre menschliche Babys ohne jegliche Narkose operiert, weil man davon ausging, dass nur ein ich-bewusstes Wesen Schmerzen empfinden und sich an diese erinnern könne. Wer darüber schockiert ist, sollte auch über Mastbetriebe und Schlachthöfe nachdenklich werden.

---

44 Vgl. Ricœur (1990).

Muss es einen gewissen Grad der Gleichberechtigung nicht nur unter den Menschen geben, sondern darüber hinaus unter allen Lebewesen – zumindest den leidensfähigen? Das vorherrschende abendländische Paradigma, dass zwischen dem Sein und dem Sollen ein tiefer Graben verläuft, ist ebenso fragwürdig wie die Annahme, dass die Natur ein wertneutraler Ort ist: Alles Leben strebt danach, sein Leben zu erhalten und zu entfalten. Dadurch setzt alles Lebendige das Leben und das Am-Leben-Bleiben als absoluten Wert seiner Existenz. Und dieser Wert gebietet uns, um mit Albert Schweitzer zu sprechen, eine ›Ehrfurcht vor dem Leben‹. Der weltweit bekannte Naturschützer John Muir, Mitbegründer der Umweltschutzorganisation *Sierra Club* und ›Vater der Nationalparks‹ schrieb schon Anfang des 20. Jahrhunderts: »How narrow we selfish, conceited creatures are in our sympathies! How blind to the rights of all the rest of creation! With what dismal irreverence we speak of our fellow mortals.«[45]

Wir leben in einer Zeit, in der die Würde des Lebendigen wie eine Utopie erscheinen mag. Denn schon die Würde des Menschen wird durch psychische und physische Gewalt tagtäglich dutzendfach verletzt. Wer aber die Würde des Lebendigen nicht nur denkt, sondern auch aus ganzem Herzen lebt, für den ist die Würde des Menschen eine Selbstverständlichkeit.

Literatur

AEM (1997): Entwurf einer Allgemeinen Erklärung der Menschenpflichten. URL: [http://www.interactioncouncil.org/udhr/de_udhr.html]

Baranzke, H. (2002): *Würde der Kreatur? Die Idee der Würde im Horizont der Bioethik*. Würzburg.

de Waal, F. B. M. (1996): *Good Natured: The Origins of Right and Wrong in Humans and other Animals*. Cambridge.

Hösle, V. (1991): *Philosophie der ökologischen Krise*. München ²1994.

Hughes, S. (1990): Antelope Activate the Acacia's Alarm System, in: *New Scientist* 127, 19.

Jonas, H. (1966): *Das Prinzip Leben. Ansätze zu einer philosophischen Biologie*. Frankfurt a. M. 1997.

—— (1979): *Das Prinzip Verantwortung. Versuch einer Ethik für die technologische Zivilisation*. Frankfurt a. M. 1984.

---

[45] Muir 1916: 148.

—— (1987): Warum die Technik ein Gegenstand für die Ethik ist: Fünf Gründe, in: *Technik und Ethik*, hrsg. H. Lenk / G. Ropohl. Stuttgart, 81–91.

—— (1992): *Philosophische Untersuchungen und metaphysische Vermutungen*. Frankfurt a. M.

Kant, I. (1785): *Grundlegung zur Metaphysik der Sitten* [= GMS], in: Ders.: *Akademie-Ausgabe*, Bd. IV. Berlin 1969.

Kather, R. (2007): *Person. Die Begründung menschlicher Identität*. Darmstadt.

Kim, J. (2005): *Physicalism, Or Something Near Enough*. Princeton.

Muir, J. (1916): A Thousand Mile Walk to the Gulf, in: Ders.: *The Eight Wilderness-Discovery Books*. London 1992, 113–183.

Mutschler, H.-D. (2009): Zur Metaphysik der Natur, in: *Was ist Naturphilosophie und was kann sie leisten?*, hrsg. C. Kummer. Freiburg, 76–86.

Pauen, M. (2006): Gründe, Ursachen und das phänomenale Bewusstsein. Unlösbare Probleme für den Physikalismus?, in: *Das Leib-Seele-Problem*, hrsg. F. Hermanni / T. Buchheim. München, 139–161.

Ricœur, P. (1990): *Das Selbst als ein Anderer*, übers. J. Greisch. München 1996.

Schmidt, H. (Hrsg.) (1998): *Allgemeine Erklärung der Menschenpflichten: ein Vorschlag*. München.

Schweitzer, A. (1923): Die Ethik der Ehrfurcht vor dem Leben, in: Ders.: *Kulturphilosophie*. München 2007, 306–328.

Singer, P. (1993): *Praktische Ethik* (Neuausgabe), übers. O. Bischoff et al. Stuttgart 1994.

Spät, P. (2009): Panpsychism, the Big-Bang-Argument, and the Dignity of Life, in: *Mind that Abides: Panpsychism in the New Millennium*, hrsg. D. Skrbina. Amsterdam, 159–176.

—— (2010): *Panpsychismus. Ein Lösungsvorschlag zum Leib-Seele-Problem*. Freiburg.

Stone, C. D. (1972): *Should Trees Have Standing? Toward Legal Rights for Natural Objects*. Palo Alto 1988.

Teilhard de Chardin, P. (1955): *Der Mensch im Kosmos*, übers. O. Marbach. München ³2005.

—— (1959): *Die Zukunft des Menschen*, übers. K. Schmitz-Moormann. Olten 1963.

—— (1962): *Die menschliche Energie*, übers. K. Schmitz-Moormann. Olten 1966.

Thompson, E. (2007): *Mind in Life*. Cambridge.

TschG (2005): Tierschutzgesetz der Schweizerischen Eidgenossenschaft vom 16. Dezember 2005. URL: [http://www.admin.ch/ch/d/sr/4/455.de.pdf]

Weber, A. (2007): *Alles fühlt: Mensch, Natur und die Revolution der Lebenswissenschaften*. Berlin ²2008.

—— / Varela, F. J. (2002): Life after Kant: Natural Purposes and the Autopoietic Foundations of Individuality. *Phenomenology and the Cognitive Sciences* 2, 97–125.

Whitehead, A. N. (1929a): *Prozeß und Realität. Entwurf einer Kosmologie*, übers. H. G. Holl. Frankfurt a. M. 1987. [*Process and Reality. An Essay in Cosmology*. »Corrected Edition«, hrsg. D. R. Griffin / D. W. Sherburne. New York 1978].

—— (1929b): *Die Funktion der Vernunft*, übers. E. Bubser. Stuttgart 1974. [*The Function of Reason*. Princeton 1929].

—— (1933): *Abenteuer der Ideen*, übers. E. Bubser. Frankfurt a. M. 1971. [*Adventures of Ideas*. New York 1967].

—— (1938): *Denkweisen*, übers. S. Rohmer. Frankfurt a. M. 2001. [*Modes of Thought*. New York 1968].

Wilson, E. O. (1975): *Sociobiology: The Abridged Version*. Cambridge ⁷1998.

Wittgenstein, L. (1921): *Tractatus logico-philosophicus*, hrsg. J. Schulte. Frankfurt a. M. 2003.

Autorenverzeichnis

Peter beim Graben, geb. 1964, Dr. rer. nat., ist DFG Heisenberg Fellow an der HU Berlin.
Veröffentlichungen: Als Hrsg., zus. mit C. Zhou u. a.: *Lectures in Supercomputational Neurosciences*, Berlin 2008. Zahlreiche Aufsätze zur Neurophysik und Kognitionswissenschaft in Fachzeitschriften.

Gustav Bernroider, geb. 1951, Dr. phil., ist Professor für Neurobiologie an der Universität Salzburg.
Veröffentlichungen: Zahlreiche Arbeiten zur vergleichenden Neurobiologie, Verhalten und Neurophysik in Fachzeitschriften. Herausgeber von Sonderbänden zur theoretischen Neurobiologie (z. B. *Brain Patterns behind the Physical Correlate of Mind*, Forma 19, 2004, Scipress Tokyo).

Godehard Brüntrup, geb. 1957, S.J., Dr. phil., ist Professor für Philosophie an der Hochschule für Philosophie München.
Veröffentlichungen (Auswahl): Als Hrsg., zus. mit R. K. Tacelli: *The Rationality of Theism*, Dordrecht 1999. *Das Leib-Seele-Problem*, Stuttgart ³2008. Als Hrsg., zus. mit M. Schwartz und M. Rugel: *Auferstehung des Leibes – Unsterblichkeit der Seele*, Stuttgart 2010.

Thomas Fuchs, geb. 1958, Dr. med., Dr. phil., ist Professor für philosophische Grundlagen der Psychiatrie an der Universität Heidelberg.
Veröffentlichungen (Auswahl): *Leib, Raum, Person*, Stuttgart 2000. *Das Gehirn – ein Beziehungsorgan*, Stuttgart 2008. *Leib und Lebenswelt*, Kusterdingen 2008.

Vittorio Hösle, geb. 1960, Dr. phil., ist Professor für Deutsche Literatur, Philosophie und Politikwissenschaft an der University of Notre Dame (USA).

Veröffentlichungen (Auswahl): *Philosophie der ökologischen Krise,* München 1991. *Moral und Politik,* München 1997. *Der philosophische Dialog,* München 2006.

Regine Kather, geb. 1955, Dr. phil., ist Professorin für Philosophie an der Universität Freiburg.
Veröffentlichungen (Auswahl): *Ordnungen der Wirklichkeit,* Würzburg 1998. *Was ist Leben?,* Darmstadt 2003. *Person,* Darmstadt 2007.

Marcus Knaup, geb. 1979, M.A., Dipl. theol., ist Doktorand in Philosophie an der Universität Freiburg.
Veröffentlichungen (Auswahl): Zus. mit G. Scherer: *Wann werden wir auferstehen?* Prag 2011 (im Erscheinen). *Leib und Seele oder mind and brain?* (Dissertation, im Erscheinen).

Spyridon Koutroufinis, geb. 1967, Dr. phil., ist Privatdozent für Philosophie an der TU Berlin.
Veröffentlichungen (Auswahl): *Selbstorganisation ohne Selbst,* Berlin 1996. Als Hrsg.: *Prozesse des Lebendigen,* Freiburg 2007. Als Hrsg.: *Life and Process,* Frankfurt a. M. 2010 (im Erscheinen).

Uwe Meixner, geb. 1956, Dr. phil., ist Professor für Philosophie an der Universität Regensburg.
Veröffentlichungen (Auswahl): Als Hrsg., zus. mit A. Newen: *Seele, Denken, Bewusstsein,* Berlin 2003. *The Two Sides of Being,* Paderborn 2004. *Modalität,* Frankfurt a. M. 2008.

Tobias Müller, geb. 1976, Dr. phil., ist Dilthey-Fellow (Volkswagen-Stiftung) an der Universität Mainz.
Veröffentlichungen (Auswahl): *Gott – Welt – Kreativität,* Paderborn 2009. Als Hrsg., zus. mit B. Dörr: *Realität im Prozess,* Paderborn 2010 (im Erscheinen). Als Hrsg., zus. mit T. M. Schmidt: *Ich denke, also bin ich Ich?,* Göttingen 2010 (im Erscheinen).

Josef Quitterer, geb. 1962, Dr. phil., ist Professor für Christliche Philosophie an der Universität Innsbruck.
Veröffentlichungen (Auswahl): *Kant und die These vom Paradigmenwechsel,* Frankfurt a. M. 1996. Zus. mit G. Rager und E. Runggaldier:

Unser Selbst, Paderborn 2002. Als Hrsg., zus. mit G. Gasser: *Zur Aktualität des Seelenbegriffs*, Paderborn 2010.

Hartmann Römer, geb. 1943, Dr. rer. nat., war bis zu seiner Emeritierung 2008 Professor für Theoretische Physik in Freiburg.
Veröffentlichungen (Auswahl): Zus. mit J. Honerkamp: *Klassische Theoretische Physik: eine Einführung*, Berlin et al. ³1993. Zus. mit M. Forger: *Elementare Feldtheorie*, Weinheim et al. 1993. Zus. mit T. Filk: *Statistische Mechanik*, Weinheim et al. 1994.

Robert Spaemann, geb. 1927, Dr. phil., Dr. hc. mult., war bis zu seiner Emeritierung 1992 Professor für Philosophie an den Universitäten Stuttgart, Heidelberg und München. Veröffentlichungen (Auswahl): *Personen. Versuche über den Unterschied zwischen »etwas« und »jemand«*, Stuttgart 1996. *Grenzen. Zur ethischen Dimension des Handelns*, Stuttgart 2001. *Moralische Grundbegriffe*, München ⁸2009.

Patrick Spät, geb. 1982, Dr. phil., lebt als Journalist und Lektor in Berlin.
Veröffentlichungen (Auswahl): Als Hrsg.: *Zur Zukunft der Philosophie des Geistes*, Paderborn 2008. *Panpsychismus*, Freiburg 2010.

Franz von Kutschera, geb. 1932, Dr. phil., Dr. phil. h. c., war bis zu seiner Emeritierung 1998 Professor für Philosophie an der Universität Regensburg.
Veröffentlichungen (Auswahl): *Die falsche Objektivität*, Berlin 1993. *Jenseits des Materialismus*, Paderborn 2003. *Philosophie des Geistes*, Paderborn 2009.